新體系

漢文法大要

先秦·兩漢 시기

安奇燮 著

보고사

安奇燮

1953년생
한국외국어대학교 중국어과 문학사
전남대학교 대학원 중어중문학과 문학석사·박사
현재 전남대학교 중어중문학과 교수
고대·현대의 漢語(중국어) 음운 및 문법을 연구함

新體系 漢文法大要 －先秦·兩漢 시기

2012년 9월 7일   초판 1쇄 펴냄
2014년 3월 20일 초판 2쇄 펴냄

지은이 안기섭
펴낸이 김흥국
펴낸곳 도서출판 보고사

책임편집 이경민
표지디자인 오동준

등록 1990년 12월 13일 제6-0429호
주소 서울특별시 성북구 보문동7가 11번지 2층
전화 922-5120~1(편집), 922-2246(영업)
팩스 922-6990
메일 kanapub3@chol.com
http://www.bogosabooks.co.kr

ISBN 978-89-8433-296-6 93720
ⓒ 안기섭, 2012

머리말

한문법은 고대중국어[=古代漢語]의 문법이다. 현재 통용되고 있는 漢文法에서의 품사 분류 체계는 고대 중국어의 실제와 잘 부합되지 않는다. 단어의 성질 파악에 문제가 있다는 뜻이다. 또 현행 문법체계를 구성하고 있는 각 문법항목들도 언어의 실제에 부합되지 않거나 전체 체계상 어그러져 있는 부분이 적지 않다. 다시 말해서, 문법 기술 내용이 '문법적'인가 하고 물을 때 그렇지 못하다고 대답할 수밖에 없는 것들이 있다.

'문법(=어법)'이라는 개념이 자못 다양하게 쓰이고 있는 탓에 문법범주에 대해 저마다 자의적인 해석을 가질 수는 있다. 그러나 어떤 문법 체계가 해당 언어의 성격을 바르게 설명해 주지 못하거나 그것의 실용에 오히려 어려움을 느낀다면, 이는 필시 잘못된 문법 기술일 것이다.

지금 제공되어 있는 한문법은 기술이 과다하다. 점잖게 말하면 잉여의 것이 낳은 것이고, 엄격하게는 틀린 부분이 상당하다고 말할 수 있다. 주요 원인은 아마도 서양의 현대 문법을 도입하여 한문에 적용할 때, 상호 간에 같음과 다름의 내용을 명확하게 살피지 못한 데 있는 듯하다. 1898년에 『馬氏文通』(馬建忠)이라는 이름으로 서구 문법의 틀을 씌운 고대중국어 문법이 갑자기 등장한 이래, 기본적으로 이에 바탕을 두고 그 틀과 내용을 증폭시키는 쪽으로 연구가 진행되었다. 이 책은 지금까지도 중국어[漢語] 문법 연구에서 고전적인 지위를 누리고 있다. 그 폐해가 크다.

문법범주를 구성하는 각 문법항목의 기술이 있게 하는 언어학적 기초는 형태와 형태 변화 및 기능 차이이다. 엄밀히 말해서 이것들이 없으면 해당 언어의 특징에 부합되는 문법 기술의 영역은 좁아진다.

중국어[漢語], 특히 고대중국어는 서구 언어에 존재하는 형태 표지가 거의 없고, 단어의 형태 변화가 전무하다. 서구 언어에서 문법항목을 구성하는 중심 체계는 형태와 형태의 변화에 근거한 단어의 성질 구분(품사)과 기능 및 통사구조이다. 고대중국어에는 형태와 형태의 변화가 결여되어 있는데도, 문법을 기술하는 데 있어 분석의 틀이나 체계가 서양의 그것과 지나치게 유사하다.

어느 언어와의 의미상 대응 관계에 따라 해당 언어에서 상응하는 요소를 찾아낼 수 있는 경우라 할지라도 형태나 형태 변화가 없다면, 이들 요소는 문법의 중심 영역이 되지 못한다. 위로는 어휘론에서, 아래로는 의미론 등의 영역에서 다루어질 내용이다. 개념어로서의 특징이 강한 고대중국어에서 어휘 의미와 문맥(언어 환경 포함)에 의해 나타나는 모종의 의미를, 한 단어의 실질적 내지 기능적 의미라고 여긴 오류가 두드러진다. 현재의 고대중국어 문법 기술에서 이러한 비문법적 요소들이 잘 제거될 때 비로소 고대중국어의 본모습이 드러날 수 있을 것이다.

문법책을 바꾸어 가면서 오래도록 한문법을 가르치는 동안, 마음에 지녀 온 가장 큰 화두는 "이들 문법책에서 기술하고 있는 것처럼, 옛날 중국어는 특별히 두뇌가 좋은 족속들만이 쓸 수 있도록 묵시적이며 규칙이 애매하고 어려웠을까?"였다. 오랜 동안의 연구를 통하여, 당시 사람들이 지금의 문법책에 기술된 규칙에 의해 의사소통을 했다면 아마 많은 혼란과 장애에 부딪쳤을 것이라고 여기게 되었다. 고대중국어, 즉 한문의 문법 규칙이 결코 오늘의 중국어나 다른 언어보다 특별히 복잡하거나 어려울 이유가 없다는 뜻이다. 현행 한문법은 고대중국어를 어려운 언어로 만들어 버렸다. 이에 따라 학습상의 실용 가치도 떨어뜨렸다.

『馬氏文通』이 나오기 전 적어도 2,000여 년 동안 중국인들은 자신들의 언어에 대해서 다방면으로 심도 있는 연구를 축적해왔음에도, 지금 널리 통행되는 것과 같거나 유사한 문법 체계는 내놓은 바가 없음을 생각해 볼 필요가 있다. 가능한 한 서구 문법의 불필요한 영향으로부터 벗어나야 한다. 지금 통행되는 고대중국어 문법서들에서는 탄탄한 이론적 기초나 철저한 일관성을 찾아 볼 수가 없다.

이상과 같은 문제의식에서 출발하여 고대중국어의 실제에 가까운 문법 체계를 마련하고자 한 것이 이 책이다. 처음일 뿐 아니라 지극히 어려운 작업이어서 단번에 완벽에 가까운 답을 얻어내기가 쉽지 않음을 안다. 그러나 지나치게 문법화 지향적인 태도로 고대중국어를 관찰해 온 경향은 이미 도를 넘었다고 여긴다. 이러한 경향을 탈피하여, 즉 탈문법화의 관점에서 고대중국어를 관찰할 필요가 절실하다. 이를 통해 얻는 것이 적지 않을 것이다. 이를 초석으로 삼는다면, 양 방향 연구의 득실이 발견될 것이다. 양쪽에서 공히 취할 수 있는 내용이야말로 고대중국어에 가장 잘 부합되는 문법이 될 것이기 때문이다.

영어를 위한 한문법, 한국어를 위한 한문법, 현대중국어를 위한 한문법의 성격을 띤 내용을 털어버리려고 노력하였지만 적지 않은 벽이 있었음을 인정한다. 이 책에서의 시도를 바탕으로, 전혀 새로운 패러다임에 의한 고대중국어 문법 체계의 정립도 가능할 것이다. 제현의 관심과 비판을 기다릴 따름이다.

이 책에서 다루는 고대중국어 문법의 시기 범주를 先秦・兩漢으로 잡았다. 현대에 이르기까지 중국어에도 적지 않은 변화가 있었고 부분적・점진적이기는 하나 고대의 각 시기 내에서도 변화가 있기 때문에, 그간에 문법화된 요소의 개입을 최대한 피하고자 해서이다. 이 시기 내의 변화를 총괄하는 일은 또 하나의 어려운 연구 작업이 될 것이다.

서술에 쓰인 예문은 기존 문법서와 공통되는 것이 적지 않다. 평범하고 쉬운 예들이 그렇고, 논의의 대상이 되는 예가 그러하며, 대표적인 문헌에 수록되어 있어서 그렇다. 또 동일한 예문이 두 번 이상 등장하는 경우들도 있다. 하나의 문장이 서로 다른 문법 사실을 설명하는 데 유용한 것이면 중복해서 사용하였다. 학습자의 편의를 위해서이다.

이 책의 초고는 1995년에 만들어졌다. 한문 교사 자격연수 강의에서 처음 사용하였다. 강의안 형식의 복사본으로 매년 강의를 해오면서 첨삭하기를 거듭한 지 올해로 어느덧 18년째가 되었다. 강의안이 지금과 거의 같은 모습을 갖춘 지도 10년 가까이 되니 참으로 세월이 무상하다. 여러 가지 사정으로 인하여 조기에 집중적으로 천착하지 못한 것이 아쉽기는 하나 감회가 새롭다. 이 강의안의 견해를 따라 대학원 지도 학생들에게 학위 논문을 쓰게 한 것이 특히 그러하다. 아직 만족스럽지 못한 부분이 많지만 더 이상 게으름을 피우지 않을 생각으로 이 책을 세상에 내놓는다. 막바지에 책의 출판 시기를 정해놓고 정리를 서두르다 보니 엉성한 곳들이 눈에 띈다. 다음 기회에 보완할 생각이다.

김흥국 사장님과 이경민 씨를 비롯한 보고사 여러분께 특별히 감사의 말씀을 올린다.

2012년 여름
안 기 섭

차 례

Ⅱ 實詞류의 각 品詞와 쓰임

Ⅲ 虛詞류의 쓰임

Ⅳ 漢文의 統辭論[句法]상의 특징

V 문장 분석 및 번역 연습

漢文法을 구성하는 항목과 내용

1. 漢文法 = 古代漢語文法(고대중국어문법)

漢語 / 古代漢語 / 口語 : 書面語 / 文言文 : 白話文

中國人들은 자기들의 共通語를 '漢語'라고 부른다. 우리는 이것을 보통 '中國語'라고 한다. '漢語'를 '5·4運動'(1919) 시기를 분기점으로 하여 '古代漢語(古代中國語)'와 '現代漢語(現代中國語)'로 나누어 부르기도 하였으나, 現代漢語를 제외한 이전 시기의 한어를 모두 古代漢語(古漢語)라고 일컫는 것은 합리적인 구분이 못 된다. 그래서 한어 발진의 역사를 따라 이를 다시 古代漢語·近代漢語로 나누며, 특히 近代漢語에 대한 연구가 활발해짐에 따라 대체로 晚唐·五代에서 淸代 전후의 기간을 近代漢語 시기의 중심으로 잡기에 이르렀다. 또 고대한어를 上古漢語와 中古漢語로 나누자는 견해도 나왔다. 이때 중고한어는 東漢에서 隋代까지를 중심으로 하고, 상고한어는 先秦·秦 시기를 중심으로 삼는다. 각 시기 사이는 과도기에 해당한다. 고대한어를 상고와 중고로 나눌 때 西漢이 곧 과도 단계에 속한다.

인류 언어의 기본 형태는 '口語(입말, 口頭語, spoken language)'이다. 이에 대해 어떠한 형태이든 文字로 기록된 언어는 '書面語(글말, 書寫語, written language)'라고 한다. 現代漢語의 경우는 구두로 의사를 표현할 때 사용하는 말인 口語가 書面語와 기본적으로 일치한다. 중국에서는 口語를 그대로 기록한 書面語를 '白話文(白話)'이라고 부른다.

초기의 古代漢語인 上古時代의 書面語는 당시의 口語와 대체로 일치하였을 것이라는 것이 전통적인 견해였다. 그러나 연구를 보탠 결과, 당시의 書面語에서조차 이미 여러 가지 원인으로 말미암아 口語와 상당한 차이가 있었다고 보는 견해도 설득력을 갖게 되었다. 물론 어느 시기에나 白話文에 가까운 書面語가 존재하였고 시간의 흐름에 따라 몇몇 영역에서 새로운 白話文이 생겨나고 세를 늘리어 文言文과 공존하기도 하였지만,[1] 書面語와 口語가 일치하지 않은 현상이 지배적이었으며, 이러한 전통은 '5·4運動' 이후 書面語와 口語가 일치하는 白話文이 정통의 지위를 획득하기까지 지속되었다.

上古時代 이후, 中古漢語에서 현대 이전까지의 모든 古代漢語의 書面語는 각 시기의 口語를 어느 정도 흡수하기는 하였으나, 口語의 끊임없는 변화 발전으로 인하여 書面語와 口語 간의 차이가 점점 커지는 과정을 밟게 되었다.

이러한 中國 舊時代의 書面語를 총칭하여 '文言' 또는 '文言文'이라 한다. 이는 곧 '白話文'에 상대하여 일컫는 말이다. 文言文은 朝代別로는 다시 周秦文·兩漢文·魏晉六朝文·唐宋文·元明淸文 및 淸末民國初의 글 등으로 나뉘어 일컬어지기도 한다. 體裁別로는 散文과 騈文, 有韻文과 無韻文, 詩·詞·曲 등의 이름으로 구분되어 語彙[詞彙][2]와 文法(=語法) 및 修辭 등의 방면에서 각

---

1) 아주 옛날에도 『論語』와 같이 白話가 기본인 語錄體의 글이 있었으며, 훗날의 白話小說·기타 語錄 등의 白話文은 文言文과 공존한 대표적인 예가 된다.

2) 이 책에서의 문법 용어는 한국에서 사용하는 것을 기본으로 하였다. 주로 중국 학계에서 사용하는 용어는 [ ] 안에 병기하였다. 양국의 용어가 일치하는 경우는 표시하지 않았다. 중국 학계의 용어를 먼저 써야 할 경우에는 한국에서의 용어를 ( ) 안에 표기하였다.

각의 특징을 갖는 여러 體의 文言文이 있다.

古文 / 正統文言文(先秦兩漢文) / 漢文 / 漢文法

文言文 가운데서도 先秦·兩漢(西漢·東漢)의 上古漢語가 古代漢語의 文言文을 대표하여 정통의 지위에 있다. 그래서 先秦兩漢文을 正統文言文이라고 부른다. 이 正統文言文과 후대에 이를 모방하여 지은 문장을 '古文'이라 일렀다. 이른바 古文은 그 자료가 풍부할 뿐 아니라, 文法·語彙 등의 면에서 변화가 작아 대단히 큰 안정성을 갖고 있다. 정통문언문(곧, 정통 古文)의 文法을 곧 전체 文言文 文法의 기초이자 대표로 삼는 것은 바로 이 때문이다.

한국에서 말하는 '漢文'은 中國의 文言文과 이 文言文을 대표하는 古文의 文法에 맞도록 韓國·日本 등의 外國人이 쓴 문장을 포괄하는 용어일 따름이다. '漢文'이라는 용어가 가리키는 내용은 다분히 시간과 공간을 초월한다고 할 수 있다.

따라서 '漢文法'은 좁게는 漢語(中國語) 正統文言文의 文法을 가리키며, 넓게는 이를 기초로 하는 전체 '文言文法'인 것이다. 한문법의 기술 범주는 당연히 古文을 위주로 하는 文言文法의 범위를 넘지 않아야 한다.

漢文法과 시간·공간의 문제

'古代漢語'는 자못 긴 세월의 漢語를 가리킨다. 그 동안 漢語도 부단히 변화하고 발전하여 적지 않은 새로운 문법 요소들이 생겨났다. 이 요소들이 동시에 갑자기 생겨난 것이 아니기 때문에, 각 시기 漢語의 실상에 따라 적절한 시기 구분을 할 수 있을 때만이 현실성과 동질성을 갖춘 문법을 기술할 수 있다. 그런데 이러한 작업은 매우 어렵다. 그렇다고 해서 선후하여 생겨난 문법 요소들을 뒤섞어 공통의 것으로 삼을 수도 없다. 시간의 흐름에 따른 각 문헌의 문법 내용의 차이도 문제이며, 중국은 방대한 영토에서 동일한 문자를 사용하면서도 方言 간에 이런 저런 차이가 있다. 방언 요소까지 뒤섞이면 현실 언어의 문법과 더욱 멀어지게 될 것이다. 그러나 각각의 고대 문헌들이 어느 지역 방언을 근간으로 하여 작성된 것인지를 살펴내는 일은 실로 어려운 작업이다.

적어도 앞 시대와 뒤 시대의 문법 요소가 섞이는 것을 최소화하려면 시기 구간을 적게 잡는 수밖에 없다. 그래서 이 책에서는 先秦의 문헌과 兩漢(西漢·東漢)의 문헌에 의거한 古文法(즉, 古代 漢文法)을 주요 기술 범위로 삼았다.

2. 漢文法의 각 분야와 문법 단위

문법의 하위 영역은 언어에 따라 다를 수 있다. 지금은 언어마다 대체로 서구언어 문법 연구에서 마련된 틀, 특히 영문법에서 사용하는 하위 영역 구분을 원용하는 경향이 강하다. 영문법 연구의 진전을 따라 하위 영역의 구분에도 변화가 적지 않았다. 같은 틀을 사용하는 경우라도 학자에 따라 내용이나 용어의 사용에 차이가 생기기도 하였다. 그래서 어느 틀을 수용하느냐에 따라 기술상의 차이를 보이게 된다.

서구 문법에서의 전통적인 문법 하위 영역은 形態論[詞法]과 統辭論[句法]이 핵심이라고 할 수 있다. 여기에 音韻論을 넣어 3분하는 것이 대표적인 틀이었다. 그 밖의 틀은 이를 바탕으로 하고 틀에 부분적인 수정을 가했거나 내용을 수정 내지 보완한 것이라고 할 수 있다. 品詞[詞類] 분류를 하위 영역의 한 틀로 삼은 경우는 없다. 그럼에도 단어의 무리를 나누어 품사를 정하는 일은 매우 중요시되어 왔을 뿐만 아니라, 형태론과 통사론의 양면에 걸쳐 필수적인 내용으로 자리를 잡아왔다. 문법 연구의 역사에 의하면 품사의 분류는 애초에 단어의 '의미'를 출발점으로 하고 있음을 알 수 있다. 의미만으로는 단어의 분류가 문법적인 의의를 가질 수 없다. 그런데 많은 언어에서 단어들이 부분적으로 일정한 '형태'(form)를 보인다. 이들 형태의 차이에 의거한 품사의 분류는 문법적인 의미를 갖게 한다. 뿐만 아니라 단어의 형태는 단어가 문장 중에서 갖는 '기능'(직능, 역할 : 이것을 흔히 문장의 '성분'이라는 이름하에 나누어 일컬음)(function)[功能]과 밀접한 관계를 지님으로써 단어의 무리를 가르는 작업을 더욱 쉽고 명확하게 해주기도 한다. 단어 무리들 간에 일정한 형태의 차이는 보이지 않더라도 단어의 기능에 차이가 있을 경우, 이 역시 품사를 가르는 중요한 근거로 삼을 수 있다.

　모든 단어는 실질적이든 기능적이든 일정한 의미를 갖는다. 그러므로 의미에만 의존한다면 품사 분류는 저마다 다를 수 있다. 그러나 형태와 기능의 차이에 의거하여 분류하게 되면 공통된 틀을 마련하기가 용이하다. 형태나 기능에 의거한 품사의 분류는 품사의 규정이 문법적인 의미를 갖게 한다. 기능의 차이에 따라 부분적으로 단어의 형태 변화까지 존재하는 영어에서는, 단어의 형태와 형태의 변화 그리고 기능의 차이를 기초로 하여 품사의 분류가 정당성을 확보하였으며, 공통된 분류 체계를 마련하기가 비교적 용이하였다. 그래서 품사는 형태론적 연구와 통사론적 연구에서 필수적인 요소로 자리 잡았다. 영어와 유사한 특징을 지닌 언어들에서는 이 같은 품사의 분류가 비슷한 정도의 유용성을 지니게 되었다.

　漢語 文法의 하위 영역도 영문법에서의 연구 성과를 수용한 것이다. 지금까지의 서술 방식을 자세히 살펴보면 다양한 면모를 보인다. 古代漢語(고대중국어, 한문)건 現代漢語(현대중국어)건 흔히 形態論과 統辭論으로 나누고 각각 '詞法'과 '句法'이라는 이름 아래 다루었다. 形態論[詞法]은 單語(낱말)의 구성(내

부구조) 규칙과 형식 변화(單語의 語形 變化)를 다루는 분야이다.[3] 그런데 고대 한어에는 단어에 '형태'라고 할 만한 것이 극히 미미하다.

그 결과 근래의 많은 문법서는 形態論[詞法]에서 單語(낱말)의 구성(내부구조) 규칙과 형식 변화(單語의 語形 變化)를 슬그머니 제외시키고, 대신에 '품사[詞類]'편이 그 자리를 차지하고 있다. 그래서 '품사'와 '통사론[句法]'이 대등한 위치에서 한어 문법의 양대 하위 영역을 이루고 있는 경향이 두드러진다. 統辭論[句法]은 文章[句子]의 내부 구조, 즉 문장의 각 구성 요소(단어 또는 구)들 사이의 제반 관계 및 유형(統辭構造)을 연구하는 분야이다. 구성 요소가 문장 중에서 갖는 기능에 따라 문장 '성분'명을 정하고 일정한 語順을 상정하여 다룬다.[4] 서구 언어에서는 형태론이 통사론의 기초가 되는 경우가 많다. 그러나 한어에는 형태론의 중심인 이른바 '형태'(form)나 그 변화가 거의 없기 때문에 그

---

3) 중국에서 '詞法'이라 이르는 형태론은 두 영역으로 나누어, 단어의 구성 규칙에 관한 것을 '構詞法(造語法)'이라 부르고, 단어의 형식 변화에 관한 규칙을 '構形法'이라 부른다. 전통 영문법에서의 'morphology(형태론)'의 영역을 이렇게 수용했던 것이다. 그런데 어느 틈엔가 '詞類(품사, parts of speech)'가 '詞法' 안에 끼어들어 하위 영역을 차지하고 있다. 엄격한 의미에서 고대한어에는 형식의 변화, 즉 형태(form)의 변화가 없다. 그래서 '詞法'에는 사실상 우리가 흔히 造語法이라고 불러 온 '構詞法'만 있게 된다. 이것도 대부분 '형태'에 의하지 않는다. 게다가 이것은 대체로 어휘론의 중요한 연구 대상이 되어 있다. '詞類'가 '詞法(morphology, 형태론)'의 고유 영역인 '構詞法'·'構形法'을 밀어내고 '詞法'의 자리를 독차지하게 된 것은 아마도 이런 이유에서인 것 같다. 그래서 문법서의 兩大 부분이 '詞類(품사)'와 '句法(통사론)'으로 엮어져 있는 책들이 다수이다. 이름은 '詞法'이고 그 주요 내용이 아예 '詞類'인 경우도 보인다.

單語를 중국에서는 '詞'라고 한다. 한국에서도 '名詞·動詞·形容詞'라고 일컬을 때는 單語를 '詞'라고 부르고 있음을 알 수 있다. '詞法'은 곧 單語를 대상으로 한 제반 규칙 또는 그것을 연구하는 일을 아우르는 말이 되어버렸다.

4) 문법상의 '文章'은 '한 가지 짜인 생각을 나타내는 말'로 정의되며, 統辭·文·월·文辭 등으로도 불린다. 文章을 중국에서는 '句子' 또는 '句'라고 한다. 한국에서 '통사론'은 文章論·構文論·文論·월갈이라고도 불렀다. 중국에서는 文章을 '句子(~句)'라고 하므로, 통사론을 뜻하는 용어로는 '句法'이라는 말을 사용한다.

내용이 사뭇 다르다.5)

品詞 분류는 문장의 구조 분석에 도움을 주기 위하여 單語의 文法 특징에 따라 그 類別을 다루는 것이다. 단어의 문법 특징이란 單語의 意味・機能(職能)・形態 따위를 말한다. 언어마다 모든 단어는 일정한 의미를 지니지만, 단어가 지니는 기능이나 형태에는 많은 차이가 있다. 다시 말하거니와 일정한 형태에 의해 단어 간의 차이를 설명할 수 있는 언어는 품사 분류가 비교적 용이하다. 게다가 단어 간에 기능의 차이가 분명하여 문장 성분(기능)과 일정한 대응 관계를 갖는다면 이 또한 단어의 유별을 가르는 중요한 요소가 된다. 그런데 한어, 특히 고대한어는 형태가 거의 없고 단어와 문장 성분 간에 대응 관계가 철저한 부류가 극히 적다. 그래서 다른 언어의 문법 기술과 비교할 때 현재 통용되는 품사 분류의 의미는 그다지 크지 않다. 주로 단어의 의미에 의거한 구별이며, 그나마 영어에서 각 품사에 속하는 단어와 의미상 대응되는 무리의 갈래라는 특징이 강하다. 그래서 사람에 따라 분류에 자의적인 면도 많다.

개별 언어에서 문법 특징을 가장 잘 보여주는 요소가 형태의 변화이다. 이는 대체로 屈折(= 屈曲, inflection)하는 요소와 添加(= 粘着, = 膠着, agglutination)되는 요소로 구분할 수 있다. 이것들은 주된 문법 특징이다. 그런데 古代漢語

---

5) 漢語(중국어) 文法의 하위 영역에 대해서도 분류 방식이 다양하다. 서구의 문법 분야 하위 구분에서의 여러 가지 차이를 반영한 결과인 측면이 크지만, 서구 언어와 한어 사이에 많은 차이가 있어서 서구 문법의 하위 영역 구분 체계가 한어에 그대로 적용되기 어렵기 때문이기도 하다. 일부 용어가 학자들 간에 서로 다른 점도 서구 문법의 수용 양상을 알게 해 주는 것이다.
　서구 문법에서도 문법의 하위 분야를 형태론(morphology)과 통사론(syntax)으로 2大別하기도 하고, 여기에 음운론(phonology)을 포함시켜 3分하기도 하며, 음소론(phonemics)・형태소론(morphemics)・통사론을 竝稱하는가 하면, 형태론에 형태음소론(morphophonemics)・형태소론・통사론을 포괄하기도 한다. 또 형태소론과 통사론을 형태론이라고 총칭하기도 한다.

에는 單語가 문장 중에 사용될 때 단어의 문법적 기능 차이를 나타내는 屈折 요소도 添加 요소도 없다.(孤立語 : isolating language) 그래서 單語를 분류하여 품사를 정함에 있어서 意味가 주된 기준이 되어 있다. 단어의 결합 관계에서 나타나는 일부 統辭的 특징마저 품사 분류의 관건이 되지 못한다. 한어의 기본 통사구조를 기본적으로 구성 부분의 의미 관계에 의해서 설정한 것은 이를 반영하는 것이다.

古代漢語의 文法(한문법)을 다룸에 있어서도 分析 대상이 되는 單位를 ① 形態素(morpheme, [語素, 詞素]), ② 單語(word, [詞]), ③ 句(phrase, [詞組, 短語]), ④ 文章(文, sentence, [句子])으로 나눈다. 이 가운데 單語는 문법상의 중심 단위이다. 실제 대화의 단위는 문장이며, 문장을 구성하는 재료가 단어이기 때문이다. 구는 둘 이상의 단어가 하나의 문장 성분으로 기능할 때를 설명하는 방편이다. 형태소는 단어를 구성하는 의미 요소가 둘 이상일 때 가능한 분석을 위하여 마련한 개념이다. 한어에는 형태와 그 변화가 거의 없기 때문에 단어의 구성을 잘 이해하면 구와 문장의 규칙도 이해하기 쉽다는 점이 특징이다. 일정한 어순 설정이 특히 중요하다.

3. 漢文法의 문법 항목과 주요 내용

1) 單語(낱말)[詞 : word]의 구성

(1) 單語의 구성 요소(形態素[語素, 詞素])와 漢字

單語(word, 詞)란 고정된 讀音과 특정한 意義를 가진 最小의 文章[句子] 구성 單位이다. 다시 말해서 하나하나의 문장을 단위로 하여 표현되는 말 중에서

獨立的으로 運用될 수 있는 意味 傳達의 最小 單位인 것이다.

古代漢語를 기록하는 데 사용되는 漢字는 대체로 表意性이 강한 文字이다. 즉, 단어의 의미 또는 의미 유형을 알게 해 주는 경우가 많다. 漢字도 다른 모든 언어를 기록하는 문자와 마찬가지로 表音, 즉 말소리를 기록하는 기능이 본질적 기능이다. 그런데 하나의 문자가(낱낱의 漢字가) 하나의 음절음을 통째로 나타내기 때문에, 하나하나의 음소를 나타내는 문자를 사용함으로써 둘 이상의 문자로 하나의 음절을 나타내는 경우가 대부분인 한국어의 한글이나 영어의 알파벳과는 그 성질이 크게 다르다. 그래서 漢字가 지니는 讀音[음] 외에 그것의 形體[形]를 중시한다. 한자가 나타내는 발음 외에 단어의 뜻을 짐작할 수 있게 고안된 것들이 있기 때문이다. 또 개별 漢字는 대부분 일정한 意義[義]를 갖는다.

모든 漢字는 音節의 單位로 간주된다. 대부분의 字는 '人·見·冷·七·匹·皆·汝·於·而·也·噫' 등과 같이 實質的 또는 機能的(文法的)인 의의를 가짐은 물론, 문장 안에서 단독으로 운용되는 單語가 된다. 단어를 구성하는 음절(漢字)의 수가 하나이므로 이것들은 單音節詞라고 명명할 수 있다. 단음절사는 古代漢語 語彙[詞彙]의 주류를 이룬다. 두 글자로 구성된 것은 複音節詞라 명명된다. 복음절사도 상당한 비중을 차지한다. '欣欣然(흔흔연)6)·申申如(신신여)7)·戚戚焉(척척언)8)·巍巍乎(외외호)9)·公孫丑(공손추)10)' 등과 같이 세 글자로 구성된 것도 있으며, 관직이름 같은 것에는 네 글자 이상도 있다. 多音節詞라고 명명할 수 있다.

---

6) 擧欣欣然有喜色而上告曰.(『孟子·梁惠王下』)

7) 子之燕居申申如也夭夭如也.(『論語·述而』)

8) 夫子言之, 於我心戚戚焉.(『孟子·梁惠王上』)

9) 巍巍乎有天下之不與焉.(『孟子·藤文公上』)

10) 人名.

'衣服(의복)·禽獸(금수)·動靜(동정)·干戈(간과)·先生(선생)·將軍(장군)·招致(초치)·地震(지진)·童子(동자)·忽然(홀연)·悠悠(유유)' 등은 複音節詞이다. 이들 단어 중의 각각의 字들은 특정의 뜻을 갖는 이들 單語를 구성함에 있어서 實質的 또는 文法的 意味를 갖는 最小의 單位가 된다. 더 이상 쪼갤 수 없는 이 最小의 文法 單位를 形態素라고 한다. 單音節詞는 한 글자이자 최소의 의미 단위인 形態素가 바로 單語의 지위를 가지고 쓰이는 경우이다.

한편 複音節, 즉 두 字로 표현되는 單語라 하더라도 '參差(참치)·逍遙(소요)·輾轉(전전)·鸚鵡(앵무)' 중의 각각의 字들은 단독으로 의미를 갖지 못하고 音節의 단위, 즉 表音符號가 될 따름이며, 두 글자가 합쳐져서 비로소 최소의 有意味(實質的·機能的) 單位인 形態素가 된 경우이다. 즉, 최소의 의미 단위가 되는 말소리가 본시 두 음절인 경우이다. (한국어에서 '하늘', '소리', '어머니' 등을 구성하는 각 글자[음절]가 뜻을 갖지 않는 것과 같은 이치이다.) 형태소라는 개념을 중심으로 단어를 분류하면, 單音節詞와 이것들은 單語가 하나의 形態素로 이루어진 경우로서 單純詞(單純形態素詞)라 이르고, 둘 이상의 形態素로 구성된 複音節 또는 多音節의 單語는 合成詞(合成形態素詞)라 한다.

따라서 모든 字가 어느 경우에나 다 單語가 되는 것도 아니며 形態素가 되는 것도 아님을 알 수 있다. 다시 말해서 字를 기준 하여 보면 ① 表音符號(音節의 단위)일 따름인 경우와 ② 形態素를 겸한 경우, 그리고 ③ 表音符號이자 形態素 겸 單語인 경우 등 세 가지로 나눌 수 있다. 이상에 말한 單語·形態素·字의 관계를 다음과 같이 요약할 수 있다.

- 字 ≠形態素≠單語 : 參差·逍遙·輾轉·鸚鵡 등

    ⇒ 복음절형태소 = 단어

- 字=形態素≠單語 : 衣服·禽獸·動靜·干戈 등

⇒ 단음절형태소 + 단음절형태소 = 단어

・字 = 形態素 = 單語 : 人・見・冷・七・匹・皆・汝 등

⇒ 단음절형태소 = 단어

(2) 複音節 單語의 구성

複音節詞는 구성 방식에 따라 다시 다음과 같이 나눌 수 있다.[11]

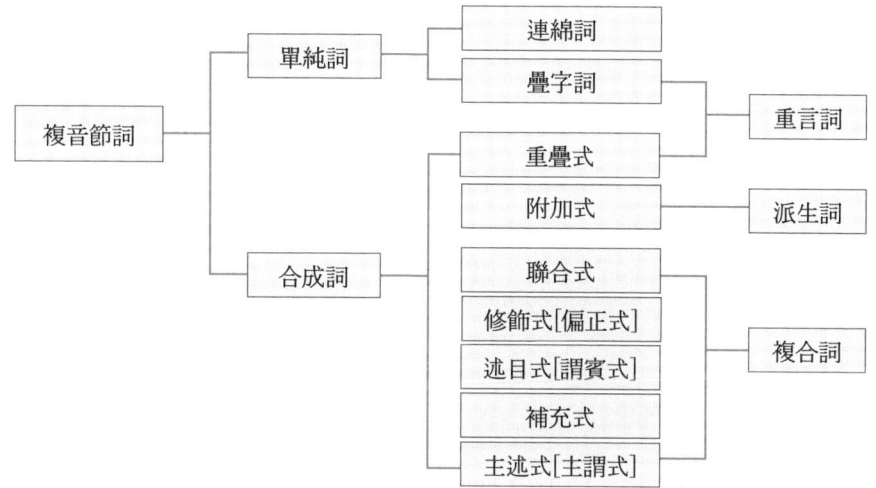

---

11) 合成詞(합성어)의 각 형식명(결합 방식) 가운데 [ ] 안에 한 가지씩 더 있는 것은 주로 중국식 용어와 한국에서 써온 용어의 차이를 반영한 것이다. '動賓式'의 '動'은 품사 분류에서 動詞를 지칭하는 말이므로 동사와 형용사를 아우를 수 있는 '述'로 바꾸었다. 句구조에서 目的語[賓語]를 수반하는 것은 동사뿐 아니라 형용사도 있기 때문에 형식의 명칭을 통일하기 위해서이다. '賓'은 '目的語'를 가리켜 중국에서 주로 사용하는 용어인 '賓語'의 축약이므로 생소함을 덜기 위해서 '目'으로 바꾸었다. '主謂式'을 '主述式'으로 바꾼 것도 '述語'를 가리키는 중국식 용어인 '謂語'의 축약어 '謂'에 대한 생소함을 덜기 위해서이다. 중국식 용어인 '偏正式'은 '偏+正'이 수식부분과 피수식부분을 대등하게 나타내 주어 매우 적합한 명칭이라 여긴다. '修飾式'이라 하면 수식부분과 피수식부분 각각을 따로 나타내 주지는 않으나 한국인에게 보다 익숙해 있어서 이것을 취하였다. 그러므로 '述目'으로 바꾼 것만 특별한 의미가 있다. 이는 '述賓'이나 '謂賓'으로 명명해도 무방하다.

複音節詞 각 類의 예를 들면 다음과 같다.

① 單純詞

複音節(雙音節)로 구성된 하나의 形態素로서 單語가 되는 경우는 連綿詞와 疊字詞라는 이름으로 구분할 수 있다. 두 가지 모두 의미상 音節을 분할할 수 없는 것이 특징이다. 분할하면 뜻을 갖지 못하기 때문이다.

가. 連綿詞(連綿字, 聯綿字)

音이 다른 두 음절(字)이 하나의 形態素가 되는 複音節詞를 일컫는다.[12]

---

12) 雙聲(쌍성)·疊韻(첩운) : 연접한 두 글자 사이의 음성 관계를 일컫는 말이다. 고대의 詩文에서 매우 중시하였다.

　엄밀한 의미에서 '雙聲'은 연접되어 있는 두 글자의 聲母가 같은 경우를 이르고, '疊韻'은 연접되어 있는 두 글자의 韻母와 聲調가 같은 경우를 이른다. 漢語는 고대의 어느 시기부터 聲調도 의미의 변별에 간여해 온 '聲調言語'이기 때문에 오늘날 漢語의 音節 구성을 聲母·韻母·聲調로 나누어 살피는 것이 보통이다. 한국어에 존재하지 않는 聲調를 제외하면 聲母는 우리말 音節 구성을 따지는 용어의 '初聲(첫소리)'에 해당하며 韻母는 '中聲(가운뎃소리)' 또는 '中聲＋終聲(끝소리)'에 해당된다. 韓國 漢字音을 가지고 '漢字'의 音을 聲母·韻母의 개념으로 분석하면, '漢'의 'ㅎ'과 '字'의 'ㅈ'은 각각 聲母가 되는 셈이며, '漢'의 'ㅏ'과 '字'의 'ㅏ'는 각각 韻母에 해당된다. 漢語는 聲母·韻母 외에 每 字마다 고유의 聲調를 지니고 있어서, 이에 따르면 '漢'과 '字'는 모두 '去聲'에 속하는 글자이다.

　古代漢語의 聲調는 통상 '平聲·上聲·去聲·入聲'의 네 가지로 구분하여 인식해 왔다. 詩歌의 押韻을 따질 때는 '上聲·去聲·入聲'을 하나의 틀로 묶어 平聲과 대비시킴으로써 '平聲'과 '仄聲'으로 兩大別하기도 한다. 사실 漢語에서는 '韻母'라는 개념을 사용하기 전에 전통적으로 '韻'이라는 개념을 사용해왔다. 일찍부터 詩歌의 押韻에 漢字音의 '韻母'와 '聲調'가 활용되면서 '韻'은 '韻母'와 '聲調'를 포괄하는 개념으로 쓰여 왔다. 다만, 주의할 점은 이 경우 '韻'이라는 개념 가운데 '聲調' 이외의 부분은 '韻母'의 완전한 일치를 의미하는 것이 아니라 '韻母'를 '韻頭(운모의 머리 부분)·韻腹(운모의 중심 부분)·韻尾(운모의 꼬리 부분)'로 나누었을 때의 '韻腹'과 '韻尾'의 일치만을 의미하였다.(운두나 운미가 없이 운복만을 가진 음절도 있고, 운복과 운미만 있는 음절도 있다.) 어떤 경우에는 더 나아가 '韻腹'과 '韻尾'가 비슷하기만 하면 함께 押韻할 수가 있었다. 그래서 '韻'이라는 전통적인 개념은 '韻母'보다 포괄적인

參差(참치)13), 蟋蟀(실솔)14), 邂逅(해후)15), 憔悴(초췌)16) [雙聲]

逍遙(소요)17), 窈窕(요조)18), 崔嵬(최외)19), 婆娑(파사)20) [疊韻]

輾轉(전전)21), 繾綣(견권)22) [雙聲 겸 疊韻]

梧桐(오동)23), 雎鳩(저구)24), 滂沱(방타)25)

뜻을 지녔음을 알 수 있다. 이러한 '韻'의 개념은 대부분 韻書(옛 押韻用 교과서 겸 字典)의 제작에 그대로 수용되었다.

　그러므로 '雙聲'과 '疊韻'의 개념에 관하여, 각각 '聲母'가 같거나 '韻母'와 '聲調'가 동시에 똑같은 경우만을 가리키는 것이 아니라, '聲母'가 비슷한 경우를 포함하여 '雙聲'이라 이르고 '韻母'가 비슷하고 '聲調'만 같으면 '疊韻'이라 이르기도 한다. 한편 처음에는 연접되는 두 漢字의 聲母가 완전히 같거나 韻母와 聲調가 완전히 일치했을지라도 시간의 흐름과 더불어 字의 音이 변해왔기 때문에 聲母나 韻母 또는 聲調가 완전히 일치하지는 않고 비슷하거나 전혀 달라진 경우도 있게 되어, 오늘날의 漢語(중국어)音이나 한국 漢字音을 통해서 '雙聲'과 '疊韻'을 엄격하게 따지기는 어렵게 되었다.

13) 參差荇菜 左右流之.(『詩經·周南·關雎』) (들쭉날쭉 [돋아 있는] 조아기 풀, 좌우로[이리저리] 그것을 따라[찾아] 흘러가네.)

14) 蟋蟀在堂 歲聿其逝.(『詩經·唐風·蟋蟀』) (귀뚜라미 집안에 있네, 한 해가 [아 거] 가는구나.)

15) 邂逅相遇 適我願兮.(『詩經·鄭風·野有蔓草』) (뜻하지 않게 서로 만났네, 내가 원하는 것에 이르렀네.)

16) 民之憔悴於虐政 未有甚.(『孟子·公孫丑上』) (백성들이 포악한 정치에 [시달려] 초췌해진 경우가 아직은 심함이 없었다.)

17) 二矛重喬 河上乎逍遙.(『詩經·鄭風·淸人』) (두 창에 꿩 깃 겹으로 달고 황하 가에서 노닐기만 하네.)

18) 窈窕淑女 君子好逑.(『詩經·周南·關雎』) (아리따운 숙녀여, 군자의 좋은 배필일세.)

19) 陟彼崔嵬 我馬虺隤.(『詩經·周南·卷耳』) (저 높은 데로 올라가려 하나 내 말이 지쳐 있네.)

20) 子仲之子 婆娑其下.(『詩經·陳風·東門之枌』) (자중 씨의 자식[따님]들, 그 아래서 덩실덩실 [춤추네].)

21) 悠哉悠哉 輾轉反側.(『詩經·周南·關雎』) ([밤이] 길고도 길구나, 엎치락뒤치락 뒤집으며 기우네[이리저리 뒤척이며 지새우네].)

22) 無縱詭隨 以謹繾綣.(『詩經·大雅·生民之什·民勞』) (거짓말 하고 속이는 사람 멋대로 하게 내버려둠 없이 하고, 그렇게 해서 뒤엎고 그르치는 사람 삼가소서.)

23) 梧桐生矣 于彼朝陽.(『詩經·大雅·生民之什·卷阿』) (오동나무 자라났네, 저 아침 햇볕에.)

24) 關關雎鳩 在河之洲.(『詩經·周南·關雎』) (구욱구욱 징경이, 황하의 모래톱에 있네.)

나. 疊字詞(疊字, 疊音, 複字)

같은 글자가 중첩되어 구성된 單語를 重言詞[重疊詞]라 이른다. 이는 다시 두 부류로 나뉜다. 같은 글자가 중첩되었을지라도 連綿字처럼 한 글자 단독으로는 形態素가 되지 못하는 경우를 '疊字詞'라고 한다.

같은 重言詞이면서도 한 글자가 단독으로 形態素가 되어 독립된 單語로도 쓰이는 字의 중첩인 경우, 즉 분할이 가능하여 合成詞라고 할 수 있는 경우는 '重疊式'이라고 구별하여 명명한다. 동일한 의미를 갖는 形態素의 合成에 해당하므로 疊字詞와 구별되는 것이다.

交交(교교)26), 湯湯(탕탕)27), 夭夭(요요)28)

② 合成詞

合成詞는 重疊式·附加式·聯合式·修飾式·述目式·補充式·主述式 등 7가지29)로 나눌 수 있다. 그 중 聯合式·修飾式·述目式·補充式·主述式 등 5가지는 각기 다른 형태소가 '語幹＋語幹'의 형태로 대등한 지위를 가지고 결합된 형식이다. 이 다섯 가지는 古代漢語의 單語 구성 방식의 주류를 이룬다. 이들은 複合詞라고 불러 重言詞의 重疊式이나 派生詞인 附加式과 구별한다.

---

25) 寤寐無爲 涕泗滂沱.(『詩經·陳風·澤陂』) (자나 깨나 하는 것 없이, 눈물 흘리기만 주룩주룩.)
26) 交交黃鳥 止于棘.(『詩經·秦風·黃鳥』) (꾀꼴꾀꼴 꾀꼬리, 대추나무에 머물러 있네.)
27) 淇水湯湯 漸車帷裳.(『詩經·衛風·氓』) (기수 강물 물결쳐서 수레 휘장 적시네.)
28) 桃之夭夭 灼灼其華.(『詩經·周南·桃夭』) (복숭아 무성하네, 화사하다 그 꽃.)
29) 합성사의 구분에도 사람마다 차이가 있는 경우가 많다. 그 가운데서도 '偏意複詞'라는 이름으로 특별히 구별하는 복합사가 있다. 예를 들면 '異同' 같은 것이 그것인데, 문맥상 '달리하다'라는 뜻으로 파악되는 단어라는 데 의거하여 '同'의 뜻은 없고 '異'의 뜻만 나타낸다고 여긴 것이다. 그러나 이것은 착각이다. 이는 '술목'구조의 복합사이다. '같게 할 것을 달리하다'로 이해되는 구조로서 본시 두 글자 모두 의미를 지닌(형태소) 조합이다. 다른 예들도 정확하게 분석하면 7가지 중에서도 뒤의 5가지 복합사에 귀속시킬 수 있다.

가. 重疊式·附加式

ㄱ. 重疊式(疊詞)

같은 글자가 중첩된 重言詞(重疊詞) 가운데 두 글자가 모두 形態素의 지위를 갖는 單語의 구성 형식이다. 연면사와 구별하기가 쉽지 않다. 한 글자(음절) 단독으로 쓰여 같은 범주의 뜻을 나타내는 경우가 있음을 가지고 중첩식인 '어간+어간'의 결합으로 여긴다. 한 음절의 단어일 때보다 의미가 강하다.

悠悠(유유)30), 惴惴(췌췌)31), 肅肅(숙숙)32)
遲遲(지지)33), 怛怛(달달)34), 皎皎(교교)35)

ㄴ. 附加式

語幹이 되는 形態素에 附加的 요소인 形態素가 결합된 單語의 구성 형식이다. 附加 요소는 接頭辭와 接尾辭가 있다.36) 이렇게 구성된 單語를 派生詞(派生語)라고 부른다.

---

30) 莫往莫來 悠悠我思.(『詩經·邶風·終風』) (간도 없고 음도 없으니, 그지없네 나의 생각[시름].)

31) 臨其穴 惴惴其慄.(『詩經·秦風·黃鳥』) (그 묘혈에 임하사[그 무덤에 들어갈 적에], 두려워 부르르 떨었다.)

32) 肅肅宵征 夙夜在公.(『詩經·召南·小星』) (정숙하게 밤에 길 떠나, 밤낮으로 공무에 임하였네.)

33) 曰: 遲遲吾行也.(『孟子·萬章下』) ([공자께서] 말씀하셨다. 더디디 더디게[느릿느릿] 내가 간다.)

34) 無思遠人 勞心怛怛.(『詩經·齊風·甫田』) (먼 데 사람 생각할 것 없네. 마음 수고만 안달복달.)

35) 皎皎白駒 食我場苗.(『詩經·小雅·鴻鴈之什·白駒』) (새하얀 망아지 내 밭의 곡식 싹을 먹네.)

36) 古代漢語의 附加式 合成詞(派生詞=派生語)를 구성하는 接辭[詞綴], 즉 接頭辭[前綴=詞頭]와 接尾辭[後綴=詞尾]의 범주는 더 연구할 문제이다. '有政'·'有方'의 '有'에 대해서도 여러 어휘론 연구자들은 접두사로 여기고 있다. 그러나 附加式 單語들의 接頭·接尾 성분의 범위에 대해서는 재검토할 대상이 적지 않다.

- 어간 + 접미사 : **弟子**(제자), **童子**(동자), **忽然**(홀연), **喟然**(위연), **率爾**(솔이), **莞爾**(완이) 등.
- 접두사 + 어간 : **阿母**(아모), **疇昔**(주석) 등.

附加式 單語는 先秦 시기에는 드문 편이며, 漢代에도 적게 보인다.

나. 聯合式·修飾式·述目式·補充式·主述式

이 다섯 가지 구분은 순전히 두 구성 부분(어간) 간의 '의미 관계'에 의한다. 따라서 어간의 배열 순서가 같을지라도 서로 다른 방식으로 이해되는 경우들이 있다. 이럴 때의 구분은 주로 다른 어휘들과의 상관 관계를 중심으로 하는 문맥에 의존한다.

어간인 두 형태소의 의미 지분이 서로 대등한 이들 다섯 가지 결합 형식은 단어와 단어의 결합 관계(句 구조)를 파악하는 데도 그대로 적용된다. 형태소가 단어(word)를 구성할 때나 단어가 구(phrase)를 구성할 때나 상호 관계를 나타내는 어떠한 접착 성분, 즉 형태 성분이 없기 때문이다. 그래서 통사론의 출발이자 핵심인 구의 통사 관계 내지 구조에서조차 단어의 '의미'가 분류 틀 마련의 주된 근거가 되고 있다. 뿐만 아니라 단어인가 구인가를 판단하기가 어려운 경우가 매우 많다. 단어와 구 간의 분별이 비교적 명확한 단어나 구를 기준하여 보면 성질상 양자의 사이에 있거나 두 가지를 겸한다고 말하게 된다. 현대 한어(현대중국어)에도 그런 경우가 있는 것은 마찬가지이다.

[1] 聯合式

두 어간의 의미가 평등하게 합성된 형식이다.

○ 뜻이 같거나 비슷한 형태소의 결합

　　衣服(의복)[37],　恭敬(공경)[38]

　　禽獸(금수)[39],　國家(국가)[40]

○ 뜻이 성질상 비슷한 형태소의 결합

　　聰明(총명)[41],　子孫(자손)[42],　社稷(사직)[43]

○ 뜻이 상대되는 형태소의 결합

　　左右(좌우)[44],　男女(남녀)[45]

---

37) 夫人蠶繅 以爲衣服.(『孟子·藤文公下』) (부인은 누에치고 실을 뽑아서 [그렇게 하여] 옷을 만든다.)

38) 恭敬之心 人皆有之.(『孟子·告子上』) (공경하는 마음은 사람 모두가 그것을 가지고 있다.)
　　기타 예 :
　　[正直] 神, 聰明正直而壹者也, 依人而行.(『左傳·莊公三十二年』)
　　[暴虐] 暴虐淫從, 肆行非度, 無所還忌, 不思謗讟, 不憚鬼神.(『左傳·昭公二十年』)
　　[斟酌] 皆斟酌其本, 相與放依而馳騁云.(『漢書·揚雄傳』)
　　[呻吟] 鄭人緩也呻吟於裘氏之地.(『莊子·列禦寇』)

39) 君子之於禽獸也 見其生不忍見其死.(『孟子·梁惠王上』) (군자는 금수에 대해서 그 산 것을 보고는 그 죽은 것을 차마 보지 못합니다.)

40) 至於治國家.(『孟子·梁惠王下』) (국가를 다스리는 데에 이른다.)
　　기타 예 :
　　[尋常] 爭尋常以盡其民, 略其武夫.(『左傳·成公十二年』)
　　[忠貞] 惟乃祖乃父, 丕篤忠貞, 服勞王家, 厥惟成績紀于太常.(『書經·君牙』)
　　[望見] 望見馮婦.(『孟子·盡心下』)

41) 悉其聰明 致其忠愛 以盡之.(『禮記·王制』) (그 총명함을 다하고 그 정성과 사랑이 이르게 하여 [그렇게 해서] 그것[情狀]을 다 알아야 한다.)

42) 苟爲善, 後世子孫必有王者矣.(『孟子·梁惠王下』) (진실로 선한 일을 한다면 후세의 자손들 중에서 반드시 왕 노릇하는 사람이 있게 될 것입니다.)

43) 諸侯不仁 不保社稷.(『孟子·離婁上』) (제후가 어질지 못하면 나라[사직]를 보존하지 못한다.)

44) 王顧左右而言他.(『孟子·梁惠王下』) (왕은 좌우의 신하들을 돌아보고 다른 말을 했다[딴청을 피웠다].)

45) 飮食男女 人之大欲之存焉.(『禮記·檀弓』) (음식과 남녀관계[성생활]는 사람의 커다란 욕망이 거기에 있다[큰 욕망의 소재이다].)

[2] 修飾式[偏正式]

앞 어간이 의미상 뒤의 어간에 종속되는(수식어) 형식이다. 그러므로 구성상 뒤 어간이 의미의 중심(중심어, 피수식어)이 된다. 이를 수식하는 부분과 수식받는 부분의 결합이라고 한다. 그래서 중국에서는 '偏(從, 종속)'과 '正(主, 중심)'이라는 말로 두 부분의 관계를 설명한다.

> 黃泉(황천)[46], 大夫(대부)[47], 布衣(포의)[48], 先生(선생)[49],
>
> 嚆矢(효시)[50], 行人(행인)[51],
>
> 不穀(불곡)[52], 不辜(불고)[53]

---

46) 不及黃泉 無相見也.(『左傳·隱公元年』) (황천[땅속 깊은 곳]에 미치지 않고는 서로 만나는 일이 없을 것이다.)

47) 大夫曰何以利吾家.(『孟子·梁惠王上』) (대부는 무엇을 써서 내 가문을 이롭게 하나 하고 말한다.)

48) 人主之行與布衣異.(『呂氏春秋·行論』) (군주의 행동은 평민과 더불어 비교해서 다르다.)

49) 曰: 先生何爲出此言也?(『孟子·離婁上』) (말했다. 선생님께서는 무엇 때문에 이 말을 내시는 것입니까?)

50) 仁義之不爲桎梏鑿枘也, 焉知曾史之不爲桀跖嚆矢也!(『莊子·在宥』) (인의가 차꼬와 수갑, 구멍과 자루가 되지 못하는데, 어디[어찌] 曾參[仁人]과 史鰌[義人]가 桀王[폭군]이나 盜跖[도적]의 시작[처음]이 되지 못함을 알겠는가?)

51) 行人子羽脩飾之, 東里子産潤色之.(『論語·憲問』) (使者인 子羽가 그것[외교문서]을 수정하고 東里[지명이자 號임] 子産이 그것을 윤색했다.)

52) 楚王饗之曰: 公子若反晉國 則何以報不穀?(『左傳·僖公二三年』) (초나라 왕이 그를 대접하면서 말했다. 공자께서 진나라로 돌아갈 것 같으면 곧 무엇으로 짐[←선하지 못한 사람[제후가 자기를 낮추어 일컫는 말]]에게 보답하겠소?)

53) 與其殺不辜 寧失不經.(『書經·大禹謨』) (그 죄 짓지 않은 사람을 죽이는 것과 더불어 비교하건대 차라리 그르쳐서 법규대로 다스리지 않으리라.)

※ '不+○' 형식의 수식식 구조도 單語인지 句인지를 확정하기가 쉽지 않다. '不' 뒤에 두 단어 이상이 놓이거나 다른 수식어가 놓여 수식구조를 이루는 句들도 얼마든지 '사람'을 비롯한 '명사성'의 의미를 나타낼 수 있기 때문이다.

[3] 述目式[動賓式, 謂賓式]

마치 앞의 어간이 述語라면 뒤의 어간은 그것의 目的語[賓語]인 관계처럼 결합된 형식이다.

將軍(장군)[54], 執事(집사)[55], 用事(용사)[56]

[4] 補充式

마치 앞의 어간이 술어라면 이것이 의미의 중심이 되고 뒤의 어간이 이것의 의미를 보충해 주는 것과 같은 결합 형식이다.

招致(초치)[57]

補充式은 先秦 시기에는 극히 드물게 보이고, 漢代 이후 점차 증가되어 왔다. 사실 단어로 보아야 할지 구로 보아야 할지가 그다지 분명치 않은 경우가 많다.

[5] 主述式[主謂式]

두 어간의 관계가 마치 주어 뒤에 述語[謂語]가 따르는 것과 같은 결합 형식이다.

---

54) 魯欲使慎子爲將軍.(『孟子·告子下』) (노나라가 신자로 하여금 장군이 되게 하고 싶어 했다.)

55) 王總其百執事 以奉其社稷之祭.(『國語·吳語』) (왕이 그 백관[일을 맡은 사람들]을 거느리고 [그렇게 해서] 그 사직의 제사를 받들었다.)

56) 今秦太后穰侯用事, 高陵涇陽佐之.(『戰國策·秦策三』) (지금 진나라는 태후와 양후가 섭정하고, 고릉군과 경양군이 그를 보좌하고 있습니다.)

57) 是時齊有孟嘗君, 趙有平原君, 魏有信陵君, 方爭下士 招致賓客 以相傾奪.(『史記·春申君傳』) (이때에 제에는 맹상군이 있고, 조에는 평원군이 있으며, 위에는 신릉군이 있어 가지고 바야흐로 아래 선비들을 다투어 모으고 빈객을 초치하여 [그래 가지고] 서로 빼앗는 데 힘을 기울였다.)
　　※ '招致'를 단어로 여길 것인가, 구로 여길 것인가는 이 예문을 통해서 확정하기 어렵다.

地震(지진)58), 月蝕(월식)59)

主述式도 先秦 시기에는 극히 드물게 보이며, 兩漢 시기에도 드물게 보이는 형식이다.

단어로 여긴 이상의 예들 가운데는, 두 글자의 결합이 진정으로 하나의 단어 구실을 하는 것인가, 한 글자씩 각기 단어의 역할을 하는 것인가를 분간하기 어려운 경우도 있다. 漢語에 單語(word)와 句(phrase)의 경계를 가를 수 있는 형태 표지가 없기 때문이다. 후대로 내려올수록 형태는 그대로이면서 句에서 單語로 발전한 경우를 많이 발견할 수가 있다. 순전히 의미상의 발전 내지 변화에 의거하여 구분할 수밖에 없다. 결국 문장 중의 쓰임을 통하여 의미를 가지고 單語인지 句인지를 분간해야 하는 문법상의 한계를 지닌다. 사실 두 개의 구성 부분이 독립성을 가지고 쓰인 경우가 句이고, 두 개의 구성 부분이 독립성을 갖지 못하고 긴밀하게 결합하여 '하나의 특별한 의미'를 나타내는 경우를 單語로 여긴다는 구별점밖에 없다. '하나의 특별한 의미'란 추상적 또는 구체적인 새로운 의미를 뜻한다.60)

---

58) 陽伏而不能出, 陰迫而不能烝, 於是有地震.(『國語·周語上』) (양이 [아래에] 엎드려 있으면서 나오지 못하고, 음이 압박하여 김을 내지 [올라오지] 못하게 한다. 이에 지진이 있다.)
　　※ 이 예문 역시 '地震'이 당시에 이미 '지진'이라는 지구과학적인 현상을 명명하는 하나의 단어로 쓰였을지에 대해서는 확언할 수 없다. '땅이 진동하다(진동함)'라는 구로 여겨도 의미가 통하기 때문이다. 게다가 주술구조로서 '땅이 진동하다'인가, 수식구조로서 '땅의 진동'인가를 확정할 근거도 사실 없다.

59) 延壽又取官銅物 候月蝕鑄作刀劍鉤鐔.(『漢書·韓延壽傳』) (연수가 또 관에서 구리로 만든 기물을 취하여 월식 때를 기다려서 여러 가지 칼을 주조해서 만들었다.)
　　※ '月蝕'도 '地震'의 경우와 같이 구와 단어의 경계 문제를 생각할 수 있다.
　　기타 예 : [日蝕] 蓋略以春秋二百四十二年之間, 日蝕三十六.(『史記·天官書』)

60) [先河] : 三王之祭川也, 皆先河而後海, 或源也, 或委也, 此之謂務本.(『禮記·學記』) 여기에서의 '先河'는 '하천에 먼저 하다'라는 뜻을 지녀 두 단어이지만, 후대에 창시자 또는 창도자

2) 單語의 갈래[詞類 : parts of speech]

(1) 古代漢語 기존 품사 분류와 新 품사 분류

개별 언어의 單語[詞]를 분류하는 일은 文法 硏究의 오랜 관행이 되어 있다. 文法의 각도에서 볼 때 모든 언어는 單語로 이루어져 있기 때문에 그럴 법하다. 지금까지 연구하여 마련된 분류의 기준은 단어의 쓰임상의 특징, 이른바 '品詞性[詞性]'이라는 것인데, 앞서 말한 바와 같이 단어의 '의미'의 차이가 문법상 중요한 경계가 되는 경우는 극히 드물다. 단어의 의미는 본시 확연히 무리를 나눌 수 있게 되어 있지 않다. 그래서 한 언어의 단어 전체를 대상으로 하여 말한다면, 단어들의 '의미 무리'를 갈래 짓는다는 것은 언어사용자 각자가 의식할 수 있는 범위 안에서의 추상적인 관념에 따를 뿐이므로 극히 자의적인 작업이다. 말하자면 문법적인 작업이라고 할 수 없다.

그러므로 단어가 일정한 '형태'의 차이를 지니거나 쓰임상 형태의 변화가 있거나 '기능'상의 일정한 차이가 있을 경우에만 경계를 명확하게 정할 수 있고, 이렇게 나눈 단어의 경계라야 비로소 문법적인 의의를 갖게 된다.

단어를 무리별로 나눌 수 있는 중요한 근거가 되는 '형태'와 '기능'은 언어에 따라 다르다. 그래서 각 언어가 구비히고 있는 특징에 큰 자이가 있음에도 불구하고 상호 농일하거나 비슷하게 갈래 짓는다면 불완전한 분류가 될 수밖에 없다. 한 언어 중의 어휘 전체를 균일한 기준으로 나눌 수 없는 경우도 있다. 어휘군의 생성과 변화의 시점 및 변화의 정도가 다르기 때문이다. 모든 언어는 생성 변화 소멸의 과정을 거치지만 어떠한 문법 요소들이 동시에 갖추어지는 것은 아니므로 전체 어휘를 대상으로 획일적 분류를 행하는 것은 실제 언어 현상과 부합되지 못한다.

를 가리키는 단어로 발전하였다.

　　요컨대 單語의 갈래, 즉 品詞[詞類]를 나눌 때 '형태'나 통사상(구문상)의 '기능'이 분명하지 않으면 갈래를 나누는 의미가 크지 않다고 할 수 있다. 따라서 만약에 '형태'나 '기능'상의 특징이 갖추어져 있는 언어에서 마련된 품사 분류를 이들 특징이 갖추어지지 않은 언어에 적용한다면 착오를 면하기 어려울 것이다.

　　漢語(중국어)와 영어의 경우를 예로 들어 설명해 보기로 하자.

　　한어 품사 분류의 대표적인 예는 名詞·動詞·形容詞·[數詞·量詞]·副詞·代詞·前置詞[介詞]·接續詞[連詞]·助詞·感歎詞[歎詞] 등으로 나누는 것이다. 이는 우선 분류의 틀만 가지고 보면 영어의 품사 분류에 영어에는 없는 '조사'만 추가한 격이다. 수사·양사는 대체로 명사 아래 두어도 무방하므로 두 언어 품사 종류상의 큰 차이를 의미하지는 않는다. 그렇다면 품사상 한어는 영어와 흡사한 언어인가? 답은 '아니다'이다. 한어의 품사 분류가 이러한 외형을 갖추게 된 것은 기본적으로 서구 언어 품사 분류의 무비판적 수용의 결과이다. 그 내용은 '조사'를 제외하면 대체로 영어에서 각 품사에 드는 단어들의 의미의 경계를 채택하여 대응되는 해당 표현들을 배당해 놓은 것이다. 그래서 이러한 분류의 외형만 보면 영어에서 단어의 형태와 기능을 바탕으로 도출해낸 틀과 한어의 품사 유별이 거의 일치하는 것처럼 보인다. 그러나 결코 그렇지 않다. 전적으로 형태와 기능에 의거하여 한어 품사를 다시 분류한다면 크게 달라질 수밖에 없으며, 그렇게 할 때 비로소 한어의 품사 분류가 한어에 적합하고 다른 언어와의 차이도 잘 드러나는 체계를 갖추게 될 것이다. 또 명칭상 다른 언어에서의 명칭과 같거나 유사한 품사일지라도 내용에 큰 차이가 있음에 유의하여야 한다.

　　현행 古代漢語의 品詞는 주로 의미에 의해서 분류한 것이라고 할 수 있다. 古來로 실질적인 의미를 갖는 단어와 실질적인 의미를 갖지 않는 단어가 있다고 여기는 의식이 있어 왔다. 이러한 매우 추상적인 2분법이 어느 시기에 이르러 '實'과 '虛'라는 말로 대비되어 표현되었다. 그러나 이러한 표현과 관념은 계통을 갖추어 계승되고 발전한 것도 아니며, 언어학적으로 명백한 근거를 제시한 것도 아니다. 그리고 '實·虛' 개념의 사용이 저마다 자의적이다. 논자의 두뇌 속에만 있었던 것이라고 할 수 있다.

단어에 대한 이러한 兩大別은 1898년 馬建忠이라는 사람이 서구 문법을 원용하여 『馬氏文通』이라는 古代漢語 文法書를 쓰면서 구체화되었다. 그가 '實字'와 '虛字'라고 했던 것이 뒷날 單語[詞]라는 개념이 중시되는 추세를 따라 슬그머니 '實詞'와 '虛詞'로 바뀌었다. 중요한 점은 『馬氏文通』이 고대한어의 문법적 특징을 살펴서 쓴 것이라기보다는, 영어에 없는 '助字[助詞]'를 제외하면 영어의 품사 분류 틀에 짜 맞춘 것이라는 사실이다. 놀랍게도 뒷날 이 책의 분류가 고대한어·현대한어를 막론하고 기본 틀로 계승되고 말았다. 그리하여 대체로 '名詞·動詞·形容詞·數詞·量詞·副詞·代詞·介詞(前置詞)·連詞(接續詞)·助詞·歎詞(感歎詞)' 등으로 나누고, 이것들을 實詞와 虛詞라는 두 무리로 다시 압축하는 체계를 마련하여 연구해 왔다. 그리고 虛詞에 대해서는 실질적인 의미를 갖지는 않으나 일정한 문법 관계를 나타내는 單語라고 여기는 막연한 관점을 출발점으로 삼아 왔다. 그리하여 그 내용에 많은 모순이 있게 된다.

이 책에서는 서구 문법학 일변도의 이 같은 체계를 그대로 수용하지는 않는다. 비록 고대한어에 걸맞은 완벽한 패러다임은 아니지만, 지금까지의 품사 분류상의 모순을 최소화할 필요를 따른 것이다. 이제까지 '實·虛' 관념의 적용이 모호했던 점을 매우 중시한다. 아직까지도 '副詞'가 實詞니 虛詞니 하는 논쟁을 일삼는 데서부터 급기야는 '代詞'도 虛詞라는 식의 주장까지 나오는 등 혼란이 가중되고 있음을 보인다. 이 책에서는 특히 古代漢語에 단어 간의 문법적

관계를 나타내는 단어가 극히 희소하다는 사실을 중시하였다. 그래서 虛詞의
범위를 크게 축소하였다.

결론부터 말하면, 名詞·動詞·形容詞·副詞·代詞(이상 實詞류)와 助詞와
感歎詞(이상 虛詞류) 등의 7가지로 나눈다. 각 품사에 속하는 단어의 내용 또는
하위 구분도 기존의 분류와 많이 다르다.

(2) 新 품사 분류의 특징

이 책에서의 새로운 품사 분류의 기본 특징은 이렇다.

①實詞류에서 數詞와 量詞를 취소하였다. 이는 의미상의 분류가 기본인 實
詞류의 구분에서 이것들을 名詞의 한 종류로 귀속시켜도 무방하기 때문이다.
특히 고대한어에서 따로 세울 만한 문법적인 특징이 없다.

②虛詞류에 前置詞[介詞]와 接續詞[連詞]가 없다.

이는 매우 큰 특징이다. 종래 전치사로 분류했던 단어들은 動詞와 助詞에
나뉘어 귀속된다. 접속사로 분류했던 것들은 부사·명사·동사·대사 및 조사
에 나뉘어 귀속되거나 단어가 아닌 句(phrase)에 귀속된다. 전치사와 접속사를
취소하고 대부분 實詞류에 귀속시킨 것은 주로 이들 단어에 대한 虛·實 판단
을 달리 하였기 때문이다.

③感歎詞[歎詞]는 잠정적으로 虛詞에 두었으나, 이것의 虛·實 문제는 그다
지 중요하지 않다. 감탄사는 사실 虛·實 판단의 기준이 무엇인가를 크게 의심
케 하는 단어류이다. 문장 밖에서 독립적으로 기능하여 여러 가지 감정을 표출
하는 단어이므로 그 자체로서 독립적인 문장 성분을 이루고 있기 때문에 실상
'實詞'로 여긴다고 하더라도 문제가 없기 때문이다.

이 책에서의 이와 같은 분류에 대해 유의할 점을 밝혀 두지 않을 수 없다.

바로 분류의 성격 문제이다.

고대한어 전체 어휘를 대상으로 하는 名詞·動詞·形容詞의 구분(경우에 따라서는 副詞도 여기에 포함됨)은, 엄밀하게 말하면 방편적인 성격을 갖는다. 이들 세 가지 부류에 나누어 귀속시킨 절대 다수의 단어들이 셋으로 확연하게 분류할 수 있도록 쓰이고 있지 않아서이다. 다시 말해서, 이들 품사를 구분할 만한 형태를 갖춘 소수의 예를 제외하면, 품사 설명의 도구인 여러 현대 언어의 품사상의 특징에 의거하여 고대한어를 이해하는 데 편의를 도모하고자 하는 방편으로서의 성격이 강하다.

절대 다수의 단어에 품사를 나눌 만한 형태나 기능상의 특징이 갖추어져 있지 않아서 實詞류는 '품사 분별을 할 수 없다'고 말하지 않을 수가 없다. 말하자면 이들 품사의 분류는 대체로 분석상 일종의 '필요'일 뿐인데, 그 이유는 이렇게 갈래를 나누지 않고서는 현대한어나 다른 언어 예컨대 한국어나 영어 등에 의해서 개별 문장의 의미를 설명하기가 쉽지 않다는 데 있다. 품사 분류가 잘 되는 언어의 품사 구분을 이용하여 설명하면 적어도 개별 문장에 대해서는 통사상(구문상)의 의미를 이해하기가 쉽기 때문이다.

고대한어에는 개별 단어가 품사 분류를 가능케 하는 표지를 지닌 경우는 극히 적다. 쓰임에 따른 단어의 형태 변화나 부가 요소도 없고, 통사 관계도 주로 인접한 단어들과의 의미 관계에 의해서 관찰되는 특징을 보인다. 일정한 어순에 기초하여 통사 관계를 파악하기는 하지만, 하나의 어순이 한 가지 의미 관계만을 나타내지 않는 경우도 적지 않다.

그러므로 어느 단어가 여러 가지 품사성[詞性]을 갖는다고 여기고 복잡한 용법 설명을 가하는 것은 고대한어의 실제와 부합되지 않은 경우가 많다. 고대한어를 실제와는 달리 어렵고 복잡한 것으로 만들어 버릴 따름이다. 그래서 종래의 품사 분류는 전체적으로 볼 때, 고대한어 자체의 성격이 아니라 결국 지금 사람들의 이해의 방편일 따름이라고 하는 것이다. 무엇보다도 고대의 언어 사용자, 즉 언중들의 머릿속에서 하나의(동일한) 음성(형태)이 여러 가지 복잡한 기능을 갖는 것으로 나뉘어 저장되어 있었다고 볼 수 없기 때문이다. 한 가지 음성으로 실현되는 단어가 단어들의 조합과 여타 언어 환경을 조건 삼아 다수의 의미나 기능을 나타내는 것은 보편적인 현상이지만, 모든 언어는 소리에 의해서 의미를 구별한다는 본질을 감안할 때, 하나의 단어가 특별한 조건 없이 여러 가지 품사성을 지니거나 여러 의미를 나타낸다고 여기는 것은 과다한 관찰일 따름이다. 고대한어에 관한 한, 지나친 품사 분류는 과다 기술 내지 착오에 해당한다.

고대한어에서의 名詞·動詞·形容詞의 구분[61]이 문법상 크게 유용하지 않다는 사실은 영어의 경우와만 비교해 보아도 쉽게 이해할 수 있다.

(3) 기존 품사 분류의 성격

현대의 영어는 古代 영어에 비하면 굴절어미를 대부분 상실하여 상대적으로 다소 고립적인 쪽으로 변하였지만, 고대한어에 비하면 아직도 '형태'와 '형태 변화'가 많은 언어라고 할 수 있다. 그래서 영어에서의 품사 분류는 '형태'와 '형태 변화'뿐만 아니라 이에 대응되는 '기능'이 매우 중요한 요소가 되어 있다. 영어의 통사론에서 '변형생성'을 말할 수 있다는 것은 이러한 사실을 증명해 주기에 충분하다.

---

61) 품사 분류가 가능한 표지를 지닌 일부 단어들을 제외하면, 명사·동사·형용사는 하나의 명칭으로 이것들을 총괄하는 것이 고대한어에 맞는 품사 분류가 된다. 만약에 '실사'를 그대로 품사명으로 쓴다면 대사와 부사도 실사이므로 걸림이 있다. 셋을 합칭할 경우에는 대사·부사와 대비되는 다른 이름이 마련되어야 할 것이고, 내용 설명도 그에 따라 달라져야 할 것이다. 이 책에서도 다른 책들과 마찬가지로 의미에 따라 명사·동사·형용사로 나눔으로써 품사 분류상 고대한어 단어의 특징을 제대로 대변하지 못했음을 분명히 밝혀 둔다.

먼저 학교문법에서 대표적으로 사용되는 영어의 기본 문형과 품사와의 관계 속에서 단어의 기능을 살펴보자.

1. S + P(V)
2. S + P(V) + SC
3. S + P(V) + O
4. S + P(V) + IO + DO
5. S + P(V) + O + OC

* S (Subject): 주어 / P(Predicate) : 술어 / O(Object) : 목적어 / IO(Indirect Object) : 간접목적어, DO(Direct Object) : 직접목적어 / SC(Subject Complement) : 주격보어, OC(Object Complement) : 목적격보어 / V(Verb) : 동사

위의 영문 약어 S·P·O·C는 문장의 성분, 곧 문장 중에서의 단어나 구의 기능을 명명한 主語·述語·目的語·補語·冠形語·副詞語 등 6가지 문장 구성 요소 가운데 기본 문형을 결정하는 앞의 네 가지이다. 차례로 주어·술어·목적어·보어를 가리킨다.

영어에서 술어가 되는 품사는 오직 동사뿐이기 때문에 흔히 P(술어) 대신 V(동사)를 사용하여 위의 기본 문형과 어순을 설명한다. 이는 영어에서 동사라는 '품사'와 술어라는 '기능' 간에 1 : 1의 대응 관계가 있음을 의미한다. 문법적인 품사 분류에서 이들 단어의 '의미'는 부차적인 것이다. 주어와 목적어가 될 수 있는 단어는 명사와 대명사 또는 이에 상당하는 구 또는 절이다. 그러므로 이 또한 품사인 명사·대명사와 이것들의 기능(문장 성분)인 주어와 목적어 간에 일정한 대응 관계를 보인다. 명사·대명사는 보어나 관형어가 되기도 한다. 명사·대명사가 주어·목적어·보어·관형어 등이 다 될 수 있다는 것은 대응 관계가 다소 느슨함을 보이는 경우이다.[62] 형용사는 관형어나 보어만 된다.

이것의 대응 관계도 정연하다. 부사는 오직 부사어만 된다. 이처럼 품사와 기능 간에 대체로 대응 관계가 분명하므로 동사가 주어나 목적어로 쓰이려면 'V+ing' 또는 'to+V' 같은 형태를 필요로 한다. 같은 의미 범주에 드는 단어일지라도 명사와 형용사 간에, 명사와 동사 간에 명확한 형태를 구비한 경우가 많다. (주로 접미사 등의 어형에 의함)[예 : kind↔kindly kindness, beauty↔beautiful, danger↔dangerous / live↔life, think↔thought, identify↔identification / happy ↔happily happiness 등] 이는 전체 어휘가 그러한 것은 아니지만 단어의 형태가 품사 구분을 가능하게 해 줌을 뜻한다. 단어의 형태에 차이가 없는 단어라 하더라도 형태에 의해 나누어지는 부류에 의거하여 유추함으로써 품사의 경계를 나눌 수 있게 되어 있다. 이 밖에도 명사의 數를 구별케 해주는 '-(e)s', 대명사의 격(格, case) 변화, 시제(時制, tense)를 구별해주는 동사의 굴절이나 조동사의 존재, 상(相, aspect)을 나타내주는 'have+과거분사', 수동(受動, passive)을 나타내주는 'be+과거분사' 등 많은 변화 표지가 있다. 그래서 영어의 품사 분류는 기본적으로 '단어의 형태와 그 변화 및 기능에 의하여' 행해질 수 있었다.

　그런데 고대한어의 현행 품사 분류를 보면, 형태가 거의 없음은 말할 것도 없고, 품사와 기능 간에 영어에서와 같은 비교적 엄격한 대응 관계가 없다. 그럼에도 품사를 나누고 있는 것이다. 그렇다면 이러한 분류는 기본적으로 단어의 의미에 의존한 것임을 뜻하며, 이 같은 품사 분류는 '문법적인 분류'로서의 의의가 매우 약하다고 할 수 있다.

　현행의 품사 분류와 문장 성분(기능) 분류에 따르면 고대한어에서는 동사 외

---

62) 단, 대명사가 보어나 관형어가 될 때는 '格'에 따른 형태의 변화가 있다. 단어가 달라진다. 보어인 경우 목적격을 취하고 관형어인 경우 소유격을 취한다. 그래서 보어·관형어가 되는 경우는 형태상 느슨하다고 할 수 없다. 대명사는 주격·소유격·목적격으로 나뉘어 문장 성분과의 1:1 대응 관계가 뚜렷하다.

에 형용사·명사도 술어가 된다. 목적어의 자리에는 명사·대사 외에 동사·형용사도 놓인다. 동사·형용사는 보어의 자리에도 온다. 관형어에는 명사·동사·형용사·대사가 모두 쓰일 수 있다. 부사어에는 부사만 쓰이는 것이 아니라 명사·동사·형용사·대사도 쓰인다. 품사를 기준 삼아 말하자면, 동사·형용사는 술어·목적어·보어·주어·관형어·부사어 등 6가지 문장 성분에 다 쓰일 수 있으며, 명사 역시 보어를 제외하고[63] 주어·목적어·술어·관형어·부사어에 두루 쓰인다. 오직 부사만이 부사어와 1:1의 대응 관계를 갖는다. 전체적으로 볼 때 고대한어의 품사 분류가 지금 사용하고 있는 6가지 문장 성분[64]과 엄격한 대응 관계를 갖지 못하며, 이는 곧 품사의 분류가 기본적으로 의미상의 분류라는 사실을 잘 말해 주는 것이다. 따라서 통사론에서 종래의 품사 분류는 크게 소용이 닿지 않는다.

품사 분류의 성격이 이러한 데 상응하여 고대한어의 통사론의 기초도 엄격한 의미에서 어순밖에 없다고 할 수 있다.(앞서 말했듯이 어순도 통사 관계 파악

---

63) 현대한어의 '수량보어'에 상응하는 보어는 인정하지 않는다. '술어+목적어'의 결합이 나타내는 다양한 의미 유형에 비추어 볼 때, 술어 뒤에 놓여 수량을 나타내는 성분도 목적어의 일종이다. 통사론의 "단일목적어 : '술어+목적어'의 의미 유형" 항을 참고하기 바란다.

64) 6가지 문장 성분도 영어 등 서구 언어의 문법에서 취한 것이어서 명칭상으로는 차이가 드러나지 않는다. 한국어에서도 '주어·술어·목적어·보어·관형어·부사어'로 경계 짓는다. 漢語(중국어)에서는 고대한어·현대한어 모두 이에 상응하는 '主語·謂語·賓語·補語·定語·狀語'라는 명칭을 가장 많이 사용하고 있다. 중요한 것은 각 언어에서 각 성분이 가리키는 내용의 차이이다. 漢語의 문법 연구에서는 주어의 범주와 내용에서부터 영어의 그것에 일치시킬 수가 없다. 그것의 역할에도 차이가 있어서 문두에 놓이는 성분을 '주어'와 '주제어'로 나누어 살피기도 한다. 술어의 범주는 더 큰 차이를 보인다. 영어와는 달리 술어가 동사에만 국한되어 있지 않아서이다. 목적어의 범주도 크게 다르다. 영어의 직접·간접이라는 두 가지 목적어와 대응시킬 수가 없는 것이 고대한어의 목적어이다. 보어는 그 내용에 있어서 가장 차이가 큰 성분에 해당한다. 보어의 종류에 있어서는 고대한어와 현대한어의 차이도 크다. 관형어·부사어도 영어의 문장에서 분류한 기능을 취한 것이지만 이것들에 해당되는 단어나 구의 범주도 크게 다르다.

의 절대적인 기준이 되지 못하는 경우가 있다.) 그리고 나머지는 단어의 의미와 문맥을 비롯한 제반 언어 환경이다. 단어의 의미를 문법적인 요소에서 제외할 때, 문법적인 요소로 여길 만한 것이 극히 제한되어 있음을 알 수 있다. 그래서 통상 한어를 대표적인 孤立語的[65]인 언어로 친다.

그럼에도 불구하고 지금과 같이 품사를 분류하고 이를 통사론의 기초로 삼고 있다는 사실은 일종의 아이러니가 아닐 수 없다. 비문법적인 요소가 문법 기술의 도구로서 한 자리를 차지하고 있는 측면이 강하기 때문이다. 漢語의 단어의 성질을 잘못 설명하고 있거나 더욱 잘 설명할 수 있는 길을 포기한 것이나 다름없다.

결국 古代漢語는 語順이 주된 文法 수단, 즉 문장 구성의 방법이 되며, 虛詞의 문법적 기능이 그 다음 수단이 된다. 종래 이 虛詞의 범위를 서구의 문법 틀에

---

65) 시제(tense), 인칭(person), 수(number), 성(gender), 서법(mood), 태(voice), 격(case) 등을 표시하기 위하여 한 낱말이 다른 낱말과의 관계를 나타내는 데 낱말의 형태가 변하는 것을 '굴절'(屈折 ; inflection)이라 하며, 이와 같은 방법으로 文法(語法) 관계를 나타내는 언어를 굴절어(屈折語 ; inflectional language)라 한다. 영어·프랑스어·독일어 등과 같은 인도-유럽어족(Indo-European family)의 대부분의 언어들이 대체로 여기에 속한다. 이에 대해 알타이계의 여러 언어나 한국어와 같이 낱말의 기본형에 어떤 요소를 첨가함으로써 문법 관계를 나타내는 언어를 교착어(膠着語, 添加語 ; agglutinative language)라고 한다. 굴절어나 교착어와는 달리 굴절하거나 첨가되는 요소가 없이 주로 독립된 낱말의 안정적인 어순에 의해서만으로 문법 관계를 나타내는 언어를 고립어(isolating language)라고 한다. 漢語(중국어)를 비롯한 한장어족(漢藏語族 ; Sino-Tibetan family)의 언어가 대부분 여기에 속한다.

언어를 이렇게 형태상 세 가지로 분류하는 것은 절대적이거나 배타적인 구분은 아니고, 상대적이고 편의적인 구분이며 실제 현실의 언어는 여러 가지 점에서 두 가지 이상의 유형을 함유하고 있다. 그러나 실제로 개별 언어의 文法을 기술함에 있어서 이 구분은 중요하며, 특히 漢語의 이 고립어적인 특징은 매우 중요하다. 왜냐하면 현대의 문법 이론들은 주로 굴절어의 문법 연구를 통하여 수립된 것들이며, 교착이나 굴절어의 연구에도 이의 체계와 연구 방법을 수용하여 문법체계를 마련해 왔기 때문이다. 특히, 굴절하거나 첨가되는 요소가 거의 없이 문법 관계를 나타내는 언어인 漢語의 문법 기술에 굴절이나 교착어의 문법체계가 미치는 폐해는 지대하다.

맞추어 넓게 잡았으나[介詞(전치사)·連詞(접속사)·助詞·歎詞(감탄사)], 이 책에서는 그 범위를 助詞·感歎詞로 축소한다. 感歎詞의 虛·實 분별의 성격에 대해서는 앞에서 말한 바와 같다.

그렇다면 하나의 단어가 여러 개의 品詞性을 지닌다고 여겨 여러 품사로 명명해온 현상은 어떻게 이해해야 할 것인가? 종래 이를 品詞의 '兼有'[兼類]라고 말해 왔다. 그러나 이것도 엄밀하게 말하면 이해의 방편이라고 할 수 있다. 이렇게 설명하는 것이 쉽기 때문이었던 것이다. 현대한어에서의 단어의 쓰임과 개념에 의한 이해, 또는 다른 언어로의 설명 또는 이해라는 관점을 떠나 설명하기가 쉽지 않은 것이 현실이다. 다른 적절한 설명 방법을 아직 찾지 못하고 있기 때문이다. "黔敖左奉食右執飮."(『禮記·檀弓』)(검오가 왼쪽에는 먹거리를 받쳐 들고 오른쪽에는 마실 거리를 들고 있었다.) 중의 '食'과 '飮'이 한 예이다. 이 문장에서의 이들 두 단어의 품사를 명사로 여겨 동사로 쓰이는 경우와 구별하는 것은, 지금은 우리가 '먹다'와 '먹거리', '마시다'와 '마실 거리'를 구별하여 인식함과 동시에 표현도 달리 하기 때문인데, 당시에는 설혹 그러한 인식이 있었을지라도 음성 형태나 어떤 구조에 의해서 구분하지 않았음을 보인다. 이렇게 볼 때 '食'과 '飮'을 명사와 동사 두 품사를 가진 단어라고 여기는 것은 순전히 우리의 이해싱의 한 방편이다. 다른 단어와 의미 관계를 파악하기 위해 마련한 틀일 따름인 것이다.

우연히도 고대한어에서 '副詞'만이 품사와 기능 간에 대응 관계가 뚜렷한 유일한 품사가 된다. 오직 '副詞語' 역할만 하기 때문이다. 그러나 여기에도 한계가 있다. 명사나 형용사·동사와 경계 짓기 어려운 경우가 많기 때문이다.

위와 같은 고대한어 단어의 쓰임을 총괄해서 말한다면, 한어의 품사는 '분화의 과정'이라는 관점을 가지고 접근해야 최대한 바르게 설명할 수 있는 성질의 것이라고 할 수 있다. 고대한어와 현대한어의 단어 쓰임의 차이를 생각한다면,

고대한어 어휘들 내부의 역사적인 층위도 고려해야 함을 알 수 있다. 요컨대 동일 평면 위에서 고대한어의 모든 단어의 품사를 획일적으로 가르는 것은 바람직하지 않다. 문법적인 설명으로서의 정당성을 확보하기 어렵기 때문이다.

(4) 古代漢語 품사 분류상의 문제점

고대한어의 품사 문제는 그리 간단하지가 않다. 결론부터 말하자면, 實詞와 虛詞로 양대별 하는 체계가 쓰이고 있다.

이 구분 하에서 實詞를 다시 명사·동사·형용사 등으로 세분하는 것은 고대한어의 실제 성격에 부합되지 않는다. 소수의 단어들이 語音상의 형태 차이(주로 성조의 차이로 확인됨)에 의해 명사·동사·형용사로 분화되었음을 보이고 있으나, 대부분의 어휘는 아직 종합적 성질을 지니고 있다. 즉, 품사를 이와 같이 세분할 수가 없다.

虛詞의 구분에도 문제가 있다. 지금까지 영어의 전치사(preposition)와 접속사(conjunction)에 대응되는 품사의 존재를 인정하여 '助詞'와 함께 '介詞'(전치사)·'連詞'(접속사)라는 이름으로 구분하고, '歎詞'(감탄사)를 특별한 허사로 나누어 왔다. 그런데 上古의 漢語에 전치사·접속사는 사실 없다. 대부분 실사에 귀속시키면 되고, 어떤 것은 조사로 보면 된다. '歎詞'는 어느 언어에나 있는 문장 밖의 독립 성분이다. 의미상 實·虛를 나눌 때 탄사는 실사로 볼 수도 있고 허사로 볼 수도 있다. 助詞의 종류에 대한 인식에도 문제가 있다. 語氣助詞와 構造助詞를 나누고 있는데, 구조조사로 여길 수 없는 것들이 있다.

아래에서 이상의 내용을 구체적으로 설명하기로 한다.

① 다음은 품사 분별상의 자질로 여겨지는 형태의 차이가 있는 경우들이다.

[衣]

豈曰無衣 與子同袍. 『詩經·秦風·無衣』[於希切, 平聲, 微韻] (옷, 옷옷)
어찌 옷이 없다 하리오? 님[당신]과 더불어 도포를 한 가지로 입으리.

衣敝縕袍 與衣狐貉者立而 不恥者 其由也與! 『論語·子罕』[於旣切, 去聲, 未韻]
(입다)
헤진 솜옷을 입고서 여우와 담비 가죽옷을 입은 사람과 더불어 서 있어도 부끄러워하지 않을 사람
은 [아 거] 由(子路)이리로다!

[好]

不如叔也洵美且好. 『詩經·鄭風·叔于田』[呼晧切, 上聲, 晧韻] (좋다 → 아름답다)
叔이 실로 아름답고 또 좋음과 같지 못하네.

我有嘉賓 中心好之. 『詩經·小雅·彤弓』[呼到切, 去聲, 號韻] (좋아하다)
내게 좋은 손님 있어 속마음[→진심]으로 그를 좋아하네.

[雨]

有渰萋萋 興雨祈祈. 『詩經·小雅·大田』[玉矩切, 上聲, 麌韻] (비)
구름 있어 뭉게뭉게, 비를 일으켜 부슬부슬.

雨我公田 遂及我私. 『詩經·小雅·大田』[玉遇切, 去聲, 遇韻] (비가[를] 내리다)
우리 공전에 비 내리고, 나아가 우리 사전에도 미치네.

[數]

號物之數謂之萬, 人處一焉. 『莊子·秋水』[色句切, 去聲, 遇韻] (수)
사물의 수를 불러 그것을 만이라 이르는데, 사람은 그 가운데 하나를 차지한다.

歸而飮至 以數軍實. 『左傳·隱公五年』[所矩切, 上聲, 麌韻] (세다, 헤아리다)
[종묘로] 돌아와 음연하는 일이 이르며[→연회를 베풀며], 그래 가지고 군실[무기 등]을 센다.

吾數諫王, 王不用, 吾今見吳之亡矣. 『史記·伍子胥列傳』[所角切, 入聲, 覺韻] (자주,
누차)
내가 왕에게 자주 간언했으나 왕이 [내 간언을] 쓰지[→받아들이지, 듣지] 않아서 내가 오늘 오나라
가 망하는 것을 보게 되었다.

위의 예에서 '衣'는 성조가 平聲일 때는 '옷'을, 去聲일 때는 '(옷을) 입다'로 구별됨을 알 수 있다. 이는 '명사(옷)'와 '동사(입다)'를 구별하였다고 여길 수 있는 근거가 된다. 같은 방식으로 '好'는 上聲일 때는 '형용사(좋다)', 去聲일 때는 '동사(좋아하다)'로 나눌 수 있다. '雨'는 上聲일 때는 '명사(비)'로, 去聲일 때는 '동사(비가 내리다)'로 나눌 수 있다.

'數'는 성조 이외의 발음이 같을 경우 '雨'와는 거꾸로 去聲이 '명사(수)'이며 上聲이 '동사(세다)'임을 분간하게 한다. '자주(누차)'를 뜻하는 경우는 '부사'로 여길 수 있는 경우인데, 글자는 세 경우 모두 같으나 성조만 다른 것이 아니라 그 밖의 음도 다르다.[66]

이처럼 성조가 같으면 똑같은 품사성을 지닌다고 볼 수 있는 일관성은 없지만, 성조 또는 그 밖의 발음의 차이가 상대적으로 품사를 정할 수 있게 한다. 이들 예는 표기상 같은 글자를 사용하면서 유사한 의미 범주를 가지고 있지만, 발음의 차이로 문장 중에서의 기능을 달리하므로 품사 분별의 기준으로 삼을 수가 있는 경우이다. 즉, 형태(발음의 차이)를 달리하여 기능에 어떠한 차이가 있음을 실현한 예이다. 언어는 음성상징(음성기호)이며 음성을 구성하는 요소는 여러 가지가 있다. 그 가운데 말소리의 높낮이를 주된 요소로 하는 성조가 품사를 가르는 음성 표지가 되어 있는 경우이다.[67]

---

66) '數'의 발음은 현대한어에서도 각기 다르다. 한국어에는 성조의 분별이 없기 때문에 명사·동사인 경우는 똑같이 '수'로 읽으며, 부사인 경우는 '삭'으로 읽는다.

67) ① 古代를 다시 간단하게 나눈다면 上古·中古·近古 등으로 나눌 수 있을 것이다. 어떻게 나눌 것인가와 그 시기 경계의 문제는 학문의 대상에 따라 다를 수 있다. 각 시기를 다시 세분할 수도 있다. 上古시대도 근거가 충분하면 필요에 따라 나눌 수 있다. 선사시대는 역사의 기록이 없는 시기를 일컬으므로, 역사시대의 맨 앞이 자연히 먼 上古에 해당된다. 왕조의 朝代를 기준삼아 보통 先秦(秦 이전을 가리킴), 兩漢(西漢·東漢 = 前漢·後漢) 등으로 시대의 경계를 일컫는다. 先秦 시기에 兩漢 시기를 더하여 上古로 일컫는 경우가 많다. 漢字의 文字 형태를 가지고 말하자면, 먼 上古의 기록은 殷墟에서 발굴된 甲骨文이 대표하며, 그 바로

② 형태의 차이가 없기 때문에 한 단어의 품사를 나눌 문법적 근거를
  마련하기가 어려운 경우를 보자.

먼저 '一'의 용례를 통하여 분별상의 경계를 생각해 보기로 하자.

뒤 시기는 大篆·小篆이라 일컫는 문자체에 의해 전해오는 것이 중심을 이룬다. 周代에는 오
늘날 대표적인 경전으로 일컫는『詩經』·『書經』·『易經』(三經)을 비롯하여 그 밖의 역사서와
『論語』·『孟子』등 유가의 경전을 비롯한 제자백가의 사상을 담은 책들이 두루 출현하였다.
이것들이 漢代의 대표적인 문자체인 隸書와 楷書에 의해 다시 기록되어 전해 옴은 말할 것도
없다. 漢代에도 역사서를 비롯하여 前代의 책들에 대한 주석서 그리고 문학 작품들이 많이
나왔다. 漢語의 연구에서는 역사시기 가운데 上古 시기를 넓게 잡을 때 보통 殷末에서 漢代까
지를 아우른다. 漢代는 다음 시기로 이어지는 과도 단계에 해당한다. 흔히 先秦·兩漢이라고
부르는 것이 바로 이 上古 시기이다. 근래에 고대한어를 上古와 中古로 나누면서 西漢을 과도
시기로 여기고 東漢은 중고의 전단에 귀속시키는 경향이 있다.

  ② 음성의 차이에 의거한 단어의 형태를 논할 때도, 오랫동안 詩經의 詩가 제작된 시기에도
中古 시대와 마찬가지로 성조가 있었다고 여겨왔다. 그 내용에 대해서는 학자에 따라 의견이
분분하였지만 '聲調'가 있었다고 여겼던 것은 매우 중요한 사안이다. 그러나 상고에는 성조가
없었다는 주장이 제기된 지 오래이다. 鄭張尙芳이 대표적인 학자이다. 그는 서양 학자들의
漢藏語 연구 결과를 받아들이고 이를 더욱 넓혀 상고 시기는 無聲調시기였음을 밝혀냈다.
그렇다면 어느 시기에 平聲·上聲·去聲·入聲으로 일컬어진 네 가지 聲調가 있게 되었으며,
음성상 어떠한 조건이 성조를 생성하게 하였을까? 鄭張尙芳은 늦어도 漢代까지는 四聲으로
아우르는 성조 체계가 갖추어졌다고 주장하였다. 그 조건은 동일한 韻尾(한 음절의 끝소리를
일컬음)이다. 특별한 同種의 子音(닿소리) 운미가 없는 부류와 각기 다른 3종의 子音 운미를
가진 부류들이 성조로 발전히는 과정에서 특별한 사음 운미늘은 탈락했다는 것이 핵심이다.
[鄭張 씨의 연구 결과는 그의『上古音系』(上海, 上海敎育出版社, 2003)에 총괄되어 있다.]
  그렇다면 이 책에서 '성조의 차이'가 품사를 변별하게 하는 음성 자질이 되는 경우라고 말하
며 예를 든 것은 정확한 설명이 아니다. 이 책에서는 당연히 上古漢語 無聲調說을 지지한다.
그러나 아직도 상고 시대에 성조가 존재하지 않았다는 것을 믿으려 하지 않는 사람들이 있고,
그 내용을 여기에서 간단하게 설명하는 것도 쉽지 않다. 중요한 것은 성조가 생성되는 조건이
음성의 다른 형태로 존재하였으니 음성 차이로 그 경계가 동일하게 나닌다는 점은 일치한다는
사실이다. 그래서 상고한어를 대상으로 '성조의 차이'라고 말한 것은 실제로 韻尾 양상의 차이
를 가리키는 것이지만, 성조가 생기기 전과 처음 생긴 뒤의 그 경계는 동일하므로 잠시 '성조
의 차이'라고 말해둔다. 이 표현을 '후대(漢代 이후)에 성조의 차이로 인식된 음성상의 차이'를
가리키는 말로 이해해 주기 바란다. 중요한 것은 부분적으로나마 품사를 구별케 해 주는 음성
표지가 있었다는 사실이며, 그것이 후대에 中古 시대의 성조로 정착되었다는 점이다.

① 一生二.[68]

　　一[하나]은 二[둘]를 낳는다.

② 以一服八.[69]

　　하나를 가지고 여덟을 복종시키다.

③ 一朝而獲十.[70]

　　한[하루] 아침에 열[열 마리]을 잡았습니다.

④ 一失其位 不得列於諸侯.[71]

　　한 번[일단] 그 자리를 잃자 제후의 열에 들지 못했다.

⑤ 孰能一之?[72]

　　어느 사람이[누가] 그것[天下]을 하나로 할[통일할] 수 있겠소?

　위 각 예의 '一'의 쓰임에서 발음의 차이를 비롯한 형태의 차이는 전혀 없다. 보이는 그대로를 가지고 말한다면 통합성의 하나의 성질을 가지고 있다고 할 수 있고, 결국 한 가지 품사성을 지닌다고 말하게 된다.

　그런데 일정한 어순을 정하고 문장 중에서의 기능(主語·述語·目的語·補語·冠形語·副詞語)을 부여하기로 하면, ①의 '一'은 주어로 쓰였고, ②의 '一'은 목적어로 쓰였다. ③은 관형어로 쓰인 경우이며, ④는 부사어로 쓰인 경우이다. ⑤는 술어로 쓰였다.

　만약에 영어에서와 같은 기능에 의한 구분법을 빌려 명사·동사·형용사·부사라는 품사를 설정할 수 있다면, ①과 ②는 명사에 가깝고, ③은 형용사에 가깝

---

68) 道生一, 一生二, 二生三, 三生萬物.(『老子·第四十二章』)
69) 海內之地 方千里者九 齊集有其一 以一服八 何以異於鄒敵楚哉 蓋亦反其本矣.(『孟子·梁惠王上』)
70) 吾爲之範我馳驅 終日不獲一 爲之詭遇 一朝而獲十.(『孟子·藤文公下』)
71) 蔡·許之君 一失其位 不得列於諸侯.(『左傳·成公二年』)
72) 孰能一之?(『孟子·梁惠王上』)

다. ④는 부사에 가깝다. ⑤는 동사에 가깝다. 이는 '一'이 동일한 형태를 지닌 하나의 단어임에도 불구하고, 형태와 기능을 함께 고려하여 품사를 나눌 수 있는 언어에서의 분류를 원용하여 기능에 의해서만 품사를 정하는 것이 된다.

사실 이는 어느 언어에서 서로 다른 형태를 지닌 별개의 단어들이 나누어 맡는 품사성을, 형태야 어떠하든 이것들과의 의미상의 대응을 통하여 한어의 품사를 정하는 것이 된다. 그 결과는 자연히 하나의 단어가 여러 개의 품사를 갖는 어휘가 주류를 이루고 있는 것으로 설명되고 만다.

형태의 차이가 없는 고대한어에서 무엇을 가지고 이들의 경계를 삼고 있는가? ①②에 대해서는 경계를 찾기는커녕, 순전히 의미에 의하여 '數詞'라는 품사를 따로 세우고 있다. 이는 형태와 기능에서 차이가 있는 언어에서와는 달리, 명사와 형용사의 주된 기능상의 경계를 따지지 않는 태도이기도 하다.

그리고 고대한어에서 '수'를 나타내는 단어들의 쓰임이 명사와 특별히 다른 것이 없다. 그러므로 名詞·動詞·形容詞·副詞와 이것들을 대신하는 단어인 代詞 등으로 實詞類를 나눈다고 하더라도, 數나 量을 나타내는 말도 명사류의 의미상의 한 종류로 여겨 무방하다.(數는 형용사류에도 대등하게 속할 수 있다.) 명사를 의미에 따라 다시 나누자면 그 아래에서 여러 가지 경계를 지을 수가 있기 때문이다. 따로 세울 이유가 없다.

④의 경우는 어떠한가? '부사'라는 품사를 정하고, 문장 안에서 이것이 전담하는 기능을 부사어라고 정한 바에 의한다면, '一失其位'의 '一'은 술어 '失'을 수식하는 부사어에 해당한다. 억지로 의미의 차이를 만들어 낼 수 없을 뿐 아니라 다른 명사들의 기능을 고려하여 대다수의 사람들은 '부사'라고 하기를 주저한다. 그래서 ①②③과 ④ 사이에 특별한 의미의 차이가 없다고 여기고 그냥 '수사'에 몰아넣고 있는 실정이다.

한편, ⑤'孰能一之' 중의 '一'에 대해서는 대단한 관찰을 한다. '之'(앞 문장의

'天下'를 가리키는 말[代詞]로 쓰였음)를 목적어로 수반한 술어로 관측되므로 이미 책정된 어순과 문장 성분(기능)에 의거하여 '술어+목적어' 관계로 파악함과 동시에, 의미상 '하나로 하다', 즉 현대한어로 표현하고자 할 때 '통일하다'를 뜻하고 서구 언어에서 이러한 무리들이 '동사'로 분류되므로 '동사'라고 단언한다. 이는 통사상의 '기능'을 근거로 하고 있는 것처럼 보인다. 그렇다면 왜 같은 방식의 통사상의 이유를 들어 ④'一失其位' 중의 '一'은 부사이며, ③'一朝而獲十' 중의 '一'은 형용사라고 딱 부러지게 말하지 못하는가? 과연 당시 언중들이 '一'에 대하여 우리의 분석과 같은 의미를 따로 따로 지니고 있다고 생각하고 있었을까? 답은 '아니다'이다. 이러한 품사 분류는 전적으로 후대에 우리들이 현대한어나 다른 언어의 품사 분류에 의거하여 고대한어를 이해하는 방편일 따름이다. 말하자면 의미의 상관을 적당히 버무린 것에 지나지 않는다.

現代漢語나 다른 언어로는 이것들을 각기 달리 설명해야 하기 때문에 품사 분류가 용이한 언어의 대응 표현에 맞추어 품사를 정한 결과이다. 그 가짓수에 따라 품사의 수가 달라질 수도 있다. 고대한어에는 이 같은 예가 허다하다. 이렇게 한 결과는 많은 모순을 낳으며, 사실상 기능에 의한 분류라고 할 수도 없음을 알게 된다. 고대한어 實詞류의 품사 분류가 기본적으로 의미상의 분류라는 사실을 확인시켜 주고 있다.

그렇다면 고대한어의 본질을 가지고 말할 때, 사실 절대다수의 어휘에 대해서는 명사·동사·형용사(때로는 부사도 해당됨) 등을 나누는 의미는 없다고 할 수 있다. 이러한 어휘들이 다수를 차지한다면 이러한 성질들을 포괄하는 공통된 하나의 성질을 지닌 어떤 품사가 있을 따름인 것이다.

고대한어에서 이른바 '實詞'류의 분류는 기능에 의해서 확연하게 되지 않는다. 품사를 이와 같이 나누고 보면, 동일한 품사가 여러 가지 기능을 두루 갖는 것이 되기 때문이다.[73]

'一'을 수사로 독립시키든 명사로 여기든 간에, ④'一失其位' 중의 '一'을 부
사로 간주하지 못하는 이유는, 앞에서 든 "黔敖左奉食右執飮."(『禮記·檀弓』)
(검오가 왼쪽에는 먹거리를 받쳐 들고 오른쪽에는 마실 거리를 들고 있었다.) 중의
명사 '左·右' 같은 예들을 통해서 얼마든지 확인할 수 있다. '左'·'右'를 부사
로 여긴다면 고대한어에서 거의 모든 명사는 부사를 겸하게 될 것이기 때문이
다. 그래서 이들을 명사로 여기고 이것들의 기능이 부사어라고 하는 방식을 취
하고 있다. 이는 고대한어의 품사 분류가 의미에 의존하고 있음을 말해주는 대

---

73) 이를 간명하게 보기 위하여 1 : 1의 단어 결합만을 가지고 살펴보자.[품사 명칭은 의미상의
   분류에 의한 것이며, 해당 문장에서의 쓰임에만 국한하여 임의로 정한 것이다.]

 • 관형어(형용사성 수식어) + 명사[중심어(피수식어)]

 [楚人](초나라 사람) [奇貨](기이한 재화) [亡卒](죽은 병졸) [百獸](온갖 짐승) [吾家](내 집)
 : 종래의 품사 분류에 의하면 관형어로 쓰인 '楚·奇·亡·百·吾'는 차례로 '명사·형용사·
 동사·수사·대사'가 된다.

 • 부사어(부사성 수식어) + 동사[중심어(피수식어)]

 [相好](서로 좋아하다) [急攻](급히 공격하다) [兼愛](겸하여 사랑하다) [南征](남쪽으로 출
 정하다) : 부사어로 쓰인 '相·急·兼·南'은 차례로 '부사·형용사·동사·명사'가 된다.

 • 부사어(부사성 수식어) + 형용사[중심어(피수식어)]

 [尙早](아직 이르다) [日稀](날로 드물어지다) : 부사어로 쓰인 '尙·日'은 차례로 '부사·명
 사'가 된다.

 • 술어(동사, 형용사) + 목적어

 [拱手]([두] 손을 맞잡다) [貪生](살기를 탐하다) / [多才](재주가 많다) [易老](늙기 쉽다) :
 동사의 목적어인 '手·生'은 각각 '명사·동사'이고, 형용사의 목적어인 '才·老'는 각각 '명
 사·형용사'이다.

 • 술어 + 보어

 [捕得](잡아 얻다→잡아내다) [減輕](덜어[줄여] 가볍다) : 보어 '得·輕'은 각각 '동사·형용
 사'인 셈이다.

 • 주어 + 술어

 [吾見](내가 만나다) [功高](공이 높다) [夫子聖人](선생님은 성인이시다) : 술어 '見·高·聖
 人'은 차례로 '동사·형용사·명사'이다.

표적인 증거이다. 이와 같은 예들은 흔히 볼 수 있다.

[法] 失期, 法皆斬. 『史記·陳涉世家』
　　기일을 놓치면 법으로[법에 따라] 모두 참수된다.

[兄] 吾得兄事之. 『史記·項羽本紀』
　　나는 그를 형처럼 섬길 수 있다.

[面] 群臣吏民能面刺寡人之過者 受上賞. 『戰國策·齊策』
　　뭇 신하와 관리와 백성으로서 면전에서 과인의 허물을 지적할 수 있으면[있는 사람은] 上等
　　의 상을 받을 것이다.

'法'·'兄'·'面' 등을 부사라고 하지 못하는 것은 고대한어를 대상으로 한 현
행 품사 분류가 갖는 한계의 일부이다.

③ 앞에서 든 "黔敖左奉食右執飮."이나 "孰能一之?"의 '食·飮'·'一'과
　　같이 품사 분류가 당연하고 필요한 것 같아 보이는 예들이 자주 보인다.

火燭一隅. 『呂氏春秋·土容』
불이 한 모퉁이[구석]를 비추었다[←촛불노릇을 했다].

范增數目項王. 『史記·項羽本紀』
범증이 자주 항왕에게 눈짓을 했다.

勇士入其門, 則無人門焉者. 『公羊傳·宣公六年』
용사들이 그 문에 들어가 보니, 곧 거기에서 문을 지키는 사람이 없었다.

相如視秦王無意償趙城 乃前曰: 璧有瑕, 請指示王. 王授璧. 『史記·廉頗藺相如
列傳』
相如는 秦 王이 趙(나라)에 城으로 보상해 줄 뜻이 없다고 보고 곧 앞으로 나아가 말했다. 玉(寶玉)
에 흠이 있사와 왕께 삼가 가리켜 보여 드리겠습니다. 왕이 옥을 주었다.

이상의 '燭·目·門·前' 따위를 명사가 동사로 '活用'되었다고 설명해 왔다. 이러한 설명은 사실 本來品詞가 있고 품사의 轉性이 있다고 여기는 관점에 다름 아니다. 명사가 먼저이고 동사가 나중이라고 말할 수 있는 근거가 없으니 이는 말이 되지 않는다. 용례가 적고 많음도 품사의 '活用'이네 '轉性'이네라고 말할 수 있는 근거가 되지 못한다. 품사를 나눈다고 할지라도 명사이면 명사이고, 동사이면 동사일 따름이지 품사의 선후를 임의로 정하는 것은 우습기 짝이 없다. 이러한 품사 명명 자체가 방편적이라는 사실까지 간파해낸다면 古代漢語의 특징이 더욱 잘 보일 것이다. 어느 경우나 다 일체성을 띤 이들 단어의 본래 쓰임이지 무슨 활용이라거나 전성이라는 따위의 설명은 가당치 않다.

'使動(사역)'이니 '意動'이니 하며 용법을 설명하는 예들을 보기로 하자.

먼저 '使動'의 예를 보면 다음과 같다.

縱江東父老憐而王我, 我何面目見之? 『史記·項羽本紀』
비록 강동의 부로들이 나를 불쌍히 여겨 왕으로 삼는다[왕이 되게 한다] 할지라도 내가 무슨 면목으로 그들을 보겠는가?

工師得大木, 則王喜. …… 匠人斲而小之, 則王怒. 『孟子·梁惠王下』
공사[백공의 우두머리]가 큰 나무를 얻으면 곧 왕께서 기뻐하실 것입니다. …… 목공이 그것을 깎아서 작아지게 한다면 곧 왕께서 화를 내실 것입니다.

城不入, 臣請完璧歸趙. 『史記·廉頗藺相如列傳』
성이 [우리 조나라 수중에] 들어오지 않으면 臣이[제가] 삼가 옥을 온전하게 하여 조나라로 돌아오게 하겠습니다.

'王'은 본시 명사인데 동사로 활용되었음은 물론이요 '~이 되게 하다'라는 의미가 추가되어 있으니 이른바 '사동'이라는 것이다. '小'와 '完'은 본시 형용사인데 '王'과 마찬가지로 '사동'의 의미로 쓰였다고 설명한다.

당시 漢語의 성격에 관한 한, 어설픈 설명이다. 실은 이들 단어들의 본래 성질이 한 덩어리로서 그러한 것이지 한 단어의 여러 가지 용법이 아니라고 여겨지기 때문이다. 바꾸어 말하자면, '사동'이라는 설명은 현대한어나 다른 언어에서는 다른 표현법이 갖추어져 있기에 이에 의거하여 전체 文意에 대한 우리의 인지 방식을 설명해주는 방편일 따름이다. 다른 단어들과 쓰임의 방식(형태 방면이나 통사 방면에서 모두)이 동일하지 않은가? 우리가 이같이 설명하는 것은 앞뒤에 쓰인 단어들이 지니는 의미에 의하여 구성되는 전체 文意를 가지고 마치 개별 단어가 지니는 문법적인 성격인 양 떠들고 있는 것에 다름 아니다. 오늘날의 한어에는 이러한 쓰임이 없어서인데, 이를 '지금의 말로 설명하자면 이러이러한 뜻을 지닌다'고 하면 충분할 것을, 개별 단어들이 두 가지 이상의 상이한 품사성[詞性]을 지녀 문법상 여러 가지 용법을 보이는 것처럼 복잡하게 설명하고 있는 것이다. 이러한 설명은 고대한어의 실제와 부합되지 않는다.

고대한어의 동사에는 본질적으로 자동·타동·사동·의동·수동 등의 경계가 없다. 전후하여 쓰인 단어들과의 의미 맥락에 의해 전체적으로 어느 하나가 결정되는 것으로 이해되는 종합적인 성질의 것이라는 사실을 깨닫게 되면 이러한 구차한 설명은 하지 않게 될 것이다. 동사 쓰임의 전체적인 성격에 대해서는 뒤에서 좀 더 자세히 설명하기로 한다.

다음은 이른바 '意動'으로 분류해 온 어휘들의 쓰임을 보이는 예들이다.[74]

---

74) ① "毋金玉爾音."(『詩經·小雅·白駒』) (그대의 명성을 금옥처럼 여길[금이야 옥이야 할] 것이 없다.) 중의 '金玉'을 하나의 단어로 여기고 이른바 '명사의 의동용법' 예로 들곤 한다. 그런데 의미상 '연합'구조인 '金玉'을 '단어'로 볼 것인가 '구'로 볼 것인가의 문제가 있다. '句'로 여기는 것이 옳다고 여긴다. '금처럼 여기고 옥처럼 여기다'로 번역된다. '금옥처럼 여기다'와 전체 文意는 같지만, 이렇게 하는 것이 두 개의 단어로 쓰인 경우를 분명히 한 풀이가 된다. '金玉'이 하나의 단어라고 단정할 수 있는 문법적인 근거는 없다.

② 이유는 다음과 같다.

다른 2음절의 單語 또는 句도 필요시에는 얼마든지 이처럼 쓰일 수 있다. 고대한어에서 구의 쓰임도 단어의 성격과 평행함을 보인다.

"狗彘食人食而, 不知檢."(『孟子·梁惠王上』) (개와 큰 돼지가 사람이 먹을 것을 먹는데도 통제할 줄을 모른다.)에서의 '人食'은 어떠한가? 즉, 단어인가, 구인가? '사람이 먹다'라는 '주술'구조를 그대로 지닌 채로 '사람이 먹을 것'을 가리킨다. 전체적인 문의만 가지고 보면 한국어로 '사람의 먹을 것'이라고 번역할 수 있고, 이러한 의미 관계를 漢語에서 '수식'구조라고 부르고 있으나, 어순이 같으니 이렇게 볼 수 있는 문법적인 근거는 없다. '地震'·'月蝕'도 '땅이 진동하다'·'달이 갉아 먹히다'라는 구조를 유지한 채로 하나의 단어로 여겨지는 '지진'·'일식'을 가리킨다. 문법적으로 말하자면 이것들의 단어·구 경계는 사실상 모호하다. 처음에 두 가지를 구분하지 않고 썼다면 더욱 그러하다. 그렇다면, '人食'도 단어일 수도 있고 구일 수도 있다. 동일한 구조(어순)를 가진 채로 '사람이 먹다'도 나타낼 수 있고 '사람이 먹는 것'을 가리킬 수도 있는 것이다. 이처럼 단어와 구를 분별하기 어려운 경우가 많다. 단어와 구의 구별마저도 방편인 경우에 해당한다. 문법적인 구별 표지가 없어서이다.

※ 품사 분류의 논의가 극단에 이르면, 고대한어에 통사 관계를 나타내는 표지가 없는 사실까지 뒤얽혀 '人食'은 '사람의 음식'으로서 수식구조이고 '食'은 명사라고 주장할 사람이 있을 법도 하다. 그러나 이는 논외로 한다.

'知音'과 '知己'는 '자기의 음악(거문고 소리)을 알아주다'와 '자기를 알아주다'로 이해되는 '술목'구조를 지니면서, 둘 다 '자기를 알아주는 친한 친구' 등을 가리키게 되었다고 해서 뒷날 둘 다 단어로 여긴다. '知音'은 자기의 '음악'을 이해한다는 구체적인 상황이 없어도 자기를 이해해 주면 사용할 수 있게 되었으므로, 특수한 새로운 뜻을 얻어가진 셈이니 명사라고 확언할 수 있을 듯하다. 그런데 '知己'는 '자기'를 이해한다는 뜻에 변화가 없이 자기를 이해해 주는 사람을 가리킨다. 처음부터 단어였을까? 처음에는 문법상 구의 지위를 가지고서 '자기를 이해해 주는 사람'을 가리켰을까? '將軍'은 군대를 거느리는 사람인 '장군'이면 단어이고, '군대를 거느리다'이면 구일 것 같지만 양자 간에 형태상 아무런 차이가 없이 그냥 '將軍'이다. 그러므로 이를 가지고 새로운 뜻을 가지게 되었으므로 단어라고 하기도 곤란하고, 오늘날의 말로 '장군'이면 단어요 '군대를 거느리다'면 구라고 말할 근거도 사실 없다. 옛날에 '술목'구조가 사람을 가리킬 때 '술목+人'과 같은 형식을 사용하지 않았기 때문이다. '好學'은 '배우기를 좋아하다'도 될 수 있고 '배우기를 좋아하는 사람'도 될 수 있다. '술목'구조는 그저 필요시에는 언제든지 그러한 '사람' 내지 '사물'도 가리킬 수 있음을 특히 잘 보여주는 경우에 해당한다. 오늘날과 같은 방식의 의미의 구분이 단어와 구를 가르는 문법상의 표지가 아니라는 사실이 중요하다. 특별한 문법적 표지가 없으면서 문맥상 '행위'를 가리키거나 '구체적 사물'을 가리킨다는 차이가 있을 뿐이므로 객관적으로 볼 때 본질적인 의미의 차이는 없는 것이다. 단어와 구의 분별은, 이처럼 품사의 구별과 마찬가지로, 고대한어의 본래 성질이 그러한 것이 아니라 우리의 이해상의 현대적인 필요에 지나지 않는 '방편'으로서의 성질(측면)을 지닌다는 사실을 강하게 보여 줄 때가 많다.

叟不遠千里而來, 亦將有以利吾國乎?『孟子·梁惠王上』

노인장께서 천리를 멀다 여기지[멀다 하지] 않고 오셨으니 역시 장차 우리나라를 이롭게 할 것이 있겠지요?

孔子登東山而小魯 登泰山而小天下.『孟子·盡心上』

공자께서 동산에 오르셔서는 노나라를 작다고 여기셨으며, 태산에 오르셔서는 천하를 작다고 여기셨습니다.

寶珠玉者, 殃必及身.『孟子·盡心下』

주옥을 보배로 여기면, 재앙이 반드시 몸에 미칩니다.

夫人之, 我可以不夫人之乎?『穀梁傳·僖公八年』

[남들이] 그를 부인이라 여기는데, 내가 써서[→가지고서] 그를 부인으로 여기지 않을 수 있겠습니까?

'遠'과 '小'는 본시 형용사인데 동사이자 '의동' 용법으로 쓰였으며, '寶'와 '夫人'은 명사인데 '의동'용법으로 쓰였다는 것이 지금까지의 설명이다. 사실 다 문맥에 의한 것이다. 현대한어에는 이러한 쓰임이 없을 따름이다.

다음은 형용사가 명사로 쓰였다고 하는 예이다.

泛愛衆而親仁.『論語·學而』

널리 뭇 사람[대중]을 사랑하고 어진 사람을 가까이 하는 것이다[＝하라].

將軍身被堅執銳 伐無道 誅暴秦.『史記·陳涉世家』

장군께서는 몸에 견고한 것[갑옷]을 입으시고 날카로운 것[무기]을 들고서 무도함을 치고 포악한 진나라를 베셨습니다.

'衆'·'仁'·'堅'·'銳' 등이 본시 형용사인데 명사로 활용되었다는 것이 지금까지의 설명이다. 그러나 고대한어에서 이들 단어의 한 덩어리로서의 성질이 본시 그러한 것이다. 당연히 품사의 선후도 없다. 한국어로 말하자면, '仁'이

'어질다'·'어짋'('인')·'어진 사람'·'어진 행위' 등을 다 나타낼 수 있는 것이다. 필요에 따라서는 '어질다고 여기다'·'어질게 하다'는 의미의 문맥에도 쓰이는 것이다. 그러니 어떻게 품사를 명확하게 가르겠는가? 가른다면 명사가 모두 부사도 될 수 있듯이, 형용사는 모두 명사도 될 수 있다는 말이 되어버릴 것이다. 그러므로 이러한 단어들에서는 형용사와 명사를 근본적으로 가를 수가 없다. 이러한 예들을 가지고 하나의 단어가 두 가지 또는 그 이상의 품사성을 본래부터 나누어 가지고 있다고 말하는 것은 일종의 억지이다. 두 가지 성질을 통괄하여 함께 가지고 있는 것이다.

다음 예의 '食'과 '飮'은 동사가 명사로 활용되었다고 여겨온 예가 된다.

黔敖左奉食 右執飮. 『禮記·檀弓』
검오가 왼쪽에는 먹거리를 받쳐 들고 오른쪽에는 마실 거리를 들고 있었다.

또 동사이면서 용법을 달리한다고 여긴 다음과 같은 예들이 있다.[75]

使趙不將括則已, 若必將之, 破趙軍者必括也. 『史記·廉頗藺相如列傳』
조나라로 하여금 括을 장군으로 삼지 않게 한다면 곧 그뿐이지만 꼭 그를 장군으로 삼을 것 같으면 조나라의 군대를 부서지게 하는[부셔버리는] 것은[사람은] 반드시 括이 될 것입니다.

'破'는 '부수다'인데 사역의 의미를 넣어 번역하면 '부서지게 하다'가 된다.

---

[75] 다음 예의 '飮食'도 사동 의미의 문맥에 쓰인 것은 같으나 문법 단위가 다르다. 句이다.
中心好之, 曷飮食之?(『詩經·唐風·有杕之杜』) : 曷 =何不. (속마음[→진심]으로 그를 좋아하는데 뭐로[어찌] 그를 마시게 하고 먹게 하지[→먹고 마시게 하지] 않겠는가?)
'먹고 마시다'가 아니고 '먹게 하고 마시게 하다(먹고 마시게 해 주다)'라는 의미를 지니게 된 징표가 '飮·食'에는 없다. 역시 앞뒤에 쓰이는 말에 따라 전체 문의가 결정되는 것이지 결코 '飮·食'이 이리 되었다 저리 되었다 하는 것이 아님을 알 수 있다. '사동'이라 하여 구별하는 것은 현대 언어로의 이해의 방편일 따름이다. 고대인의 언어 사용에서는 이러한 차이를 구별하여 표현하려는 관념이 없었던 것이다.

그래서 '使動'이라는 것이다. 이렇게 보면 '자동'과 '타동'을 나눌 수 있는 영어와 같은 언어에서의 상당수 동사는 '사동' 용법이 될 것이다.(부수다, 부서지게 하다) 용어의 의미만 빌려 말한다고 하더라도, 소위 '사동'이라는 것이 '타동'의 일부일 따름이라는 사실을 간과한 것이다. 이처럼 영어의 '타동' 의미에 대응되는 고대한어의 많은 단어들이 본시 '使動' 의미를 가지고 있는데, 특별히 활용되어 '使動' 용법으로 쓰였다는 식으로 설명하는 것은 전체를 균형 있게 살피지 못한 경우가 된다.

전후하여 쓰인 말들과의 관계에 의하여 파악되는 이러한 문맥을 동사의 기능이라고 말한다면 그 경계를 어떻게 정할 수 있을 것인가? 또 이것이 문법상 무슨 의미를 지니겠는가?

한 가지 성질을 가지고 있을 따름이다. 그래서 의미상 '동사'라고 이름 붙일 수 있는 것들의 전체 성질은 자동·타동(사동·의동 포함)·수동(피동) 등의 경계를 나눌 수 없는 통합적인 것, 바꾸어 말한다면 중립적인 것이다.

실사류의 분류를 당연시하는 입장에서는 이것들이 품사의 兼有이며 고대한어 단음절 단어의 원활한 (품사의) 활용을 보이는 예라는 등의 설명을 가한다.

그러나 이것들은 현대한어나 다른 언어에서 이러한 통합적인 쓰임이 없음으로 말미암아 현재적인 관점에서 정한 것임을 간과한다면 이러한 품사 분류의 의미가 없음을 알 수 있다. 따라서 이는 곧 이해(해독, 해석)상의 방편이라는 점을 간과해서는 안 된다.

이 책에서도 비록 명사·동사·형용사를 하나로 묶는 새로운 용어나 적절한 설명 방법을 아직 확정하지 못하여, 이같이 나누고는 있지만 다분히 '방편적'이라는 사실을 알아 두고 읽어 나가야 함을 거듭 강조해 둔다. 이러한 고대한어 어휘의 종합적 색채에 의거하여 잠정적으로 품사명을 정한다면 '實詞'류는 '名動形詞(명사·동사·형용사로 나누지 않고 하나로 아우를 때의 임시 명칭임)·代詞·

副詞' 등과 같은 틀을 취해야 할 것이다.

④ 실사와 허사의 경계 문제

영어의 전치사와 접속사에 대응되는 품사의 존재를 인정하여 '介詞'(전치사)와 '連詞'(접속사)로 명명한 두 종류의 품사를 둔 것은 일종의 허구이다. 대부분 실사로 파악할 수 있기 때문이다. 전치사의 경우 '於(于)'·'乎'는 조사에, 나머지는 동사에 귀속시키면 된다. 접속사의 경우는 동사·명사·대사·부사·조사에 나누어 귀속시킬 수 있다. 대부분 실사에 귀속된다. 實詞와 虛詞의 兩分은 上古時期 漢語 어휘 전체를 아우르는 비교적 근사한 품사 구분이다. 실사류 안에서 代詞는 의미상 다른 실사를 대신한다는 의미에서 구분해내고, 부사는 기능상 오직 副詞語(부사성 수식어)[狀語]가 될 뿐이라는 점에서 구분해 낼 수가 있다. 그래서 實詞와 虛詞의 둘로 나누는 데서 한 걸음 더 나아갈 수 있는 분류는 名動形詞·代詞·副詞(이상 실사)·助詞·感歎詞(이상 허사)로 나누는 것이 될 것이다. 명사·동사·형용사를 나누는 것은 방편적인 것에 지나지 않다.[의미상의 분류임] 부사를 실사의 한 종류로 따로 세웠지만 名動形詞와 왕왕 경계를 가리가 어렵다. 의미상 명사·동사·형용사로 나누고 비교해보면 경계를 세우기기 이려움을 더 쉽게 알 수 있다.

(5) 兼詞 : 合音의 표기

古代漢語의 단어 중에는 품사성이 서로 다른 두 글자의 역할을 하는 것이 있다. 이를 兼詞라고 한다. 兼詞는 두 글자의 音이 합쳐져서 이루어진 '合音詞'이다.[76] 合音詞란 音이 같거나 비슷한 두 단어가 連音되어 旣存의 어느 단어

---

76) '然·若·云·爾' 등까지 兼詞로 여기는 이도 있으나, 合音이 아닌 이들 단어는 兼詞로 볼

와 音이 같아지게 됨으로써 이 한 글자를 빌려 표기하게 된 경우이다. 따라서 해당되는 두 글자로 나누어 이해하면 된다.

叵 = 不可(副詞 + 能願形容詞)[77]

   布目備曰: 大耳兒最叵信. 『後漢書·呂布傳』

   呂布가 劉備를 보면서(눈으로 가리키며) 말했다. 귀 큰 자식이 가장 믿을 수 없소.

諸 = 之於(于)(代詞 + 語氣助詞[강조])[78]

수 없다. 古漢語의 單語 가운데는 이것들 외에도 綜合的 의미를 갖는 단어가 많다. 이것들이 갖는 의미가 다른 두 단어의 결합에 의한 의미와 상통하는 것은 전적으로 漢語 중의 일부 單語들 본래의 성격이지, 두 개의 單語의 존재를 조건으로 하여 이의 대체물로 만들어진 單語 가 아니기 때문이다. 다시 말하면 의미가 종합적인 한 글자로 된 單語와 이에 상응하는 의미 의 單語의 조합이 우연히 공존하게 된 것(표현 방식의 차이)이지 어느 것의 우선 존재를 조건 으로 하여 同義 관계가 성립된 것이 아니다. 따라서 겸사가 아니다. 다른 두 단어로의 풀이일 따름이다. 用例를 들면 다음과 같다.

  然 = 如此(動詞 +代詞)
    人人皆以我爲好士, 然, 故士至.(『荀子·大略』)
  若 = 如此(動詞 +代詞)
    以若所爲求若所欲猶緣木而求魚也.(『孟子·梁惠王上』)
  云 = 如此(動詞 +代詞)
    上曰: 吾欲云云.(『漢書·汲黯傳』)

'焉'마저 '於之'(또는 '於是[此]')로 풀고 겸사라고 여기는데, 이는 큰 착각이다. '焉'은 '之'와 같은 의미 범주['그(것)' : 단수와 복수의 구별이 없음]의 代詞이면서 '之'보다 어세가 강한 단 어로 파악된다. 그리고 '於'는 전치사[介詞]가 아니다. 어기조사이다. '之'나 '焉'은 '於' 없이 앞의 술어와 얼마든지 '述目' 관계를 지녀 여러 가지 의미를 나타낸다. 그러므로 이는 '於'(전 치사[개사])+'之'가 결코 아니다. '焉'이 단독으로 '之'보다 강한 의미를 지니고 쓰일 따름이다. 다음 예에서 '死焉'의 수동[피동] 의미는 '於'에 의하지 않는다. '死虎'·'死之'·'死焉'만으로 수동 의미는 완벽하게 표현됨을 알아야 한다. '於'는 뒷말을 강조하는 어기조사이다.

  昔者吾舅死於虎, 吾夫又死焉, 今吾子又死焉.(『禮記·檀弓』)

77) '可'의 품사에 대해서는 동사·형용사 항에서 상세히 설명한다.
78) '於(于)'의 품사에 대해서는 조사 항에서 상세히 설명한다.

投諸渤海之尾殷土之北. 『列子・湯問』

그것을 발해의 끝과 은토의 북쪽에 던져 버리겠소.

= 之乎(代詞 + 語氣助詞[의문])

文王之囿方七十里, 有諸? 『孟子・梁惠王上』

문왕의 園地가 4방 7십리였다는데 그런 일이 있었습니까?

雖有粟, 吾得而食諸? 『論語・顔淵』

비록 곡식이 있다 한들 내가 그것을 얻어먹겠는가?

耳 = 而已(助詞[강조] + 動詞)

直不百步耳, 是亦走也. 『孟子・梁惠王上』

단지 백 보가 되지 않을 따름이지[단지 백보를 달아나지 않았을 따름이지(←않고 말았지)] 이 역시 달아난 것입니다.

曷 = 何不(代詞 + 副詞)

中心好之, 曷飮食之? 『詩經・唐風・有杕之杜』

속마음으로[진심으로] 그를 좋아하는데 어찌[←뭐로] 그를 마시게 하고 먹게 하지 않겠는가?

盍 = 何不(代詞 + 副詞)

顔淵季路侍. 子曰: 盍各言爾志? 『論語・公冶長』

안연과 계로가 모시고 있었다. 선생님께서 말씀하셨다. 어찌[←뭐로] 각기 너희들의 뜻을 말하지 않느냐?

3) 句[詞組: phrase] 구성 요소 간의 統辭 관계

句(phrase, [詞組], [短語])란 둘 또는 둘 이상의 單語가 일정한 文法 關係에 따라 결합된 文章[句子] 구성[造句]의 單位이다. 句를 구성하는 단어는 대체로 일정한 결합 규칙들을 보인다. 句는 文章 중에서 한 덩어리로서 문장의 어느 成分에 충당되어, 하나의 單語가 단독으로 문장 성분 노릇을 할 때와 같은 기능을 한다.

句도 대부분은 聯合構造・修飾[偏正]構造・述目[動賓79)]構造・補充構造・主述[主謂]構造80) 등 다섯 가지 유형으로 나누어 다룰 수 있다. 이들 結合 構造(관계)는 單語의 구성 형식 중 合成詞의 주류를 이루는 다섯 가지 結合方式(聯合式・修飾式[偏正式]・述目式[動賓式]・補充式・主述式[主謂式])과 대체로 상관을 이룬다. 이들 다섯 가지 결합 방식은 두 구성 부분의 실질적인 의미 관계에 의하여 경계 짓고 이름 지은 것이기 때문이다. 그래서 이것들은 당연히 의미가 구체적으로 드러나 보이는 實詞 중심의 결합이다.

이 다섯 가지 구조 외에 '所'字構造라는 것을 설정할 수 있다.81) 이는 虛詞와 實詞의 결합 형식이다. '所'字를 虛詞로 분류하는 가장 큰 이유는 이 구조 중의 '所'字가 단독으로는 문장 성분이 되지 못한다는 점이다. '所'字는 뒤따르는 부분과 결합할 때, 위의 다섯 가지 구조들의 구성 부분이 상호 대등한 의미 지분을 가지고 결합하는 것과는 달리 '하나의 구조 형식을 결정하는 문법적인 기능을 하는' 것으로 여겨지고 있다. 句 전체의 의미를 결정하는 핵심은 실사로 분류되는 뒷부분의 중심 어휘이다.

---

79) 이 구조에 대한 명칭으로 여러 가지를 사용해 왔으며, 지금 '動賓'이 가장 우세하다. '動'은 '動詞'를 의미하고 '賓'은 '賓語' 즉 '目的語'를 의미하는데, 동사와 형용사를 가르는 한, 古代 漢語에서 목적어를 취할 수 있는 단어는 동사에 그치지 않고 형용사를 포함한다.

80) '構造'를 중국에서는 '結構'라고 하여 '聯合結構・偏正結構・動賓結構・補充結構・主謂結構' 등으로 명명한다.

81) '所'字構造 외에, 종래 '者'字構造와 '介賓'構造(전치사구)를 추가하여 '실사+허사' 내지 '허사+실사'에 의한 句의 형식이 세 가지인 것으로 설명해 왔다. 그러나 이 책에서는 '者'의 기능에 대한 이해를 달리하여 이를 명사성의 句 구성 요소로 보지 않기 때문에 '者'字構造를 제외한다. '者'는 어기조사로 분류한다. 또 '介詞(전치사)'의 존재를 인정하지 않으므로 '介賓(전목)'構造 또한 설정하지 않는다.

(1) 聯合構造

결합된 單語들 간의 의미 관계가 대체로 수평적인 구조이다. 두 부분 간의 미세한 의미 관계의 차이에 따라 並列(等立·對比·選擇·漸層·同格 등의 관계)·先後(順接) 등으로 나누어 살필 수 있다. 쌍방의 의미 관계에 의존하여 분류하는 것이기 때문에 어떠한 문법적인 차이가 있는 것은 아니다. 어느 경우이건 문맥에 따른 의미 관계에 차이는 있으나 결합 방식은 기본적으로 동일하다.

한 걸음 더 나아가 특히 주의할 점은, 修飾構造와의 경계가 모호한 경우가 왕왕 보인다는 사실이다. 古代漢語에서 의미의 접속 관계를 돕는 어휘는 필수적인 요소가 아니어서, 대체로 쌍방의 의미 관계에 의존하여 판별되고 있기 때문이다. 이 경우 양자의 구분은 다분히 직관적이며 관념적이다. 따라서 관찰자의 주관이 많이 작용한다. 문맥의 도움을 받아도 확연하게 가르기 어려운 경우들이 보인다. 다섯 가지 구조(관계)의 설정이 어떠한 문법적인 기능 성분을 필요조건으로 삼아서 하는 것이 아님에 유의하여야 한다. 古代漢語의 본질 속성이 그렇게 되어 있다. 경계가 모호한 부분에서 우리는 두 구성 부분의 결합 자체가 매우 중립적임을 더 잘 알 수 있다.

[楚越] 楚越之地 地廣人希 飯稻羹魚. 『史記·貨殖列傳』
초나라와 월나라의 땅은 땅이 넓고 사람은 드물어 쌀로 밥을 짓고 물고기로 국을 끓인다.

[顏淵季路] 顏淵季路侍. 『論語·公冶長』
안연과 계로가 모시고 있었다.

[土石] 以殘年餘力曾不能毀山之一毛 其如土石何? 『列子·湯問』
잔년[여생]의 남은 힘을 가지고는 일찍이 산의 한 터럭도 허물지 못했는데 [아 거] 흙과 돌 같은 것은 뭐겠소[→흙과 돌을 어떻게 하시겠소]?

[仁義禮智] 其下四者 乃仁義禮智之德. 『中庸』
그 아래의 넷은 곧 인·의·예·지의 덕이다.

[吏二] 吏二縛一人詣王. 『晏子春秋·內篇雜下』

관리 둘이 한 사람을 묶어가지고 왕 앞에 이르렀다.

[左師觸龍] 左師觸龍願見太后. 『戰國策·趙策』

좌사[관직 이름]인 촉룡이 태후를 뵙기를 원했다.

[女十人] 其巫老女子也已年七十從弟子女十人所. 『史記·滑稽列傳』

그 무당은 늙은 여자로서 이미 나이가 70이었으며 따르는 제자가 여자 10명 정도였다.

[起飲] 項王則夜起飲帳中. 『史記·項羽本紀』

항왕은 곧 밤에 일어나 막장 안에서 술을 마셨다.

[剛毅木訥] 子曰: 剛毅木訥 近仁. 『論語·子路』

공자께서 말씀하셨다. 강하고 굳세고 질박하고 어눌함이 어짊에 가깝다.

◉ 구성 부분 사이에 다른 단어가 끼어 있는 경우

• 而(어기조사)

[烹而食] 予旣烹而食之. 『孟子·萬章上』

내가 이미 그것을 삶아서 먹었다.

[人民少而禽獸衆] 上古之世 人民少而禽獸衆. 『韓非子·五蠹』

상고의 세상은 사람은 적고 금수가 많았다.

[直而溫] [寬而栗] [剛而無虐] [簡而無傲]

直而溫 寬而栗 剛而無虐 簡而無傲. 『書經·虞書·舜典』

곧고도 따뜻하며, 너그럽고도 씩씩하며, 굳세면서도 포학함이 없으며, 간이하면서도 거만함이 없는 것이다.

[美而艶] 曰: 美而艶. 『左傳·桓公』

말했다. 아름답고도 요염하다.

[朝三而暮四] 狙公賦芧曰: 朝三而暮四. 衆狙皆怒. 『莊子·齊物論』

저공이 도토리를 주면서 말했다. 아침은 셋이고 저녁은 넷이다. 뭇 원숭이들이 다 화를 냈다.

• 且(부사)

[仁且智] 仁且智 夫子 旣聖矣.『孟子·公孫丑上』

어질고 또[게다가] 지혜로우셔서 선생님은 이미 성스럽게 되셨다.

[富且貴][82] 不義而富且貴 於我如浮雲.『論語·述而』

의롭지 않은데도 부유하고 또[게다가] 귀하기까지 한 것은 나에게는 뜬 구름과 같다.

(2) 修飾構造

句의 中心이 되는 '正'의 부분과 이 중심 부분을 修飾·制限하는 부분인 '偏'의 두 부분으로 구성된 구조이다. 흔히 '正'의 부분을 中心語(被修飾語), '偏'의 부분을 修飾語라 이르며, 항상 修飾語가 中心語의 앞에 놓인다. 實詞를 의미상 名詞·動詞·形容詞로 나눌 때 이것들이 중심어가 되는 수식구조는 다음과 같이 분류해 볼 수 있다.

◉ 중심어가 의미상 명사인 경우(句 포함)

[齊人] 齊人固善盜乎?『晏子春秋·內篇雜下』

제나라 사람은 본디 도적질을 잘합니까?

[大憂] 臣觀吳王之色, 類有大憂.『國語·吳語』

신이[제가] 오나라 왕의 안색을 보았더니, 큰 근심[크게 근심하는 것]이 있는 것 같았습니다.

---

82) 종래 接續詞[連詞]의 존재를 인정하여 '以'·'且'·'而'나 '與'·'及' 따위를 연합구조 중에 사용되는 단어로 분류하였다. 그러나 이 책에서는 기본적으로 古代漢語에 接續詞가 존재한다고 보지 않는다. '與'·'及'·'以' 등은 動詞로, '且'는 副詞로, '而'는 助詞로 봄이 옳다. 종래 접속사로 보아온 것들은 動詞·副詞·代詞 및 助詞에 나누어 귀속시켰다. 두 단어로 나누어 보아야 하는 것들도 있다.(예 : '於是'·'是故' 등)
  종래의 분류 방식에 의하면, '以'·'且'·'而' 등은 動詞나 形容詞(또는 句)를 연결하는 접속사로, '與'·'及' 등은(예 : 矛與盾, 予及汝 등) 名詞와 名詞(또는 句)를 연결하는 접속사로 기술해 왔다. 연합 관계를 나타내는 동질의 접속사가 아니라 구체적인 의미가 각기 다르다.

[亡卒] 四戰之後 趙之亡卒數十萬, 邯鄲僅存. 『史記·張儀列傳』
四戰 후에 조나라의 죽은 병사는 수십만이었으며, 단지[겨우] 한단[지명]만 남았다.

[千里] 叟不遠千里而來, 亦將有以利吾國乎? 『孟子·梁惠王上』
노인장께서 천리를 멀다 여기지 않으시고 오셨으니, 역시 장차 [가지고서] 우리나라를 이롭게 함
[이롭게 할 것]이 있겠군요?

[百獸] 虎求百獸而食之. 『戰國策·楚策』
호랑이가 온갖 짐승을 찾아서 그것을 먹었다.

[吾家] 大夫曰何以利吾家. 『孟子·梁惠王上』
대부는 무엇을 가지고 내 가문을 이롭게 할까 하고 말한다.

[何故] 名尊地廣以至王者 何故? 戰勝者也. 『商君書·畫策』
이름이 높아지고 땅이 넓어져서 왕에 이르는 것은 무슨 까닭입니까? 싸워 이겨서입니다.

[何面目] 縱江東父老憐而王我 我何面目見之? 『史記·項羽本紀』
비록 강동의 부로들이 나를 불쌍히 여겨 왕으로 삼는다 할지라도 내가 무슨 면목으로 그들을 보겠
는가?

[王之甲兵] 其實畏王之甲兵也 猶百獸之畏虎也. 『戰國策·楚策』
아 거, 실로 왕의 군대를 두려워하는 것은 온갖 짐승이 호랑이를 두려워하는 것과 같습니다.

[數口之家] 數口之家可以無飢矣. 『孟子·梁惠王上』
몇[여러] 식구의 집[가정]이 굶주리는 일이 없을 수 있게 됩니다.

[拘禮之人] [制法之人]
拘禮之人不足與言事, 制法之人不足與論變. 『商君書·更法』
예에 속박당하는 사람은 더불어 일을 말하기에 부족하고, 법에 제약을 받는 사람은 더불어 변화를
논하기에 부족합니다.

[五步之內] 相如曰: 五步之內 相如請得以頸血濺大王矣. 『史記·廉頗藺相如列傳』
상여가 말했다. 다섯 걸음 안에서 상여가[제가] 삼가 목의 피를 [가지고] 대왕에게 뿌려버릴 수 있
습니다.

[萬乘之國] 萬乘之國弒其君者必千乘之家. 『孟子·梁惠王上』
만승의 나라에서 그의 군주를 시해하는 경우는 반드시 천승의 가문입니다.

[膏腴之地] 今媼尊長安君之位而 封之以膏腴之地 多予之重器而 不及今令有功於國. 『戰國策·趙策』

지금 마마께서는 장안군의 지위를 높이시고 그를 고유의[기름진] 땅으로 봉하시고 그에게 귀중한 기물을 많이 주셨으나, 오늘에 이르도록 나라에 공이 있게 하지는 못하셨습니다.

위와 같은 修飾構造의 修飾語는 문장 성분상으로는 冠形語[定語]로 여긴다. 관형어 자리에는 각종 實詞 또는 句가 놓인다. '冠形語'란 품사 분별이 비교적 뚜렷한 언어에서 명사가 피수식어(중심어)인 경우를 자리 매김한 명칭이다. 수식어가 동사·형용사 및 다른 부사를 수식하는 경우는 '副詞語[狀語]'라고 한다.

冠形語와 中心語의 사이에는 冠形語를 강조하는 助詞 '之'가 쓰이기도 한다. 종래 이를 冠形語의 표지로 여겨왔으나 잘못이다.[83]

◉ 중심어가 의미상 동사 또는 형용사인 경우(句 포함)[84]

• 동사

[不知] 人不知而不慍 不亦君子乎? 『論語·學而』

남이 알아주지 않아도 성내지 않는다면 역시 군자답지 않겠는가?

---

83) 종래 조사에 속하는 '之'의 기능을 둘로 나누어 각각 構造[結構]助詞·語氣助詞라 일컬었다. 그래서 관형어와 중심어(피수식어) 사이의 '之'를 구조조사로 여겼다. 그러나 '之'에 구조조사의 기능은 없다고 여긴다. 이 책에서 조사 '之'는 어느 경우이건 앞 말을 강조하는 '어기조사'일 뿐이라고 여긴다. 뒤의 助詞편에서 자세히 다룬다.

84) 의미상 동사성을 띠는 수식구조와 연합구조의 분별은 문맥에 따른 상호 의미 관계에 의한다. 따라서 구분이 어려운 경우, 즉 모호한 경우가 많다. 이 두 구조의 분별이 관념의 산물이기 때문이다.
　• 烹而食(삶아서 먹다) [연합구조](행위의 선후 관계임)
　• 笑而應(웃으면서 응낙하다) [수식구조]('笑'가 '應'의 태도[방식]를 나타냄)
　'烹而食'을 연합구조로 보았지만 의미상 수식구조와의 경계가 막연하여 이러한 분석이 여전히 석연치 않다.

[不患] 不患人之不己知 患不知人也.85) 『論語 · 學而』

남이 자기를 알아주지 않은 것을 걱정하지 않고[=말고], 남을 알아주지[이해하지] 못하는 것을 걱정하는 것이다[=하라].

[將亡] 國將亡, 本必先顚而後枝葉從之. 『左傳 · 閔公元年』

나라가 장차 망하려 하면 뿌리가 반드시 먼저 무너지고 뒤에 지엽이 그것을 따른다.

[大欲] 曰: 然則王之所大欲 可知已. 『孟子 · 梁惠王上』

말했다. 그러하시다면 왕께서 크게 하고 싶어 하시는 바는 알 수가 있겠습니다.

[急攻] 趙太后新用事, 秦急攻之. 『戰國策 · 趙策』

趙나라 태후가 새로 섭정하자, 秦나라가 급히 그[그 나라]를 공격하였다.

[兼愛] 墨氏兼愛 是無父也. 『孟子 · 藤文公下』

묵씨는 겸하여 사랑하자는데, 이는 아비가 없는 것이다.

[兄事] 吾得兄事之. 『史記 · 項羽本紀』

나는 그를 형처럼 섬길 수 있다.

[身被] 將軍身被堅執銳 伐無道 誅暴秦 復立楚國之社稷 功宜爲王. 『史記 · 陳涉世家』

장군께서는 몸에 견고한 갑옷을 입고 예리한 무기를 들고서 무도함을 치고 포악한 秦나라를 베어 다시 楚나라의 사직을 세우셨으니 공은 왕이 되심이 마땅합니다.

[壹似] 子之哭也壹似重有憂者. 『禮記 · 檀弓下』

선생님께서 우시는 데는 한결같이 근심하는 것이 무겁게 있는 것 같았다.

---

85) '不己知', '不知人'의 '不'을 통상 부사로 여기고 있다. 이 책에서도 이를 따른다. 이 경우 문장 성분상 '不'은 '知'를 부정하는 '부사어'[狀語]가 된다. 그런데. 만약에 '不'을 동사로 볼 경우, 통사구조를 분석하면 '不+己知', '不+知人'은 '술목'구조가 된다. '己知'와 '知人'은 다시 '술+목'으로 분석된다.[한국어의 부정어 중에는 '않다' · '못하다'류가 있다. 고대한어의 부정어들의 쓰임을 자세히 관찰하면 동사로 여길 수 있는 면이 없지 않으나, 이 책에서는 종래의 견해를 따라 부사로 분류한다.]

• 형용사

[不敏] 顔淵曰: 回雖不敏 請事斯語矣. 『論語·顔淵』

안연이 말했다. 回가[제가] 비록 민첩하지 못하오나 청컨대[→삼가] 이 말씀을 일로 삼겠습니다.[실
천하겠습니다]

[旣聖] 仁且智 夫子 旣聖矣. 『孟子·公孫丑上』

어질고 또[게다가] 지혜로우셔서 선생님은 이미 성스럽게 되셨다.

[尤甚] 居數年 會更五銖錢, 民多盜鑄錢, 楚地尤甚. 『史記·汲鄭列傳』

수 년 있다가 때맞춰 五銖錢으로 바꾸는데, 백성들이 몰래 돈을 주조하는 일이 많았으며, 楚나라
땅이 더욱 심했다.

[亦罕] 吾見亦罕矣. 『孟子·告子上』

내가 만나는 것 또한 드물게 되었다.

◉ 구성 부분 사이에 다른 단어가 끼어 있는 경우

副詞語와 中心語의 사이에는 앞 말을 강조하는 助詞 '而'가 쓰이기도 한다.
종래 '而'를 接續詞[連詞]로 여겨왔으나 잘못이다.[86] 뒤의 助詞편에서 상세히
다룬다.

[笑而應] 傭者笑而應曰: 若爲傭耕 何富貴也? 『漢書·陳勝項籍傳』

머슴이 웃으면서 대답하여 말했다. 너는 밭갈이에 고용된 사람인데 뭐로[어떻게] 부귀해지겠는가?

[中道而廢] 子曰: 力不足者 中道而廢. 今女畫. 『論語·雍也』

선생님께서 말씀하셨다. 힘이 넉넉하지 못하면 중도에서 그만두는데, 지금 너는 [여기까지밖에 못
한다고] 금을 그었다.

[人不知而不慍] 人不知而不慍 不亦君子乎? 『論語·學而』

남이 알아주지 않아도 성내지 않는다면 또한 군자답지 않겠는가?

---

86) '以'가 부사어와 피수식어 사이에 쓰이는 경우에 대해서까지 접속사로 여겨 '而'와 같은 역할
을 한다고 여겨왔다. 그러나 '以'는 접속사가 아니며, 조사 '而'와는 달리 여전히 실사인 동사
로서 기능함을 알아야 한다.(뒤의 '유의할 동사의 쓰임' 항 참조)

[何若而有功] 僕欲北攻燕東伐齊何若而有功？『史記 · 淮陰侯列傳』

제가 북으로는 燕을 공격하고 동으로는 齊를 치고자 하는데 무엇과 같이[→어떻게] 해야 공이 있겠습니까?

명사 또는 명사성의 구가 술어가 될 때도 그 앞에 부사어가 올 수 있다.

[必千乘之家] 萬乘之國弑其君者 必千乘之家. 『孟子 · 梁惠王上』

만승[천자]의 나라에서 그 군주를 시해하는 사람[것, 경우]은(시해한다면) 반드시 천승[제후]의 가문입니다.

이상에서 단어가 수식어가 되는 경우를 주로 들었는데, 여러 가지 형식의 句도 얼마든지 수식어가 될 수 있다.

(3) 述目構造

述語와 目的語[賓語][87)]가 결합된 구조이다. 이 구조의 술어 자리에는 실사를 다시 나누었을 때의 動詞 또는 形容詞가 놓인다.

述語와 目的語 간에는 여러 가지 의미 관계가 존재한다.[88)] 古代漢語에서 의미상의 動詞뿐 아니라 의미상의 形容詞도 목적어를 가져오는 경우가 있다. 따라서 述目構造의 내용에 비추어 '動目'構造[動賓結構]라고만 부르기보다는 '述目'構造라고 부르는 것이 더 낫다. 述語를 '謂語'라고 부르고 목적어를 '賓語'라고 부르는 중국의 용어 체계를 따라 명명한다면 '謂賓結構'가 될 것이다.

---

87) 중국에서는 '目的語'를 '賓語'라고 부르는 사람이 가장 많다. 그래서 이 구조를 '動賓結構'(動目構造)라고 한다. 그런데 이 용어 속에는 형용사가 목적어를 취하는 경우를 간과한 것이어서 내용이 다소 엉성하다.

88) '술어+목적어'의 의미 유형에 대해서는 뒤의 統辭論에서 상세히 다룬다.

① 동사 + 목적어

述目構造의 절대 다수가 '動詞 + 目的語'인 경우이다.

[飮酒] 景公飮酒. 『晏子春秋 · 內篇雜上』

경공이 술을 마셨다.

[見老聃] [語仁義] 孔子見老聃而語仁義. 『莊子 · 天運』

공자가 노담을 만나 인의를[에 대하여] 이야기하였다.

[盡心力] 以若所爲 求若所欲 盡心力而爲之 後必有災. 『孟子 · 梁惠王上』

이와 같은 하는 배[→행동]를 가지고 이와 같은 하고자 하는(바라는) 배[→욕망]를 추구하면 심력을 다하여 그것을 할지라도 뒤에 반드시 재앙이 있습니다.

[專心] [致志] 其一人專心致志. 『孟子 · 告子上』

그[그 가운데] 한 사람은 마음을 오로지하고 뜻을 다한다.

[貪位] 非其位而居之曰貪位. 『史記 · 商君列傳』

그[자기의] 자리가 아닌 데도 거기에 있는 것을 자리를 탐한다고 한다.

[行數里] 公子行數里. 『史記 · 魏公子列傳』

公子가 여러 里를 갔다.

[有涯] 桓公問管仲 : 富有涯乎? 『韓非子 · 說林下』

환공이 관중에게 물었다. 부에 끝이 있소?

[無人] 昔者魯繆公無人乎子思之側 則不能安子思. 『孟子 · 公孫丑下』

옛날에 魯나라의 목공은 子思의 옆에 사람이 없으면 곧 자사에 대하여 안심하지 못했다.

[在人] 文武之道未墜於地 在人. 『論語 · 子張』

문왕과 무왕의 도는 아직 땅에 떨어지지 않았다. 사람에게 달려 있다.

[爲師] 溫故而知新, 可以爲師矣. 『論語 · 爲政』

옛것을 익혀서 새 것을 안다면 그것으로 스승이 될[스승 노릇을 할] 수 있다.

[在川上] [如斯] 子在川上曰 : 逝者如斯夫! 不舍晝夜. 『論語 · 子罕』

선생님께서 냇가에 계시면서 말씀하셨다. 가는 것은(감은) 이와 같을 진제! 밤낮으로 그치지 않는다.

[似君子] 晏子曰: 共立似君子 出言而非也.『晏子春秋·內篇雜下』

안자가 말했다. 함께 서있으니 군자 같았으나 나와서 말을 해보니 아니었다.

[祭川] [先河] [後海] 三王之祭川也, 皆先河而後海.[89] 『禮記·學記』

3왕이 내에 제사를 지냄에는 다 강에 먼저 하고 바다를 뒤에 하였다.

[完璧] [歸趙] 城不入, 臣請完璧[90]歸趙[91]. 『史記·廉頗藺相如列傳』

성이 들어오지 않으면 신이 삼가 벽옥을 온전하게 하여 조나라로 돌아오게 하겠습니다.

[被攻] 國一日被攻 雖欲事秦 不可得也.『戰國策·齊策』

나라가 어느 날 공격을 입으면(당하면) 비록 秦을 섬기고자 할지라도 이룰 수가 없습니다.

[願學] 非曰能之 願學焉.『論語·先進』

그것을 할 수 있다고 말하는 것이 아니라 그것을 배우길 원합니다.

[如齊] 文公如齊.『左傳·成公三年』

문공이 제나라로 갔다.

[殉財] [殉名] 小人殉財 君子殉名.『莊子·盜跖』

소인은 재물을 위해 죽고 군자는 이름을 위해 죽는다.

[飯稻] [羹魚] 楚越之地 地廣人希 飯稻羹魚.『史記·貨殖列傳』

楚越의 땅은, 땅은 넓고 사람은 드물어 쌀로 밥을 짓고 물고기로 국을 끓인다.

[拘禮] 拘禮之人不足與言事, 制法之人不足與論變.『商君書·更法』

예에 속박을 당하는 사람은 더불어 일을 말하기에 부족하고, 법에 제약을 받는 사람은 더불어 변화를 논하기에 부족하다.

述語의 目的語가 疑問을 나타내는 말(疑問代詞)일 때는 보통 目的語가 述語의 앞에 놓인다.[도치]

---

89) 三王之祭川也, 皆先河而後海. 或源也, 或委也, 此之謂務本.

90) '完璧'은 여기에서는 술목구조이다.('璧을 온전하게 하다') 그런데 다른 언어 환경에서는 수식구조로 쓰일 수도 있다.('온전한 璧')

91) '歸趙'는 이 문맥에서는 '조나라로 돌아오게 하다'인데, '조나라로 돌아오다'도 마찬가지로 표현된다. 모두 술목구조이다.

[何怙] [何恃] 無父何怙? 無母何恃? 『詩經 · 小雅 · 蓼莪』

아버지가 안 계시면 무엇을 믿을 것인가? 어머니가 안 계시면 무엇을 의지할 것인가?

[何以] 以一服八 何以異於鄒敵楚哉?! 『孟子 · 梁惠王上』

하나를 가지고 여덟을 복종시키려 한다면 무엇을 가지고[무엇으로→어떻게] 추나라가 초나라를 대적하는 것과 다르겠는지요?!

[安在] 沛公安在? 『史記 · 項羽本紀』

패공은 어디 계시오?

[惡在] 居惡在? 仁是也. 路惡在? 義是也. 居仁由義, 大人之事備矣. 『孟子 · 盡心上』

거처는 어디에 있겠습니까? 仁이 그것입니다. 길은 어디에 있겠습니까? 義가 그것입니다. 仁에 살고[인을 거처 삼고] 의로 말미암으면[의를 따라 행하면] 대인의 일이 갖추어지게 됩니다.

술어 앞에 부정어가 있고 목적어가 代詞일 때도 이 목적어가 술어 앞에 놓인다.[도치]

[己知] 不患人之不己知 患不知人也. 『論語 · 學而』

남이 자기를 알아주지 않는 것을 걱정하지 않으며[=말고] [자기가] 남을 알아주지 못하는 것을 걱정하는 것이다[=걱정하라].

[之有] 不好犯上而 好作亂者 未之有也. 『論語 · 學而』

위를 범하기 좋아하지 않는데도 난을 짓기(혼란을 만들기) 좋아하는 경우는 아직 [그런 경우가(또는 사람이)] 있지 않았다.

어떤 述語는 그것의 의미에 따라 각종 句를 목적어로 취한다.

[得 + 天下英才]

得天下英才而 敎育之 三樂也. 『孟子 · 盡心上』

천하의 영재를 얻어 그들을 가르쳐서 기르는 것이 세 번째 즐거움이다.

[無 + 望民之多於隣國]

王如知此 則無望民之多於隣國也.『孟子·梁惠王上』

왕께서 이를 아실 것 같으면 백성이 이웃나라보다 많기를 바랄 것이 없으십니다.

[聞 + 昔湯武以百里昌桀紂以天下亡]

臣聞昔湯武以百里昌桀紂以天下亡.『戰國策·楚策』

臣은 옛날 湯王과 武王은 백리를 가지고도 창성하였으나 桀王과 紂王은 천하를 가지고도 망했다고 들었습니다.

② 형용사+목적어[92)

[堅中] [廉外] [少欲] [多信]

其爲人也 堅中而廉外 少欲而多信.『韓非子·十過』

그 사람됨이 중심은 견고하고 밖은 청렴하며, 욕심은 적고 미더움이 많다.

[富良馬] 家富良馬, 其子好騎.『淮南子·人閒訓』

집에 좋은 말이 많아서 그의 아들이 타기를 좋아했다.

[易生] 雖有天下易生之物也, 一日暴之 十日寒之, 未有能生者也.『孟子·告子上』

비록 천하의 자라기 쉬운[잘 자라는] 사물이 있을지라도 하루는 그것에 볕을 쪼이고 열흘은 그것을 차갑게 한다면 자랄 수 있는 것이 아직은 없습니다.

[賢己] 商也好與賢己者處.『說苑·雜言』

상은 자기보다 어진 사람과 더불어 지내기를 좋아했다.

[可用] 豈可用哉?!『墨子·兼愛』

어찌 쓸 수 있겠는가?!

[可知] 曰: 然則王之所大欲 可知已.『孟子·梁惠王上』

말했다. 그러하시다면 왕께서 크게 하고 싶어 하시는 바는 알 수가 있겠습니다.

---

92) 述目構造를 군이 나눈다면 '動目構造'와 '形目構造'의 둘로 명명하여 가를 수 있을 것이다. '可用'·'足食'의 결합도 '難成·易生'과 다를 바 없으며, 目的語의 품사성이 다를지라도 '多才·寡言·富馬·賢己' 등과 같이 '形容詞+目的語'의 결합이다.

(4) 補充構造

中心 부분(述語) 뒤에 이를 補充 說明하는 부분(補語)이 결합된 구조이다. [93][94][95]

[戰勝] [戰罷] 名尊地廣以至王者 何故? 戰勝者也. 名卑地削以至於亡者 何故? 戰罷者也.『商君書·畫策』

이름은 높아지고 땅은 넓어져서 [그래가지고] 왕[왕의 지위]에 이르는 것은 무슨 까닭입니까? 싸워 이겨서입니다. 이름은 낮아지고 땅은 깎이어서 [그래가지고] 패망에 이르는 것은 무슨 까닭입니까? 싸워 패해서입니다.

[顚覆] 太甲顚覆湯之典刑『孟子·萬章上』

태갑이 탕왕의 전장과 형법을 넘어뜨려 엎어버렸다.

---

93) 이 책에서는 古代漢語 전치사의 존재를 인정하지 않는다. 따라서 '前目句'[介賓詞組](전치사+목적어) 형식의 보어는 없다. 대표적인 전치사로 여겨왔던 '於(于)'는 助詞에 귀속시켰다. '乎' 역시 '於(于)'와는 성질이 다르나 조사이다. 動詞에서 虛化된 전치사라고 여겨온 다른 단어들은 여전히 동사로 간주하였다. '爲·以·與·由·自' 등이 그렇다.(뒤의 '유의할 동사들의 쓰임' 항 참조)

　　전치사[介詞]의 존재를 인정하는 입장에서는 '전치사[介詞]＋目的語[賓語]'를 '전목구[介賓詞組]' 또는 '전치사구[介詞詞組]'라고 부른다. 종래 이를 述語[謂語] 뒤에 놓이는 경우와 앞에 놓이는 경우로 나누어 왔다. 통상 뒤에 놓이는 경우를 '補語'로 처리하고, 앞에 놓이는 경우는 漢語의 일반 修飾[偏正] 관계의 어순에 부합되고 의미상 수시 관계를 구성히므로 副詞語[狀語]로 처리하였다. 그래서 '昔者吾舅死於虎'·'以若所爲求若所欲'·'由此觀之'·'其劍自舟中墜於水' 중에서 '於虎'·'于水'는 補語로, '以若所爲'·'由此'·'自舟中'은 副詞語로 여겼다. '楚人爲小門於大門之側而延晏子' 중의 '小門'은 목적어로, '於大門之側'은 補語로 여겼다.

94) '處 二十日'(20일을 머물다)이나 '(不)舍 晝夜'(주야로 멈추지 않는다) 같은 결합도 '數量보어'의 존재를 고집하는 사람들에게는 보충구조의 한 형식이 된다. 그러나 이들 수량을 표시하는 어구는 목적어의 하나로 간주함이 마땅하다. 現代漢語에서도 '술어＋목적어'의 결합이 나타내는 다양한 의미 범주에 비추어 지금까지 수량보어로 여겨왔던 성분은 목적어의 하나로 간주하는 것이 바람직하다.

95) '美甚'의 '甚'을 副詞로 간주하면서 보어라고 주장하는 이도 있었다. 이는 예문의 주어와 더불어 이해하는 것이 바람직하다. 즉, '君美甚'에서 '甚'은 의미상 形容詞로서 主述構造인 주어 '君美'를 다시 설명하는 술어이기 때문이다.[君美甚, 徐公何能及君也?『戰國策·齊策』]

[拜为] 以相如功大 拜爲上卿. 『史記 · 廉頗藺相如列傳』

상여가 공이 크다는 것을 가지고 上卿에 제수되었다(제수하였다).

[捕得] 能捕得謀反賣城踰城敵者一人. 『墨子 · 號令』

모반하여 성을 팔아서 적에게 성을 넘겨준 한 사람을 잡아낼 수 있었다.

[毀絕] 毀絕鉤繩而 棄規矩. 『莊子 · 胠篋』

곱자와 먹줄을 헐어 끊어버리고 그림쇠와 자를 버리다.

의미상의 動詞 · 形容詞가 補語에 충당된다.

(5) 主述構造[96]

앞부분은 敍述의 대상 즉 主語에 상당하고 뒷부분은 敍述部, 즉 述語[謂語] 部分에 상당하는 결합이다.

[民散] 曾子曰: 上失其道, 民散久矣. 『論語 · 子張』

증자가 말했다. 임금이 그 도를 잃으니 백성들이 흩어진 지 오래되었다.

[吾見] 吾見亦罕矣. 『孟子 · 告子上』

내가 만나는 것 또한 드물게 되었다.

[國人望君] 國人望君如望慈父母焉. 『左傳 · 哀公十六年』

백성들이 임금님을 우러러 보는 것이 자애로운 부모님을 우러러 보는 것 같습니다.

[年少] 甘羅年少 然出一奇計 聲稱後世. 『史記 · 甘茂列傳』

감라는 나이가 적었다. 그러하였으나 하나의 기이한 계책을 내어 명성이 후세에 일컬어졌다.

[君美] 君美甚. 徐公何能及君也? 『戰國策 · 齊策』

당신이 잘생긴 것이 더 합니다.[→당신이 훨씬 잘 생기셨습니다.] 서공이 뭐로[어찌] 당신에게 미칠 수 있겠습니까?

---

96) 중국에서는 述語를 '謂語'라고 부르는 사람이 가장 많아서 이 구조 또한 '主謂結構'라고 부른다.

[功大] 以相如功大 拜爲上卿. 『史記‧廉頗藺相如列傳』

상여가 공이 크다는 것을 가지고 上卿에 제수되었다(제수하였다).

[人民少] [禽獸衆] 上古之世 人民少而禽獸衆. 『韓非子‧五蠹』

상고의 세상에서는 사람이 적고 금수가 많았다.

[吾可] 何由知吾可也? 『孟子‧梁惠王上』

무엇으로 말미암아 내가 할 수 있다는 것을 아셨소?

[水爲之] 氷水爲之而寒於水. 『荀子‧勸學』

얼음은 물이 그것이 되었지만 물보다 차갑다.

[城郭不完] 故曰 城郭不完兵甲不多非國之災也. 『孟子‧離婁上』

까닭에 성곽이 온전하지 않고 무기[병기와 갑주]가 많지 않은 것은 나라의 재앙이 아니라고 말합니다.

[年且九十] 北山愚公者年且九十面山而居. 『列子‧湯問』

북산의 우공은 나이가 장차 구십이며 산을 마주 대하고 살았다.

古代漢語에서는 모든 실사류의 단어가 술어가 될 수 있다. 主述句 중의 술어도 마찬가지이다. 실사류의 의미상의 분류에서 副詞를 제외하고 動詞‧形容詞‧名詞(數詞‧量詞를 포함함)가 술어의 중심이 되는 경우가 대부분이다.

主述構造는 간단한 것에서 복잡한 것에 이르기까지 대부분 독립시키면 文章이 될 수 있지만, 文章의 한 成分이 될 따름인 경우를 句라고 일컫는 것이다.[97]

主述句의 主語와 述語部分 사이에 助詞 '之'가 놓이는 경우가 있다. 조사 '之'는 앞말을 강조하므로, 이 경우는 앞의 主語가 강조된다. '奕之爲數[98]‧民

---

97) '主語＋述語[謂語]'의 결합인 主述構造는 文章[句子] 구성의 기본 요소를 갖춘 형태이나 漢語에서는 다른 형태 표지가 없이 자유롭게 句(phrase, [詞組, 短語])의 지위를 가지기도 하므로 이 경우는 句의 한 종류가 된다. 서구 문법에서 文章([句子]＝sentence)이 되지 못하는 주술구조를 '節'(clause)이라 한 데 영향을 받아 文章 중에서 句의 역할을 하는 주술구조를 '子句'라고 부르는 사람도 있다. 서구 언어에서는 주술구조가 그 자체만으로는 文章의 성분이 되지 못하나, 한어에서는 그 자체만으로 文章의 여러 가지 성분이 될 수 있기 때문에 판이하게 다른 두 언어의 文法 單位 체계도 당연히 달라야 한다.

之多於隣國[99]·荊國之爲政[100]·汝之不惠[101]·松栢之後凋[102]·强秦之爲漁父[103]·王之不智[104]' 등이 그 예이다.

이 예들은 '之'가 쓰인 경우이건 쓰이지 않은 경우이건 간에, 文章의 한 成分(主語, 目的語 등)이 될 따름이므로 '句'의 지위를 갖는다.

주어 뒤에 '之'가 놓이는 경우에 대해서는 종래 '之'를 '名詞句'를 만드는 구조조사로 여겨왔다. 그러나 의미상의 動詞·形容詞가 단독으로 쓰일 때나 '之'가 없는 주술구의 형식으로 쓰일 때나 얼마든지 主語·目的語 등이 될 수 있으므로 '之'가 이른바 '명사구'의 표지로 쓰여야 할 이유가 없음을 알 수 있다.

助詞 '之'의 기능에 대해서는 뒤에서 허사의 쓰임을 서술할 때 종합적으로 설명한다.

(6) '所'字構造

'所'字가 의미상의 動詞 또는 動詞性의 句 앞에 놓여 名詞性의 句를 구성하는 구조이다. 통상 '所'字를 名詞性의 句를 구성하는 표지로 여겨 助詞 중에서도 '構造助詞'로 분류하고 있다. 따라서 이 경우의 '所'字는 虛詞로 여겨진다. 이 책에서는 '所'字構造만이 '허사+실사'의 결합에 의한 句가 된다. '所'字에

---

98) 奕之爲數小數也.(『孟子·告子上』) (바둑이 수가 되는 것[바둑의 수라는 것]이 작은 수이다.)

99) 王如知此則無望民之多於隣國也.(『孟子·梁惠王上』) (왕께서 이것을 아실 것 같으면 곧 백성들이 이웃나라보다 많기를 바랄 것이 없으십니다.)

100) 荊國之爲政 有似於此.(『呂氏春秋·察今』) (형나라가 정치를 함에는 이와 비슷한 것이 있다.)

101) 甚矣 汝之不惠.(『列子·湯問』) (심하오, 당신이 지혜롭지 못함은.)

102) 歲寒, 然後知松栢之後凋.(『論語·子罕』) (한 해가 추워져서 그렇게 된 뒤에야 소나무와 측백나무가 나중에 시든다는 것을 안다.)

103) 臣恐强秦之爲漁父也 故願王之熟計之也.(『戰國策·燕策』) (신은 강한 진나라가 어부가 될까[어부지리를 할까] 두렵고, 까닭에 왕께서 그것을 숙고하시기를 원합니다.)

104) 無或乎王之不智也.(『孟子·告子上』) (왕이 지혜롭지 못한 것을 의아하게 여길 것이 없습니다.)

대한 새로운 해법을 아직 찾지 못하여 기본적으로 종래의 견해를 따른다.

七十而從心所欲 不踰矩.『論語·爲政』

칠십에는 마음이 하고자 하는 바를 따라도 법도를 넘지 않았다.

人善其所私學以非上之所建立.『史記·秦始皇本紀』

사람들은 그가 사사로이 배운 바를 잘 해서 그것을 가지고 주상께서 세운 바를 비방합니다.

和氏璧天下所共傳寶也.『史記·廉頗藺相如列傳』

화씨의 옥은 천하가 함께 전하는 바의 보물입니다.[→和氏의 옥은 천하가 함께 전하는 보물입니다.]

彊秦之所以不敢加兵于趙者 徒以吾兩人在也.『史記·廉頗藺相如列傳』

강한 秦나라가 감히 趙나라에 군대를 보내어 침략하지 못하는 바(까닭)는 오직 우리 두 사람이 있음으로써 입니다[있기 때문입니다].

楚人有涉江者, 其劍自舟中墜于水, 遽契其舟 曰: 是吾劍之所從墜.『呂氏春秋·察今』

楚나라 사람에 강을 건너는 자가 있었는데, 그의 검이 배 안으로부터 물로 떨어지자 급히 그 배에 새겨 두고 말했다. 여기가 내 검이 좇아[통해서] 떨어진 배[의 곳]이다.

'所'字의 여러 가지 用例 또한 助詞의 항에서 더 자세히 보기로 한다.

① 句의 構造 分析例

다음은 이상의 여러 가지 구조가 혼합된 문장의 구조 분석 예이다.

[1]
得 天下 英才 而 敎 育 之 三 樂 也.『孟子·盡心上』

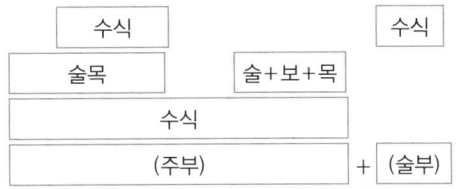

천하의 영재를 얻어 그들을 가르쳐서 기르는 것이 세 번째 즐거움이다.

[2]

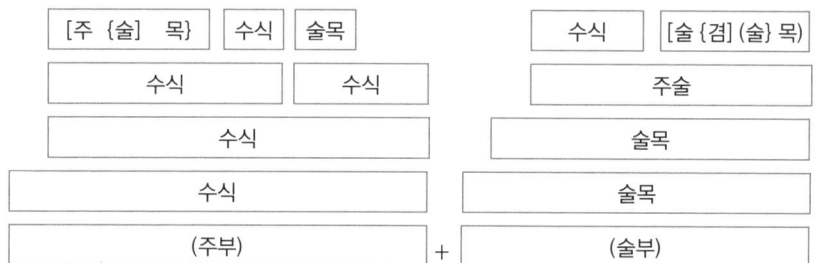

今 民 生 長 于 齊 不 盜 入 楚 則 盜 得 無 楚 之 水土 使 民 善 盜 耶?

지금 백성들이 제나라에서 나고 자라면 도적질을 하지 않으나[않는데][않고] 초나라에 들어오면 도적질을 함에는[하는 데는] 초나라의 수토(풍토)가 백성들로 하여금 도적질을 잘하게 하는 일이 [함이] 없을 수 있겠는지요?

[3]

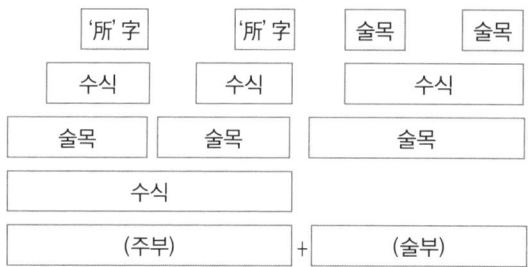

以 若 所 爲 求 若 所 欲 猶 緣 木 而 求 魚 也. 『孟子·梁惠王上』

이와 같은 하는 배[→행동]를 가지고 이와 같은 하고자 하는(바라는) 배[→욕망]를 추구하는 것은 나무를 좇아[→올라가서] 고기를 구하는(찾는) 것과 같습니다.

4) 文章[句子 : sentence]의 성분 = 單語와 句의 기능

文章(sentence, 文, [句子])은 말의 실제 사용 단위이다. 사람들이 상호 간에 말로써 의사를 교환할 때는 이 文章을 기본 단위로 한다. 사람간의 언어 교제는 이 문장을 하나씩 이어 감으로써 실현된다. 그러므로 문장은 單語 또는 句로 구성되는 가장 上位의 文法 單位인 것이다.

文章은 일반적으로 서술의 대상인 主語部分(또는 主語)과 이 주어를 서술하는 述語[謂語]部分(또는 述語)으로 크게 나누어진다. "鄙賤之人不知將軍寬之至此也."(『史記・廉頗藺相如列傳』)(비천한 사람이 장군께서 그놈[이놈=저]을 관용하신 것이 여기까지 이른 줄을 알지 못했습니다.)에서 '鄙賤之人'은 主語部分이며, '不知將軍寬之至此'는 述語部分이다. 주어부분이 둘 이상의 單語로 구성된 수식구조의 句인 경우는 主語部分의 핵심만을 主語라 일컬을 수 있으며, 여타의 것들은 각기 다른 성분이 된다. 마찬가지로 술어부분 역시 대부분의 경우 두 가지 이상의 성분에 의해서 구성되고 핵심 부분을 추릴 수 있어서 흔히 이 핵심만을 述語라 일컫는다. 위에 든 예문의 경우 '人'이 바로 주어부분의 핵심인 主語이며, '知'는 술어부분의 핵심인 述語이다. 주어부분과 술어부분의 나머지는 여타의 성분이 된다. 이처럼 文章의 구성 成分에는 분석상 중심이 되는 主語와 述語 외에 目的語[賓語]・補語・冠形語[定語]・副詞語[狀語] 등을 두어 분석할 수 있다. 먼저 다음의 각 예를 통하여 이들 여섯 가지 成分을 살펴보기로 하자.

① 始皇 悅. 『史記・秦始皇本紀』
  始皇이 기뻐하였다.

② 孟子 見 梁惠王. 『孟子・梁惠王上』
  내가[맹자가] 양나라 혜왕을 만났다.

  王 授 璧. 『史記・廉頗藺相如列傳』
  왕이 옥을 주었다.

③ 王 賜 晏子 酒. 『晏子春秋・內篇雜下』
  왕이 안자에게 술을 내렸다.

趙氏 求 救 于 齊. 『戰國策·趙策』

趙나라가 齊나라에 구원을 청했다.

④ 曾子 以 斯 言 告 于 子游. 『禮記·檀弓』

曾子가 이 말을 [가지고서] 子游에게 알렸다.

⑤ [名尊地廣以至王者 何故?] (∨) 戰 勝 者 也. 『商君書·畫策』

[이름은 높아지고 땅은 넓어져서 [그래가지고] 왕[왕의 지위]에 이르는 것은 무슨 까닭입니까?]
싸워 이겨서입니다.

太甲 顚 覆 湯 之 典 刑. 『孟子·萬章上』

태갑이 탕왕의 전장과 형법을 넘어뜨려 엎어버렸다.

⑥ 太后 之 色 少 解. 『戰國策·趙策』

太后의 안색이 다소 풀렸다.

衆 狙 皆 起 而 怒. 『列子·黃帝』

뭇 원숭이들이 다 일어나 화를 냈다.

①은 主語와 述語, 이 두 가지 핵심 成分만으로 구성된 文章이다.

文章 중의 述語는 흔히 連帶 成分이라고 할 수 있는 目的語 및 補語를 수반
한다.

②는 述語인 '見'과 '授'가 각각 目的語 '梁惠王'과 '璧'을 수반한 예이다.

③의 앞 예는 '賜'가 두 개의 목적어 '晏子'와 '酒'를 취한 예이다. 뒤 예는
'求'가 '救'와 '齊'를 목적어로 취하고 있는데, 목적어 '齊'를 강조하기 위하여
조사[語氣助詞] '于'를 쓴 경우이다.

④의 경우, '以'는 '斯言'을, '告'는 '子游'를 각각 목적어로 취하여 두 개의
술부가 연접되어 있다. 의미상 앞의 술부 '以斯言'이 뒤의 술부 '告子游'를 수식
하는 구조이다. '于'는 목적어 '子游'를 강조하는 어기조사이다.

⑤의 '勝'과 '覆'은 각각 '戰'과 '顚'의 결과를 보충 설명해주는 補語이다. '湯

之典刑'은 目的語이다.

또, 文章 중에는 수식 성분인 冠形語와 副詞語가 쓰이는 경우가 많다. ⑥의 앞 예에서 '太后'는 主語인 '色'을, '少'는 '解'를 수식하고 있다. 뒤 예에서 '衆' 은 '狙'를, '皆'는 '起而怒'를 修飾하고 있다. '太后'나 '衆'과 같이 의미상의 名詞(또는 이에 준하는 單語나 句)를 수식하는 성분은 冠形語[定語](= 형용사성 수식어)라 하고, '少'·'皆'와 같이 의미상의 動詞나 形容詞·다른 副詞(또는 이에 준하는 單語나 句)를 수식하는 성분은 副詞語[狀語](= 부사성 수식어)라 하여 구분하고 있다.

명사·동사·형용사 간에는 품사와 문장 성분 간에 뚜렷한 제약이 존재하지 않으므로 앞서 살핀 실사류 품사 분류의 의미를 잘 이해하고 문장 성분을 다루면 불필요하거나 부적절한 설명을 피할 수 있다.

수식어를 관형어와 부사어 두 가지로 나눈 것은, 명사와 非명사 간의 품사 경계가 비교적 용이한 서양 언어의 문장 성분 분석 방식을 그대로 취해 온 것이다. 그래서 '名詞述語文'이 있는 고대한어에서는 명사일지라도 술어가 되므로 이 경우 명사 앞에도 부사어가 놓인다고 말하게 된다. 實詞類의 품사를 의미에 따라 다시 나누지 않으면 굳이 수식어를 둘로 나눌 필요는 없다. 사실 이렇게 하는 것이 고대한어의 성질에 더 부합된다고 할 수 있다.[105]

修飾語가 中心語(被修飾語)의 앞에 놓인다.

이상의 여섯 가지 문장 성분 분류법을 사용하여 "鄙賤之人不知將軍寬之至此也."의 주어부분과 술어부분을 다시 분석하면, '將軍寬之至此'는 '知'의 目的語이며, '鄙賤'은 主語 '人'의 冠形語요, '不'은 述語인 '知'의 副詞語가 된다.

---

105) 부사어[狀語](= 부사성 수식어)는 피수식어가 명사인 경우를 가리키는 관형어[定語](= 형용
    사성 수식어)와 상대해서 쓰이는 용어이지만, '부사'의 정의에 따라 부사는 오직 부사어(부사
    성 수식어)로만 쓰이므로 다른 실사류와 비교할 때 독특한 쓰임을 보인다고 할 수 있다.

‘知’의 目的語인 ‘將軍寬之至此’는 다시 主語부분인 ‘將軍寬之’와 述語부분인 ‘至此’로 분석된다. 이 目的語 중의 주어부분인 ‘將軍寬之’는 다시 主語[將軍]＋述語[寬]＋目的語[之]로, 술어부분은 다시 述語[至]＋目的語[此]로 각각 분석된다.106)

일반적으로 文章의 기본 형식 요건은 최소한 여섯 가지 成分 가운데서 핵심 성분인 主語와 述語 또는 이를 중심으로 하는 主語部分과 述語部分이 갖추어져 있어야 한다는 점이다. 그래서 統辭論(＝文章論, [句法])에서 主語와 述語는 매우 중요한 지위를 차지한다.

문장 성분을 말할 때, 한 가지 주의할 점이 있다. 통상 위의 6가지 성분을 일컫는데, 문장 밖에서 독립적으로 기능하는 ‘感歎詞’[歎詞]는 문장 성분상 ‘獨立語’가 된다. 주어·술어·목적어·보어·관형어·부사어 등의 6가지 문장 성분은 문장 내에서 서로 통사적 관련을 맺지만, 독립어는 이러한 통사 관계를 갖지 않는다. 그래서 흔히 6가지 성분만을 일컬으나, 엄밀하게 말하면 7가지가 되는 것이다.

5) 6가지 文章 성분과 5가지 통사구조(句구조)의 관계

실사의 결합인 5가지 句구조는 연합·수식·술목·보충·주술 등이다. 이 가운데 수식·술목·보충·주술은 전체 문장 성분 가운데서 두 가지씩만을 1 : 1로 지적해 낸 형식에 해당한다. 이 네 가지 구조는 문장 성분과 평행하며 곧 기본 어순을 말해 주기도 한다. 연합구조는 항상 한 덩어리로서 한 가지 문장 성분이 될 뿐, 구성 부분 각각이 서로 다른 성분이 되지는 않으므로 각 문장 성분

---

106) ‘至’를 전치사로 보는 사람들은 ‘將軍寬之至此’가 主語(將軍 ; 名詞)＋述語(寬 ; 動詞)＋目的語(之 ; 代詞)＋補語(至此 ; 前目句[介賓詞組])와 같이 분석한다.

간의 어순 관계를 말해 주는 형식은 아니다.

그리고 이 가운데 '주술'구조는 문장 성립의 요건이기도 하다. 그런데 고대한 어에서는 '주술' 형식은 어떤 형태 표지가 없이 문장의 여러 성분이 되기도 하 므로, 이 경우는 독립된 文章 또는 節로 여기지 않고 하나의 단어나 다른 형식 의 구가 문장 성분이 될 때와 마찬가지로 취급된다. 즉, '주술' 형식이 句로도 간주되는 특징을 보인다.

전항에서 든 예문만을 가지고 문장 성분과 어순의 관계를 공식화 해보면 다 음과 같다.

① 주어＋술어.

② 주어＋술어＋목적어.

③ 주어＋술어＋목적어1＋목적어2.

④ 주어＋술어1＋목적어＋술어2＋목적어.

⑤ (주어)＋술어＋보어.

　　주어＋술어＋보어＋목적어.

⑥ 관형어＋주어＋부사어＋술어.

　　관형어＋주어ㅣ부사어ㅣ술어1＋술어2.

6) 文章 분류 방식의 여러 가지

(1) 主述文[主謂句]과 非主述文[非主謂句]

말 가운데는 통상 主語部分 또는 述語部分이 없이 운용되는 文章도 있다. 이 경우는 기본적으로 굳이 이 두 가지 형식 요건 중에서 어느 하나가 생략되 었다고 볼 여지가 없는 문장이다. 主語와 述語가 다 갖추어져 있거나, 어느 하나가 일정한 조건 하에 생략되어 있어서 보충할 수 있는 文章을 主述文이라 한다면, 보충할 수 없는 경우는 非主述文이라 명명할 수 있을 것이다. 먼저 主語가 없는 예를 보기로 하자.

> 三年春不雨. 夏六月雨. 『左傳·僖公三年』
> 3년 봄에 비가 내리지 않았다. 여름 6월에 비가 내렸다.

술어인 '雨' 앞에 보충할 수 있는 주어는 없다. 이러한 문장에는 통상 주어가 없다.

다음은 세 개의 節로 구성된 複文인데, 첫 번째·세 번째 절에 주어가 없다. '有'는 이처럼 왕왕 주어가 없는 문장을 구성한다.

> 雖有天下易生之物也, (∨)一日暴之十日寒之, 未有能生者也. 『孟子·告子上』
> 비록 천하에 자라기 쉬운 것이 있을지라도, 하루 볕을 쪼이고 열흘 차갑게 해서는, 자랄 수 있는 것이 아직 없습니다. ['(∨)'는 생략된 성분을 보충해 볼 수 있는 자리를 나타냄]

다음의 경우를 보자.

> 吾未聞枉己而正人者也, 況辱己而正天下者乎? 『孟子·萬章上』
> 나는 자기를 구부려 가지고(자기는 굽어 있으면서) 남을 바로잡았다는 것을 아직 들어보지 못했는데, 하물며 자기를 욕되게 하고서 천하를 바로잡겠는지요?[→바로잡는다는 것을 듣겠는지요?]

두 개의 절로 구성된 복문인데, 뒤의 절이 부사 '況'과 의문조사 '乎'를 사용한 반어문이다. 이러한 節은 述語부분만으로 구성되어 있다고 본다.[107]

---

107) 이 예는 앞 節[分句]의 文章[句子] 구조에 비추어 '聞'이 생략되었다고 보면, 이의 目的語만으로 述語부분이 구성된 경우라고 할 수도 있다.(→하물며 자기를 욕되게 하고서 천하를 바로잡음은[바로잡기는]요?)

다음 예는 복문 중의 뒤의 절에 述語가 없음을 보인다. 주어만 있는 형식이라고 할 수 있다.

中材以上且羞其行, 況王者乎?『史記·彭越列傳』

중간 재능 그것을 가지고 그 위이어도[중간 재능 이상이어도](~인 사람도) 또한 그러한 행위를 부끄러워하는데 하물며 왕은요?

竊人之財猶曰是盜, 況貪天之功以爲己功乎?『史記·晉世家』

사람의 재물을 훔치는 것도 이것이 도적질이라고 말하는데, 하물며 하늘의 공을 탐내어 그것을 가지고 자기의 공으로 여김은요?

且庸人尙羞之, 況於將相乎?『史記·廉頗藺相如列傳』

또한 평범한 사람도 오히려[조차도] 그것을 부끄럽게 여기는데, 하물며 장군이나 재상은요?

문맥에 비추어 내포된 의미를 차례로 '[王者＋(羞其行)]', '[貪天之功以爲己功＋(曰是盜)]', '[將相＋(羞之)]' 등에 의해 파악해 볼 수는 있으나, 이런 문장에서는 술어가 나타나는 경우가 없다. 마지막 예문은 어기조사 '於'에 의해 주어 '將相'이 강조되었다.

(2) 單文[單句]과 複文[複句]

文章은 그것의 구조적 차이에 의해서 單文[單句]과 複文[複句]으로 구분할 수 있다. 單文이란 하나의 '主述' 구성 즉, 한 번의 '主語部分＋述語部分'의 결합에 의해 완성된 文章을 이른다. 複文이란 둘 또는 둘 이상의 主述 형식이 연접되어 완성된 文章을 이른다. 복문을 구성하는 각 主述 구성을 우리는 '節'이라 불러 왔다.[108]

---

108) 영문법에서 'clause'라고 부르는 것이다. 漢語에서는 이것이 'sentence'의 구성과 요건이 같음을 중시하여 문장을 뜻하는 '句子'의 어간인 '句'字 앞에 '分'을 붙여 '分句'라고 명명하는

主語와 述語 및 그 밖의 성분들 간의 결합 예를 보인 전합의 각 文章들(①~⑥)은 모두 單文에 해당된다. 다음은 複文의 예이다.

往者不可諫, 來者猶可追. 『論語·微子』
간 것은 탓할 수 없고, 올 것은 아직 좇아 갈 수 있다.

夫子知之矣, 我則不知. 『左傳·昭公十年』
선생님이 그걸 아시고, 나는 곧 알지 못합니다.

論至德者不和于俗, 成大功者不謀于衆. 『史記·商君列書』
지극한 덕을 논하는 자는[논한다면] 세속에 부화하지 않으며, 큰 공을 이룬 자는[이루려면] 대중과 일을 꾀하지 않는다.

趙太后新用事, 秦急攻之. 『戰國策·趙策』
조나라의 태후가 새로 섭정하자, 진나라가 급히 조나라를 공격하였다.

昔者吾舅死于虎, 吾夫又死焉, 今吾子又死焉. 『禮記·檀弓下』
접때 저의 시아버지가 호랑이한테 죽임을 당했고, 저의 남편이 또 그것한테 죽임을 당했는데, 이제 저의 아들이 또 그것한테 죽임을 당했습니다.

群臣吏民 能面刺寡人之過者受上賞, 上書諫寡人者受中賞, 能謗譏於市朝聞寡人之耳者受下賞. 『戰國策·齊策』
뭇 신하와 관리와 백성으로서 면전에서 과인의 허물을 지적할 수 있는 자는[있으면] 上等의 상을 받을 것이며, 글을 올려 과인을 간하는 자는[간할 수 있으면] 中等의 상을 받을 것이며, [사람이 많이 모이는] 저자나 관아에서 비방하여 과인의 귀에 들리게 할 수 있는 자는[있으면] 下等의 상을 받으리라.

雖有天下易生之物也, (∨)一日暴之十日寒之, 未有能生者也. 『孟子·告子上』
비록 천하에 자라기 쉬운 것이 있을지라도, 하루 볕을 쪼이고 열흘 차갑게 해서는, 자랄 수 있는 것이 아직 없습니다.

單文과 複文의 분별상 주의할 점이 있다. 문법상 설득력 있는 경계도 없었

추세를 보인다.

고, 그래서 저마다 구별이 모호하였다.

　요점은 이렇다. 우선 하나의 文章 내에 몇 개의 主述構造가 포함되어 있든 하나의 主述構造에 다른 하나의 主述構造가 연이어 쓰여 구조상 대등한 지위를 지니면 복문이다. 그러나 主述구조일지라도 그것이 文章의 어느 성분(주어, 목적어, 술어 등)에 충당되었을 때는 이 主述構造가 句의 지위밖에 갖지 못하여 의당 單文으로 간주하여야 한다.

　① **國人望君** *如望慈父母焉*.『左傳·哀公十六年』
　　나라 사람들이 임금을 우러러보는 것이 자애로운 부모를 우러러보는 것과 같다.
　　[國人望君 : 주어]

　② **北山愚公者** *年且九十* *面山而居*.『列子·湯問』
　　북산 우공은 나이가 장차 90인데 산을 마주대하고 살았다.
　　[年且九十 : 복수 술부 중의 하나]

　③ **臣聞** *昔湯武以百里昌桀紂以天下亡*.『戰國策·楚策』
　　臣은[저는] 옛날 湯王과 武王은 백리를 가지고도 창성하였으나 桀王과 紂王은 천하를 가지고도 망했다고 들었습니다.
　　[昔湯武以百里昌 桀紂以天下亡 : 두 개의 주술구가 연접된 목적어]

　'國人望君'·'年且九十'·'昔湯武以百里昌桀紂以天下亡' 등은 각기 主語部分과 述語部分을 갖추고 있어서 독립시키면 文章이 될 수 있지만, 위의 각 文章 중에서는 단지 文章의 일개 成分이 될 뿐으로서 主述'句'의 지위 밖에 갖지 못한다. 즉, 이들은 차례로 각기 文章 중의 主語·述語·目的語로 쓰였을 따름이다.

　즉, ①의 主述句는 '如望慈父母'의 主語이며, ②의 主述句는 '北山愚公'의 述部의 하나이고, ③의 主述句는 '聞'의 目的語인 것이다. 따라서 위의 예들은 다 單文에 속한다.109)

　그 밖의 단문·복문 분별상의 문제는 뒤의 통사론에서 다루기로 한다. 일단 단문과 복문의 구별이 문장의 길고 짧음에 있지 않음에 유의하여야 한다.

앞에서 文章 성립의 기본 요건이 主語와 述語임을 전제하였다. 그러나 主語가 없이 述語部分만으로 文章이 성립되는 경우가 많다. 이러한 현상은 古代漢語에서 흔히 발견된다. 주어를 보충해 넣을 수 있는 경우이면서 굳이 밝힐 필요가 없는 경우에 해당한다. 이러한 예들은 문장 성분의 '생략'이라고 말한다. 主語部分과 述語部分 생략의 상대적 빈도를 가지고 말한다면, 대체로 반드시 있어야 되는 것이 述語部分이라면 主語部分은 없어도 되는 것이 보통이라고 할 수 있다.

(3) 述語 중심의 문장 분류 : 基本 文型[句型]

여러 가지 문장 분류 방식 가운데 지금 가장 유용하게 사용하고 있는 것은 述語의 구성 내용에 의한 분류이다. 술부의 중심, 즉 술어의 의미에 따라 방편적으로 품사를 정하여 動詞述語文[動詞謂語句]·形容詞述語文[形容詞謂語句]·名詞述語文[名詞謂語句]의 셋을 설정하고, 여기에 主述句가 한 덩어리로서 술어에 충당되어 있는 문장인 主述述語文[主謂謂語句]을 더하여 네 가지로 나누는 것이다. 앞의 세 가지는 기실 단어의 의미에 의한 분류의 하나일 따름이다. 해당 문장에서 동사·형용사·명사로 지목한 단어들이 다른 문장에서는 얼마든지 다른 품사명을 부여할 수 있도록 쓰이기 때문이다.

이 분류를 漢語의 基本 文型으로 삼고 있다.

動詞述語文·形容詞述語文·名詞述語文의 구분은 고대한어에서 부사를 제외한 거의 모든 實詞가 술어로 쓰일 수 있다는 특징을 드러내 보인다. 술어를

---

109) 이처럼 複文를 구성하는 節[分句]이 되지 못하는 主述句를 '[子句]'라 부르고 이를 내포하고 있는 單文을 '[包孕句](포잉구)'라 명명하여 특징짓는 사람도 있다.

구성함에 특별한 형태나 형식을 필요로 하지 않기 때문에 '主述句'도 술어의
자리에만 놓이면 그대로 술어가 된다.

　여섯 가지 문장 성분(主語·述語·目的語·補語·冠形語·副詞語) 가운데 수식
성분인 冠形語와 副詞語는 일반적으로 문형과 그 하위 갈래를 나누는 데는 사
용하지 않는다.

　아래에서 이 네 가지 문형의 구체적인 내용을 차례로 살피기로 한다.

① 動詞述語文[動詞謂語句]

述語 외에 목적어나 보어를 동반하는 경우가 있다.

가. ・ **主語 + 述語(動詞)**

　　晏子 至. 『晏子春秋·內篇雜下』
　　안자가 이르렀다.

　　太后 之 色 少 解. 『戰國策·趙策』
　　태후의 안색이 다소 풀렸다.

　・ **主語 + 述語(動詞), 主語 + 述語(動詞)**

　　本立而, 道生. 『論語·學而』
　　근본이 서야, 길이 생긴다.

나. ・ **主語 + 述語(動詞) + 目的語**

　　君子 務 本. 『論語·學而』
　　군자는 근본에 힘쓴다.

　　孟子 見 梁惠王. 『孟子·梁惠王上』
　　맹자개[내가] 양 혜왕을 만났다.

　　景公 飲 酒. 『晏子春秋·內篇雜上』
　　경공이 술을 마셨다.

王 授 璧. 『史記·廉頗藺相如列傳』

왕이 옥을 [건네] 주었다.

文公 如 齊. 『左傳·成公三年』

문공이 제나라로 갔다.

寡人 願 安承敎. 『孟子·梁惠王上』

과인은 편안하게 가르침을 받기를 원합니다.

臣 恐 强秦之爲漁父 也. 『戰國策·燕策』

신은 강한 진나라가 어부가 될까[어부지리를 할까] 두렵습니다.

다. • 主語 + 述語(動詞) + 目的語1 + 目的語2

王 賜 晏子 酒.110) 『晏子春秋·內篇雜下』

왕이 안자에게 술을 대접[하사]했다[내렸다].

後世 無 傳 焉111). 『孟子·梁惠王上』

후세에는 그것에 대해 전해진 것이 없습니다.

趙氏 求 救 于 齊. 『戰國策·趙策』

조나라가 제나라에 구원을 청했다.

---

110) '王 賜 晏子 酒.'는 이론상 다음과 같은 변형으로 동일한 의미를 나타내는 것으로 여겨왔으나 사실은 그렇지 않다. 다음의 각 형식의 문장이 존재하려면 서로 다른 문맥상의 조건을 갖추어야 한다. 따라서 의미가 각각 다르다. 이 문장의 출전에서 다음 문장들이 만들어질 수 있는 문맥은 없다. '以'를 虛詞로서 '전치사'로 여긴 것도 이들 변형을 동일시하게 된 이유의 하나이다. 어순과 사용된 어휘의 차이만큼 구체적인 의미는 다르다.

→王 賜 晏子 以酒.(안자에게 [무엇을] 내림[하사함]에 술을 써서 했다)
   : '以酒'가 이 말의 초점이 되는 문맥을 요한다.
→王 以酒 賜 晏子.(술을 써서 안자에게 내렸다)
   : '以酒'는 단순히 '賜'의 방편이 되는 문맥을 요한다.
→王 賜 酒 於晏子.(술을 [다른 사람이 아니고] 안자에게 내렸다)
   : 조사 '於'로 하사의 대상인 '晏子'를 강조한 경우이다.

이상과 같이 차이를 설명해 볼 수 있다. 따라서 『晏子春秋·內篇雜下』에서는 이상의 문장이 성립될 수 없음을 알 수 있다. 이는 이들 단어로는 이러한 형식을 취할 수 있는 언어 환경이 갖추어져 있지 않음을 뜻한다.

111) 여기에서 '焉'은 '之'보다 어세가 강한 代詞이다.

라. • 主語＋{[述語1(動詞)＋目的語1＋目的語2]}(⇒副詞語)＋述語2(動詞)＋
目的語

楚人 爲 小 門 於 大 門 之 側 而 延 晏子. 『晏子春秋·內篇雜下』
초나라 사람들이 대문 옆에 작은 문을 만들어서 안자를 맞이하였다.

'爲'와 '延'이 중심 술어이다. '爲'는 '小門'과 '大門之側'을 '목적어1 ＋ 목적어
2'로 취하고 있다. '延'은 '晏子'만을 목적어로 취하였다. 바로 '대문 옆'에 고의
로 '소문'을 만들었기에 '대문 옆'은 語氣助詞 '於'로 강조하였다. '大門'은 '側'
을 강조하므로 語氣助詞 '之'를 사용하였다.['於(于)'는 뒤에 오는 말을 강조하고,
'之'는 앞에 오는 말을 강조한다.]

曾子 以 斯 言 告 于 子游. 『禮記·檀弓』
증자가 이 말을 [가지고서] 자유에게 알렸다.

마찬가지로 '以'와 '告' 둘 다 술어이다. 고대한어에서 두 개 이상의 술어는
이처럼 그냥 연접된다. 앞의 술어는 '斯言'을, 뒤의 술어는 '子游'를 각각 목적
어로 취하였다. 다음의 예도 같은 형식이다.

廉頗 以 勇氣 聞 於 諸侯. 『史記·廉頗藺相如列傳』
염파는 용기로써[용기가 있다는 것을 가지고] 제후들에게 이름이 알려졌다.

두 술어 '以'와 '聞'이 각각 '勇氣'와 '諸侯'를 목적어로 취하였다.
'于'와 '於'는 똑같은 기능을 하는 어기조사로서 뒷말을 강조한다.

• 主語＋{[述語1(動詞)＋目的語]}(⇒副詞語)＋述語2(動詞)＋目的語＋【동일
형식 반복】

橘 生 淮 南 則 爲 橘 生 于 淮 北 則 爲 枳. 『晏子春秋·內篇雜下』
굴은 회수의 남쪽에서 자라면 곧 굴이 되지만, 회수의 북쪽에서 자라면 곧 탱자가 된다.

‘生淮南則爲橘生于淮北則爲枳’ 전체가 술부이다. 의미상 크게 ‘生淮南則爲橘’과 ‘生于淮北則爲枳’ 두 부분으로 나눌 수 있다. 각각은 다시 ‘生＋淮南’(술어＋목적어)과 ‘爲＋橘’(술어＋목적어)의 연접, ‘生＋(于)＋淮北’(술어＋[于]＋목적어)과 ‘爲＋枳’(술어＋목적어)의 연접으로 나뉜다. ‘于’는 역시 강조의 어기조사이다.

마. • 主語＋述語(動詞)＋補語＋目的語

太甲 顚 覆 湯 之 典 刑. 『孟子·萬章上』
태갑이 탕왕의 전장과 형법을 넘어뜨려 엎어버렸다.

陳余 擊 走 常山王 張耳. 『史記·張丞相列傳』
진여가 상산왕 장이를 쳐서[공격하여] 달아나게[패주케] 하였다.

‘顚’은 술어, ‘覆’은 보어, ‘湯之典刑’은 목적어이다.
‘擊’은 술어, ‘走’는 보어, ‘常山王張耳’는 목적어가 된다.

바. • 主語＋述語1(動詞)＋兼語＋述語2

[∨] 使 其 喜 怒 哉! 『列子·黃帝』
그것들로 하여금 좋아하게도 하고 화내게도 하였도다!

魏 安釐王 使 將軍 晉鄙 救 趙. 『戰國策·趙策』
위나라의 안리왕이 장군 진비를 시켜서[진비로 하여금] 조나라를 구원하게 하였다.

[雖曰未學,] 吾 必 謂 之 學 矣. 『論語·學而』
……, 나는 반드시 그를 배웠다고 이를 것이다.

하나의 술어에 두 개의 술어가 연접되고 앞의 술어(述語1)가 목적어를 취할 때, 뒤 술어(述語2)의 의미상의 주어가 바로 앞의 목적어인 것으로 여겨지는 경우가 있다. 이 경우 목적어가 '술어1'의 목적어와 '술어2'의 주어를 겸한다고 보아 '兼語'라는 명칭을 부여하고 있다. '將軍晉鄙'가 바로 '겸어'에 해당한다. 겸어가 있는 문장 형식에서 앞 술어는 예문 중의 '謂'처럼 사역 의미를 나타내는 단어에만 그치지 않는다.[112]

그 밖의 술어의 연접에서는 이러한 의미 관계가 보이지 않으므로 양자를 구별하여 각각 '兼語式'과 '連動式'으로 부른다.

그런데 굳이 이렇게 보지 않아도 된다. '救'에 '구하게 하였다'는 의미를 부여하면, '使'(시키다)와 '救'(구하게 하다)도 수평으로 연접되어, 연동식과 겸어식을 구별하여 강조할 필요가 없고 겸어식도 연동식이 갖는 몇 가지 의미 맥락의 하나로 보아 무방하기 때문이다. 겸어식에 대해서는 뒤의 統辭論에서 보충 설명한다.

② 形容詞述語文[形容詞謂語句]

가. • 主語 + 述語(形容詞)

水土 異也. 『晏子春秋 · 內篇雜下』
수토[풍토]가 달라서입니다.

沛公 默然. 『史記 · 項羽本紀』
패공이 잠자코[묵묵히] 있었다.

管仲之器 小哉! 『論語 · 八佾』
관중의 그릇은 작구나!

---

112) 楚人謂乳穀 謂虎於菟 故命之曰鬪穀於菟.(『左傳 · 宣公』) : 이 문장에서 '楚人謂乳穀 謂虎於菟'(초나라 사람들은 젖을 '穀[누]'라 이르고 호랑이를 '於菟[오도]'라고 이른다.) 중의 주어인 '楚人'과 술부인 '謂乳穀 謂虎於菟'는 '주어+술어+겸어+술어, 술어+겸어+술어'가 결합된 형식에 해당한다. 예문 후단은 '까닭에 그를 명명하여 '鬪穀於菟(투누오도)라고 하였다.'를 뜻한다.

天下苦秦 久矣. 『史記·陳涉世家』

천하가 진나라에게 괴로움을 당한 것이[당한 지가] 오래되었다.

君美 甚. 『戰國策·齊策』

당신이 잘생긴 것이 더 합니다.[당신이 훨씬 잘 생기셨습니다.]

• 복문을 구성하는 일부 節에 나타남

[擧 世 皆 濁], [我 獨 淸], 衆人皆醉, 我獨醒. 『屈原·漁父辭』

온 세상이 다 탁한데 나만 홀로 맑고, 많은 사람이 다 취해 있는데, 나만 홀로 깨어 있소.

나. • 主語＋[述語(形容詞)＋目的語]

苛政 [猛於虎] 也. 『禮記·檀弓』 ['於'는 조사, '虎'는 목적어]

가혹한 정치는 호랑이보다 사납다.

秦王之國 [危於累卵]. 『史記·范睢蔡澤列傳』

진왕의 나라는 누란보다 위험합니다.

• 동일 형식의 복수 술어

其 爲人 也 [堅 中] 而 [廉 外] [少 欲] 而 [多 信]. 『韓非子·十過』

그 사람됨이 중심은 견고하고 밖은 청렴하며, 욕심은 적고 미더움이 많다.

• 복문을 구성하는 일부 節에 나타남

家 [富 良馬], 其子好騎. 『淮南子·人閒訓』

집에 좋은 말이 많아서, 그의 아들이 타기를 좋아했다.

人 固 有 一 死, 或 [重 於 泰山], 或 [輕 於 鴻 毛]. 『司馬遷·報任安書』

사람에게는 본디 한 번의 죽음이 있는데, 어떤 것은 태산보다도 무겁고 어떤 것은 기러기 털보다도 가볍다.

이처럼 의미상 形容詞로 분류되는 단어도 목적어를 취하는 경우가 있다. '於'는 여기에서도 목적어를 강조하는 어기조사이다.

③ 名詞述語文[名詞謂語句]

가. • 主語 + (副詞語) + 述語(名詞 또는 명사성의 구)

夫子 聖人也. 『莊子·德充符』

선생님은 성인이시다.

農 天下之本. 『史記·孝文本紀』

농사는 천하의 근본이다.

回也 非 助我者也. 『論語·先進』

顏回는 나를 돕는 사람이 아니다.

此 則 寡人之罪也.113) 『孟子·公孫丑下』

이것은 곧 과인의 죄입니다.

是 誠 何心哉? 『孟子·梁惠王上』

이는 실로 무슨 마음일까요?

聖人 非 所與熙也, 寡人反取病焉. 『晏子春秋·內篇雜下』

성인은 더불어 희롱할 바가 아니다. 과인이 반대로 그에게 괴롭힘을 받았다[당했다].

---

113) "農 天下之本."의 '本'이나 "此 則 寡人之罪也."의 '罪' 등은 술어의 핵심 단어가 의미상
명사임을 쉽게 알 수 있다. 그런데 명사성의 핵심 단어를 중심어로 삼는 수식구조 또는 '所'字
구조가 아니라, 구 전체가 의미상 명사성을 띤 '句'들이 있다. "回也 非助我者也."가 한 예인
데, "顏回는 나를 돕는 사람이[자가] 아니다."라고 번역한다. '助我'가 술어이며, '非'가 쓰여
부정문이 된다.
　종래 '者'를 명사구를 만드는 표지로서 '構造助詞'로 여겼는데, 이 책에서는 '者'의 명사구
구성 기능을 인정하지 않는다. 즉, 구조조사로 보지 않는다. '非助我者'에서 '者'가 없어도 '助
我'만으로 얼마든지 '나를 돕는 사람'도 나타낼 수 있고, '나를 돕다'를 나타낼 수 있는 것이
古代漢語의 특징이다. "안회는 나를 돕는 것이 아니다."라고 번역해도 상관이 없다. '者'는
어느 경우이든 語氣助詞로 봄이 옳다. 여기에서는 '助我'를 강조한다.('者'의 기능에 대해서는
뒤의 조사 항에서 상세히 설명한다.)

④ 主述述語文[主謂謂語句]

가. • 主語＋主述述語(＝主語＋述語)

君子之交 [淡 若 水]. 『莊子·山木』

군자의 사귐은 담담하기가 물과 같다.

恭敬之心 [人 皆 有 之]. 『孟子·告子上』

공경하는 마음은 사람이 모두 그것을 가지고 있다.

是 [仁義用於古而不用於今]也. 『韓非子·五蠹』

이는 인과 의가 옛날에는 쓰였으나 오늘날에는 쓰이지 않은 것이다.

주어 '君子之交'의 술어인 '淡＋若＋水'는 '주어＋술어＋목적어'로서 '주부＋술부'로 구성된 主述述語이다. 주어 '是'의 술부인 '仁義＋用於古而不用於今'은 '주부＋술부'로 구성된 주술술어이다.

◉ 복수 술어 중의 주술술어

氷 [水爲之]而 寒於水. 『荀子·勸學』

얼음은 물이 그것이 되었지만 물보다 차다.

彌與紇 [吾皆愛之] 欲擇才焉而立之. 『左傳·襄公二十三年』

미는 흘과 더불어 내가 모두 {그들을} 사랑하지만, 거기에서 재주 있는 놈을 택해서 그를 [왕 위에] 서게 하고 싶소.

顯 [爲人巧慧習事] 能探得人主微意. 『漢書·石顯傳』

현은 사람됨이 정교하고 지혜로웠으며 일을 잘하여 임금의 숨은 뜻을 살펴 낼 수가 있었다.

北山愚公者 [年且九十] 面山而居. 『列子·湯問』

북산의 우공은 나이가 장차 90인데 산을 마주 대하고 살았다.

각 예문의 첫 번째 술어 '水爲之'(주어＋술부)·'吾皆愛之'(주어＋술부)·'爲人

巧慧翾事'(주부[술어＋목적어]＋술부[巧(술어)＋慧(술어)＋翾事(술어＋목적어)])·
'年且九十'(주어＋술부) 등은 모두 '主述'술어이다.

　앞에서 이러한 4가지 문형 분류에 사용된 품사의 구분, 즉 명사·동사·형용
사가 방편상의 분류일 따름임을 강조하였다. 다른 자리에서 얼마든지 다른 품
사성을 확인할 수 있기 때문이다. 요컨대 고대한어의 實詞는 대체로 명사·동
사·형용사를 아우르는 종합성의 품사성을 지니고 있다.(뒤의 '實詞류 품사성[詞
性]의 종합성' 항에서 좀 더 구체적으로 다룬다.)

◉ 그래서 동사술어문·형용사술어문·명사술어문의 분류가 왕왕 한계를 드
　러내 보인다.

直不(∨)百步耳, 是亦走也. 『孟子·梁惠王上』[(∨) : '走'가 생략됨.]
단지 백 보를 달아나지 않고 말았지[않았을 따름이지], 이 역시 달아난 것입니다.

　'走'는 '명사술어'인가 '동사술어'인가? "이것이 역시 달아납니다."를 뜻하지
않고, "이것[백 보를 달아난 것] 역시 달아난 것[달아남]입니다."를 뜻하므로, 문
장 전체의 의미상 명사성의 술어이니 '명사술어문'이라고 해야 할 것이다. 그런
데 이에 대해 주의를 기울이지 못하는 것 같다. 판단을 나타내는 문장의 술어
가 의미상의 명사를 중심으로만 구성되는 것이 아님에 유의하여야 한다. 의미
상의 동사·형용사 중심의 술어도 얼마든지 명사성의 의미를 나타낸다. 정확하
게 말하면, 실질적인 의미를 지닌 단어들이 동사성·형용사성·명사성을 따로
따로 구비하고 있는 것이 아니라 하나로 뭉뚱그려져 있는 것이다. 따라서 이들
품사를 나눌 수가 없는 것이 고대한어의 특징이다. 앞의 '기존 품사 분류의 성
격'에서 말한 실사류의 품사 분류의 방편적인 성격이 그대로 드러나 있다.

다음 예를 보자.

是 使民養生喪死無憾也. 『孟子·梁惠王上』
이것이 백성들로 하여금 산 사람을 부양하고 죽은 사람을 장사지냄에 유감이 없게 하는 것입니다.

'使民無憾'이 술부의 핵심이다. 이것만 가지고 보면 '백성들로 하여금 유감
이 없게 하다'인데, 주어 '是'가 지시하는 앞말이 뜻하는 바에 따라 문맥을 명확
하게 하면, "'이것이(이렇게 하는 것이)' '백성들로 하여금 유감이 없게 하는 것
(없게 함)'입니다."를 뜻한다. 그렇다면 이 또한 의미상 '명사구'이니 '명사술어'
로 간주해야 하지 않겠는가? 이 예는 "直不百步耳, 是亦走也."와는 달리 "이것
이 유감이 없게 합니다."로 인식해도 문의가 통한다. 이렇게 보면 동사구인가?
아니다. 동사구인지 명사구인지를 분별하게 해 주는 표지는 없다. 문맥일 따름
이다. 실사류 단어가 종합적인 품사성을 띠고 있기 때문이다.

　종합적 품사성을 지니는 고대한어 실사를 명사·동사·형용사로 나누려고
하니 이러한 문제가 발생한 것이다. 의미상·방편상의 분류일 따름임이 명확하
게 드러난다. 이처럼 의미상의 동사술어와 의미상의 명사술어가 한 가지 형태
로 나타난다. 거듭 강조하거니와 명사·동사·형용사를 아우르는 종합성의 품
사성을 지니고 있다.

　문법상 동사구·명사구의 구별은 의미가 없다. 의미상의 구분인 동사·형용
사·명사의 쓰임에서 문맥에 의해 동사성·형용사성·명사성을 인지할 수밖에
없는 것과 평행하다. 표지가 없이 중립적이기 때문이다. 그래서 품사명에 따라
句의 명칭을 정하는 것도 과다한 문법 기술의 하나이다. 단어가 품사 분별상
종합성을 띠는 언어의 句에 대하여 품사가 잘 나뉘는 언어의 경우를 방편 삼아
대표적인 한 가지 용례만 취해서 나눈 것에 불과하다.

　또 '養生喪死'는 '[술어 + 목적어] + [술어 + 목적어]'의 이른바 동사성의 句인

데 副詞性의 수식어가 되는 것도 간과할 수 없다. 문장 성분이 달라져도 기본적으로 형식이 다르지 않다. 단어의 의미와 어순 그리고 문맥의 언어라는 특징이 잘 드러난다.

단어의 품사 분별이 의미상의 분별인 만큼 결국 위의 4가지 기본 문형도 방편성의 것이 된다. 술어의 내용을 가지고 기본 문형을 설정한다면, 문법상으로는 '주부＋술부'의 구성이라는 큰 틀만 있다. 주부나 술부의 다양한 구성도 품사에 의해 나눌 것이 아니라 문장 성분, 그 중에서도 주어·술어·목적어·보어에 의해서 분류함만으로 충분하다. '주부＋술부' 아래에서는 술어의 연대 성분이라고 할 수 있는 '목적어'·'보어'의 유무와 종류를 나누는 것으로 충분하다. 이것이 '古代漢語'다운 문형 분류가 된다고 할 수 있다.

(4) 기타 문장 분류

文章은 '주부'와 '술부'가 다 있는지의 여부에 따라 主述文과 非主述文으로 나누고, '주부＋술부'의 개수를 기준 삼아 單文과 複文으로 나누며, 술어에 충당되는 단어와 구를 중심 삼아 動詞述語文·形容詞述語文·名詞述語文·主述述語文으로 나눌 수 있는 외에도, 다른 여러 가지 기준에 의해 그 유별을 가를 수 있디.

의미를 가지고 보면, 문장의 用途에 따라 平敍文[陳述句]·疑問文[疑問句]·命令文[祈使句][114]·感嘆文[感嘆句] 등으로 분류할 수 있다. 다른 언어에서도 유사한 분류를 할 수 있다. 古代漢語에서는 의문문 가운데 사실 여부를 묻는 경우 일반적으로 문장 끝에 의문을 나타내는 어기조사를 사용하며, 의문의 소재인

---

114) '祈使句'라는 명칭은 '기원'과 '명령 및 금지' 등을 나타내는 문형을 총칭하는 이름으로서 대체로 '命令文'이라고 일컬어 온 문형에 상당한다. 엄밀하게 말하면 '命令文'과 '祈願文'을 포괄한다. 이 책에서는 그냥 '命令文'이라 한다. 이것의 특징은 뒤의 統辭論에서 다룬다.

의문사(疑問代詞)가 있는 의문문에는 의문조사를 사용하는 경우가 많으나 쓰지 않은 경우도 있다. 감탄문도 문장의 끝에 감탄을 나타내는 어기조사를 사용한다.

술어의 내용에 착안해서 주부와 술부의 결합이 나타내는 의미 관계를 판단·서술·묘사 등으로 나누어 이해하기도 한다. 문법상의 의의는 없다.

그 밖에 肯定文[肯定句]과 否定文[否定句]으로 나눌 수 있다.

不·非·未와 이것의 다른 형태가 대표적인 부정어로 쓰인다. 이것들을 품사상 부사로 여기고 있다. '無'류 동사는 '有'와 대립되는 개념어인데 부정어로 여기기도 하였다. '無'는 부정의 의미를 가질지라도 부정'부사'로 여길 수 없다. 언제나 '없다'의 뜻으로 관통되기 때문이다.

古代漢語에서 能動文[主動句]과 受動文[被動句]으로 나누고자 할 때는 전체 문장의 의미 맥락에 의거한다. 수동을 나타내는 특수한 성분(형태)이나 문장 형식의 차이에 의해서가 아니라 순전히 문맥과 어휘의 의미에 의한다. 이에 대해서도 통사론에서 상세히 설명한다.

實詞류의 각 品詞와 쓰임

1. 名詞 · 動詞 · 形容詞 · 副詞 · 代詞의 정의 = 의미의 갈래

실사류에 드는 각 품사에 대한 지금까지의 정의는 기본적으로 의미에 따른 것일 수밖에 없었다. 名詞(이 책에서는 數詞 · 量詞를 명사에 포함시킴) · 動詞 · 形容詞 · 副詞 · 代詞 등으로 나누어 왔는데 이들의 경계에 있어서는 특히 그러하다.

副詞에 대해서는 '정도 · 범위 · 시간 · 부정과 긍정 · 어기 등을 나타낸다'는 식으로 말하여 의미상의 범위를 가리켜 말함과 동시에, 서구 언어의 품사 및 문장 성분 관념을 적용하여 '주로 動詞 · 形容詞를 수식하는 단어'라는 등 기능(부사어) 설명을 추가하여 정의하고 있다. 名詞(數詞 · 量詞 포함) · 動詞 · 形容詞는 기능의 범위가 넓고 상호 간에 기능 영역[각 품사의 기능의 종류]이 거의 일치하는 결과를 보이므로 기능의 경계를 이들 품사의 정의에 부가하는 것도 별 문법적인 의미는 없다.

의미에 따라 나눈 각 품사의 기능[문장 성분]은 다음과 같이 나타난다.

명사 : 주어·목적어·관형어·부사어·술어가 된다.

동사 : 술어·관형어·부사어·보어·주어·목적어가 된다.

형용사 : 술어·관형어·부사어·보어·주어·목적어가 된다.

부사 : 부사어가 된다.

대사 : 대체로 명사의 기능에 준한다.

문장 안에서 단어가 갖는 기능이란 주어·술어·목적어·보어·관형어·부사어 등으로 나누어 일컫는 말임은 앞에서 서술한 바와 같다.

부사를 제외하고는 기능 간에 큰 차이가 없다. 동사·형용사가 보어가 되는 점만 다르다.

代詞도 마찬가지이다. 代詞라 이르는 품사는 다른 單語나 句 또는 文章 및 段落이 뜻하는 구체적인 내용을 대신하여 가리킴으로써, 명사·동사·형용사·수사·양사·부사 등에 의하여 관념화 할 수 있는 모든 말(사람·事物·場所·時間·行爲·性狀·方式·原因·理由·數量 등)이나 이것들이 구성하는 더 넓은 의미 내용을 나타낸다.

우연히도 副詞만이 부사어라는 단 하나의 기능과 대응시킬 수 있는 품사가 되어, 서구 언어에서의 부사의 문법적 기능과 대체로 비슷하다. '부사성 수식어'라는 개념으로 기능을 정한 품사이기 때문에 古代漢語에서도 '부사 : 부사어'라는 '1 : 1' 대응 관계가 유일하게 성립하는 것이다. 물론 다른 품사와의 경계 문제는 여전히 남는다.

고대한어에서 부사가 보어나 술어가 되는 경우가 있다고 여기는 사람도 있으나, 이는 품사 분류의 관점이 매우 흐릿한 사람들의 경우이므로 취할 것이 못 된다. 다른 품사에 대해서도 기능에 대한 인식이 다른 경우가 많다. 그래서 사람에 따라 위에 열거한 각 품사의 기능 가운데 한두 가지가 빠지기도 한다.

이는 품사에 대한 인식, 구분의 기준에 대한 인식이 투철하지 않고, 왜 품사를 구분해야 하는가에 대한 관념이 철저하지 않음으로 인해 발생한 현상이다.

　기능의 종류로 보면 동사·형용사는 여섯 가지 기능을 다 지니므로 의미를 제외하면 문법상 개괄적인 차이가 없다. 명사·대사는, 한어에서 '보어'로 지칭되는 문장 성분이 특별하고 사람에 따라 그 범위에 대한 이해에도 차이가 있으므로 보어로 쓰이는 경우가 없는 것은 그다지 특별한 것이 아니다. 기능상 동사·형용사에 매우 근접해 있다. 보어를 제외한 다섯 가지 성분에 두루 쓰인다. 이 점도 품사를 구별하는 문법적인 의미가 있는가를 의심케 하는 부분이다.

　대사의 경우, 지금까지 대체로 인칭·지시·의문으로 三分해 왔는데, 이들 하위 부류 간에는 기능에 서로 약간의 차이가 있기는 하나, 최상위 품사 분류상의 큰 특징은 되지 못한다. '대사'라는 명칭은 기능 차이에 의해 '대명사·대형용사·대동사·대부사'로 나누기가 곤란하여 이들을 아우르는 개념으로 쓰인다. 이처럼 명사·형용사·동사·부사로 나누고서도 이것들을 대신하는 단어들은 하나로 묶어 '代詞'라고 하는 데서도 명사·형용사·동사·부사 분류의 모순이 드러난다. 품사가 나뉘는데도 대신하는 말에서는 品詞性[詞性]이 없어진다고 이해할 수는 없기 때문이다. 또 대사를 '인칭'대사와 '지시'대사로 나누는 것에도 문제가 있다. 서구 언어를 모방하여 이렇게 나누면 하나의 대사가 인칭과 지시 양쪽에 들기도 하기 때문이다.

　최상위의 품사 분류에서 유의할 점은 지금까지 數詞와 量詞를 품사의 하나로 여겨온 사실이다. 수사는 의미상 '一·二·三·十·百·千·萬·億' 등 數를 나타내는 單語이고, 양사는 수를 헤아리는 데 사용되는 계산의 단위를 나타내는 單語(일종의 助數詞)로 정의되어 있다. 現代漢語(현대중국어)의 양사의 쓰임과도 큰 거리가 있다. 기능은 대체로 명사에 준한다. 양사의 기능 범위는 단어에 따라 차이가 있으며 일반 명사에 비해 대체로 다소 좁다. 그러나 수를 나타내는 말이건 양을 나타내는 말이건 의미상 명사의 한 부류에 넣어도 문법상 아무런 문제가 없다. 그래서 이 책에서는 이 둘을 따로 세우지 않았다.

각 품사의 하위 구분은, 말할 것도 없이 모두 의미상의 재분류이다.

여기에서 實詞류에 대한 정의를 총괄하여 먼저 설명한 것은 이들 분류, 특히 명사·동사·형용사에 대한 분류를 문법적인 분류로 당연시하여 통사론적 연구를 함에 있어서 이들 경계를 지나치게 의존하는 것을 염려해서이다. 앞에서 말한 대로 실사류 전체 어휘에 관한 한, 의미상의 분류라는 성격이 강하므로 형태나 기능상의 문법적 특징에 의거하여 나눈 다른 언어에서의 분류와는 크게 다르다는 점에 유의할 것을 다시 한 번 강조해 둔다. '방편적'인 성질의 것이라는 말이 바로 이를 대신하는 말이다.

古代漢語의 문법 특징을 문장 성분만으로 설명한다면 훨씬 더 漢語(중국어)다운 것이 될 것이다. 實詞류의 품사 분류의 문법적 의미가 크지 않음을 고려할 때, 修飾語를 冠形語[定語]와 副詞語[狀語]로 분류하는 것 또한 큰 의미가 없다. 본시 명사 또는 명사에 상당하는 어구를 수식하는 말을 가리켜 관형어라 하고, 동사·형용사 또는 다른 부사 및 술어가 되는 다른 단어나 구를 수식하는 말을 가리켜 부사어라고 한 서구 언어의 틀을 그대로 수용한 것이기 때문이다. 즉, 관형어와 부사어의 구분은 품사상 단어의 '명사 : 동사·형용사·부사'의 대립이 명확한 언어라야 쓸모가 있다. 그러므로 양자를 그냥 '修飾語' 하나로 묶어 일컬어도 무방하다. 중요한 이유는 명사 중심의 어구든 동사 중심의 어구든 형용사 중심의 어구든 간에, 명사·동사·형용사 간에 기능 경계가 분명하지 않은 것과 평행하게 명사성·동사성·형용사성을 일컬을 만한 기능상의 특징이 없기 때문이다. '所'字句를 제외하고는 문맥을 통해서만 명사성·동사성·형용사성의 인식이 가능하다.

전체적으로 볼 때, 현행 품사 분류가 기능과 철저한 대응 관계를 갖지 못하므로, 품사를 나누는 한, 방편상의 분류로서의 성격이 강한 명사·동사·형용사는 특히 의미에 의존하여 정의할 수밖에 없다. 이러한 사실을 중시하고 부사·대사를 포함하여 실사류 각 품사를 총괄 정의하면 다음과 같다.

- 名詞 : 사람·사물·각종 개념의 명칭을 뜻하는 단어로서, 보어를 제외한 각종 성분으로 두루 쓰인다. 다른 언어와 비교할 때, 다른 요소의 개입 없이 직접 술어가 된다는 점이 두드러진 특징이다. 명사로 규정한 단어들이 흔히 공통된 개념을 가지고 語音(音聲)상의 차이가 없이 동사·형용사에도 속하게 된다. 품사 구분이 용이한 언어에서는 단어의 품사를 가를 수 있게 해주는 형태의 차이 또는 형태의 변화가 있는데, 고대한어에는 이것이 거의 없다. 앞의 '古代漢語 품사 분류상의 문제점'에서 설명한 내용을 유념하기 바란다.

- 動詞 : 동작·행위 등 有形의 활동·변화·有無·존재·출현·소멸·가능·意願(의지)·필요·심리·지각·관계 등을 뜻하는 단어로서, 6가지 문장 성분에 두루 쓰인다. 현대의 언어로 이해할 때, 하나의 단어가 두 가지 이상의 개념으로 나뉘는 경우가 있어서 분류상 한계가 드러난다. 명사를 겸하는 경우가 많다.

- 形容詞 : 사람이나 사물의 형상·성질 또는 동작·행위·변화의 상태, 가능·당위·意願 등을 뜻하는 단어로서, 동사와 마찬가지로 6가지 문장 성분에 두루 쓰인다. 의미상의 분류인지라 특히 명사를 겸하는 경우가 매우 많다. 현대의 언어로 이해할 때, 이러한 의미 유형의 갈래는 동사의 경우와 마찬가지로 하나의 단어가 두 가지 이상을 겸하여 나타내는 경우가 적지 않으므로 역시 한계가 있다. 특히 동사와 경계를 가르기 어려운 경우가 허다하다. 다른 언어에서 발견되는 형태나 형태 변화 및 기능의 차이가 없기 때문이다.

- 副詞 : 정도, 범위 및 相互, 시간 및 빈도, 情態 및 추측, 부정 및 응대, 반문, 관계, 전환 등을 나타내는 단어로서, 오직 부사어로만 쓰이므로 품사와 기능 간에 유일하게 철저한 대응 관계를 갖는 품사로 여길 수 있다. 기능이 '부사적 수식'이므로 虛詞로 볼 수 없다. 실질적인 의미가 있어야 수식 기능을 가질 수 있기 때문이다. 實詞이다. 다른 기능을 갖지 않고, 수식어로 쓰이므로 독립성이 떨어진다는 이유를 들어 虛詞로 보는 것은 모순이다. 다른 품사와의 경계에 대한 인식 또한 자의적이다. 현행의 분류에 의한다면 동사·형용사·명사를 겸하는 부사가 많다.

- 代詞 : 다른 單語나 句 또는 文章 및 段落을 대신하여 사람·사물·장소·시간·행위·性狀·방식·원인·이유·수량 등 명사·동사·형용사·부사 등에 의하여 표현할 수 있는 모든 말을 대신하는 단어로서, 명사의 경우처럼 보어를 제외한 모든 성분에 두루 등장한다.

이처럼 고대한어의 품사 분류는 '부사'를 제외하고는 기능에 의해서 변별할 여지가 매우 적다. 이러한 품사 분류의 성격을 과신하는 데 그치지 않고 경계가 명확하지 못한 예가 허다한 이 분류를 사용하여, 특히 하위의 의미 분류를 가지고 다른 품사와의 기능 경계를 설명하는 따위를 문법 행위로 오인하는 사례가 적지 않다. 대표적인 예를 들면, 형용사는 '정도부사'의 수식을 받을 수 있으나 동사는 그렇지 못하므로 이것이 동사와 형용사 간의 경계라는 것이다. 정도부사는 부사의 의미상의 한 갈래일 따름이며, '형용'성을 띤 말을 형용사라고 정의하였으므로 당연히 이런 말들을 수식할 수밖에 없는 것이지 어떤 문법적인 특징이라 할 것이 없다. 단어 간의 의미 결합에서 보이는 현상일 따름이다.

2. 名詞·動詞·形容詞의 구분을 통해서 본 품사 분류의 한계

명사·동사·형용사의 경계가 과연 어디에 있는가를 생각하면서 다음 글들을 보기로 한다. 현행 實詞類 품사 분류의 허점을 쉽게 알 수 있을 것이다.

① 弟子入則孝 出則弟[=悌] 謹而信 汎愛衆而 親仁 行有餘力則以學文.
『論語·學而』

제자들은 [집에] 들어가서는 곧 효성스러워야[효도해야] 하고, [밖에] 나가서는 곧 우애하는 것이다[=해야 한다]. 삼가하여 미더워야 하고 널리 대중[뭇 사람]을 사랑하되 어진 이를 가까이 하는 것이다[=하라]. [이를] 실행하고 남은 힘이 있거든 곧 그것으로 글을 배우는 것이다[=배우라].

② 其爲人也 孝弟而 好犯上者 鮮矣. 不好犯上而 好作亂者 未之有也. 君子務本, 本立而, 道生. 孝弟也者 其爲仁之本與! 『論語·學而』[弟 = 悌]

그 사람됨이 효성스럽고 우애하는데도 위[윗사람]를 범하기 좋아하는 경우는 드물다. 위를 범하기 좋아하지 않는데도 혼란 짓기를 좋아하는 경우는 아직 있지 아니하였다. 군자는 근본에 힘쓴다. 근본이 서야, 길이 생긴다. 효성스럽고 우애하는 것[비교 : 효도와 우애]은 [말이지] [아 거] 仁을 행[실천]하는 근본일진제!

①과 ②의 '孝·弟'를 먼저 보자. 편의상 한국어의 대응 번역어를 통해서 이해하기로 하자. 현대의 중국 사람들이 품사를 성하는 방식이 이와 유사하기 때문이다. ①의 경우 '효성스럽다·우애스럽다'로 여기면 '형용사'가 되고, '효도하다·우애하다'로 여겨 구별하면 '동사'가 되는 것인가? ①에서는 술어로 쓰였다. ②에서는 앞의 '孝·弟'는 술어로 쓰였는데, 이어서 쓰인 뒤의 '孝·弟'는 주어로 쓰였다. 이때 형용사 또는 동사로 여겨 '효성스러움 / 효도하기·우애스러움 / 우애하기'로 번역하고 이해해도 전체 文意를 해치지 않는다. 동사·형용사도 문장 성분 중에 주어나 목적어로 쓰인다고 말할 수밖에 없는 지금의 품사 분류 틀 속에서 그렇다. 그런데 보통은 뒤의 '孝·弟'를 아주 자연스럽게 '효

도·우애'로 번역한다. 명사(추상명사)가 되는 것이다. 뜻이 통하기는 마찬가지
이다. 위의 예에서 도대체 무엇으로 명사·동사·형용사를 구분할 수 있단 말
인가? 문법적으로 아무런 표지가 없다.

　②의 '仁'은 또 어떠한가? 마찬가지이다. 추상명사로 여겨 번역하면 그대로
추상적인 덕목으로서의 '인'이다. 형용사로 여기면 '어질다'가 된다. 이 경우는
형용사가 목적어로 쓰인 것이니 '어짊'(형용사의 명사형)으로 번역할 수 있다.
그렇다면 '仁'은 명사인가 형용사인가? 이를 구분하는 근거는 어디에 있는가?
"'孝·弟'는 '仁'을 행하는(실천하는) 근본일진저!" 중의 '孝·弟'와 '仁'의 품사는
도대체 무엇이라 할 수 있는가?

　①의 '衆'과 '仁'은 또 어떠한가? '衆'은 형용사로 여기면 '많다'이며, '仁'은
'어질다'가 된다. 그런데 문장 성분상 목적어로 쓰인 이것들을 '많음'과 '어짊'으
로 번역하면 뜻이 통하지 않는 것 같다. 그래서 현대의 중국 사람들은 '대중(많
은 사람)'과 '어진 사람'으로 이해하여 명사라고 한다. '仁'과 '衆'이 이번에는 명
사 중에서도 일반(보통)명사가 되는 것이다. '仁'이 현대의 언어로 '어질다고 여
기다'·'어질게 하다'라고 이해되면 동사라고 할 것이다. 형용사나 동사를 넘어
명사가 되고 추상명사와 일반명사를 넘나들며, 동사일 때는 여러 쓰임이 존재
한다고 말하는 이러한 품사 부여 방식이 과연 古代漢語 단어에 대한 품사 분류
의 바른 태도일까? 뒤에 목적어가 오면 그것이 동사성만을 띠는 징표라고 말할
수 있는 것인가? 형용사도 목적어를 지니니 어떻게 나누겠는가? 아래 예 ⑦의
'遠恥辱' 중의 '遠'에 대하여 '멀리 하다(멀어지게 하다)'로 여겨 형용사의 '使動'
(사역) 용법이라고 당당하게 말한다. 애석하게도 '치욕이 멀다(멀어진다)'라고
번역 이해해도 아무 상관이 없다. 이때는 '遠'이 그대로 형용사가 되는 것이다.
이때 '恥辱'은 형용사의 목적어가 된다. 지금의 구별 방식에 따르면 ①에서 '親
仁'의 '親'은 '친하다, 가깝다'라는 형용사가 아니라, '친하게 지내다, 가까이하

다'로서 동사이다. 문장 중에서 '어버이' 또는 '친척·가까운 사람' 내지는 '친밀'
을 뜻한다고 여겨지면 명사라고 할 것이다.

　이런 식으로 품사 구분을 하는 것은 사실상 거의 대부분의 실사류 어휘들이
동시에 다종의 품사를 지닌다고 말하는 것과 다름없다. 이런 식의 품사 분류라
면 어떠한 언어를 대상으로 삼든 비슷하게 분류하지 못할 것이 있겠는가? 분류
의 결과로서 품사의 가짓수 또한 언어마다 엇비슷하지 않겠는가? 그 내용상의
특징 차이는 또 어떻게 드러나겠는가?

　이런 방식의 품사 구분은 단어의 형태나 기능에 의해서 품사 구별이 가능한
현대의 여러 언어를 사용해서 이해하는 방편에 지나지 않는다고 말할 수 있다.
현대한어의 품사에 대한 이해조차 문제가 많을 터인데, 현대한어에 존재하는
단어의 대체적인 성질에 의해 고대한어의 품사를 가늠하는 성격을 띤다.

　만약에 지금 확인할 수는 없으나 고대에 어떠한 어조에 의해 구별되었다면
모르되, 그렇지 않았다면 이들의 성질을 통합성의 것으로 보아야지 여러 개의
품사성을 지니면서 쓰였다고 설명하는 서술 태도는 이제 재고되어야 한다. 문
법의 '기술(description)'과는 멀기 때문이다.

　요컨대 구별 없이 사용되는 고대한어의 단어들은, 품사 구별이 가능한 현대
의 사례를 가지고 그에 상응하는 쓰임과 품사를 부여하여 쪼갤 수 있는 성질의
것이 아니라고 판단한다. 후대에 성조의 차이로 정착된 음성 형태 등에 의하여
이미 품사성이 구별되는 단어들도 존재하였지만, 대부분의 단어들은 이와 같
은 구별이 없는 것으로 여겨진다. 이러한 통합적인 성질에 따라 품사를 정한다
면 가장 광범한 성질의 것은 '實詞'라고만 해도 될 것이다. 굳이 말한다면 '名動
形副詞' 따위로 부를 수 있을 법하다. 단어들의 품사 분화는 동시적인 것이 아
니고 선후가 있다고 여긴다. 그에 따라 어느 시기에 '名動形詞'·'名動詞'·'名
形詞'·'動形詞' 등으로 이를 수 있는 것도 있게 되었을 것이다. 차차로 '名詞'·

'動詞'·'形容詞'·'副詞' 내지 '代詞' 등으로 나눌 수 있는 단어의 무리도 생겨 나게 된다.

副詞는 기능상 부사어만 되는 것이니 '名副詞'·'動副詞'·'形副詞' 등의 성질을 지닌 채로 존재하던 시기를 거치면서 가장 먼저 독립된 기능을 확보한 단어로 발전한 어휘 무리에 해당한다. 모든 단어가 품사를 나눌 수 있는 대상이라고 단정하고 품사를 정하기 시작했기 때문에 많은 문제들이 생겼다. 다음 예들을 가지고 좀 더 구체적으로 설명해 보기로 하자.

③ 賢賢易色. 『論語·學而』
어진 이를 어질게 여기는 것은[을] 色과 바꾼다.[→어진 이를 어질게 여겨 본받기를 호색하는 것과 바꾼다.]

'賢賢'은 다섯 가지 통사구조 가운데 문맥상 연합구조로 볼 수도 없고 주술구조로 보기에도 마땅치 않다. 그래서 술목구조로 여긴다. 이에 따라 전후 두 글자의 품사를 가른다. 앞의 것은 '어질다고 여기다'로서 이른바 동사 중에서도 '意動'을 나타낸다고 하는 것이다. 뒤의 것은 '어진 사람(현자)'[115]으로서 명사이다. '賢賢'은 문장 구조상 주어로 보는 것이 적합할 듯하다. 어순상 부사어로 볼 수도 있다. 앞의 '仁'도 '仁仁'처럼 쓰이면 같은 구조가 될 수 있음은 물론이다. 도대체 두 '賢'의 품사를 무엇으로 구별하고 있는가? 우리의 필요이자 생각일 뿐이며, 그 근거는 현대에 이러한 쓰임이 없다는 사실뿐이다. 이는 당시 언어의 성격을 설명하는 공시적·객관적 근거가 아니다. 두 '賢'이 다른 음성으로 실현되었다는 기록은 없다. 어조의 차이라도 있어서였을까? ['易色'에 대한 다른 해석의 예는 여기서 다루지 않는다.]

---

115) 사실 '어짊'으로 보아도 문의를 해치지 않는다. 품사 분류를 강조하고자 하는 사람에게는 '어짊'은 추상명사가 되고, '어진 사람'은 보통명사가 되는 셈이다.

④ 君子病無能焉 不病人之不己知也. 『論語·衛靈公』

군자는 능력[비교: 잘하는 것, 잘함]이 없는 것을 괴로워하지 남이 자기를 알아주지 않는 것을 괴로워하지 않는다.

⑤ 主忠信. 『論語·學而』

정성스러움과 미더움[비교: 정성과 신의]을 주로 삼는다.

　④의 '能'은 '無'의 목적어이다. '能'의 품사는 무엇인가? '능력'이라 번역하여 명사로 여길 것인가? 현행 품사 분류에 따르면 '有'·'無'를 비롯하여 많은 단어들이 동사 또는 동사가 이끄는 구를 목적어로 삼는다. '잘하다 / 능력이 있다'로서 동사로 보아도 뜻이 통한다. 목적어로 쓰였으니 품사성을 살려서 번역한다면 '無能'은 '잘하는 것(잘함)이 없다'가 되며, 이는 다시 동사 '病'(병으로 여기다→괴로워하다)의 목적어가 되어 있다. '病'은 번역하기에 따라 이른바 '意動'(병으로 여기다)에 속한다. ⑤'主忠信'의 '主'는 동사로 여기는 본보기의 하나이다. 문맥으로 보아 명사 '주인'과 구별되기 때문이다. 동사 중에서도 '주로 삼다(주인으로 삼다) / 주가 되게 하다(주인이 되게 하다)'로 인식하여 '使動'으로 여기는 것 같다. 그런데 이 경우는 다소 먼 듯해 보이지만 '주인으로 여기다'로 인식해도 문맥을 해치지 않는다. 그렇다면 '의동'이 되는 것인가? 이처럼 자의적인 판단 내지 혼란의 범위까지 넓어진다. '忠'·'信'에 대한 품사 규정에도 상술한 바와 똑같은 혼란이 따른다. '정성스러움'·'미더움'으로 인식하면 형용사가 되고, '정성'·'신의'로 인식하면 명사가 되기 때문이다.

　소위 '타동'으로 쓰이는 상당수의 동사는 보기에 따라 '의동' 또는 '사동'으로 처리할 수 있다. 뿐만 아니라 일반 타동과 '사동'·'의동' 간의 경계 구분조차 자의성을 면치 못한다. 예컨대 동사 '從'을 번역을 통해서 이해하자면 '따르다(자동)'·'거느리다(타동)'로 나타나는데 후자의 경우 '거느리다'를 '따르게 하다'로 생각하면 '사동'에 속하게 된다. '거느리다'가 곧 '따르게 하다'이며 '따르게 하다'가 곧 '거느리다'가 아니겠는가?[116) 이렇게 한다면 더 많은 '타동'이 '사동'에 속하게 될 것이다. 이러한 분석과 설명을 붙일 수 있게 하는 문법적인 근거는 없다. 문맥에 의거하여 현대의 언어로 설명하는 것일 따름이기 때문이다. 품사의 차이도 아니며, 같은 품사의 다른 용법 내지 문법성의 차이도 아니다. 전후하여 쓰인 단어들의 의미 조합을 통한 문맥이 구성하는 내용을 우리가 이러한 방편에 의해 인식하고 있을 따름이다.

종합적으로 생각해 보면, 古代漢語 단어 자체에 품사성을 가를 표지가 없고, 동사의 경우 자동·타동·수동[피동] 등의 구별도 없고, 타동에 속하는 의동·사동의 구별 표지도 없음을 알 수 있다. 위의 '따르다'도 '거느려지다'를 뜻하는 어순과 문맥에 쓰이면 수동이 된다. 이런 식의 관찰을 통한 인식 방법은 고대 한어 어휘의 본래 품사성을 파악하는 바른 방법이 될 수 없다. 결과는 실사류 단어들이 여러 가지 품사성을 두루 갖는다는 하나마나한 품사 규정으로 귀결된다. 이어서 예들을 통해 구체적으로 살피겠지만, 품사와 통사론을 연계시켜 보더라도 각기 다른 품사들이 서로 다른 여러 가지 문장 성분이 되어 뒤죽박죽인 결과를 보인다.

위의 '孝'·'弟'·'衆'·'仁'·'賢'·'忠'·'信' 등이나 '主'·'能'·'病' 등의 품사성 분별에서 드러난 혼란은 다음 한 단락의 대화를 통해서 보다 쉽게 확인해 볼 수 있다.

---

116) 실제로 이러한 예들을 소위 '동사의 사동용법'에서 다루고 있다. 다음 예가 그 하나이다. "沛公旦從百餘騎來見項王."(『史記·項羽本紀』) (패공이 이튿날 백여 기를 따르게 하고 [⇨거느리고] 와서 항왕을 만났다.)

⑥ 孟子見梁惠王. 王曰 叟不遠千里而來 亦將有以利吾國乎?! 王何必曰利? 亦有仁義而已矣. 王曰何以利吾國, 大夫曰何以利吾家, 士庶人曰何以利吾身, 上下交征利而, 國危矣. 萬乘之國弑其君者 必千乘之家, 千乘之國弑其君者 必百乘之家. 萬取千焉 千取百焉 不爲不多矣, 苟爲後義而先利 不奪不饜. 未有仁而遺其親者也 未有義而後其君者也. 王亦曰仁義而已矣 何必曰利?

『孟子‧梁惠王上』

……　"노인장께서 천리를 멀다 여기지[하지] 않으시고 오셨으니 역시 장차 내 나라를 이롭게 할 것이 있겠군요?" "왕께서는 뭐 꼭 이롭게 하는 것[비교 : 利, 이로움, 이익]을 말씀하십니까? 역시 어질게 함과 의롭게 함[비교 : 仁(어짊)과 義(의리, 정의)]이 있고 맙니다[그뿐입니다]. 왕께서 무엇을 가지고 내 나라를 이롭게 할까를 말하고, ……, …… 말하여, 상하[위와 아래]가 번갈아 이롭게 하는 것을[이롭게 하기를] 취한다면, 나라가 위태로워질 것입니다. …… 만약에 의롭게 하는 것을 뒤로 하고 이롭게 하는 것을 앞세운다면 빼앗지 않고는 만족하지 못합니다. 어진데도 그 어버이를 버린 경우는 아직 있지 아니하며, 의로운데도 그 군주를 뒤로 한 경우는 아직 있지 아니합니다. ……." ['제V장 문장 분석 및 번역 연습'을 볼 것

　'遠'은 주지하는 바와 같이 '의동'으로, '利'‧'先'‧'後'는 '사동'으로 여겨온 대표적인 동사의 쓰임이다. 그것도 품사의 선후까지 정해서 '遠'‧'利'는 형용사인데 동사로 활용되었으며, '先'‧'後'는 명사인데 동사로 활용되었다고 쉽게들 말한다. 품사성 轉化의 선후를 무엇으로 가린단 말인가? 품사 분별에 주관이 극단적으로 개입된 경우가 아닐 수 없다. 지금처럼 품사를 나누는 한, '王何必曰利'와 '先利' 중의 '利'는 '이 / 이익', '이로움'으로 이해할 수도 있다. 인식 여하에 따라 명사일 수도 형용사일 수도 있음을 보이는 예이다. '仁'‧'義'는 도대체 어느 쪽인가? 한 곳에 하나의 품사를 정하기로 한다면 윗글에서는 '利'와의 균형도 살펴야 하지 않겠는가? 단독으로 쓰인 경우에는 어떻게 할 것인가?

　사실이 이러하니 동사‧명사‧형용사를 나누는 고대한어 내부의 근거는 무엇인가? 하나의 단어가 팔방미인 격으로, 그것도 대부분의 자주 쓰이는 단어들이 모두 이도저도 다 되는 그런 것인가? 아니다. 품사의 선후도 없고 구별도

없다고 보아야 하지 않겠는가?

지금의 품사 분류가 현대한어로 풀이하면 이렇고, 한국어로 풀이하면 저렇고, 영어로 풀이하면 또 어떻게 되어버리는 것과 다름없다는 성찰을 해 보아야 한다.

형태나 기능을 나타내는 표지가 없는 언어는 이것들이 갖추어진 언어에 비해 문법체계가 더 간단한 만큼 해당 언어 사용자에게는 상대적으로 더 쉬운 언어라야 할 터인데 지금의 문법은 이에 부합되는가?

⑦ 信近於義, 言可復也. 恭近於禮, 遠恥辱也. 因不失其親, 亦可宗也. 『論語·學而』
미더움이 의리에 가까우면 말은 돌려받을[실현될] 수 있다. 공손함이 예에 가까우면 치욕을 멀리 한다. [이들 덕목을] 따라서 그 친밀함을 잃지 않으면 역시 밑둥 삼을 수 있다.

예문 ⑦의 '信'·'義'·'恭'·'禮'·'親' 등과 '遠'의 품사를 다루는 방식에 대해서는 위에서 설명하였다. 여기에서는 명사와 동사 분별의 경계를 정하기가 어려운 예로서 '言'과 '宗'의 쓰임을 생각해 보기로 한다. '言'은 명사로서 '말'이라고 여겨도 뜻이 통하고, 동사로서 '말하다'로 보아도 뜻이 통한다.(이 예에서는 주어로 쓰였으니 한국어로는 '말한 것'으로 번역된다.) 이와 유사한 다른 단어들도 모두 마찬가지이다. 그러니 이것만 가지고 동사와 명사를 나누기가 주저된다. '宗'은 '밑둥 삼다'로 여기면 동사로서 '사동'이요, '밑둥으로 여기다'이면 '의동'이 되는 것인가? '可'의 뒤에 있으니 '宗'이 동사이어야 한다는 생각은 어디에서 온 것일까? '可'(옳다, 된다, 가능하다 등)를 형용사로 보건 동사로 보건 이것을 조건 삼아 목적어인 '宗'은 동사여야 한다는 것인가? '宗'을 명사로 규정한다고 치자. 그러면 앞에 '可'가 놓일 수 없는 것인가? 아니다. 한국어에 '밑둥이 가하다'는 말은 없으나 고대한어에서는 가능한 것이었으니 거기에 맞추어 품사성을 생각해야(살펴야) 할 것이다. 무조건 나누는 것만이 능사가 아니다.

이처럼 품사 분별이 어렵고 그렇게 해야만 오늘의 우리가 이해할 수 있는 것이라면, 당시의 언중은 무슨 수로 이를 기억하고 사용하여 의사소통을 가능케 할 수 있었을까? 불가능한 일이다. 그들의 의식 속에는 이러한 분별이 없었기에 상술한 바와 같은 여러 가지 문맥을 쉽게 구성하여 소통이 가능했을 것이다. 요컨대 위의 복잡한 품사 구별은 현대의 우리의 목적이 있는 행위일 뿐, 고대한어 단어의 실제 성질을 의미하지는 않는다고 여긴다.

명사이기 때문에, 동사이기 때문에, 또는 형용사이기 때문이가 아니라 이것들을 아우르는 포괄적인 품사성[詞性]을 가졌기 때문이라는 데 초점을 맞추어야 할 것이다. 고대한어 단어의 주류는 품사 미분화의 종합적 성질의 것이었다고 말하지 않을 수 없다.

이 책에서의 實詞類의 품사 분류도 방편적이라고 말할 수밖에 없는 이유를, 다음 절에서 문장 성분과 품사의 상관을 보다 체계적으로 살피는 가운데 보다 체계적으로 깨닫게 된다.

3. 實詞류의 각 品詞와 문장 성분(기능) 간의 대응 관계

상술한 품사 분류와 기능의 관계를 한눈에 보기 위하여, 이제 기능을 기준 삼아 이 책에서 방편석으로 분류한 명사·동사·형용사의 쓰임을 보기로 한다. 즉, 문장 성분과 품사 간의 대응 관계를 살펴보기로 한다.

1) 주어

• 명사 [庖丁]

庖丁爲文惠君解牛. 『莊子·養生主』

庖丁이 文惠君을 위하여 소를 갈랐다.

• 명사 [一] [十] [百] [千] [萬]

一可以勝十, 十可以勝百, 百可以勝千, 千可以勝萬, 萬可以勝天下矣. 『戰國
策·秦策』

하나가 열을 이길 수 있고, 열이 백을 이길 수 있으며, 백이 천을 이길 수 있고, 천이 만을 이길
수 있으며, 만이 천하를 이길 수 있다.

• 동사 [耕]

耕者117)**九一.** 『孟子·梁惠王下』

밭을 가는[농사를 짓는] 경우에는 아홉에 하나입니다[→구분의 일을 조세로 냅니다].

• 동사 [食] [寢]

食不語, 寢不言. 『論語·鄕黨』

먹음에는[먹을 때는] 얘기 하지 않으셨고, 잠자리에 들어서는[잠자리에 들었을 때는] 말을 하지 않
으셨다.

• 형용사 [小] [寡] [弱]

小固不可以敵大, 寡固不可以敵衆, 弱固不可以敵强. 『孟子·梁惠王上』

작은 것은 본디 큰 것을 대적할 수 없고 적은 것은 본디 많은 것을 대적할 수 없으며 약한 것은
본디 강한 것을 대적할 수 없습니다.

• 대사 [我]

我聞忠善以損怨 不聞作威以防怨. 『左傳·襄公三十一年』

나는 정성되고 선량하여 [그래 가지고] 원망을 덜어낸다고는 들었으나 위세를 지어서 [그래 가지
고] 원망을 막았다고는 듣지 못했습니다.

2) 목적어

• 명사 [蔡]

齊侯以諸侯之師侵蔡. 『左傳·僖公四年』

齊나라의 제후가 여러 제후의 군대로 蔡나라를 침공했다.

---

117) '者'는 語氣助詞이다.(뒤의 助詞 항에서 상술한다.)

• 동사 [食]

不違農時, 穀不可勝食也. 『孟子·梁惠王上』

농사 때를 어기지 않으면 곡식은 이루 다 먹어낼[←먹기를 이겨낼] 수가 없습니다.

• 형용사 [甚]

民之憔悴於虐政 未有甚. 『孟子·公孫丑上』

백성들이 포악한 정치에 [시달려] 초췌해지는 경우가 아직은 심한 것이 없다.

• 형용사 [厚]

愼終追遠, 民德歸厚矣. 『論語·學而』

마침[장례]을 신중하게 하고 먼 조상을 추념하여 제사 지내면, 백성들의 덕이 두터운 데로 돌아가게 된다.

• 대사 [我]

子其怨我乎? 『左傳·成公三年』

그대는 [거] 나를 원망하는가?

3) 술어

• 명사 [道]

臣之所好者道也. 『莊子·養生主』

臣이 좋아하는 바는 道입니다.

• 명사 [三]

君子道者三, 我無能焉. 『論語·憲問』

군자의 도는 셋인데, 나는 그 가운데서 잘하는 것이 없다.

• 명사 [本]

農天下之本. 『史記·孝文本紀』

농사는 천하의 근본이다.

• 동사 [見]

孟子見梁惠王. 『孟子·梁惠王上』

내가[맹자가] 양 혜왕을 만났다.

• 동사 [知]

秦晉圍鄭, 鄭旣知亡矣. 『左傳·僖公三十年』

秦나라와 晉나라가 鄭나라를 포위하자 鄭나라는 벌써 망하게 되리라는 것을 알았다.

• 동사 [去] [自] [有] [無] [立]

曰: 去食. 自古皆有死, 民無信, 不立. 『論語·顔淵』

말씀하셨다. 먹는 것을 제외한다. 옛날부터 다 죽음은 있는 것이며 백성에게 믿음이 없으면 서지 못한다.

• 동사 [願]

寡人願安承教. 『孟子·梁惠王上』

과인은 편안하게 가르침을 받기를 원합니다.

• 동사 [無]

後世無傳焉 『孟子·梁惠王上』

후세에는 그것에 대해 전해진 것이 없습니다.

• 형용사 [潔] [芳]

其志潔, 故其稱物芳. 『史記·屈原列傳』

그의 뜻이 고결하다. 까닭에 그가 사물을 일컫는 것도 향기롭다.

• 형용사 [小]

管仲之器小哉! 『論語·八佾』

관중의 그릇은 작구나!

• 형용사 [强] [弱]

治者强, 亂者弱, 是强弱之本也. 『荀子·議兵』

다스리는 자는 강하고 어지럽히는 자는 약하다. 이는 강약의 근본이다.

- 형용사 [久]

天下苦秦久矣. 『史記·陳涉世家』

천하가 진나라에게 괴로움을 당한 것이[→당한 지가] 오래되었다.

- 형용사 [黙然]

沛公黙然. 『史記·項羽本紀』

패공이 잠자코[묵묵히] 있었다.

- 형용사 [沃若]

桑之未落 其葉沃若. 『詩經·衛風·氓』

뽕이 아직 떨어지지 않아서는 그 잎이 번드르르하네.

- 형용사 [可]

齊桓晉文之事 可得聞乎? 『孟子·梁惠王上』

제 환공과 진 문공의 일을 들어볼 수{←얻어 들을 수[또는 '들음을 얻을 수']} 있겠습니까?

- 대사 [何]

春者何? 歲之始也. 『公羊傳·隱公元年』

봄이란 무엇입니까? 해의 시작입니다.

- 대사 [誰]

孟嘗君怪之曰: 此誰也? 『戰國策·齊策』

맹상군이 그를 괴이하게 여겨 말했다. 이는 누굽니까?

4) 보어

- 동사 [勝] [罷]

名尊地廣以至王者 何故? 戰勝者也. 名卑地削以至於亡者 何故? 戰罷者也.

『商君書·畫策』

이름은 높아지고 땅은 넓어져서 왕[왕의 지위]에 이르는 것은 무슨 까닭입니까? 싸워 이겨서입니다.
이름은 낮아지고 땅은 깎이어서 패망에 이르는 것은 무슨 까닭입니까? 싸워 패해서입니다.

• 동사 [育]

得天下英才而教育[118]之 三樂也. 『孟子·盡心上』

천하의 영재들을 얻어서 그들을 가르쳐서 기르는 것이 세 번째 즐거움이다.

• 형용사 [輕]

漢氏減輕田租. 『漢書·王莽傳』

한나라가 전조를 줄여 가볍게 하였다.

5) 관형어

• 명사 [上古]

上古之世 人民少而禽獸衆. 『韓非子·五蠹』

상고의 세상은 사람이 적고 금수가 많았다.

• 명사 [泰山]

孔子過泰山側. 『禮記·檀弓』

공자께서 태산 옆을 지나셨다.

• 명사 [社稷]

是社稷之臣也. 『論語·季氏』

이들은 사직을[나라의 안위를] 맡길 만한 신하들입니다.

• 명사 [三]

三人行, 必有我師焉. 『論語·述而』

세 사람이 가면 반드시 그 가운데 나의 스승이 있다.

---

118) 동사성·형용사성의 단어가 앞 술어 뒤에 이어져 그것의 결과를 나타내는 술부의 구성에서 뒤의 것을 '보어'로 여기고 있다. 그런데 각종 句구조 형식의 내용에서 보았듯이 '보어'도 어순 외에 다른 표지가 없이 의미상으로 분별하게 되므로 어순이 같은 연합구조인지 보충구조인지 를 판별하기 어려운 경우가 적지 않다. '敎育'도 그 한 예이다. '가르치고 기르다'로 여긴다면 연합구조가 되기 때문이다.

• 동사 [從]

其巫 老女子也 已年七十. 從弟子女十人所.『史記·滑稽列傳』

그 무당은 늙은 여자로서 이미 나이가 70이었으며, 따르는 제자가 여자 10명 정도였다.

• 동사 [餘]

行有餘力 則以學文.『論語·學而』

행하고 남은 힘이 있으면 곧 그것을 써서 글을 배우는 것이다[＝배우라].

• 형용사 [高] [深] [嚴] [重]

雖有高城深池嚴法重刑 猶不能禁也.『漢書·食貨志上』

비록 높은 성, 깊은 못, 엄한 법, 무거운 형벌이 있을지라도 오히려 금할 수가 없습니다.

• 형용사 [窈窕]

窈窕淑女君子好逑.『詩經·周南·關雎』

아리따운 정숙한 여자는 군자의 좋은 배필이네.

• 대사 [我]

三人行, 必有我師焉.『論語·述而』

세 사람이 가면 반드시 그 가운데 나의 스승이 있다.

• 대사 [爾]

顏淵季路侍. 子曰: 盍各言爾志?『論語·公冶長』[盍＝何不]

안연과 계로가 모시고 있었다. 선생님께서 말씀하셨다. 뭐로[→무엇 때문에] 각기 너희들의 뜻을 말하지 않느냐?

6) 부사어

• 명사 [始] [兄]

王陵者故沛人 始爲縣豪, 高祖微時兄事陵.『史記·陳丞相世家』

왕릉은 옛 패현 사람으로 처음에는 [그] 현의 호협이었는데, 한 고조가 미천하였을 때 왕릉을 형님 처럼 섬겼다.

• 명사 [北] [東]

於是信謂廣武君曰: 僕欲北攻燕東伐齊何若而有功? 『史記·淮陰侯列傳』

이에 韓信이 廣武君에게 물어 말했다. 제가 북으로는 燕을 공격하고 동으로는 齊를 치고자 하는데 어떻게 해야 공이 있겠습니까?

• 명사 [故]

臣恐强秦之爲漁父也 故願王之熟計之也. 『戰國策·燕策』

신은 강한 진나라가 어부가 될까[어부지리를 할까] 두렵습니다. 까닭에 왕께서는 그것을 숙고하시기 바랍니다.

• 명사 [四]

齊王四與寡人約 四欺寡人. 『史記·蘇秦列傳』

제의 왕이 네 번 과인과 더불어 약속을 하고 네 번 과인을 속였다.

• 동사 [踞]

足下必欲誅無道秦 不宜踞見長者. 『史記·高祖本紀』

당신께서 꼭 무도한 진나라를 베기를 바라신다면, 걸터앉아 윗사람을 접견하심은 마땅치 않습니다.

• 동사 [跪]

良業爲取履 因長跪履之. 『史記·留侯世家』

張良은 기왕에 [노인을] 위해서 신을 가져왔기에 그에 따라 길게[윗몸을 곧게 세우고] 꿇어 앉아 그에게 신을 신겨 주었다.

• 형용사 [新] [急]

趙太后新用事, 秦急攻之. 『戰國策·趙策』

조태후가 새로 섭정하자 진나라가 급히 그 나라를 공격하였다.

• 형용사 [幽]

帝廢立, 太后幽殺之. 『史記·呂太后本紀』

황제는 폐위되었고, 태후는 그를 은밀하게 죽였다.

• 형용사 [高]

毛羽未成, 不可以高飛. 『史記·蘇秦列傳』

털과 깃이 아직 완성되지 않으면 높이 날 수가 없다.

• 부사 [將] [必]

國將亡, 本必先顚而後枝葉從之. 『左傳·閔公元年』

나라가 장차 망하려 하면 뿌리가 반드시 먼저 무너지고 뒤에 지엽이 그것을 따른다.

• 부사 [乃]

怠慢忘身, 災禍乃作. 『荀子·勸學』

태만은 몸을 잊게[망치게] 하여, 재화[재앙과 화]가 곧 생긴다.

• 부사 [必]

萬乘之國弑其君者 必千乘之家. 『孟子·梁惠王上』

만승[천자]의 나라에서 그 군주를 시해하는 것은 반드시 천승[제후]의 가문입니다.

• 대사 [斯]

禮之用 和爲貴. 先王之道 斯爲美. 小大由之. 『論語·學而』

예가 쓰임에는[예를 씀에 있어서는] 조화를 이루는 것이 귀한 것이 된다. 선왕들의 법도는 이에[이렇게 해서] 아름다운 것이 되었다. 작거나 크거나[작은 일이건 큰 일이건] 그것[和]을 따른다[그것에서 비롯한다].

季文子三思而後行, 子聞之口: 再斯可矣. 『論語·公冶長』

계문자는 세 번 생각한 뒤에 행동하였다. 선생님께서 그것을 들으시고 말씀하셨다. 두 번이면 이것으로 된다.

　부사만이 부사어와 1 : 1의 대응 관계를 보임이 확인된다. 동사·형용사는 6가지 실사 성분에 두루 쓰여 문장 성분상의 경계가 없음을 보인다. 명사는 보어를 제외하고 나머지 실사 성분에 모두 쓰이므로 기능상으로는 동사·형용사와 크게 다를 것이 없다. 총괄하면 부사 외에는 品詞와 기능(문장 성분) 간에 엄격한 대응 관계가 없다. 그러므로 品詞를 통사론의 기초나 도구로 삼는 것은 古代漢

語에 관한 한, 문법적인 의의가 없다고 할 수밖에 없다. 다시 말하면 지금까지 명사·동사·형용사로 나누어 온 대부분의 어휘들의 품사성의 경계가 의심된 다. 명사·동사·형용사만을 대상으로 하여 말하기로 할 때, 대다수의 단어가 세 가지(또는 두 가지) 품사성을 지닌다는 것은 곧 품사의 구별이 없이 단어마다 에 이들 품사성이 함께 용해되어 있음을 뜻하지 않겠는가? 그래서 이 책에서도 명사·동사·형용사를 나누고는 있지만 일종의 방편이라고 말하는 것이다.

4. 實詞류 품사성[詞性]의 종합성

앞에서 말한 바와 같이 古代漢語의 實詞는 대체로 품사를 나눔으로써 어휘 들 간의 경계를 가를 수가 없다. 나누고 나면 하나의 단어가 여러 품사를 지닌 다는 모순이 드러나기 때문이다.

그럼에도 불구하고 의미에 따라 직관적으로 하나의 품사를 정한 뒤 품사가 분화되어 있는 다른 언어의 품사를 부여하여 이것이 품사의 원활한 '활용'이라 는 식으로 설명해 왔다. 그리고 '문장 중에서의 쓰임에 의거하여 품사를 판별 한다'는 식의 설명을 부가하였다. 그러나 여러 개의 품사성을 갖는다고 했을 때, 어느 것이 본래 품사인가를 정할 수 있는 근거는 없다.

고대한어에서 동사로 지목하는 단어들은 다른 언어 중의 動詞와는 성격이 크게 다르다. 지금의 품사 분류에서 동사·형용사·명사를 나누고, 1차적으로 명사나 형용사로 분류되는 단어들이 다시 동사성을 지니고 쓰인다고 설명해 온 것이 대표적으로 이를 증명한다. 역으로 동사로 분류된 것들이 다시 명사성 이나 형용사성을 지니고 쓰인다고 설명한 것도 마찬가지이다. 그러므로 이는 고대한어 자체의 특별한 문법 내용이라 할 것이 못 된다. 여러 품사를 겸한 것처럼 보이는 경우, 당연히 품사의 선후 관계도 가릴 수 없다.

아래에 종래의 이해 방식에 따라 단어의 품사를 정하고 용법을 설명하는 데 사용한 예문을 든다.

◉ 名詞 : 動詞

〈일반〉

火燭一隅. 『呂氏春秋 · 士容』

불이 한 구석을 비추었다.

范增數目項王. 『史記 · 項羽本紀』

범증이 자주 항왕에게 눈짓을 했다.

子謂公冶長可妻也 雖在縲絏之中 非其罪也 以其子妻之. 『論語 · 公冶長』

선생님께서 "공야장은 아내를 맞이할 만하다. 비록 감옥 안에 있으나 그의 죄가 아니다."고 이르시고 그의 자식[딸]을 그에게 아내로 주었다.

匈奴未滅, 何以家爲? 『漢書 · 霍去病傳』 ['爲' : 의문 어기조사]

흉노가 아직 멸망하지 않았는데 무엇을 가지고[어떻게] 가정을 꾸리겠습니까?

勇士入其門, 則無人門焉者. 『公羊傳 · 宣公六年』

용사들이 그 문에 들어갔는데, 곧 거기에서 문을 지키는 사람이 없었다.

〈意動〉

寶珠玉者, 殃必及身. 『孟子 · 盡心下』

주옥을 보배로 여기면, 재앙이 반드시 몸에 미칩니다.

夫人之, 我可以不夫人之乎? 『穀梁傳 · 僖公八年』

[남들이] 그를 부인이라 여기는데, 내가 그를 부인으로 여기지 않을 수 있겠습니까?

不如吾聞而藥之也. 『左傳 · 襄公三十一年』

내가 들어서 그것을 약으로 여김만 같지 못합니다.

〈使動〉[119]

齊威王欲將孫臏. 『史記·孫子列傳』

제나라 위왕이 손빈을 장군으로 삼기를 바랐다[삼고 싶어 했다].

縱江東父老憐而王我, 我何面目見之? 『史記·項羽本紀』

비록 강동의 부로들이 나를 불쌍히 여겨 왕으로 삼는다 할지라도 내가 무슨 면목으로 그들을 보겠는가?

不居關中而都彭城. 『史記·淮陰侯列傳』

관중에 머물지 못하고 팽성을 도읍으로 삼았다.

⊙ **動詞：名詞**

黔敖左奉食　右執飲. 『禮記·檀弓』

검오가 왼쪽에는 먹을 것을 받쳐 들고 오른쪽에는 마실 것을 들고 있었다.

⊙ **動詞：動詞**

〈使動〉[120]

欲辟土地　朝秦楚　莅中國而　撫四夷也. 『孟子·梁惠王上』

토지를 열고[→넓히고] 진나라 초나라로 하여금 조견[조공]하게 하며 나라 가운데 임하여 四夷[사방의 오랑캐]를 어루만지기를 바라십니다.

---

119) 다음 예 중의 '吳王'도 사동 의미의 문맥에 쓰였으나 주의할 점이 있다.
　　公若曰: 爾欲吳王我乎? 遂殺公若.(『左傳·定公十年』) (공약이 말했다. 당신은 나를 오나라 왕처럼 되게[피살되게] 하기를 바랍니까[←오나라 왕을 만들고 싶습니까]? 마침내 공약을 죽였다.)
　　'吳王'은 한 '단어'가 아니라 수식구조의 '句'이다. 각종 통사 관계의 句일 때도 한 단어의 쓰임과 평행함을 보인다. 앞서 언급한 의동 의미의 문맥에 쓰인 '金玉'과 마찬가지이다.【毋金玉爾音.(『詩經·小雅·白駒』) (그대의 명성을 금옥처럼 여길[←금처럼 여기고 옥처럼 여길(→금이야 옥이야 할)] 것이 없다.)】이것이 고대한어의 특징이다.

120) 다음 예의 '飲食'은 연합구조의 句로서 사동 의미의 문맥에 쓰인 경우이다.
　　中心好之, 曷飲食之?(『詩經·唐風·有杕之杜』)
　　(속마음[→진심]으로 그를 좋아하는데 어찌 그를 마시게 하고 먹게 하지 않겠는가?)

沛公旦日從百餘騎來見項王. 『史記·項羽本紀』

패공이 이튿날 백여 기를 따르게 하고[→거느리고] 와서 항왕을 만났다.

使趙不將括則已, 若必將之, 破趙軍者必括也. 『史記·廉頗藺相如列傳』

조나라로 하여금 括을 장군으로 삼지 않게 한다면 곧 그뿐이지만 꼭 그를 장군으로 삼을 것 같으면 조나라의 군대를 부숴버리는 자는 반드시 括이 될 것입니다.

◉ 形容詞 : 名詞

泛愛衆而親仁. 『論語·學而』

널리 뭇 사람을 사랑하고 어진 사람을 가까이 하는 것이다[=하라].

將軍身被堅執銳 伐無道 誅暴秦. 『史記·陳涉世家』

장군께서는 몸에 견고한 갑옷을 입으시고 날카로운 무기를 들고서 무도함을 치고 포악한 진나라를 베셨습니다.

◉ 形容詞 : 動詞

〈使動〉

工師得大木, 則王喜. …… 匠人斲而小之, 則王怒. 『孟子·梁惠王下』

공사[백공의 우두머리]가 큰 나무를 얻으면 곧 왕이 기뻐하실 것입니다. …… 목공이 그것을 깎아서 작아지게 한다면 곧 왕께서 화를 내실 것입니다.

〈意動〉

孔子登東山而 小魯 登泰山而 小天下. 『孟子·盡心上』

공자는 동산에 올라서는 노나라를 작다고 하였으며, 태산에 올라서는 천하를 작다고 하였다.

이상과 같은 쓰임을 가지고 名詞가 動詞로 쓰이고, 動詞가 名詞로 쓰이며, 形容詞가 名詞로 쓰이고, 形容詞가 動詞로 쓰인다고 설명한다. 품사의 선후를 정하기도 한다. 그 아래에서 다시 동사가 일반적 쓰임을 보이는 경우와 소위 '사동'·'의동'으로 쓰인 경우를 나누고 있다. 우리는 현대의 여러 언어에 의해

서 이렇게 이해할 수는 있다. 그러나 하나의 단어가 보여주는 이러한 성질에
대해 각기 다른 품사성을 부여하고, 또 그 아래에서 각각 다른 기능을 가진다
고 말하는 것은 고대한어 실사류의 문법적인 특징을 설명하는 바른 태도가 아
니라고 여긴다.

　하나의 단어가 여러 가지 품사성을 지닌다고 말하기보다는 고대한어 실사류
단어의 품사성[詞性](품사적 성질)이 종합성을 띤다고 말함이 옳다. 이것이 고대
한어의 성격을 바르게 파악하는 객관적인 태도이다. 품사의 측면에서뿐 아니
라 의미에 있어서도 종합성 내지는 포괄성을 갖는다고 여긴다. 이에 대해서는
뒤의 '유의할 동사의 쓰임' 항에서 좀 더 구체적으로 설명하기로 한다.

5. 名詞·動詞·形容詞를 구분할 때의 하위 부류 구분의 성격

1) 名詞의 분류

　名詞의 하위 분류도 의미에 따를 수밖에 없으므로 나누는 사람에 따라 다를
수 있다. 一般名詞·抽象名詞·固有名詞·時間名詞·方位名詞·數名詞·量名
詞 등으로 나누어 볼 수 있다. 종래의 품사 분류에서는 數나 量을 뜻하는 數名
詞·量名詞를 數詞와 量詞로 격상시켜 다른 실사류와 대등한 위치를 차지하게
하였다. 現代漢語에서는 수를 나타내는 단어와 양을 나타내는 단어가 상호 긴
밀하게 쓰이는 점에 의거하여 둘을 따로 세울 만하다. 그러나 古代漢語에서는
그러한 특징을 보이지 않는다. 그래서 명사의 하위 부류에 두었다. 시간이나
장소 또는 방위를 나타내는 말도 다른 명사와 구별되는 특별한 쓰임을 보이지
않는다. 그래서 대표적인 품사성을 명사에 맞추었다. 이것들을 나누는 특별한

문법적 의의는 없다.

(1) 一般名詞

'君·臣·士·卒·將·帥·隱士·君子·聖賢·日·月·山·川·樓·臺·刀·
劍·杯·盤·衣·冠·茶·酒·草木·鳥·獸·蟲·魚·身·口·鼻·詩·賦·書·
畵'등 사람에서 미물에 이르기까지의 온갖 사물의 명칭을 포괄한다. 이것들도
動詞性·形容詞性을 띠는 용례를 가질 수 있다. 실례를 가지고 동사·형용사를
겸한다고 말해 왔다.

(2) 抽象名詞

'仁·義·禮·智·勇·道·德·廉·恥·心·氣'등 추상적인 개념을 나타내는
명칭이다. 形容詞性을 겸한 경우, 곧 명사·형용사를 겸하는 어휘가 가장 많은
부류이다. 물론 動詞性을 띠며 쓰이는 경우도 보인다. 그래서 이들 역시 형용
사·동사를 겸하는 부류가 될 수 있다.

(3) 固有名詞

'黃帝·孔丘·孟子·韓非子·夏·商·周·司徒·太史令·江(長江)·河(黃
河)·泰山·北海·匈奴·貊'등 특정의 구체적인 명칭이다. 동사성이나 형용사
성을 보이는 예가 극히 드물 수밖에 없는 부류이다.

(4) 時間名詞

'年·歲·月·日·春·秋·朝·夕·旦·晝·夜·古·今·曩·昔·須臾'등 시
간을 나타내는 명칭이다. 보어를 제외한 문장의 여러 성분에 두루 쓰인다. 다

른 명사들과 마찬가지로 쉽게 부사어로 쓰이는 외에 흔히 문두에도 놓이는 이
른바 文 수식 부사어가 된다. 그래서 어떤 어휘들은 명사인지 부사인지를 가리
기가 어려운 경우를 쉽게 만난다.121)

(5) 方位名詞

'東·西·南·北·上·下·左·右·先·前·後·內·外·邊·側' 등이다. 시간
명사를 두면 장소명사도 따로 두어야 할 것이나, 장소를 나타내는 말은 일반명
사와 고유명사에 나누어 분류해 보았다.

方位名詞는 주로 위치나 방위를 나타낸다. 장소를 나타내는 '江南·河邊·堂
上·村中·邦內·西河之外·易水以北'처럼 장소를 나타내는 말 뒤에 놓이는 경
우가 많으며, '五步之內·數月之後'처럼 다른 名詞 또는 句의 뒤에도 쓰인다.
'數月之後'의 경우처럼 '後'가 시간의 선후도 나타내므로 엄밀히 살피면 '방위'
라는 명칭은 이것들의 의미를 제대로 총괄하지 못한다.

(6) 數名詞[←數詞]

종래 '數詞'라는 독립 품사명을 부여해 온 것들이다. 이 책에서는 명사의 한
부류에 넣는다. '一·二·十·百·千·萬·再122)' 등 수를 뜻하는 부류이다.

---

121) 다음 문장 중의 '須臾'가 한 예이다. 여러 가지 설명들을 볼 수 있으나, 어느 경우이든 명사로
　　보아도 무방하다.
　　西門豹曰: 諾, 且留待之須臾.(『史記·滑稽列傳』) [목적어로 쓰임]
　　(서문표가 말했다. 좋소. 다시 또 머물러 그들을 잠시 기다립시다.)
　　須臾豹曰: 廷掾起矣!(『史記·滑稽列傳』) [부사어로 쓰임]
　　(잠시 후에 표가 말했다. 정연[官名]은 일어나라!)
122) 季文子三思而後行. 子聞之曰: 再斯可矣.(『論語·公冶長』) (계문자는 세 번 생각한 뒤에
　　행동하였다. 선생님께서 그것을 들으시고 말씀하셨다. 두 번이면 이것으로 된다.)

數를 뜻하는 말은 단독으로 또는 다른 명사와 더불어 基數·序數·分數·槪數(어림수) 등을 나타낸다.

각 자릿수 사이에 '有'를 사용하는 표현법도 있다. '有'는 실사류의 분류상 동사에 속한다.

吾十有五而志于學. 『論語·爲政』
나는 열하고 다섯이 있고서[열다섯에] 학문에 뜻을 두었다.

卽去大梁百有二十里耳. 『荀子·强國』
곧 대량에서 백 하고 2십 리 떨어져 있을 따름이다.

序數는 '第十八'처럼 基數 앞에 '第'를 더하여 나타내기도 한다. 年·月·日 등의 순서를 나타내는 데는 '第'를 쓰지 않는다.

分數는 '分'을 쓴 경우도 있고 쓰지 않는 경우도 있다. '三分二'는 '셋으로 나누어 둘이다'가 되고, '三二'는 '셋에 둘이다'가 된다. '三+○+二'는 '세 개의 ○에서 둘이다'가 된다.

나뉘는 대상을 밝혀 말할 때는 '分' 뒤에 목적어로 취한다. '分'이 쓰이건 쓰이지 않건 간에, 분모(母數)의 뒤 또는 '分+목적어' 뒤에는 강조의 어기조사 '之'가 흔히 쓰인다.

故關中之地 于天下三分之一. 『史記·貨殖列傳』
까닭에 관중의 땅은 천하에서 셋으로 나누어 하나[3분의 1]이다.

方今大王之兵衆不能十分吳楚之一. 『史記·淮南衡山列傳』
바야흐로 지금 대왕의 병력은 오·초[오·초의 병력]를 열로 나누어 하나도 되지 못합니다.[오·초를 합친 것의 10분의 1도 못됩니다.]

先王之制 大都不過參國之一. 『左傳·隱公元年』
선왕의 법제에서는 큰 도읍이 세 나라에서 하나를 넘지 않았다.

中五之一, 小九之一. 『左傳·殷公元年』

가운데 것은 다섯에 하나이며, 작은 것은 아홉에 하나이다.

丁壯者引弦而戰, 近塞之人 死者十九. 『淮南子·人閒訓』

장정들은 활시위를 당기며 싸웠는데 변방에 가까운[가까이 살던] 사람들은 죽은 경우가 열에 아홉이었다.

어림수는 '一二', ·'三四'처럼 근접한 수를 연용하거나 '幾'·'幾何' 등을 사용하여 나타낸다. 숫자의 앞·뒤에 '可'·'許'·'所'·'幾'·'餘'·'數'·'不滿'·'不過'·'不下'등을 사용하기도 한다.[123]

(7) 量名詞[←量詞]

사물의 수량을 헤아리는 뜻을 나타내는 명사이다. 의미 내용에 따라 사물의 단위를 나타내는 경우(物量 = 名量)와 동작·행위의 단위를 나타내는 경우(動量)로 나누기도 한다.

---

123) 아래에 몇몇 예를 들어둔다.
　　　昔亡父賜書四千許卷.(『後漢書·烈女傳』)
　　　(접때 돌아가신 아버지께서 책 4천여 권[4천 권쯤]을 주셨습니다.)
　　　其巫 老女子也 已年七十 從弟子女十人所.(『史記·滑稽列傳』)
　　　(그 무당은 늙은 여자로서 이미 나이가 70이었으며, 따르는 제자가 여자 10명 정도[가량, 쯤]였다.)
　　　漢之爲漢 幾四十年矣.(『漢書·食貨志上』)
　　　(한나라가 한나라가 된 것이 거의 40년이 되었습니다.)
　　　夫行數千里而救人者 此國之利也.(『戰國策·魏策』)
　　　(대저 수천 리를 가서 사람을 구원하는 것[구한다면], 이는 나라의 이익입니다.)
　　　初張蒼父長不滿五尺, 及生蒼, 蒼長八尺餘.(『史記·張丞相列傳』)
　　　(처음 장창의 아버지는 [키가] 다섯 자도 차지 못했는데, 창을 낳게 되어서는 창은 [키가] 여덟 자 남짓 되었다.)
　　　大王之卒 悉之不過三十萬.(『戰國策·韓策』)
　　　(대왕의 병졸은 그것을 다 해도 30만을 넘지 못합니다.)

고대에 度量衡에 쓰인 것으로는 다음과 같은 것들이 있다.

길이·면적 : 尺·寸·丈(10자)·雉(10尺의 폭으로 30尺 길이의 성벽 면적)·仞
　　　　　(8자)·里·畝·頃 등.
용적·무게 : 龠(1/10合, 黍 1,200알의 분량)·合·升·斗·豆(4升)·區(16升＝1斗
　　　　　6升)·釜(6斗4升)·鍾(6斛4斗[8斛,10斛])·庾(16斗)·斛(10斗)·秉
　　　　　(16斛)·[黍]·豆(16黍)·銖(6豆＝1/24냥)·兩·斤·鎰(24냥)·鈞(30
　　　　　근)·擔(100근) 등.
일반 : 乘·匹·頭·卷 등.
횟수 : 次·回·陣 등.

數나 量을 나타내는 말은 '수＋양'의 형태로 짝지어 쓰이는 경우가 많다. 몇
가지 예를 보면 다음과 같다.[124]

西方有木焉, 名曰射干 莖長四寸 生于高山之上而 臨百仞之淵. 『荀子·勸學』
서방에 나무가 있는데, 이름이 사간이고 줄기는 네 치 길이로 높은 산 위에서 자라면서 백 길 깊이
의 연못가에 있다.

今王之地方五千里. 『戰國策·楚策』
지금 왕의 땅은 사방 오천 리입니다.

子華使于齊, 冉子爲其母請粟. 子曰: 與之釜. 請益. 曰: 與之庾. 冉子與之粟
五秉. 『論語·雍也』

---

124) 기타 예 :
　　一簞食 一豆羹 得之則生 弗得則死. 呼爾而與之, 行道之人弗受.(『孟子·告子上』)
　　齊舊四量 豆區釜鍾. 四升爲豆, 各自其四 以登於釜, 釜十則鍾.(『左傳·昭公三年』)
　　一龠 容千二百黍 重十二銖.(『漢書·律曆志』)
　　十六兩爲斤, 三十斤爲鈞.(『漢書·律曆志』)
　　陵惡自賜武 使其妻賜武牛羊數十頭.(『漢書·蘇武傳』)

자화[公西赤]가 제나라에 사신으로 가자, 冉求[冉子]가 그[자화]의 어머니를 위해 곡식을 청했다. 선생님께서 말씀하셨다. 그에게 1부(6말 4되)를 준다[주어라]. 더 주기를 청했다. 말씀하셨다. 그에게 1유(16말)를 준다[=주어라]. [그런데] 염구는 그에게 곡식 5병[80섬]을 주었다.

烏孫多馬, 其富人至有四五千匹馬. 『史記·大宛列傳』

오손 지방은 말이 많아서, 그 가운데 부유한 사람은 4, 5천 필의 말을 소유하는 데 이르렀다.

2) 動詞의 분류

動詞의 하위 구분도 기본적으로 의미에 따른 분류에 지나지 않는다.

動作·行爲·變化, 有無·存在, 心理·知覺, 可能·意願, 關係 등을 뜻하는 무리로 나누어 볼 수 있다. 이렇게 나누고 보면 엄격한 경계를 가릴 수 없는 경우도 있다. 의미에 따라 나누는 것인지라 맞닿아 있는 부분이 많다.

(1) 動作·行爲·變化 등

'坐·起·來·行·走·出·入·過·生·死·哭·笑·立·戰·興·滅·攻·防·殺·打·食·飮·賜·敎·使·令·見·視·望·聽·聞·問·語·論·得·求·逆·成·變·改' 등과 같이 제반 起居 動作·行爲 또는 變化 등을 나타낸다.

(2) 有無·存在 등

'有·無'는 있고 없음을 나타낸다. 주어가 사람이 아닌 경우도 많기 때문에 문장 전체의 의미를 제각기 임의로 해석한다. 주어가 장소를 나타내는 말일 경우가 특히 그러하다. 이 경우를 흔히들 존재를 나타낸다고 말한다. 그러나 이는 '有·無'가 지닌 의미의 본질이 아니라, 함께 쓰인 어휘에 의해서 우리가 주관적으로 판단해낸 종합 결과일 따름이다. 그래서 그냥 '有無'라고 해둔다.

'在'는 존재의 의미를 지닌 단어이다. 이와 상관되는 어휘로 출현이나 소멸 등을 나타내는 경우를 함께 묶을 수도 있다.

(3) 心理·知覺 등

'喜·愛·惡·怒·畏·恐·懼·恨·憂' 등은 각종 심리 또는 감정을 나타내는 단어이다. '思·念·知·忘·悟·悔·惑' 등은 知覺을 나타낸다. 이러한 분류도 경계가 분명한 것은 아니다. 위의 동작·행위·변화류에 넣어둔 '見·視·望· 聽·聞' 따위도 이에 가깝기 때문이다.

(4) 可能·意願

可能의 뜻을 나타내는 '能'·'得', 意願(意志)의 뜻을 나타내는 '欲'·'願' 등을 아우른다.

여기에서 주의할 점이 있다. 지금까지 '可'·'足' 등의 可能類와 '肯'·'敢' 등의 意志類, '宜'·'當'·'應' 등의 當爲類를 함께 포괄하여 '能願動詞' 또는 '조동사'라 고 일컬어왔다. 그런데 의미에 의한 분류를 기본으로 하는 현행 품사 분류에 따르자면, '可'·'足'·'肯'·'敢'·'宜'·'當'·'應' 등은 마땅히 형용사에 귀속되어 야 한다. 고대한어에 조동사는 없다. 기능면에서 일반 동사 내지 형용사와 쓰임 에 차이가 없다. 이들 동사나 형용사는 흔히 다른 動詞(또는 形容詞)[구 포함]를 目的語로 가져오는데, '有'·'無'·'在'나 심리·지각을 나타내는 동사도 이러한 쓰임을 보인다. 그 밖의 품사성을 지닌 단어를 목적어로 취하기도 한다.

구분 없이 '능원동사'에 싸잡아 넣은 것은 서양 언어에서 이러한 개념을 나타 내는 단어들이 주로 '조동사'로 특징 지워지는 성질을 지니고 있는데, 이들과 의미상 대응되는 고대한어의 단어를 묶어 여과 없이 이름 붙였기 때문이다.

'능원동사'라고만 일러 조동사가 아님을 표현한 것은 그나마 다행스러운 일이
었지만, 기왕에 의미상의 품사 분류를 한다고 하더라도, 일반 동사와 형용사의
경계를 어떻게 나누었는지에 대한 고려도 없이 모조리 동사에 넣었던 것은 바
로잡아야 한다. 동사와 형용사의 구별이 의미상의 분류인지라 경계가 모호한
부분이 없지는 않으나, 동사와 형용사를 갈래짓는 한, 이들 의미류는 둘로 나
눔이 옳다.

　그래서 '能'·'得'(可能)·'欲'·'願'(意願) 등은 '能願動詞'라 이르고, '可'·'足'·
'肯'·'敢'·'宜'·'當'·'應' 등은 '能願形容詞'라 일러 구분할 수 있다. 후자의 경
우, 형용사 중에는 '可能'·'意願' 의미류뿐만 아니라 '宜'·'當'·'應' 등의 '當爲'
류가 포함되어 있어서 '能願當形容詞'라 이르는 것이 더 정확하다.[125]

(5) 關係

　判斷 관계를 나타내는 '爲·是', 類似 내지 相同을 나타내는 '如·若·似·
猶·類', 稱謂를 나타내는 '稱·曰·謂·爲' 등이 이에 든다.

　이상과 같은 의미상의 분류는 종래 해온 방식과 유사한 방식이다. 중요한 것
은 이것이 문법상 별 의미를 갖지 못한다는 사실이다. 뒤의 통사론에서 술어와
목적어 결합의 의미 유형을 상세히 다룬다. 이에 의하면 이러한 분류가 문법상

---

125) ① 자세한 내용은 졸고 「古代漢語 助動詞 부재에 관한 연구」(『中國語文學論集』 제36호,
　　2006. 2)에서 다루었다.
　　② 의미상의 분류인지라 '能願當'류에 속하는 단어들 중에는 '須'·'必' 등과 같이 副詞에 귀
　속시킨 것들이 있다. 사실 이들의 경계도 명확하지 않아서 동사에 넣는 사람도 있는 등 혼란을
　보여 왔다.
　　③ '能願當'류가 전체 술어 중에서 가지는 성격은 뒤의 "단일목적어 : '술어＋목적어'의 의미
　유형"을 통해서 일목요연하게 파악할 수 있다.
　　④ 이들 '能願當'류의 동사나 형용사는 필요에 따라 서로 연접되어 쓰이기도 한다.

의미가 없음이 확인되고 이보다 복잡한 자의적인 분류를 저마다 할 수 있음도 알게 된다.

3) 形容詞의 분류

形容詞와 다른 실사 간의 경계가 의미상의 것이자 방편성의 것임은 앞에서 밝혔다.[126] 그래서 하위 분류도 문법적인 의미는 없다. 의미에 따라 나눈 것일 따름이다. 이 책에서는 크게 性質을 나타내는 것과 狀態를 나타내는 것, 그리고 能願當(가능·의지·당위 등)을 나타내는 것으로 나누어 보았다. 의미상 의성사(의성어)·의태사(의태어) 등도 형용사에 포괄한다. 의미상의 구분인 만큼 더 자세히 나눌 수도 있으나, 모두가 관념상의 분류이다.

유의할 점은 이렇게 나뉜 경계가 절대적인 것이 되지 못한다는 사실이다. 어떤 어휘와 결합하느냐에 따라 동일한 형용사가 성질을 나타내기도 하고 상태를 나타내기도 하기 때문이다. 또 술어와 관형어·부사어가 다 되는 것이 있는 반면 의미 관계로 인하여 어느 성분으로는 쓰이지 못하는 것도 있다.

(1) 性質

'强·弱·銳·鈍·輕·重·明·暗·賢·愚·眞·僞·善·惡·精·粗·美·醜·巧·拙·淸·濁·溫·冷·苦·甘·雅·俗' 등과 같이 주로 성질을 형용하는 데 쓰인다. '强國·重器·明君·賢臣·良將·善政·巧言·美名 / 聲淸·性溫·言甘' 등이 그 예이다.

---

126) '仁·義·禮·智·勇·廉·大·小·强·弱' 등을 명사(추상명사)에도 두어 일반적으로 두 가지 품사를 겸하였다고 기술하고 있는데, 문법적으로는 별 의미가 없다. 특히 이것들과 다른 형용사들이 주어나 목적어로 쓰였을 때, 이와 같이 품사를 나누는 것이 무의미함이 잘 드러난다.

(2) 狀態

'大·小·多·少·衆·寡·高·低·長·短·曲·直·厚·薄·遠·近·紅·綠·深·淺·廣·狹'등의 單音節詞 외에, '交交·坎坎·蕭蕭'같은 擬聲詞를 비롯한 '揚揚·欣欣·濯濯·赫赫·綿綿·蒼蒼·湯湯'등의 疊音詞, '參差·憔悴·彷徨·婆娑·逍遙'등의 雙聲詞·疊韻詞, '黙然·欣然·昭然·茫然·茫茫然·堂堂乎·婉如·申申如·率爾·莞爾·沃若'등의 派生詞(附加詞)가 있다.

'小澤·高山·綠葉·參差荇荣 / 地廣·禽獸衆·人寡·意氣揚揚·顏色憔悴'등이 그 예이다.

위에서 말한 바와 같이 의미상의 분류인지라 性質과 狀態의 구분도 무의미한 경우들이 있다. '大義·小利·曲解·直言·深青·淺黃'등에서 '大·小·曲·直·深·淺'등은 성질을 나타낸다.

(3) 可能·意願·當爲

'可·足·敢·肯·當·宜·應'등이 이 부류에 속한다. 의미상 可能·意願(意志)·當爲로 나누어 살필 수 있다. 구체적인 용례는 뒤의 '可能·意願·當爲 등을 나타내는 어휘의 쓰임'항에서 보기로 한다. 뒤에 각종 단어나 구를 목적어로 수반하는 경우가 많다.

• 形容詞와 目的語

古代漢語에서는 形容詞도 흔히 목적어를 수반한다. 可能·意願·當爲 등을 뜻하는 형용사가 이끄는 '可求'·'足食'·'敢問'·'當立'·'宜爲王'등이 '형용사+목적어' 형식임은 말할 것도 없고, '多才·少言·富馬·難成·易老·賢己'등도 모두 '형용사+목적어'의 결합이다.[127] '동사+목적어'의 결합과 더불어 '술어+목적어', 즉 '술목'구조에 속한다.

烏孫多馬, 其富人至有四五千匹馬. 『史記‧大宛列傳』

오손 지방은 말이 많아서, 그 가운데 부유한 사람은 4, 5천 필의 말을 소유하는 데 이르렀다.

家富良馬, 其子好騎. 『淮南子‧人閒訓』

집에 좋은 말이 풍부하여 그의 아들이 말 타기를 좋아하였다.

商也好與賢己者處. 『說苑‧雜言』

상은 자기보다 어진 사람과 더불어 지내기를 좋아했다.

能願形容詞가 이끄는 動詞 또는 動詞性의 句도 能願形容詞의 목적어로서 '述目構造'에 해당함에 유의하여야 한다.

편의상 動詞와 目的語의 결합을 '動目構造'라 하고, 形容詞와 目的語의 결합은 '形目構造'라고 불러 구별할 수 있다.

6. 動詞(名詞‧形容詞) 쓰임상의 주요 특징

實詞類 단어의 '기능'이란 여섯 가지 문장 성분 가운데 어느 것으로 쓰이느냐를 뜻한다.

의미상의 動詞는 文章 중에서 述語‧主語‧目的語‧補語‧冠形語‧副詞語 등 여섯 가지 성분으로 두루 쓰인다고 말할 수 있다. 文章의 述語가 되는 빈도가 가장 높으며, 술어가 될 때 副詞 또는 다른 副詞語의 수식을 받을 수 있다.

---

127) ① '易(難)+동사'뿐만 아니라 '易(難)+於+동사'도 '形目構造'이다. '於'는 목적어를 강조하는 조사이다. ② 동사 뒤에 쓰인 數量性 어구도 목적어의 하나로 기술하였다. 형용사 뒤의 數量性 어구도 당연히 목적어가 된다.

鄒忌修八尺有餘.(『戰國策‧齊策』) (추기는 키가[길이가] 8척 하고 남음이 있었다[→ 8척 남짓이었다].)

太行王屋二山 方七百里高萬仞.(『列子‧湯問』) (태행과 왕옥 두 산은 사방 7백 리이며 높이가 만 길이다.)

의미상의 형용사도 여섯 가지 성분으로 두루 쓰이는 것은 동사와 마찬가지이다. 의미상의 명사는 보어를 제외한 다섯 가지 성분으로 두루 쓰이고, 술어가 될 때 일부 부사 또는 부사어의 수식을 받을 수 있다.

이와 같은 기능 파악 방법을 통해서 볼 때, 古代漢語의 품사와 문장 성분 간에는 1:1 또는 1:2의 엄격한 대응 관계가 있지 않음이 확인된다. 동사의 쓰임만으로도 단어의 기능에 의해 품사 간의 경계를 가른다는 것이 무의미함을 알 수 있다.

그래서 방편적으로 품사를 나누기는 하지만 단어마다 여러 개의 품사를 갖는다고 말하면, 고대한어의 품사를 바르게 인식하는 것이 되지 못하므로 항상 '종합성'을 띤다는 사실을 염두에 두고 이러한 구분을 사용해야 한다.

1) 自動·他動[使動·意動 포함]·受動[被動]의 구별 표지가 없음 : 문맥에 의존함

(1) 自動·他動 의미 구분의 성격과 목적어

漢語의 目的語의 종류는 매우 다양하다. 즉, 동사와 목적어가 결합된 구조(述目構造)는 다른 요소의 도움이 없이 거의 모든 의미 관계를 표현한다. 일부 형용사도 목적어를 취한다.(술어와 목적어의 의미 관계 유형에 대해서는 뒤의 통사론에서 상세히 다룬다.)128) 따라서 서구 언어에서의 自動詞와 他動詞에 의한

---

128) 때때로 동사와 목적어 사이에 다른 單語가 놓이기도 하나 동사·형용사와 목적어의 관계를 해치지는 않는다. 목적어를 강조하거나('於[于]'의 경우) 동사·형용사의 뒤에서 의문의 어기를 나타낼('乎'의 경우) 따름이다. 그런데, 현대의 漢語 문법학자들은 이들 몇 가지를 '介詞'라 명명하고 英語의 前置詞와 흡사한 것으로 간주하여 그것이 의미 관계를 보조한다고 여겨왔다. 예를 들면 "橘生淮南 則爲橘 生于淮北 則爲枳." 중의 '于'와 같은 것들이다. 이것의 기능에 대해서는 助詞편에서 종합 설명한다.

二分法的 분류는 漢語의 動詞를 포괄적으로 설명해 낼 수 없다. 목적어를 동반하지 않는다고 해서 모두 自動詞라고 할 수도 없으며, 거꾸로 목적어를 동반한다고 해서 모두 他動詞라고 할 수도 없다. 漢語의 동사를 서구 언어의 自動詞와 他動詞처럼 분류하는 사람들은 이를 '不及物動詞'와 '及物動詞', 또는 '內動詞'와 '外動詞' 등으로 명명하여 기술한다.[129] 그러나 이 경우 모든 동사를 포괄하지 못하기 때문에 漢語의 品詞 체계를 설명하는 데 곧잘 혼선을 빚는다. 이는 이 분류가 漢語의 動詞類를 특징짓는 데 별 소용이 없음을 뜻한다.

다음은 목적어가 쓰이지 않은 동사류의 용례로서 이른바 서구어의 '自動' 개념에 가장 가까운 경우라고 할 수 있다.

① **明日子路行.** 『論語·微子』
다음날 자로가 갔다.

② **使者出.** 『論語·憲問』
사자가 나왔다.

③ **列子入, 泣涕霑襟以告壺子.** 『莊子·應帝王』
열자가 들어가자, 울어 눈물이 흘러서 옷깃을 적셔가지고 [그래 가지고] 호자에게 알렸다.

④ **子産歸 未至 聞子皮卒.** 『左傳·昭公十三年』
자산이 돌아가는데 아직 이르지[도착하지] 않아서 자피가 죽었다고 들었다.

⑤ **子之燕居 申申如也 夭夭如也.** 『論語·述而』
선생님이 한가롭게 계심에는[계실 때는] 편안하고 즐거우셨다.

⑥ **子路拱而拱立.** 『論語·微子』
자로가 두 손을 맞잡고 서 있었다.

---

129) 또한, 이들 유사한 명칭으로 포괄되는 동사의 범위가 학자들 간에 꼭 일치하는 것은 아니며, 동일한 명칭을 쓰는 경우에도 각각에 귀속시킨 동사의 범위가 왕왕 일치하지 않는다.

이상의 예에서 '行'·'出'·'入'·'歸'·'至'·'卒'·'居'·'拱'·'立' 등은 目的語를 수반하지 않았다.

다음 예들은 같거나 비슷한 부류의 동사(自動)들이면서 목적어를 수반한 경우이다.[130]

⑦ 孔子欲居九夷. 『論語 · 子罕』
　　공자께서 구이의 땅에 머물기를 바라셨다[머물고 싶어 하셨다].

⑧ 冉子退朝. 『論語 · 子路』
　　염자가 조정에서 물러났다.

⑨ 子入太廟 每事問. 『論語 · 八佾』
　　선생님께서 태묘에 들어가시자 일마다 물으셨다.

古代漢語에는 위의 '居'·'退'·'入' 외에도 '他動'이라고 할 수 없는 동사와 목적어 간의 결합이 상당히 많다.

往來를 나타내는 '之'·'適'·'如' 등은 서구어에서 '自動'으로 분류되는 동사류이나 古代漢語에서는 역시 目的語가 직접 뒤따르는 구조를 취한다.

⑩ 孟子自范之齊. 『孟子 · 盡心上』
　　맹자가 범으로부터 제로 갔다.

⑪ 雖使五尺童子適市, 莫之或欺. 『孟子 · 滕文公上』
　　비록 5척의 동자를 시켜서 저자에 가게 한다고 할지라도 혹간에[혹시라도] 그를 속일 것이 없었다.

⑫ 文公如齊. 『左傳 · 成公三年』
　　문공이 제로 갔다.

---

130) 이들 目的語는 주로 장소[處所]를 나타내는 단어와 구이다.

　이것들은 '動詞＋目的語'의 틀을 갖추고 있는데, 西歐 언어들에서 설정한 述目(動目)구조에는 이러한 의미 관계를 나타내는 결합이 존재하지 않으며 다른 형식에 의해 나타낸다. 또 서구 언어에서 술목구조 중의 동사는 기본적으로 '他動詞'이다. 서구 언어에서는 이른바 '自動詞'[動詞가 나타내는 동작 행위에 의해 아무런 영향을 받지 않음]로 분류되며 목적어를 가져올 수 없는 동사류에 해당된다. 그러므로 결합 구조를 통해서 보면 위의 경우만 가지고 보더라도 漢語 술목구조 중의 목적어의 범주는 서구 언어의 그것과 크게 달라 매우 다른 체계를 보임을 알 수 있다.

　往來・發着 등의 기거동작과 存在・出現・消滅 등을 나타내는 동사의 목적어 앞에도 이것이 강조되는 문맥일 때 助詞 '於'(于)가 쓰인다.

① 王坐於堂上. 『孟子・梁惠王上』
　　왕이 당 위에 앉아 있었다.

② 王立於沼上. 『孟子・梁惠王上』
　　왕이 못 가에 서 있었다.

③ 莊子行於山中. 『莊子・山水』
　　장자가 산중으로[·산중을 통해서] 갔다.

④ 仲尼適楚 出於林中. 『莊子・達生』
　　중니가 초로 갔다가 숲 속에서 나왔다.

⑤ 段入於鄢. 『左傳・隱公元年』
　　단이 언으로 들어갔다.

⑥ 夫子至於是邦也, 必聞其政. 『論語・學而』
　　선생님께서 이 나라에 이르시면 반드시 그 정치를 물으신다.

다음은 의미상 서구 언어의 '他動'에 가장 근접한 경우의 대표적인 예들이다.

① 子貢問君子. 『論語 · 憲問』

자공이 군자를[군자에 대해서] 물었다.

② 晉荀林父救鄭伐陳. 『左傳 · 宣公五年』

진의 순림보가 정나라를 구하고 진나라를 쳤다.

③ 景公飮酒. 『晏子春秋 · 內篇雜上』

경공이 술을 마셨다.

'問' · '救' · '伐' · '飮' 등의 目的語는 이들 동사와의 의미 관계에서 직접 대상이 된다. 이들 動詞가 꼭 目的語를 수반해야 할 필요는 없다. 문맥에 의존하여 생략할 수 있다. 다음이 그 예이다.

④ 冉有曰: 夫子欲之, 吾二臣者皆不欲也. 『論語 · 季氏』

염유가 말했다. 선생님께서는 그것을 하고 싶어 하시나 저희 두 신하는 모두 {그것을} 하고 싶지 않습니다.

⑤ 曰: 吾知所過矣 將改之. 稽首而對曰: 人誰無過 過而能改, 善莫大焉. 『左傳 · 宣公二年』

말했다. 나는 잘못한 바를 알면 곧 그것을 고친다. 머리를 조아리며 대답하여 말했다. 사람이 누구에겐들 잘못이 없겠습니까? 잘못을 했더라도 {잘못을} 고칠 수 있다면, 선은 그보다 큰[선하기가 이보다 더 큰] 것이 없습니다.

이상에서 든 목적어 유형은 古代漢語의 목적어 가운데 극히 일부에 해당한다. 고대한어에서 술어와 목적어의 결합이 나타내는 의미는 매우 다양하다. 영어에서와 같은 전치사도 없고 한국어에서와 같은 후치사(조사 = 토씨)도 없기 때문에 '술어 + 목적어'의 결합만으로 각종의 의미 관계를 표현한다. 이에 대해서는 뒤의 통사론에서 총괄한다.

(2) 使動 · 意動 : 他動 의미의 일종

서구 언어에서 소위 의미상 '自動'에 속하는 動詞가 古代漢語에서는 목적어를 수반할 뿐 아니라 '使動'(使役)의 의미를 겸하여 나타내기도 한다.[목적어의 수반 여부에 관계없이 의미 관계에 따라 얼마든지 사동의 의미를 나타낼 수 있다.] 이 경우는 동사의 동작 행위가 직접 또는 간접으로 뒤따르는 목적어에 모종의 영향을 미쳐 서구어에서 '他動詞'로 분류되는 것에 근접해 있으며, 의미상으로는 '使役動詞'에 의해 표현되는 사역의 의미를 아울러 나타내는 경우가 된다. 그러나 서구 언어에는 이러한 쓰임을 보이는 단어는 없다. 다음에서 '自動'과 '他動'으로서 '使動'인 예를 대비하여 함께 보기로 한다.

【立】

〈自動〉

子路拱而 立.『論語 · 微子』

자로가 두 손을 마주 잡고 서있었다.

〈他動으로서 使動〉

愛共叔段 欲立之.『左傳 · 隱公元年』

공숙단을 아껴서 그를 [왕위에] 서게 하니[←세우고] 싶었다.

夫仁者 己欲立而 立人, 己欲達而 達人.『論語 · 雍也』

대저 어질면[어진 사람은] 자기가 서고자 하면 남도 서게 하고[←세우고], 자기가 이르고자 하면 남도 이르게 한다.

【入】

〈自動〉

三過其門而 不入.『孟子 · 滕文公上』

세 번 그의 문[문 앞]을 지났으나 들어가지 않았다.

〈他動으로서 使動〉

鬼侯有子而, 好. 故入之於紂. 『戰國策·趙策』

귀후에게 자식이 있었는데, [그녀가] 좋았다[예뻤다]. 까닭에 그를 주에게 들여보냈다.

入其社稷之臣於秦. 『戰國策·秦策』

그의 사직지신[나라의 안위와 존망을 한 몸에 맡은 중신]을 진에 들여보냈다.

〈自動〉의 '立'·'入'과 〈他動으로서 使動(의미상 타동에 속하며 사역의 뜻을 나타내는 경우)〉인 '立'·'入'이 명확하게 대비된다. "子入太廟 每事問."(『論語·八佾』)과 함께 비교해 보면 구조상의 목적어의 유무는 소위 '自動'과 '他動'의 구별 기준이 될 수 없음을 알 수 있다. 목적어의 종류에 따른 동사와의 의미 관계 및 문맥의 차이밖에 없다. 동사와 목적어의 결합 외에 다른 單語 또는 통사상의 구조에 의하여 의미가 변별되는 것이 아니다. 이는 古代漢語 文法의 중요한 특징의 하나이다.

古代漢語에서 개별 동사가 使動 의미를 보이는 경우는 쉽게 발견할 수 있다.

丘也幸. 苟有過, 人必知之. 『論語·述而』

구[나]는 행복하다. 만약에 허물[잘못, 과실]이 있으면 사람[남]들이 반드시 그것을 알게 해 준다.

使趙不將括則已, 若必將之, 破趙軍者必括也. 『史記·廉頗藺相如列傳』

조나라로 하여금 括을 장군으로 삼지[장군이 되게 하지] 않게 한다면 곧 그뿐이지만 꼭 그를 장군으로 삼을 것 같으면, 조나라의 군대를 부서지게 하는[부숴버리는] 자는 반드시 括이 될 것입니다.

'使動'과 '意動'의 의미 표현에 특별한 형식이 없는 것 또한 古代漢語 문법의 중요한 특징의 하나이다. '意動'이란 古代漢語의 개별 動詞가 '~라고 여기다(생각하다)'는 의미를 아울러 갖는 경우를 말한다. 다음 예들을 통하여 이해할 수 있다.

蘇秦曰: 嗟乎! 貧窮則父母不子 富貴則親戚畏懼. 『戰國策·秦策』

소진이 말했다. 아! 빈궁해지면 곧 부모도 자식으로 여기지 않고, 부귀해지면 곧 친척들도 두려워한다.

叟不遠千里而 來, 亦將有以利吾國乎? 『孟子·梁惠王上』

노인장께서 천 리를 멀다 여기지 않으시고 오셨으니, 역시 장차 우리 나라를 이롭게 할 것이 있겠군요?

孔子登東山而 小魯 登泰山而 小天下. 『孟子·盡心上』

공자께서는 동산에 올라서는 노나라를 작다고 여기셨고 태산에 올라서는 천하를 작다고 여기셨습니다.

縱江東父老憐而 王我, 我何面目見之? 『史記·項羽本紀』

비록 강동의 부로들이 나를 불쌍히 여겨 왕으로 삼는다 할지라도 내가 무슨 면목으로 그들을 보겠는가?

(3) 受動[被動] 의미의 표현

古代漢語에서는 受動[被動]의 의미 또한 기본적으로 특별한 구조가 필요 없이 의미상의 動詞에 의해서 나타내진다. 이때 뒤따르는 목적어는 행위자[施事者]가 된다. 뒤의 '주의할 의미 전달의 방식'항에서 자세히 다룬다.

昔者龍逢斬, 比干剖, 萇弘胣, 子胥靡. 『莊子·胠篋』

옛날에 용봉은 참수되었고[목 베이고], 비간은 배를 갈리었으며, 장홍은 창자를 갈리었고, 자서는 [강물에 던져져] 썩히었다.[이런 방식에 의해 죽임을 당했음을 말함]

勞心者治人, 勞力者治於人. 『孟子·滕文公上』

마음으로 애쓰면 [마음을 수고로이 하면] 남을 다스리고 힘으로 애쓰면 남에게 다스림을 받는다.

若信者 亦已爲禽矣. 『史記·淮陰侯列傳』

한신 같은 사람 역시 이미 사로잡히게 되었다[사로잡힌 것(사로잡힘)이 되었다].

隨之見伐 不自量力也. 『左傳·僖公二十年』

그에 따라 정벌을 만난[당한] 것은 스스로 힘을 헤아리지 못해서이다.

國一日被攻, 雖欲事秦 不可得也. 『戰國策·齊策』

나라가 어느 날 침공을 당하면[←입으면] 비록 [그때 가서] 진나라를 섬기고자 하여도 그럴 수가 없습니다.

앞에서 설명한 바와 같이 古代漢語의 動詞는 다른 성분의 보조 없이 의미상 '自動'·'他動'('使動'·'意動')·'受動[被動]' 등을 모두 나타낸다. 따라서 古代漢語에서 '自動'과 '他動' 등에 의한 일률적인 분류 따위는 별 의미가 없다.

2) '有'와 '無'류 어휘의 쓰임

의미상의 동사는 후속 성분으로 목적어를 취하는 경우가 많다. 뒤의 '목적어' 항에서 종합적으로 설명한다.

여기에서는 '有'와 '無'의 용례상의 특징을 설명하기로 한다.

가. '有'·'無'의 목적어

'有'와 '無'의 목적어 자리에 놓이는 단어와 구는 종류를 가리지 않는다. 즉, 실사의 종류와 句 형식에 구애받지 않는다. 특히 '有·無＋動詞(또는 句) 목적어' 형식의 의미 파악에 유의할 필요가 있다.

[단어]

子女玉帛 則君有之, 羽毛齒革 則君地生焉. 『左傳·僖公二十三年』

자녀[백성]와 옥과 비단은 임금님께서 그것을 가지고 계시며, 깃과 털과 상아와 가죽은 임금님의 땅에서 그것을 생산합니다.

水至淸則無魚, 人至察則無徒. 『漢書·東方朔傳』

물이 지극히 맑으면 고기가 없고, 사람이 지극히 살피면 무리[어울릴 사람]가 없다.

自以爲無患 與人無爭也. 『戰國策·楚策』

스스로 [가지고서] 걱정할 것이 없다고 여기고 남과 더불어 다투는 일이 없었다.

[구]

三人行, 必有我師焉. 『論語·述而』

세 사람이 가면 반드시 그 가운데 나의 스승이 있다.

荊國之爲政 有似於此. 『呂氏春秋·察今』

형나라가 정치를 하는 데는 이와 비슷한 것이 있다.

有牽牛而過堂下者. 『孟子·梁惠王上』

소를 끌고 당 아래를 지나는 사람이 있었다.

中尼之徒無道桓文之事者. 『孟子·梁惠王上』

중니의 무리 중에는 환공이나 문공의 일을 말한 사람이 없었습니다.

四境之內莫不有求於王. 『戰國策·齊策』

사방 경계 안에 임금님께 구하는 것이 있지 않은 사람이 없습니다.

相人多矣, 無如季相. 『史記·項羽本紀』

남의 관상을 많이 보았지만 劉邦의 관상만 한 사람이 없었다.

吾矛之利 於物無不陷也. 『韓非子·難一』

내 창의 날카로움은[내 창이 날카롭기는] 사물에 대해서 뚫지 못하는 것이 없다.

…… 無友不如己者 過則勿憚改. 『論語·學而』

자기만 못한 사람과 벗함이[사귀는 일이] 없으며 지나쳤으면[잘못을 범했으면] 고치기를 꺼려함이 [꺼려하는 일이] 없는 것이다[=없으라].

'有＋목적어' 구조가 다른 동사의 목적어로 쓰임 때도 '有'·'無'가 동시 ㅡ는 동사성의 구를 목적어로 가져오는 형식과 같나. "敏於事而愼於言 就有道而正焉."(『論語·學而』)(일에 있어는 민첩하고 말에 있어서는 신중하여 도가 있는 데 나아가 바르게 하는 것이다.) 중의 '有道'는 '就'의 목적어이다.

나. 有·無(술어1)＋目的語＋술어2[131)

{有 朋 自遠方來}, 不亦樂乎? 『論語·學而』

친구가 먼 곳으로부터 찾아오면 또한 즐겁지 않겠는가?

---

131) '有＋목적어＋동사(또는 기타 형태의 술어)' 구조의 이해:

一心以爲{有 鴻鵠 將至}. 『孟子·告子上』
한쪽 마음으로는 큰기러기나 고니가 장차 이르리라고 여긴다.

---

(1) 한국어로는 대체로 다음 세 가지 유형으로 번역할 수 있다. 전체 文意에 따라 가장 어울리는 것을 취하면 된다.

(예문 1) 有朋自遠方來, 不亦說乎?(『論語·學而』)
① 친구가 있어 [가지고] 먼 곳으로부터 찾아오면 또한 기쁘지 않겠는가?
② 친구가 먼 곳으로부터 찾아오면 또한 기쁘지 않겠는가?
③ 어떤 친구가 먼 곳으로부터 찾아오면 또한 기쁘지 않겠는가?

(예문 2) 一心以爲有鴻鵠將至.(『孟子·告子上』)
① 한쪽 마음으로는 큰기러기나 고니가 있어 가지고 장차 이르리라고 여긴다.
② ---큰기러기나 고니가 장차 이르리라고---.
③ ---어떤 큰기러기나 고니가 장차 이르리라고---.

구조와 어순에 따르면 당연히 ①번 하나로 통일해야 하겠지만[문법상의 규칙은 이것 하나뿐임], 번역상 우리말이 어색한 경우가 많으므로 부득이 그 밖의 형식으로 번역할 수밖에 없다.

(2) '者'에 의해 혼란을 일으킬 수가 있는데, 이것은 언제나 어기조사이므로 있고 없음에 관계없이 풀이하면 된다.('者'의 기능에 대해서는 뒤의 '조사'편에서 상세히 설명한다.)
齊人有馮諼者 貧乏不能自存.(『戰國策·齊策』)
(제나라 사람에 풍원이 있었는데[←풍원이라는 그런 사람] 궁핍하여 스스로 생존할 수가 없었다.)
鄭人有欲買履者 先自度其足而置之其坐.(『韓非子·外儲說左上』)
(정나라 사람에 신발을 사고자 한 사람이 있었는데, 먼저 스스로 그의 발을 재서 그것을 그 자리에 두었다.)
魏人有唐且者 年九十餘.(『戰國策·魏策』)
(위나라 사람에 당차가 있었는데, 나이가 90 남짓이었다.)
孔子對曰: 有顔回者 好學 不遷怒 不二過 不幸短命死矣, 今也則亡, 未聞好學者也.
(『論語·雍也』)
(공자께서 대답하여 말씀하셨다. 안회가 있었는데[있어서] 학문을 좋아하고 화를 옮기지 않았으며 잘못을 두 번 되풀이 하지 않았는데 불행하게도 명이 짧아 죽었기에 지금은 곧 없습니다. [그 뒤로는] 아직 학문을 좋아한다는 것을 듣지 못했습니다.)
'者'는 앞부분을 추슬러 강조하는 기능을 한다.

(3) "無草不死 無木不萎."에서 '草'와 '木'을 생략하면 "無不死 無不萎."(죽지 않은 것이 없고 시들지 않은 것이 없다.)가 된다.

{無 草 不 死} {無 木 不 萎}. 『詩經·小雅·谷風』

죽지 않는 풀이 없고 시들지 않는 나무가 없다.

다. 有(無)＋목적어{以[술어1(동사)]＋술어2[동사·형용사 중심]}

殺人以梃與刃 {有 以異}乎? 『孟子·梁惠王上』

사람을 죽임에 몽둥이를 사용하는 것은 칼과[칼을 사용하는 것과] 더불어 비교하면 [가지고서] 다를 것이 있습니까?

故不積蹞步 {無 以至千里}, 不積小流 {無 以成江海}. 『荀子·勸學』

까닭에 걸음걸이를 쌓지[모으지] 않으면 [가지고서] 천 리에 이를 것이 없고, 작은 흐름[물줄기]을 쌓지[모으지] 않으면 [가지고서] 강과 바다를 이룰 것이 없다.

不學詩 {無 以言}. 『論語·季氏』

시를 배우지 않으면 써서[가지고서] 말을 할 것이 없다.

이러한 문형에서 동사 '以'는 흔히 目的語를 수반하지 않는다. '(~을) 써서[가지고서→(으)로]'를 뜻한다.[132] '以' 이하를 '有'·'無'가 목적어로 취하는 구조이다. 다른 동사나 형용사 뒤에 오는 경우도 동일한 구조로 이해하여야 한다. 즉, '有·無＋목적어(以＋다른 동사 또는 구)'뿐만 아니라, '可＋以~, 足＋以~, 欲＋以~'등도 모두 '동사·형용사＋목적어(以＋다른 동사 또는 구)'의 형식으로 이해된다.

라. 命令文에 쓰이는 '無'

古代漢語에서는 平敍文[陳述句]과 命令文[祈使句]의 文型이 동일하다. 평서문인지 금지의 명령문인지는 문맥, 즉 話者의 의중에 있다. '無'는 '不有'의 의

---

132) 이러한 '以'의 쓰임은 현대한어의 '用來'의 쓰임과 유사하다. 한국어로 해석하면 어색하므로 흔히 해석하지 않는다.

미를 지녀 '有'에 상대되는 否定의 의미를 지니고 있을 뿐 의미상 어디까지나 動詞이다.

그러므로 命令文의 '無'를 禁止의 副詞로 보는 것은 옳지 않다. '相人多矣, 無如季相.' 중의 '無如季相'과 '無攻人之惡'·'無忘告乃翁'은 구조가 다를 바 없으나, 문맥상 앞의 것은 평서문이고 뒤의 것들은 명령문이다. 이처럼 평서문과 명령문의 형식이 동일하므로(중립적임) '無'가 쓰인 명령문을 가능하면 평서문처럼 번역하는 것이 더 바람직할 것이다. 우연히도 한국어로 대부분 표현해 낼 수 있다. '~하지 말라'가 아니라, '~할 것이 없다(없으라)'가 된다. 명령이나 금지의 의미가 전달됨에 강제성이 없다. 객관적인 사실만을 말함으로써 문맥으로 명령 의미를 전달한다고 보면 된다. 중립적이며 겸양의 성격을 띠는 표현법이라고 할 수 있다. 그래서 문맥이 명령이나 금지(명령문)가 아닐 때, 즉 평서문일 때도 형식이 동일하다.

다른 술어가 쓰인 명령문도 마찬가지이다.[133] 평서문과 차이가 있다면 명령을 나타낼 때는 주어가 없는 경우가 많다는 점이다.

다음은 문맥상 명령문의 예들이다.

攻其惡 無攻人之惡. 『論語·顏淵』
그[자신의] 나쁜 점을 치고, 남의 나쁜 점을 치는 일이 없는 것이다[=없도록 하라].

王如知此 則無望民之多於鄰國也. 『孟子·梁惠王上』
왕께서 이를 아실 것 같으면 곧 백성이 이웃 나라보다 많기를 바랄 것이 없으십니다[=없으소서].

---

133) 같은 이치로, 다른 동사들이 나타내는 긍정 명령도 '~한다, ~하는 것이다'와 '~하라'의 형식 차이에 의해서 나타내는 것이 아니라 평서문인 '~한다, ~하는 것이다'와 똑같은 형식으로 나타낸다. 부정 명령도 '~하지 말라'가 아니라 '~하지 않는다(않는 것이다), ~하지 못한다(못하는 것이다)'는 평서문 형식과 동일하다.

다음 예에서처럼 명령이나 금지의 내용이 다른 술어의 목적어가 될 때, 이러한 특징이 두드러진다.

楚人剽疾, 願上無與楚人爭鋒. 『史記·留侯世家』

초나라 사람들은 표독하고 날래므로 상께서는 초나라 사람들과 더불어 무기로[무기를 가지고] 싸우는 일이 없으시기 바랍니다.

마. '無'類 동사들의 'O＋動詞(또는 動詞性의 句)' 형식의 의미
  ＝'無'와 기본적으로 평행함

'莫·勿·毋·靡·蔑·罔' 등이 '無'類에 드는 動詞들이다.[134] 평서문에 쓰이면 '無'와 같이 '～하는 사람(데, 곳, 것, 경우)이 없다'는 문맥을 지닌다. 한국어로는 '～함이 없다'로 번역할 수도 있다.

朝廷之臣莫不畏王, 四境之內莫不有求於王. 『戰國策·齊策』

조정의 신하에는 임금님을 두려워하지 않은 사람이[두려워하지 않음이] 없고, 사방 경계 안에는 임금님께 구하는 것이 있지 않은 사람이[있지 않음이] 없습니다.

禍莫大於輕敵. 『老子·第六十九章』

화는 적을 얕보는 것보다 큰 것이 없다.

宋人請猛獲於衛, 衛人欲勿與. 『左傳·莊公十二年』

송나라 사람들이 위나라에 맹획을 청하였으나 위나라 사람들이 주는 일이 없기를 바랐다.

愛之 能勿勞乎? 忠焉 能勿誨乎? 『論語·憲問』

그를 사랑한다고 수고롭게 하는[근로시키는] 일이[경우가] 없을 수 있겠으며, 정성스럽다고 깨우쳐 주는 일이 없을 수 있겠는가?

其妻曰: 嘻! 子毋讀書遊說 安得此辱乎? 『史記·張儀列傳』

그의 아내가 말했다. 아! 당신이 글을 읽고 유세하는 일이 없었더라면 어디 이 욕을 당했겠습니까?

---

134) '無指'의 代詞로 보는 견해도 있는데 심한 오류이다. 이는 이와 상대되는 쓰임의 '有'도 代詞로서 '有指'의 代詞라고 말하는 것과 같다.

願上所居宮毌令人知, 然後不死之藥殆可得也. 『史記·秦始皇本紀』

폐하께서 묵으시는 바의 宮은 사람들로 하여금 알게 하는 일이 없기를 원합니다. 그렇게 한 뒤에야 죽지 않는 약은 거의[아마] 얻을 수 있을 겁니다.

所謂誠其意者毌自欺也. 『禮記·大學』

이른바 그 뜻을 정성되게 한다는 것은 스스로를 속이는 일이 없는 것이다. [이른바 그 뜻을 정성되게 하는 사람은 스스로를 속이는 일이 없다.]

物靡不得其所. 『史記·司馬相如列傳』

사물은 그 자리를 얻지 않은 것이 없다.

古布衣之俠 靡得而聞已. 『史記·游俠列傳』

옛날 벼슬하지 않은 협객들은 구해서 듣는 일이 없었다.

寧事齊楚 有亡而已 蔑從晉矣. 『左傳·成公十六年』

차라리 제나라와 초나라를 섬겨 망하는 일이 있고 말지 진나라를 따르는 일이 없을 것이다.

이들 동사의 命令文에서의 쓰임도 '無'와 같다. 평서문과 형식이 같으므로 '~할 것이 없다'라고 중립적으로 번역함이 좋으나, '~하는 일이 없으라'라고 번역할 수도 있다.

己所不欲 勿施於人. 『論語·顔淵』

자기가 하고 싶지 않은 바는 남에게 베풀 것이 없다.

距關 毋內諸侯. 『史記·項羽本紀』

관문을 막아서 제후들을 [받아]들이는 일이 없도록 하라.

罔罪爾衆. 『書經·盤庚』

너희 무리들로 하여금 죄를 짓게 하는 일이 없도록 하라.

3) 可能·意願·當爲 등을 나타내는 어휘의 쓰임

소위 能願류의 단어도 동사건 형용사건 일반 동사류·형용사류와 쓰임이 기본적으로 같다. 다른 술어의 목적어가 되기도 한다. 의미로 인하여 다른 述語性의 단어나 구를 목적어로 취하는 경우가 많을 따름이다.

다른 動詞 또는 形容詞의 앞에 놓여 可能·意願(意志)·當爲 등을 나타내는 일부 단어들을 일반 동사와 구별하여 '能願'동사 또는 '助'동사라 통칭하고 다분히 서구 언어의 '助動詞'와 동일시해 왔다. 그런데 의미상의 구별을 제외하면 다른 동사와 구분 지을 수 있는 文法上의 특징이 두드러지지 않는다. 즉, 일반 동사와 구분되어야 할 構造上의 특징이 없다.[135]

후속 성분(목적어)이 동사성(또는 형용사성)인 예들을 가지고 '助動詞'로까지 여긴 사람들이 있었다. 고대한어에 '조동사'는 없다.

다음 예를 보자.

非曰能之 願學焉. 『論語·先進』[代詞 목적어]
그것을 잘한다고 말하는 것이 아니라 그것을 하기를 원합니다.

姜氏欲之 焉辟害? 『左傳·隱公元年』[代詞 목적어]
강씨가 그것을 하고 싶어 하는데 어디[어찌, 어떻게] 해를 피하겠는가?

'能'·'欲'이 代詞 目的語 '之'를 수반하고 있다. 각각 '잘하다·능하다[→할 수 있다]'와 '바라다·하고자 하다·하고 싶다·원하다' 등으로 번역할 수 있다.

다음 예들은 目的語가 動詞性의 句인 경우이다.

---

135) 이하의 서술을 통하여, 종래의 조동사에 대한 인식이 서구 언어에서 조동사로 분류되는 것들의 의미만을 고려하여 이에 대응되는 漢語 중의 單語를 추려 모은 데 지나지 않음을 발견하게 하고자 한다.

是以泰山不讓土壤 故能成其大.『史記·李斯列傳』

이에 그렇게 해서 태산은 토양을 사양하지 않으며 까닭에 그 큼을 이룰 수가 있습니다.

孔子下 欲與之言, 趨而辟之, 不得與之言.『論語·微子』[辟 = 避]

공자가 내려가서 그와 더불어 말을 하고자 하였으나, 종종걸음으로 그[공자]를 피해버려서, 그와 더불어 말을 하지 못했다.

'能成其大'와 '欲與之言'을 한국어의 의미에 맞추어 각각 '그 큼을 이룰 수 있다'와 '그와 더불어 말하고 싶었다' 등으로 번역하는 것이 가장 적절하지만, 漢語의 구조에 맞추어 동일하게 인식하면 '能之'·'欲之'의 경우와 마찬가지로 '그 큼을 이루는 것을 잘하다(능히 하다)'와 '그와 더불어 말하는 것을 바라다'가 된다. 이렇게 하면 경우에 따라 단지 한국어로 말이 되지 않거나 어색한 경우가 있을 따름이다.

다음 예의 '能'처럼 여러 형태의 句를 목적어로 취할 수 있다.

夫子之文章可得而聞也.『論語·公冶長』

선생님의 글은 얻어서 들을 수 있습니다.

百工之事 固不可耕且爲也.『孟子·滕文公上』['且'는 '爲'를 수식하는 부사임]

온갖 장인의 일은 본디 경작을 하면서 또[아울러] 하기가 불가능합니다.

方今大王之兵衆不能十分吳楚之一.『史記·淮南衡山列傳』

바야흐로 지금 대왕의 병력은 오·초[의 병력]를 열로 나누어 하나도 되지 못합니다. [오·초를 합친 것의 10분의 1도 못됩니다.]

'得' 뒤의 '與之言'도 마찬가지이다. '得'은 '얻다·이루다[→할 수 있다]' 등으로 번역된다. 뒤에 오는 목적어에 따라 구체적인 문맥과 이에 따른 해석은 달라질 수 있으나 '得' 역시 의미는 '얻다' 하나로 관통된다. 목적어 자리에는 각종 단어와 구가 놓인다.

다음은 '願'의 예이다.

左師觸龍願見太后.『戰國策·趙策』
좌사[관직 이름]인 촉룡이 태후를 뵙기를 원했다.

丹所報 先生所言者 國之大事也, 願先生勿泄也.『史記·刺客列傳』
단이 알려온 바와 선생께서 말씀하신 바는 나라의 대사이니 선생께서는 누설하는 일이 없으시기
바랍니다.

古代漢語에서 다른 動詞 또는 動詞性句를 目的語로 취하는 동사는 能願類
에 그치지 않는다. 이들 목적어를 취하는 동사들 간에 의미상의 차이만 있을
뿐 각각을 구별할 수 있는 구조상의 변별점이 없다.

이것들을 서구 언어의 助動詞와 같이 인식할 수 없음을 쉽게 알 수 있는 예
는 目的語가 되는 동사성의 구 앞에 수식어가 있는 경우이다.

僕欲北攻燕東伐齊 何若而有功?『史記·淮陰侯列傳』
저는 북으로 연을 치고 동으로 제를 정벌하고 싶은데 무엇과 같이 하면[어떻게 하면] 공이 있겠습니까?

이 예 또한 '저는 북으로 燕을 치고 동으로 齊를 정벌하기를 바라는데'로 번
역해 보면 그 구조와 '欲'의 성격은 자명해짐을 알 수 있다.

다음의 경우도 '欲' 이하의 술목구조가 '欲'의 목적어가 됨을 잘 보여 주는
예이다.

宋人請猛獲於衛, 衛人欲勿與.136)『左傳·莊公十二年』
송나라 사람들이 위나라에 맹획을 청하였으나, 위나라 사람들이 주는 일이 없기를 바랐다.

---

136) '勿'은 동사이다. '欲不與(주지 않기를 바랐다→주지 않으려 했다)'라고 하더라도 마찬가지
　　이다. 목적어가 어떠한 형태로 나타나든 다른 동사의 경우와 마찬가지로 '欲'의 목적어일 뿐이
　　다. 동일한 형식이다.

다음 예는 주술구를 목적어로 취하였다. 주술구 앞에 부사 '將'까지 있다.

少帝曰: 欲將我安之乎? 『史記·呂太后本紀』

어린 황제가 말했다. 장차 내가 어디로 가기를 바랍니까?

이처럼 한 가지로 통일하여 이해함이 옳다. 다음 예들은 이들 동사나 형용사가 목적어를 수반하지 않고 단독으로 쓰인 경우이다. 일반 동사·형용사로 여길 것인가 조동사로 여길 것인가 하는 것이 의미 없는 논의임을 바로 알게 해 준다.

己所不欲 勿施於人. 『論語·顔淵』

자기가 하고 싶어 하지 않는 바는 남에게 행하는 일이 없는 것이다[→없으라, 없어야 한다].

非吾徒也, 小子鳴鼓而攻之可也. 137) 『論語·先進』

우리 무리가 아니다. 소자들이[너희들이] 북을 울려 그를 쳐도[성토해도] 된다[좋다].

大臣强諫, 太后不肯. 138) 『戰國策·趙策』

대신들이 강하게 간언해도 태후가 하려 하지 않았다.

한편, 能願류에 드는 단어가 이끄는 구를 일관되게 '述目' 關係로만 처리하기 쉽지 않은 경우들이 있다. 특히 한국어로 번역할 때 그러하다.

---

137) ① '可'는 '옳다·된다·좋다[→할 만하다, 할 수 있다]' 등으로 번역된다. 의미상 형용사류에 속하나 종래 능원동사로 여겨왔다.
　　② '能'·'可'·'足'·'得'을 '~할 수 있다'로 번역할 수 있고 이러한 의미 범주에 넣을 수 있다고 해서 서로 같은 것으로 여길 수는 없다. 각각의 의미에 분명히 차이가 있다. 서로 다른 어휘에 대한 이해의 방편에 의거하여 同義나 類義 관계를 이해하고 이를 문법 특징의 하나로 설명하는 것은 문법적인 의의를 갖지 못한다.

138) '肯'도 의미상 형용사류에 속하는데 종래 능원동사로 여겨왔다. '동+목'이건 '형+목'이건 '述+目'이라는 동일한 구조 형식을 취하므로 여기에서 함께 다루었다.

勝也何敢言事?『戰國策・趙策』

승이[제가] 일을 말하기를 감히 하겠습니까?→승이[제가] 무엇으로 감히 일을 말하겠습니까?

喪事不敢不勉.『論語・子罕』

상사는 힘쓰지 않기를 감히 할 수가 없다.→상사는 감히 힘쓰지 않을 수가 없다.

赤也惑 敢問.『論語・先進』

적은[저는] 의혹이 있어 여쭙기를 감히 합니다.→적은[저는] 의혹이 있어 감히 여쭙겠습니다.

그렇지만 모두 술목구조로 이해하는 것이 일관성 있는 이해 방식이라 여긴다.[139)] '欲'・'能'・'得' 등이 動詞類를 목적어로 취하는 경우에 대해서는 술목 관계로 보는 데 큰 장애가 느껴지지 않지만, '可'・'足'・'當'・'宜' 등에 대해서는 혼란을 느끼는 사람이 있을 수 있다. 동사와 형용사를 가르는 기준을 일관성 있게 적용하지 않은 것이 첫 번째 이유이고, '술목'과 '수식' 구조를 경계 짓는 통사상의 형태 표지가 없고 어순이 일치하는 것이 두 번째 이유이다.[140)] 형용사도 목적어를 취한다는 관점으로 일관성 있게 해결할 수 있다.

富而可求也, 雖執鞭之士, 吾亦爲之. 如不可求, 從吾所好.『論語・述而』

富[부유해짐]를 추구해도 된다면 비록 채찍을 잡는 선비가 될지라도 나는 역시 그것을 하겠다. 추구해서는 안 되는 것일 것 같으면 내가 좋아하는 바를 따르겠다.

---

139) '敢'도 의미상 형용사류에 속한다. "赤也惑 敢問."의 '敢'을 부사의 하나로 간주하여 '表敬' 부사(존중의 뜻을 나타내는 부사를 이름) 운운하는 것은 古代漢語 어휘의 쓰임을 너무 혼란스럽게 하는 예라고 여겨진다. 형용사성의 단어인 '敢'이 목적어를 수반할 때 '과감하다'로 번역하지 못하고 '감히 하다' 등으로 번역할 수밖에 없지만 형용사성을 뜻하는 '~을 감히 하다[←~에 과감하다]' 하나로 일관되게 인식하여야 할 것이다. 어순이 동일한 때문으로, 어떤 경우에는 수식어로 여겨서 '감히'를 뜻하는 부사라고 하는 따위는 고대한어 성격에 부합되지 않는다.

영어의 조동사에 대해서도 그것이 술어인지 수식어인지에 대한 논의가 있다.

140) 영어에서 조동사로 분류되는 단어에 대응되는 어휘를 추려서 '능원동사'니 '조동사'니 하였던 것도 하나의 이유가 될 것이다.

故察己可以知人 察今可以知古.『呂氏春秋·察今』

까닭에 자기를 살피면 그것으로 남을 알게 되고[→알 수 있고] 지금을 살피면 그것으로 옛날을 알게 된다[→알 수 있다].

拘禮之人 不足與言事, 制法之人 不足與論變.『商君書·更法』

예에 속박을 당하는 사람은 더불어 일을 말하기에 부족하고[→말할 수 없고], 법에 제약을 받는 사람은 더불어 변화를 논하기에 부족하다[→논할 수 없다].

噫! 斗筲之人 何足算也?『論語·子路』

아! 변변하지 못한 사람은 뭐로[어떻게] 쳐주기에 족하겠는가?

足下非劉氏, 不當立.『史記·呂太后本紀』

당신은 유씨가 아니므로 [황제의 자리에] 서는 것이 당치 않습니다.

文帝曰: 吏不當若是邪?『史記·張釋之馮唐列傳』

문제가 말했다. 관리가 이와 같이 하는 것은 마땅치 못하지 않은가?

將軍身被堅執銳 伐無道 誅暴秦 復立楚國之社稷 功宜爲王.『史記·陳涉世家』

장군께서는 몸에 견고한 갑옷을 입고 예리한 무기를 들고서 무도함을 치고 포악한 秦나라를 베어 다시 楚나라의 사직을 세우셨으니 공은 왕이 되심이 마땅합니다.

능원류 어휘의 다른 동사·형용사류와의 구별점은 기본적으로 의미상의 차이에 있음에 유의하여야 한다.

다음은 다른 술어의 목적어로 쓰인 예이다.[141]

君子病無能[142]焉 不病人之不己知也.『論語·衛靈公』

군자는 잘하는 것이 없는 것[잘함이 없음 →능력이 없음]을 괴로워하지 남이 자기를 알아주지 않는 것을 괴로워하지 않는다.

---

141) 이것도 능원류의 어휘를 조동사로 볼 수 없는 이유의 하나이다.

142) '能'을 '능력'을 뜻하는 명사로 여겨 여러 품사를 부여하려는 사람도 있을 것이나, 고대한어의 품사성에 비추어 볼 때 동일한 단어의 품사를 여럿으로 나눔으로써 문법 특징을 설명하려하는 것은 이 언어의 실상과 부합되지 않는다. 지금까지의 고대한어 품사 분류에 한계가 있음을 알게 해주는 예의 하나이다.

4) 유의할 동사의 쓰임 : 전치사[介詞]나 접속사[連詞]로 분류해 온 무리

이 책에는 전치사[介詞]와 접속사[連詞]가 없다. 종래 전치사와 접속사에 넣었던 어휘들은 대부분 實詞이다. '於(于)'와 '而'는 助詞이다.

(1) 전치사[介詞] · 접속사[連詞] 규정의 성격

종전의 분류에 따르면 虛詞의 一類인 전치사는 動詞의 경우처럼 目的語[賓語]를 수반하여 '前置詞[介詞]＋目的語'의 이른바 前置詞句[介詞詞組](＝前目句[介賓詞組])를 설정한다. 이는 말할 것도 없이 전통 영문법에서 '전치사＋목적어'로 구성된 전치사구 형태를 찾는 데서 비롯되었다. 漢語의 특징과 맞지 않는 부분이므로 이 책에서는 이를 바로잡는다.

영문법에 맞추어 '於(于)[乎]' · '爲' · '以' · '與' · '由' · '自' · '至' 등을 古代漢語의 대표적인 전치사로 여겨왔었다. 古代漢語에서 전치사에 속하는 어휘의 영역을 넓히려는 사람들도 있다. 이것들 대부분이 과거에 동사로 쓰였거나 동시에 동사로 쓰이고 있다는 관점을 가진 데서 비롯된 혼란이다. 그래서 動詞에 귀속시킬 것이냐 전치사에 귀속시킬 것이냐의 기준도 명확하지 못한 채로 상당수의 동사를 전치사 속에 더 밀어 넣는 분류 행위가 있게 된 것이다. 이들 어휘의 본래의 쓰임에 근거해서 새로운 품사성 부여(품사 판별)의 관점을 마련해야 하는 이유는 주로 여기에 있다.

종전의 기술에 의하면, 前目[介賓]構造[143]는 文章 중에서 술어의 뒤나 술어

---

143) 종래 '介詞(전치사)'는 각종 單語(주로 名詞 · 代詞) 또는 각종 句[聯合句 · 修飾句 · 述目句 · 主述句 · '所'字句 · '者'字句] 앞에 놓여 '介賓句(前目句)'를 구성함으로써 文章 중에서 일정한 기능을 하는 것으로 기술해 왔다. 이때 '介詞'의 '빈어(目的語)'는 '개빈구(전목구)'의 앞 또는 뒤에 있는 動詞 · 形容詞와 관련되는 場所 · 時間 · 代替 · 理由 및 原因 · 目的 · 道具 및 手段

의 앞에 놓이며, 앞에 놓인 경우는 副詞語로 뒤에 놓이는 경우는 補語로 간주
한다. '昔者吾舅死於虎'·'以若所爲求若所欲'·'由此觀之'·'其劍自舟中墜于水'
중에서 '於虎'·'于水'는 補語로, '以若所爲'·'由此'·'自舟中'은 부사어로 분별
하는 것이 그것이다.

　전치사설의 내용을 보면, 英語의 다수의 전치사 기능을 '以·爲·與·由·
自·至' 등의 기능으로 그럴 듯하게 나누어 배당한다. 이것들은 動詞에 근원을
두고 있다고 보는 것들인데 동사에도 속해 있다. 동사에 근원을 두지 않은 '於
(于)'는 반대로 英語의 거의 모든 전치사의 기능을 다 갖는 것으로 기술된다.
하나의 전치사가 서로 다른 수많은 기능을 갖는다는 것은 전치사의 기능이 없
다는 것이나 다름없다. 설정된 전치사 수에 있어서는 영어의 전치사보다 훨씬
적은데도 서로 기능이 같다고 묘사된 예가 적지 않다.

　전치사로서 '이러이러한 기능을 가진다'는 기술은 더 이상 설득력이 없다. 앞
뒤에 쓰인 어휘들 간의 의미의 상관에 의하여 파악하여야 한다. 예컨대, 본시
전치사라고 여긴 '於(于)'의 경우, '於(于)' 전후 성분의 통사 관계는 이것이 쓰
이지 않은 述目構造의 경우와 똑같다. '乎'는 조사와 전치사 양쪽에 두고 전치
사의 경우는 기능이 '於(于)'와 같다고 여기나, '乎'도 어느 경우이건 조사일 따
름이다. '於(于)'와 기능이 다르다. 그리고 동사에 근원을 두고 있다고 보아온
나머지 전치사들은 동사와 전치사 양쪽에 들어 있는데 그 경계가 아주 모호하
다. 지금까지 아무도 이를 명확하게 구분하지 못하였다.

　그럼에도 불구하고 전치사라는 품사의 갈래[詞類]를 설정하고, 여기에 귀속
시킨 각 單語의 기능을 영어의 전치사의 기능에 대응시키려 한 것이다. 동사에

또는 依據·對象·範圍·被動·方位·比較·引率·身分 등을 이끈다(또는 나타낸다)고 설명
한다. 그러나 그렇지 않다. 이들 각종의 의미와 관계는 순전히 뒤에 놓이는 실사 부분의 의미
와 뒤따르는 다른 술어의 의미가 결합함으로써 드러나기도 하며, 대부분 실사인 관계로 이것
들 자체의 의미에 의해서 이러한 의미가 구현되기도 한다.

근원을 두었다고 한 것들은 그것의 실질적인 의미에 바탕을 두고 '술+목'관계
의 의미에 의거하여 성격을 파악해야 한다.

　심지어 어떤 단어는 전치사뿐만 아니라 동시에 접속사에도 귀속시키고 있
다. 이것도 영문법을 모방한 데서 비롯되었다고 여긴다. 즉, 英語의 전치사·
접속사 각각의 기능에 얽매여 일부 어휘를 그것들과 동일시하기에 급급한 데
주된 원인이 있다.

　고대한어에서 이렇게 설정한 '前目句[介賓句]'의 통사상의 기능이 '述目句'의
일부 기능(부사어 기능)과 일치한다는 사실도 간과하였다. 또 실사 간의 결합에
서 어떠한 형식의 句이든 주어·목적어·술어가 될 수 있음을 강조하면서도,
전치사와 접속사를 구분함에 있어서는 동일한 단어에 대하여 주술구 앞의 놓
이는 것은 접속사로 처리하는 우스운 서술이 보편화되어 있다. 이는 바로 이런
단어들이 實詞라는 사실을 간과하지 못해서 생긴 오류이다.[144]

　접속사설의 내용 또한 영어의 접속어, 특히 주로 접속사에 대응한 설정과 분
류의 성격을 띤다. 고대한어에서 통사 관계는 특정의 접속사에 의존하는 것이
아니라, 기본적으로 단어의 실질적인 의미와 문맥에 의한다. '而'·'與'·'如'·
'然'·'爲'·'但'·'雖'·'且'·'況'·'則'·'故'·'斯'·'於是'·'是故' 등이 대표적인
것들이다.

---

144) '介詞(전치사)'로 분류한 어휘들과 관련된 모순적인 서술은 한두 가지가 아니다. 똑같이 '개
　사'로 분류하고서도 '於(于)'가 없으면 이것이 생략되었다 하고, '以'·'爲' 등에 대해서는 그것
　의 목적어가 생략되었다고 한다. 관계 또는 의미 변별의 기능을 갖는다는 '개사'가 생략된
　채로 여러 가지 관계나 의미를 나타낼 수 있으며, 다른 한편으로는 실질적인 의미가 없다는
　허사만 남고 실사가 생략될 수 있겠는가? 같은 '개사'인데도 '於(于)'와 여타의 것이 서로 상반
　된 양상을 보인다는 것은 전혀 체계가 맞지 않는 기술이다.
　　動詞에 근원을 두고 있다고 여긴 '개사'들이 구성하는 '개빈구'(전치사구)가 述語의 앞에
　놓여 副詞語가 되는 형식에서 이것의 목적어가 생략되고 虛詞인 '개사'만 남아서 虛詞 단독으
　로 '실질적인 의미를 지니는' 副詞語가 된다는 것은 虛實論상의 중대한 모순이다. 이는 순전
　히 전후 맥락에 따라 그것의 目的語를 생략할 수 있는 實詞(動詞)의 성질에 속한다.

'而'는 전치사 '於(于)'의 경우처럼 영어에서 다수의 접속어가 지니는 기능을 두루 가지고 있는 것으로 묘사된다. 서로 상반되는 순접(병렬·선후 등)과 전환 (역접) 관계뿐만 아니라 서로 다른 여러 기능을 가진다고 묘사한다. 이는 '而'에 문맥 관계 표시 기능이 없다는 것이나 다름없는 설명이다. '而' 이외의 말들이 나타내는 문맥 관계를 '而'의 기능이라고 한 것이다.

'與'는 동사와 전치사에도 귀속시킨다. 그런데 여전히 이들 간에 의미의 상관이 있다. 이것의 기능 역시 전후하여 쓰인 말들의 의미의 상관에 의거하여 나누고 있다.

'如'는 동사에도 귀속시킨다. 문맥이 가정·조건인 경우에 대하여 접속사로 여기고 있다.

'然'의 전환[轉折] 기능은 '而'에도 있다고 말한다.

'爲'도 동사와 전치사에 함께 귀속시켜 왔다.

'但'은 부사에도 드는데, 그 구별점이 모호하다. '雖'·'且'·'況'·'則'은 부사로서 접속 관계를 돕는 준접속어이지 전문적인 접속사라고 할 수 없는 것들이다. 문장 성분상 부사어이다.

'故'는 명사에도 드는데 의미의 차이가 없다. 명사 부사어로 쓰인 경우를 접속사로 여겼던 것이다.

'斯'가 부사어로 쓰인 경우를 접속사라고 하고 있다. 대사 그대로이다.

하나의 단어에 둘 이상의 품사를 부여함으로써 동일한 음성 표지를 여러 개의 단어로 만들어 버린 나머지, 동일한 관계를 나타내는 데 두 가지 이상의 접속사가 존재하는 결과까지 초래하고 말았다.

'於是' 같은 것은 대사 '是' 앞에 강조 기능을 갖는 어기조사 '於(于)'가 놓인 경우이고, '是故' 같은 것은 '대사+명사'로 분석되는 修飾 關係의 句이다.

(2) 전치사와 접속사를 취소하고 다른 품사에 귀속시킴

요점은 앞에서 총괄한 바와 같다.

전치사로 여겨온 것들의 경우, '於(于)'·'乎'는 각기 기능이 다른 조사이며, 나머지는 모두 의미상 동사에 속한다. 이들 동사는 연접되는 다른 술어의 앞에 놓이면 문장 성분상 부사어가 된다. 이때 목적어를 수반하는 경우가 많으며, 수반하지 않은 경우도 있다. 다른 술어 앞에 놓여 목적어를 수반할 때, 다른 동사와 마찬가지로 각종 單語나 句를 목적어로 취한다. 단독으로 쓰이거나 다른 술어 뒤에 놓이면 핵심 술어가 된다.

접속사로 여겨온 것들의 경우, '而'는 조사이고, '與'·'如'·'然'·'爲' 등은 동사이며, '但'·'雖'·'且'·'況'·'則' 등은 부사이다. '故'는 명사이다. '斯'는 대사이다.

전치사로 규정해 왔던 것부터 쓰임을 살펴보자.

• 다음은 다른 술어 앞에 놓여 부사어가 되는 예들이다.

以德報怨 何如? 『論語·先進』
덕으로 원한을 갚는다면[갚는 것은] 무엇과 같습니까[→어떻습니까]?

爲人謀而不忠乎? 『論語·學而』
사람[남]을 위하여 일을 꾀함에 정성스럽지 않았는가?

禮義由賢者出. 『孟子·梁惠王下』
禮와 義는 어짊으로 말미암아[어짊을 통해서] 나왔습니다.

• 다음은 목적어가 나타나지 않은 채로 부사어가 되는 경우이다.

行有餘力 則以學文. 『論語·學而』
행하고 남은 힘이 있으면 곧 그것으로 글을 배우는 것이다[=배우라].

• 다음은 다른 술어 뒤에 오는 경우이다.[145] 단독으로 쓰이는 경우와 마찬가

지로 핵심 술어가 된다.

　及宋, 宋襄公贈之以馬二十乘. 『左傳·僖公二十三年』

송나라에 이르자, 宋나라 양공이 그에게 선물을 주었는데 말 20乘을 써서 했다[사용했다].

　道千乘之國 敬事而信 節用而愛人 使民以時. 『論語·學而』

천승의 나라를 인도함[다스림]에는 일을 공경스럽게 하여 미덥고, 씀씀이를 절약하여 사람을 아끼며, 백성들에게 일을 시킴[백성을 부림]에는 제때를 써서 하는 것이다[=해야 한다].

　• 다음은 다른 술어의 연접이 없이 목적어를 수반하여 단독으로 술어가 되는 예이다. 의미상의 동사인 '以' 쓰임의 기본 출발점이다.

　三代之得天下也以仁, 其失天下也以不仁. 『孟子·離婁上』

[夏殷周] 3대가 천하를 얻음에는 仁을 써서[仁을 가지고, 仁으로써] 하였으며[→仁으로써였으며], 그 나라들이 천하를 잃음에는 不仁을 써서 하였다[→不仁으로써였다].

　• '以' 또는 이것이 이끄는 句가 다른 동사의 목적어로 쓰이기도 하는데 이에 대해서도 오해가 많았던 것 같다. 이 형식은 앞에서 '有(無)＋목적어{以[술어1]＋술어2~}'의 구조임을 설명하였다. '有(無)' 외에 다른 술어, 예컨대 '欲'·'可' 뒤의 '{以[술어1]＋술어2~}'도 그것의 목적어이다.

(3) 단어별 용례 분석

① 爲

가. 聲調가 平聲인 경우

平聲인 경우는 본시 대부분 동사로만 여겨왔다. 그 의미의 갈래를 저마다

---

145) 종래 '以＋목적어'가 다른 술어 앞에 놓이건 뒤에 놓이건 '전치사＋목적어'로 여긴 나머지 문장 성분상으로는 부사어와 보어로 나누어 규정하고서도 의미에는 차이가 없는 것으로 기술하고 말았다.

다르게 인식하고 있다.

이 '爲'는 '判斷'('이다', '되다')이나 '稱謂'('~라고 하다')를 비롯하여 '하다', '만들다' 등으로 번역되는 의미를 지닌다. 現代漢語나 다른 언어로 문맥상의 의미를 해석하면 종류가 크게 달라진다. 그러나 대체로 '하다'류 하나로 관통했던 것 같다. 말하자면 '하다'類라고 할 만하다. '하다'에 '~라고 하다'·'이다'·'되다'·'행하다'·'여기다'·'만들다' 등이 다 포괄되었던 것이다. 다른 많은 동사들이 그렇듯이 아직 의미 분화가 되지 않은 포괄적인 쓰임을 가지는데, 후대의 언어에 의해 이해하고 풀이하는 바람에 그 뜻이 여러 가지인 양 서술되고, 급기야는 시간이 흐름에 따라 점차 불어나는 추세를 보인다.

子游爲武城宰. 『論語·雍也』
자유가 무성의 재상이 되었다.[←재상 [노릇]을 하다]

高岸爲谷, 深谷爲陵. 『詩經·小雅·節南山之什·十月之交』
높은 언덕은 골이 되고, 깊은 계곡은 산이 되네.

唯天爲大, 唯堯則之. 『論語·泰伯』
오직 하늘만이 큰 것이 되는데, 오직 요임금만이 그것을 본받았다[법 삼았다].

氷 水爲之 而寒於水. 『荀子·勸學』
얼음은 물이 그것이 되었지만 물보다 차갑다.

爲國以禮, 其言不讓, 是故哂之. 『論語·先進』
나라를 다스림[나라를 위해 일을 함]에는 예를 써서[예로써] 하는 것인데, 그의 말이 겸손하지 않았다. 이런 까닭으로 그를 비웃었다.

衛君待子而爲政, 子將奚先? 『論語·子路』
위나라 군주가 선생님을 대우하여 정치를 하게 한다면, 선생님은 장차 무엇을 먼저 하시겠습니까?

有爲神農之言者許行, 自楚之滕. 『孟子·滕文公上』
신농씨의 말을 행하는 허행이[허행이라는 사람이] 있었는데, 초나라에서 등나라로 갔습니다.

散木也以爲舟則沉 以爲棺槨則速腐. 『莊子·人間世』

산목은 그것을 가지고 배를 만들면 곧 가라앉고 그것을 가지고 관곽을 만들면 곧 속히 썩는다.

爲壇而盟 祭以尉首. 『史記·陳涉世家』

단을 만들어서 맹세하고 제를 지냄에 위[관직명]의 머리를 써서 했다.

平聲의 경우에도 전치사로 보아온 다음과 같은 예가 있다.146)

爲其來也, 臣請縛一人過王而行. 『晏子春秋·內篇雜下』

그가 오게 되면[→올 때], 신들이 한 사람을 묶어가지고 왕 앞을 지나가게 하겠습니다.

이 '爲'가 시간을 나타내는 전치사로서 '於(于)'와 같다는 것이다. 이는 전치사를 설정한 폐해의 하나이다. '爲'는 '其來'(그가 오다 : 주술구)를 받는 동사이며 '되다'를 뜻한다. '그가 오게 되다'를 뜻한다.

나. 聲調가 去聲인 경우147)

이것이 구성하는 述目句가 다른 술어 앞에 놓이면 副詞語가 된다.

주로 '위하다'[→대하다]·'때문이다' 등으로 번역할 수 있다. 본질적으로 구분할 수 없는 것이지만 뒤에 오는 목적어의 의미와 문맥에 의거하여 이 둘로 나누어 보기로 한다.

다음 예들은 목적어가 對象을 나타내는 경우로서 '위하다[대신하다]', '대하다' 등으로 번역할 수 있다.

---

146) 受動[被動]의 의미를 나타내는 전치사로 여기기도 하였다. 이는 뒤의 '주의할 의미 전달의 방식 : 受動[被動]' 항에서 '동사+목적어'의 구조임을 확인하도록 설명하였다.

147) 지금까지 去聲의 '爲'를 전치사로 여겨왔다. 그러나 동사나 동사성의 구는 의미가 통해지면 언제든지 부사어가 될 수 있다. 그러므로 '爲+목적어'를 '전치사구(介詞詞組)[=介賓詞組(전목구)]'로 보아야 할 이유가 없다.

庖丁爲文惠君解牛. 『莊子·養生主』

포정이 문혜군을 위하여 소를 발랐다[해부했다].

爲人謀而不忠乎? 『論語·學而』

남을 위해 일을 꾀함에 정성스럽지 않았는가?

誰爲大王爲此計者? 『史記·項羽本紀』

누가 대왕을 위하여[대신하여] 이 일을 꾀할 사람입니까?

吾將與楚人戰, 彼衆我寡, 爲之奈何? 『韓非子·難一』

내가 장차 초나라 사람들과 더불어 싸우려고 하는데, 저들 무리는 많고 나는 적으니, 그것을[에 대하여] 어떻게 해야 되겠소?

다음 예문에는 목적어를 취하여 단독 술어가 되는 경우와 다른 술어의 앞에서 부사어가 되는 경우가 함께 들어있다.

我楚國之爲, 其爲一人行也? 『左傳·襄公二十八年』

우리가 [가는 것은] 초나라를 위해서이지[때문이지], [거] [왕] 한 사람을 위해서[때문에] 가겠습니까?

앞의 '楚國之爲'는 '爲楚國'(초나라를 위하다)의 도치로 여겨왔다. '之'는 강조의 어기조사이다. 이렇게 보면 목적어를 강조한다. 그런데 '주어＋술이'의 결합으로 볼 수도 있다. 주어와 술어 간에 受動 의미가 성립하면서 '초나라가 위해지다'(나는 초나라가 위해지는 것이지)[→초나라를 위하다]가 될 것이다. 어느 경우이건 '之'는 강조의 語氣조사이다. 뒷부분은 '爲一人＋行' 중의 述目句 '爲一人'이 '行'을 수식하는 부사어가 된다.

핵심은 '爲'가 去聲의 경우에도 實詞라는 사실이다.

다음 예들은 목적어가 原因·理由를 나타내는 경우로서 '때문이다' 등으로 번역할 수 있다.

天行有常 不爲堯存 不爲桀亡. 『荀子·天論』

하늘의 운행에는 상도[항상성]가 있어서 堯 때문에 존재하지도 않으며 桀 때문에 없어지지도 않는다.

十餘萬人皆入睢水, 睢水爲之不流. 『史記·項羽本紀』

십여만 명이 모두 수수[강 이름]로 들어가니, 수수가 그것 때문에 흐르지 않았다.

今戰而勝之, 齊之半可得, 何爲止? 『史記·淮陰侯列傳』

지금 싸워서 그를 이기면 제의 반은 얻을 수가 있는데 무엇 때문에 그만두십니까?

"天行有常 不爲堯存 不爲桀亡."과 같은 예는 '堯를 위하여'·'桀을 위하여'로 보아도 무방하다. '何爲'도 '무엇을 위하여'로 이해해도 마찬가지이다. '위하다' 와 '때문이다'가 목적어의 의미와 우선적으로 상관이 있기도 하지만, 문맥에 의 한 논리상의 구분임을 알 수 있다. 이 '爲'를 둘로 나눌 의미조차 없음을 보인다.

다음 예들은 똑같이 理由·原因를 나타내는데도 접속사로 여겨온 경우이다.

爲其老, 强忍下取履. 『史記·留侯世家』

그가 늙었기에[←늙은 것(늙음)이 되기에][→늙었기 때문에] 억지로 참고 내려가서 신발을 가져다 주었다.

爲是其智弗若與? 『孟子·告子上』

이것이 그의 지혜가 같지 못한 것이 되겠는가[→못한 때문인가]?

하나의 단어에 대하여 동사 외에 전치사나 접속사 또는 전치사와 접속사를 동시에 부여하는 바람에 이러한 혼란이 있게 되었다. 더구나 위의 예들은 去聲 이 아니라 平聲이다. 전치사로 보아온 경우와는 글자만 같지 모두 동사임에도 성조를 달리하여 의미가 서로 다른 단어이다. '爲＋其老'와 '爲＋是其智弗若' 은 다 같이 술목구조이다. 앞의 '爲其來'와 마찬가지로 '爲＋목적어' 구조로서 '~함이[하게] 되다'가 된다. 문맥에 따라 결과적으로 시간과 관계가 있거나, 이 유·원인과 관계가 있을 따름이다.

위의 예들은 '爲'의 목적어가 되는 부분이 主述構造로 되어 있어서 여기에서는 英語에서와 같이 節로 여기고 'because'에 대응시킨 때문인 듯하다. 이는 漢語에서는 主述構造도 여전히 다섯 가지 기본 통사구조를 이루는 句의 한 가지로서 단어와 마찬가지로 동사의 목적어가 된다고 한 것과도 모순된다. 더구나 "爲是其智弗若與?"는 '爲'를 접속사로 여김에 따라 접속사가 이끄는 절이 술어가 되는 기이한 결과를 낳고 말았다. 이 문장에서의 '爲'는 핵심 술어이다. 어느 경우이건 동사이다.

② 以

'以'가 단독으로 술어의 핵심이 되는 예들을 먼저 보기로 한다.

三代之得天下也 以仁, 其失天下也 以不仁.『孟子·離婁上』

[夏殷周] 3대가 천하를 얻음에는 仁을 써서[仁을 가지고, 仁으로써] 하였으며[→仁으로써였으며], 그 나라들이 천하를 잃음에는 不仁을 써서 하였다[→不仁으로써였다].

吾所以爲此者 以先國家之急而後私讎也.『史記·廉頗藺相如列傳』

내가 이렇게 하는 바는 국가의 위급함을 우선시하고 사사로운 원한 관계를 뒤로 함으로써입니다.

종래 '以先國家之急而後私讎'의 '以'조차도 위의 '爲'와 같이 'because'에 대응시켜 접속사로 여겼다. 그래서 '吾所以爲此'라는 주어에 대하여 역시 접속사 절이 술어가 되는 기이한 문법을 낳았던 것이다. 이 경우 '以'의 목적어가 다소 길 뿐, 평범한 술목구조의 하나이다. '先國家之急而後私讎'는 동사 '以'의 목적어이고 '以'는 동사성의 핵심 술어이다. '때문이다'로 통석하는 것은 결과적인 문맥에 의한 것이다. 그러므로 접속사로 여긴 것은 문맥을 한 단어의 기능으로 오인한 것에 해당한다. 고대한어에서 주어든 목적어든 실사류 單語의 종류와 句의 종류를 가리지 않는다. '以'의 목적어가 필요에 따라 '仁'·'不仁'보다 많은

수의 어휘로 구성되었을 뿐이다. '以'라는 단일의 음성이 동사도 되고 접속사도 될 수 있는 것이 결코 아니다. 품사 분류를 하는 바에는 구조상으로도 '以'가 술어라야 이 문장은 성립한다. 그러므로 實詞이다.

• '以'가 구성하는 述目句가 다른 술어 뒤에 놓이면 핵심 술부가 된다.

爲國以禮. 『論語·先進』
나라를 다스림에 예로써 하다.[→예로써 나라를 다스리다]

道千乘之國 敬事而信 節用而愛人 使民以時. 『論語·學而』
천승의 나라를 인도함[다스림]에는 일을 공경스럽게 하여 미덥고, 씀씀이를 절약하여 사람을 아끼며, 백성들에게 일을 시킴[백성을 부림]에는 제때를 써서 하는 것이다[해야 한다].

及宋, 宋襄公贈之以馬二十乘. 『左傳·僖公二十三年』
송나라에 이르자, 宋나라 양공이 그에게 선물을 주었는데 말 20乘을 써서 했다[사용했다].

이처럼 뒤에 놓이면 보어라고 했었다. 다른 술어의 앞에 놓이는 경우와 의미는 같다는 것이다. 결코 그렇지 않다. 형태 표지가 없는 고대한어에서 어순은 매우 중요하다. 어순이 같아도 의미상의 통사 관계가 다를 수 있을 정도로 형태가 거의 없고 형태의 변화 또한 없다.

다른 술어의 앞에 놓이는 경우와는 어순에 따라 語義의 초점에도 차이가 있는 것이다.

• '以'가 구성하는 述目句가 다른 술어 앞에 놓이면 副詞語가 된다.

以戈逐子犯. 『左傳·僖公二十三年』
창을 가지고[→창으로] 자범을 쫓았다.

以五十步笑百步 則何如? 『孟子·梁惠王上』
오십 보를 가지고[→오십 보로] 백 보를 비웃는다면 곧 무엇과 같겠습니까[→어떻겠습니까]?

以子之矛陷子之盾, 何如? 『韓非子·難勢』

당신의 창을 가지고[→창으로] 당신의 방패를 뚫으면 무엇과 같겠는가[어떻게 되겠는가]?

以一服八何以異於鄒敵楚哉?! 『孟子·梁惠王上』

하나를 가지고 여덟을 복종시키려 하는 것이[복종시키려 한다면] 무엇을 가지고[→무엇으로→어떻게] 추나라가 초나라를 대적하는 것과 다르겠는지요?!

君子不以言擧人 不以人廢言. 『論語·衛靈公』

군자는 말을 가지고[→말 때문에] 사람을 천거하지도 않으며, 사람을 가지고[→사람 때문에] 말을 버리지도 않는다.

廉頗以勇氣聞於諸侯. 『史記·廉頗藺相如列傳』

염파는 용기로써[용기가 있다는 것을 가지고 →용기 때문에] 제후들에게 이름이 알려졌다.

文以五月五日生. 『史記·孟嘗君列傳』

田文[맹상군]은 5월 5일을 [생일로] 가지고[→5월 5일에] 태어났다.

齊使者如梁, 孫臏以刑徒陰見. 『史記·孫子吳起如列傳』

제의 사자가 양으로 가자 손빈이 형도를[형도의 신분을] 가지고[→형도로서] 은밀히 만났다.

宮之奇以其族行. 『左傳·僖公五年』

궁지기는 그의 가족을 데리고[←가지고] 갔다.

老臣以媼爲長安君計短也. 『戰國策·趙策』

노신[저]은 마마를 가지고서[→마마를] 장안군을 위해서 헤아리심이 짧나고 생각합니다.

曾子以斯言告于子游. 『禮記·檀弓』

증자가 이 말을 가지고(써서)[→을] 자유에게 알렸다.

뒤따르는 목적어의 의미 내용에 따라 여러 가지로 번역될 수 있으나, '以'는 언제나 공통되게 '쓰다(사용하다), 써서(사용해서) 하다'는 의미 하나로 관통한 다. '가지다, 지니다' 등등으로 번역하고 이해하는 것은 지금의 한국어나 현대 한어(현대중국어) 등에 의해 이해하는 방식일 따름이다. 전치사·접속사에 배당 하여 '~(으)로, 가지고'나 '때문이다'로 번역하는 것도 마찬가지이다.

더 나아가 行爲의 道具·手段 및 依據, 理由나 原因, 時間, 身分, 직접목적
어의 전치 등 갖가지 기능을 '以'가 다 가진다고 한 것은 전적으로 착각이다.
'以'가 이들 서로 다른 여러 기능을 갖는 것이 아니라, 목적어가 지니는 의미에
의하여 이들 여러 문맥 관계가 드러날 따름이다. 하나의 전치사가 상이한 여러
가지 기능을 가지며, 더구나 왕왕 전치사들 간에 기능이 서로 겹치는 것은, 이
렇게 나눈 기능들이 전치사의 기능이 아님을 역설적으로 말해준다. 영어의 다
수의 전치사나 한국어의 다수의 조사(후치사)가 분담하는 기능을 '以' 하나가
다 가지고 있다고 여기는 것이나 다름없다.

• 다음 예를 보자.

以相如功大 拜爲上卿. 『史記·廉頗藺相如列傳』
相如가 공이 크다는 것을 가지고[→공이 컸기 때문에] 上卿에 제수하였다[되었다].

"以相如功大 拜爲上卿." 중의 '以相如功大'가 문맥상 '相如가 공이 컸기 때
문에'를 뜻한다. 이를 가지고 '以'를 접속사로 여겼다. 똑같이 이유를 나타내
는 문맥임에도 "廉頗以勇氣聞於諸侯." 중의 '以勇氣'는 전치사로 여겼다. 똑
같이 술목구조일 따름이다. 뒤에 오는 말이 '주술구'라고 해서 접속사가 되겠는
가? 앞의 "吾所以爲此者 以先國家之急而後私讎也."와 마찬가지로 '句'를 목적
어로 취하였는데, 이 목적어가 '주어+술어'의 형식인 것을 가지고 영어에서
'節'을 이끄는 'because'에 연관 지어 고대한어 '주술구'의 공통된 쓰임을 곡해
하였다. '以'가 이끄는 '주어+술어'도 句의 지위를 갖는다. 이것이 앞에 오건
뒤에 오건 똑같이 동사이다. 앞에 놓으면 '以'가 이끄는 句가 문장 성분상 뒤의
술어에 대하여 부사어가 되는 것이며, 뒤에 놓으면 핵심 술어가 될 따름이다.
　述目句는 핵심 술부가 되기도 하지만 다른 술부 앞에 놓으면 의미 관계에
따라 副詞語가 된다는 것은 주지의 사실이다. '以'가 이끄는 술목구도 마찬가

지이다. 실사류의 품사를 나누기로 할 때, 이처럼 '以'는 어느 경우이건 동사
이다.

　• 다른 동사의 경우도 목적어가 나타나지 않는 예가 많지만, '以'는 특히 의
미상의 목적어가 나타나지 않는 경우가 많다.

　行有餘力則以學文. 『論語·學而』
　행하고 남은 힘이 있으면 곧 그것을 가지고[→그것으로] 글을 배우는 것이다.

다음 예들은 수식 관계에서 앞말이 수식어임을 나타낸다고 하여 접속사로
처리한 '而'의 기능의 하나로 여긴 것들이다. 이 경우는 접속사로서 '而'와 같다는
것이었다.

　虜魏太子申以歸. 『史記·孫子吳起列傳』
　위나라의 태자 申을 사로잡아서 그래 가지고 돌아왔다.

　倚柱以笑　箕踞以罵. 『史記·刺客列傳』
　기둥에 의지하여 그래 가지고 비웃고, 키처럼 쪼그리고 앉아 그래 가지고 욕을 했다.

　秦王大喜　傳以示美人及左右. 『史記·廉頗藺相如列傳』
　진왕이 크게 기뻐하며 [그것을→벽옥을] 전하여 그렇게 해서 미인들에게 보여주고 좌우 신하들에
　게까지 미치게 했다.

그렇지 않다. 결코 수식 관계를 나타내는 접속사가 아니다. 쓰임이 위의 "行
有餘力則以學文." 중의 '以'와 똑같다. 앞말을 가리키는 목적어가 나타나 있지
않을 따름이다. '以' 다음에 각각 '虜魏太子申'과 '倚柱'·'箕踞' 및 '傳'을 가리
키는 대사 '之'를 넣을 수도 있겠으나, 그렇게 하지 않았다. 앞에 나와 있으므
로 다시 추스릴 생각이 없다면 굳이 반복할 필요가 없는 것이다. 문맥상 '以'는
각각 '虜魏太子申'을 '가지고[←써서]', '倚柱'를 '가지고[←써서]', '箕踞'를 '가지

고[←써서]', '傳'을 '가지고[←써서]'를 나타낸다. 즉, '그것을 가지고[→그렇게 해 가지고(그렇게 해서, 그래 가지고)'를 뜻한다. 한국어로 이렇게 해석하면 중복되는 것 같고 어색하여 흔히 '以'에 대한 번역을 생략한다. 現代漢語의 '用來'가 이러한 '以'의 쓰임과 흡사하다. 번역도 마찬가지이다.

• '以'는 놀랍게도 명사에까지 귀속시켜 놓았었다.

何其久也? 必有以也. 『詩經·邶風·旄丘』
뭐로[어째서] 거 오래 걸리는가? 필시 까닭[←써서 할 것]이 있을 것이다.

문맥으로 보아 궁극적으로 '까닭(이유)'을 나타낸다. 현대한어에는 이러한 쓰임이 없으니 명사로 여길 만도 하다. 고대한어의 모든 의미상의 동사나 동사성의 구의 쓰임을 통하여 술어 외에 얼마든지 목적어나 주어가 될 수 있음이 확인된다. 이를 알면서 '以'를 명사라고 하는 것은 현대의 언어로 이해하기 위한 방편일 따름이다. '쓸 것(쓸 데, 써서 할 데)'을 뜻하는데 이 경우는 문맥으로 인하여 '쓸모' 내지 '까닭'이 되는 것인데 이를 가지고 '명사'로 규정한 것이다.[148] 동사로 여기면 '以'의 일관된 의미가 설명된다. 허사(전치사·접속사)로 보았던 것을 동사로 보는 경우와 마찬가지 이치이다.

다음 예를 보자.

無以, 則王乎? 『孟子·梁惠王上』
쓸 것[→써서 이야기할 것][←왕과 제가 이야기함에 쓸 것]이 없으시다면, 곧 왕 노릇 하는 것은요[것에 대해서는요][→왕 노릇 하는 것은 어떻겠습니까]?

---

148) 후대의 문장이지만, "古人秉燭夜遊良有以也."(『李白·春夜宴桃李園序』)를 명사 예로 많이 든다. "옛 사람들이 촛불을 잡고 밤에 놀았던 데는(논 것은) 진실로 쓸(써서 할) 데[→까닭]가 있어서였다."이다. '以'는 동사이며, '까닭(이유)'를 뜻하는 것은 문맥이다.

앞의 예와 똑같이 '以'가 '有'·'無'의 목적어로 쓰였는데, 왜 앞의 두 예는 '까닭'이라는 명사로 취급받고 뒤의 것은 그렇지 못한가? 똑같이 동사로서 의미도 같지만 뒤의 예는 문맥상 '까닭'을 가리키지 않은 경우인 것이다. 이는 고대한어의 동사성 단어가 명사성 단어뿐만 아니라 동사성·형용사성의 단어나 句를 가리지 않고 목적어로 취할 수 있다는 사실을 간과한 때문이라고 여긴다. 뜻풀이를 할 당시의 언어에는 이러한 쓰임이 보이지 않기 때문에 당시의 언어 습관과 이해 방식 또는 문법에 의거하여 풀이한 것이다. 따라서 자전이나 사전에서는 세월이 누적될수록 일정 시대의 어휘 의미항이 불어난다. '以'를 이처럼 인식하고 의사소통이 가능했겠는가?

궁극적으로 '以'는 하나의 품사로 꿸 수 있고, 실사이니 의미상의 방편적 품사 분류로는 동사에 귀속되나, 더 엄밀하게 말하면 동사·형용사·명사를 구분할 의미가 없는 것이 고대한어의 실상이라고 할 수 있다. 앞에서 고대한어 품사 분류의 의의를 말할 때 설명한 바와 같다.

• 문맥은 단어의 의미도 품사도 될 수 없다.

흔히 本義와 引伸義(擴張義)라는 말로 단어의 의미 변화를 설닝한다. 그런데 양자 간의 구분은 참으로 자의적이다. '引伸義'라는 용어는 시간의 흐름에 따른 단어의 의미 변화, 즉 의미의 확장을 가리키는 개념이지만, 대체로 개별 단어의 의미 확장을 판단하는 기준이 모호하다. 주로 직관에 의거하기 때문이며, 특히 앞 시기의 언어에 대해서는 뒤 시기의 언어로 관찰하기 때문이다.

후대에 앞 시기의 말을 그 당시의 말로 설명하기란 어려운 일이다. 그래서 철저하게 과거 어느 시기의 단어의 의미와 그에 따른 쓰임을 설명하지 못하고, 지금 사람들이 후대의 단어로 앞 시기의 단어 의미를 이해하기가 쉽다. 本義와 引伸義의 내용이 사람에 따라 다르게 파악되는 결과를 보인다.

의미의 확장은 실질적인 의미 범주 내에서 이루어지기도 하며, 소위 의미의 '虛化'에 의해 이루어지기도 한다.

'虛化'라는 개념은 넓은 의미에서 '문법화'를 의미하는 것으로 여겨지고 있다. 그런데 지금까지 '實'·'虛' 구분의 기준을 명확하게 제시한 사람은 없다. 宋代에 實·虛라는 개념이 등장한 이래 언어학적인 고찰도 용어의 개념 정립도 없이 쓰여 왔음을 보인다. 『馬氏文通』(馬建忠, 1898)에서 서구 언어 품사 구분을 古代漢語에 도입했을 때 이 개념을 이용하여 양분한 이래 일반화되었다. 그저 관념상 '실질적인 의미'를 지니느냐의 여부가 분별 기준이기 때문에 매우 추상적이다. 따라서 적용하는 방식이 저마다 자의적이다. 서구 언어의 분석틀에 맞추어 전치사·접속사를 설정하고 虛詞라고 규정하고는 있지만, 現代漢語에 이르기까지도 이들 부류는 다른 품사와의 경계 구분이 어려운 경우가 많다. 그 결과는 둘 또는 그 이상의 품사를 함께 지니는 것으로 묘사된다. 특히 실사와 허사의 양쪽에 모두 귀속되는 것이 많다. 實·虛 분별의 공통된 문법적 기준이 없으니 '代詞'도 허사라고 주장하는 사람까지 생겨났다. 副詞를 虛詞라고 하면서도 기능은 '수식'이라고 말하는 따위는 '實'·'虛'의 개념이 문법상 객관성을 확보하기 어려움을 단적으로 말해준다.

이처럼 實·虛의 구분은 저마다 자의적일 수밖에 없다. 언어유형론적 관점에서 문법화의 과정과 단계를 확인할 수는 있으나, 어디까지가 '實'이고 어디까지가 '虛'인가에 대한 문법적 기준은 그다지 명확하지 않다. 문법화의 과정에는 여러 단계가 있을 수 있다. 문법화에 여러 단계가 있음을 감안하면, 古代漢語에서 '實詞'의 '虛化'라는 개념으로 '實詞'와 '虛詞'를 나누는 이분법적 사고는 사실상 그다지 철저하지 못하다.

위에서의 '以'의 성격에 대한 설명은 '虛化'에 의한 의미 확장과 실질적인 의미 범주 내에서의 확장에 대한 인식을 동시에 해결하는 하나의 길이 될 것이다.

'於(于)'·'以'·'而'를 비롯한 여러 단어들을 전치사와 접속사에 단독으로 또는 중복하여 배당해 놓고, 제 각각 여러 가지 기능을 갖는다고 한 것은 이들 단어에 관통하는 공통된 의미를 파악하지 못하고 전후하여 쓰인 어휘들이 뜻하는 의미와 문맥이 나타내는 관계를 이것들이 나타낸다고 한 것에 다름 아니다. 또 실사로부터 허화된 허사로서의 기능이 아니라 실질적인 의미를 갖는 단어 자체가 뜻하는 의미와 문맥에 나타난 관계를, 허사로 잘못 인식한 나머지 전치사 내지 접속사로 여기고 말았다. 동사를 전치사나 접속사로 여긴 것이 그렇고, 부사로 여기면 될 것을 접속 관계를 나타내는 무리(관계부사)를 두고 있으면서도 접속사로 여긴 것이 그러하며, 명사나 대사가 부사어로 쓰여 문맥 관계를 두드러지게 한 것을 가지고 굳이 접속사라고 한 것이 그렇다.

접속사만이 접속 관계를 나타낼 수 있는 것이 아니고 다른 품사성을 지닌 어휘나 단어들의 조합도 접속 관계를 알게 해 준다는 사실을 간과한 채 일률적으로 접속사로 여긴 것이다.

• 품사 분화로 생겨났다는 고대한어 중의 전치사와 접속사 중에는 왜 現代漢語 중에 잔류하는 것이 드문가?

농사에서 명사로 분화되었든 원래 명사였든, 동사에서 전지사·섭속사로 허화되었든, 적어도 상당 부분은 현대에까지 그 쓰임이 남아 있어야 이치상 맞을 것 같은데 그렇지 못하다. 어느 시기에 사라졌거나 다른 어휘에 의해 대체되었을까? 그렇다면 그 이유는 무엇인가?

시기마다의 언어의 특징을 바르게 살피고자 한다면, 모름지기 음성(語音)과 의미의 결합이 본질인 언어의 특성을 중시하여 의사소통이 가능한 단어로서의 성격 규정이 우선되어야 한다. 그러기 위해서는 의미항 내지 기능항을 축소하는 관점에서 단어의 쓰임을 관찰하여야 한다.

• 중국어는 언어 계통상으로 고립어에 속한다. 서구 언어학에서 세계의 언어들을 그 특성에 따라 분류하는 유형론이 등장한 이후로 단어의 형태와 문법 관계 혹은 문법범주의 표현 방식에 따라 孤立語·膠着語(=添加語)·屈折語의 세 부류로 구분하게 되었다. 한국어·일본어·터키어 등에서와 같이 첨가되는 요소가 문법 관계를 나타내거나, 희랍어·라틴어를 비롯하여 그 후신인 프랑스어·이탈리아어·스페인어에서처럼 굴절하는 요소가 문법 관계를 나타내는 것과는 달리, 중국어는 단어의 형태가 변하지 않으면서 주로 어순에 의해 문법 관계가 결정되는 고립어적인 언어이다. 특히 고대한어는 형태와 형태의 변화가 결여되어 단어의 의미와 어순과 문맥을 핵심으로 한다는 강한 고립어적인 특성과 평행한 품사 인식이 필요하다. 문법범주에 있어서도 시제·격·수·태·상 등의 문법범주가 없거나 미미하지 않은가?

③ 與

'與'도 동사·전치사·접속사에 두루 귀속시켜 왔다. 그러나 '與' 또한 어느 경우이건 동사이다.

• '與'가 구성하는 述目句도 다른 술어 앞에 놓이면 副詞語가 된다. 역시 뒤따르는 목적어의 의미 내용과 문맥에 의하여 '與'의 구체적 의미는 여러 가지로 파악된다. 전치사로 여겼던 경우는 다음 예들에서 알 수 있듯이 그것의 목적어가 주로 對象을 나타낸다.

公與之乘. 『左傳·莊公十年』
公이 그와 더불어 탔다.

諸君子皆與驩言, 孟子獨不與驩言, 是簡驩也. 『孟子·離婁下』
여러 군자들이 다 환과 더불어 말을 했으나 내[맹자]는 혼자 그와 더불어 말을 하지 않는데, 이는 환을 대수롭지 않게 여겨서이다.

鄒人與楚人戰, 則王以爲孰勝?『孟子 · 梁惠王上』

추나라 사람이 초나라 사람과 더불어 싸운다면 곧 왕께서는 [그것을 가지고] 어느 쪽이[누가] 이기리라 여기십니까?

吾將與楚人戰, 彼衆我寡, 爲之奈何?『韓非子 · 難一』

내가 장차 초나라 사람들과 더불어 싸우려고 하는데 저들 무리는 많고 나는 적으니 그것을[에 대하여] 어떻게 해야 되겠소?

‘與’는 ‘더불다’, ‘더불어 하다(더불어 ~하다)’ 등을 기본 번역어로 삼을 수 있다. ‘與 + 목적어’가 부사어가 되므로 ‘~와[과] 더불어[→~와 함께, ~와 같이, ~와(과)]’ 등으로 번역되는 것이다.

다음 예를 보자.

吳王夫差 …… 遂與勾踐禽.『戰國策 · 秦策』

오왕 부차가 …… 마침내 구천에게 사로잡혔다[←구천에게 잡혀주게 되었다].

‘與’ 뒤의 ‘勾踐’은 ‘사로잡는’(禽 = 擒) 행위의 주체이다. 그래서 ‘禽’이 의미상 受動 의미로 번역된다. 이를 가지고 전치사 ‘與’가 행위자를 이끄는 전치사라고 여기기도 한다. 여기에시의 동사 ‘與’는 ‘수다’의 의미로 여겨진다. 즉, 이 문장에서는 ‘~에게 ~하여 주다(~해 주게 되다)’로 이해된다. 수동[피동] 의미는 문맥에 의해 나타난다.

‘주다’와 ‘더불다’의 의미 관계는 한국어로는 하나의 의미항으로 여기기가 어렵다. 그러나 당시 동사 의미의 포괄성을 고려하면 ‘주다’와 ‘더불다[→더불어 주다]’가 하나로 합쳐져 있었을 것 같다.

 • ‘與’를 접속사로 여긴 경우는 문맥상 연접되는 양쪽이 병렬 관계를 나타낸다고 여긴 것이며, 전치사로 여긴 경우는 이것이 이끄는 句와 뒤에 오는 술어

가 '次'(從)와 '主'의 관계(부사어로서 수식 관계)에 있다고 여긴 것이다.

子罕言利與命與仁.[149] 『論語·子罕』

선생님께서 利를 말씀하심에 命과 더불거나 仁과 더불어 하신 경우는 드물었다.

선생님께서는 利를 말씀하심에 命과 더불거나 仁과 더불어서는 드물게 하셨다. →드물게 利를 命과 더불거나 仁과 더불어서 말씀하셨다.

是以知天下之君子也辨義與不義之亂也. 『墨子·非攻』

이것을 가지고서 군자들이 의로움을 의롭지 않음과 더불어[의로움에 의롭지 않음을 더불어서] 분간함에 있어서의 혼란스러움을 알겠다.

접속사로 여기면 '利와 命과 仁을 드물게 말씀하시다'가 되는데, 이는 사리상으로도 맞지 않은 것 같다. 孔子께서는 '仁'을 가장 중시하시고 자주 말씀하셨기 때문이다. '利'와 배치되는 덕목이므로 함께 말하지는 않았다는 문맥일 것 같다. 그렇다면 동사로 여길 좋은 근거의 하나가 된다.

다음은 비교의 문맥에 쓰인 예이다.

與人刃我, 寧自刃. 『史記·魯仲連鄒陽列傳』

남이 나를 베는 것과 더불면[→더불어 비교한다면(남이 나를 베기보다는) 차라리 스스로 베겠다.

---

149) "선생님께서 利를 말씀하심에 命과 더불거나 仁과 더불어 하신 경우는 드물었다."로 번역하는 경우, '罕'+'言利與命與仁'을 술목구조로 여기는 데 가깝다. '罕'을 부사어로 보는 경우에 맞추어 번역한다면, "선생님께서는 드물게 利를 말씀하심에 命과 더불거나 仁과 더불어 하셨다." 또는 "선생님께서는 드물게 利를 命과 더불거나 仁과 더불어서 말씀하셨다."가 될 것이다. 어느 경우이든 '言利與命與仁' 중의 '言·與·與'는 차례로 술어1, 2, 3이 된다. 『論語·子罕』에서 비록 '命'을 말한 예는 드물지만 '利'나 '仁'을 드물게 말씀하신 것은 아니다. 특히 '仁'은 공자 사상의 중심으로서 자주 일컬어진다. 그래서 단순히 '利와 命과 仁'으로 볼 수 없는 문맥이기도 하다. 아마도 '利'는 '命'·'仁'과는 배치되는 덕목이어서 함께 말씀하지 않았음을 뜻하는 문맥인 것 같다. 비록 '~와 더불어'가 나타내는 문맥이 단순 병렬을 의미한다고 할지라도 '與'를 술어로 보아야지 접속사로 볼 수는 없다.

禮與其奢也寧儉. 喪與其易也寧戚. 『論語·八佾』

예는 그 사치스러움과 더불면[→더불어 비교하면] [→사치스럽기보다는] 차라리 검소하고[=검소해야 하고], 상(喪事)은 그 쉽게 함과 더불면[→더불어 비교하면] [→쉽게 하기보다는] 차라리 슬퍼하는 것이다[=슬퍼해야 한다].

'與'가 '더불다'는 의미를 지니고 여러 가지 문장에 쓰이는데, 비교를 나타내는 문맥에서는 '비교'를 위해 '더부는' 것이기에 함축된 의미를 구체화하여 '(~와[과]) 더불어 비교하다'로 이해된다. 뒤에 '寧·孰若~·豈若~' 등과 호응하여 쓰이거나, '與其~豈若~·孰若~·不若~·不如~'의 형태로 사용될 때도 마찬가지이다. 한 글자 한 글자가 단어로 쓰여 각각의 의미를 지닌다고 보면 문법 관계가 드러난다. 즉, '與'와 함께 사용된 각 단어의 의미를 바르게 풀어서 이해하면 문장 전체를 바르게 파악할 수 있다.

④ 自·從·及·至·由

• '自'도 동사로 여긴다. '~부터 하다'·'~부터(에서)시작하다'를 일관된 의미로 여긴다. 함께 쓰인 어휘의 의미와 문맥에 따라 그 의미를 구체화하여 이해할 수 있다. 역시 동사 이미의 포괄적 성격을 통해서 이해할 필요가 있다.

이것이 이끄는 '술목구'가 부사어가 될 때, 목적어는 흔히 시간의 기점 또는 장소의 출발점을 나타내는 말이다. 역시 동사인 '至'와의 결합을 상정하면, '自~至~'가 된다. 이는 본질적으로 '~로부터 시작해서 ~에(까지) 이르다'를 뜻한다. 이것이 부사어로 쓰임으로 말미암아 '~로부터~까지'로 해석될 따름이다. 전치사로서 영어의 'from'·'to'에 대응되는 되는 것은 아니다. '自~'나 '至~'가 각기 따로 쓰여도 마찬가지이다. 동사와 전치사의 둘로 나눌 통사상의 이유가 없다.

孟子自范之齊. 『孟子·盡心上』

맹자가 범[지명]으로부터 해서[범에서 시작해서→범으로부터(에서)] 제로 갔다.

有朋自遠方來, 不亦說乎? 『論語·學而』

친구가 먼 곳으로부터 해서[→먼 곳으로부터(에서)] 찾아오면 또한 기쁘지 않겠는가?

• '從'·'及'·'至'·'由' 등도 같은 방식으로 이해하면 된다.

동사 '從'은 '~를 따르다(통하다)'[→'~으로부터 하다']를 뜻한다. 동작·행위의 출발점 또는 통과 지점을 타나내는 말을 수반하여 부사어가 되면 '~을 따라(통해서), ~로부터' 등으로 풀이된다.

吾從北方聞 子爲梯 將以攻宋. 『墨子·公輸上』

나는 북방을 통해서[→북방으로부터] 당신이 사다리를 만들어 장차 그것으로 宋을 공격한다고 들었습니다.

旦日 客從外來. 『戰國策·齊策』

이튿날 손님이 밖으로부터 (해서) [→밖에서] 왔다.

'至'가 '~에(까지) 이르다'라면 '及'은 '~에(까지) 미치다'가 된다. 흔히 각각 '도달점'과 '미치는 대상'을 목적어로 수반하여 부사어가 된다. 단독으로 술어가 될 때와 마찬가지로 일관되게 이해하여야 한다.

(∨)不殺二子, 憂必及君. 『左傳·成公十七年』

두 아들을 죽이지 않으면, 우환이 반드시 군께 미칠 것입니다.

諸將易得耳, 至如信, 國士無雙. 『史記·淮陰侯列傳』

여러 장군들은 얻기가 쉬울 따름이지만, 韓信 같은 사람에 이르러서는[→한신 같은 사람은], 國士에 짝할 사람이 없습니다.

다음은 '及'을 접속사로 여겨왔던 예이다. 접속사로 보면 '及'에 의해 나타내려던 文意는 완전히 어긋남을 알 수 있다.

秦王大喜 傳以示美人及左右. 『史記·廉頗藺相如列傳』

진나라 왕이 크게 기뻐하며 건네어 [그렇게 해서, 그래 가지고] 미인들에게 보여주고 좌우[신하들]에도 미치게 하였다[→신하들에게도 보여주었다].

만약에 '及'을 병렬 관계 표시의 접속사로 여겨 '미인과 좌우 신하들에게 보여주었다'고 하면, 본문의 문의를 제대로 파악하지 못한 것이 된다. '美人'과 '左右'를 동급·동렬로 여기고 있지 않음을 '及'의 의미가 나타내주기 때문이다. 문맥을 개략적으로 보고 영어의 접속사에 대응시키는 듯한 처리 방식은 문법 학자들의 오랜 습관인 것 같다. 위의 번역문과 같이 동사로 여겨 '미인들에게 보여주고 좌우 신하들에도 미치게 하였다'로 이해하여야 문의가 명확해진다.

통행되는 고대한어 문법에서는, 많은 단어들을 전치사 또는 접속사로 여긴 때문에 똑같은 기능을 한다고 여기게 된 단어가 둘 또는 둘 이상 있게 된다. 기이한 양상이다. 이들은 본질적으로 각기 서로 다른 단어들이다. 접속사로서 병렬 관계를 나타낸다고 여긴 부류가 대표적이다. '與'·'及'·'且'·'而' 등을 동일시하고 있는 것이다.

'由'는 '~에서 비롯하다(말미암다, ~에서 유래하다, ~에 따르다, ~를 통히다)'를 본의로 하여 이해하면 된다. 유래·원인·근거 등이 되는 목적어를 수반하여 부사어가 되면 '~(으)로부터(에서, 에게서), ~로 말미암아[→~에 의해서], ~를 통해서' 등으로 이해된다.

禮義由賢者出. 『孟子·梁惠王下』

예와 의[예절과 의리]는 어진 사람으로부터[에게서] 나왔다.

男女之別 國之大節也而 由婦人亂之 無乃不可乎? 『左傳·莊公二十四年』

남녀의 구별은 나라의 큰 범절인데, 부인들로 말미암아 그것을 어지럽힌다면[부인들에 의해서 그것이 어지럽혀진다면] 곧 불가함이 없는지요[→안 되겠지요]?

⑤ 然

전환[轉折](= 역접)을 나타내는 접속사로 여겨온 대표적인 단어이다. 그러나 '然'에 접속사의 기능은 없다. 전후 문맥이 전환 관계인 곳에 가장 많이 출현할 따름이다. 다른 문맥에도 쓰인다. '그러하다, 그와 같다, 그와 같이(그렇게) 하다' 등으로 풀이되는 動詞이다. 전환 관계의 문맥에서 副詞語로 쓰인 경우일 따름이다.150)

甘羅年少 然出一奇計 聲稱後世. 『史記·甘茂列傳』

감라는 나이가 적었다. 그러하나 한 가지 기이한 계책을 내어 명성이 후세에 일컬어졌다.

周勃厚重少文, 然安劉氏者必勃也. 『史記·高帝本紀』

주발은 돈후하고 무거우며 글[배운 것]이 적습니다. 그러하지만 유씨의 나라를 안정시키는 것은[안정시킬 사람은] 반드시 勃일 것입니다.

今父老子弟雖患苦我, (∨)然百世後期令父老子孫思我言. 『史記·滑稽列傳補』

지금은 부로의 자제들이 비록 나에게[나 때문에] 괴로움을 당하는 것을 근심하나, 그러하지만 백세 뒤에 父老의 자손들로 하여금 나의 말을 생각하게 하리라 기대합니다.

⑥ 如·若·使 / 抑·意

'如'·'若'·'使' 등은 副詞인 '苟' 등과 더불어 假定·條件을 나타내는 접속사로 여겨온 것들이나, 역시 動詞이다. 가정 내지 조건은 문맥에 의해서 나타나는 것이지 이것들의 접속 작용에 의하여 나타나는 것은 결코 아니다.

王如知此 則無望民之多於隣國也. 『孟子·梁惠王上』

왕께서 이를 아실 것 같으면 백성이 이웃나라보다 많기를 바라실 것이 없으십니다.

---

150) '然'은 어느 경우이건 본질적으로 하나이다. "非然也."(『孟子·告子上』) (그러해서가 아니다.)·"於是項梁然其言."(『史記·項羽本紀』) (이에 항량이 그의 말을 그러하다고 여겼다.) 등의 '然'과 일관된다.

'如+知此'는 '술어+목적어'의 구조이다. '이것을 아는 것과 같다(같은 경우가 되다)'로서 문맥상 '~같으면'이라는 가정 내지 조건이 되는 것이다. 이 예는 주어인 '王' 뒤에 '如'가 놓임으로써 동사임을 특히 잘 보여준다.[151] 다음 예는 통사상 '如'가 접속사가 아님을 잘 알게 해 준다.

> 誠如是也, 民歸之 由水之就下沛然, 誰能御之? 『孟子·梁惠王上』
> 진실로 이와 같으면[=이와 같이 하면], 백성들이 그에게 돌아가는[귀의하는] 것이 물이 아래로 나아가는 것과 같이 세찰 것이니, 누가 그것을 막을 수 있겠습니까?

가정·조건 관계의 문맥이나, '如'가 술어이기 때문에 앞에 부사어인 '誠'이 올 수 있는 것이다.

'若'도 마찬가지이다.

> 子若欲戰, 則吾退舍. 『左傳·僖公三十三年』
> 당신이 전쟁을 하고자 할 것 같으면, 곧 우리가 물러나 그만두겠소.

실질적인 의미를 갖는 實詞들을 접속사로 여기게 되니 '如'·'若' 뿐만 아니라 '使'·'令'·'設' 등까지 모두 가정·조건을 나타내는 동일한 기능을 갖는 것이 되어버렸다. 이렇게 많은 농의의 접속사가 있을 수 있겠는가? 이는 동일한 단어를 여러 가지 품사에 속하게 한 것과 마찬가지로 고대한어의 실제 성격이라고 할 수 없다. 문맥에 맞추어 단어의 성격을 정한 데서 비롯된 현상이다.

'使'는 본래의 使役 의미를 그대로 가지고 있다. '如'·'若'처럼 가정 관계의 문맥을 지닌다고 여길 수 있는 자리에도 쓰인다. 그러나 '如'·'若'과는 의미와

---

151) '如'도 언제나 "察鄰國之政, 無如寡人之用心者."(『孟子·梁惠王上』) (이웃 나라의 정치를 살펴보면 과인이 마음 쓰는 것과 같은 경우가 없습니다.) "如此, 然后可以爲民父母."(『孟子·梁惠王下』) (이와 같이 해서, 그렇게 한 뒤라야 백성의 부모가 될 수 있습니다.) 중의 것과 일관된다.

성격이 다른 동사이기 때문에 술목구를 형성하여 부사어가 되는 것은 아니다. 통상 '~를 시켜서(~로 하여금) ~하게 하다'의 뜻이 경우에 따라 문맥과 결부되면 '~를 시켜서(~로 하여금) ~하게 한다고 하자[→한다면]'가 된다. 다음 예로 대표할 만하다.

> 使奕秋誨二人奕. [其一人專心致志 惟奕秋之爲聽, 一人雖聽之 一心以爲有鴻鵠將至 思援弓繳而射之 雖與之俱學 弗若之矣.]『孟子·告子上』
> 혁추를 시켜서[혁추로 하여금] 두 사람에게 바둑을 가르치게 하다[가르치게 한다고 하자].

이 문장에서 '使'가 접속사가 되어야 한다면, 문맥상 '思援弓繳而射之'까지를 이끌어야 한다. 특히 『孟子』에서 이런 가정의 문맥에 '使'가 쓰인 경우는 위의 예밖에 없다. 위의 번역문과 같이 이해하면 문제가 없어진다.

'使'와 같이 사역의 의미를 갖는 '令'도 같은 방식으로 이해하면 된다.

'設' 또한 '설사(설혹) ~한다면'을 나타내는 가정의 접속사가 아니다. '設' 이하를 목적어로 받아 '~라고 가정하다(가설을 세우다)'를 뜻하며, 문맥에 의하여 '~라고 가정한다면'[→만약 ~한다면]으로 풀이되는 것이다. 문맥에 따라서는 '설사 ~한다고 할지라도'를 뜻할 수 있는 것이다.

'若'·'如'를 선택 관계를 나타내는 접속사라고도 한 것에서는 모순이 두드러진다.

> 大夫沒矣, 則稱謚若字.『禮記·玉藻』
> 대부가 죽으면 시호나(와) 자 같은 것으로[을] 일컫는다.[시호나 자 같은 것으로 부른다.]

> 願取吳王若將軍頭 以報父之讎.『史記·魏其武安侯列傳』
> 오왕이나 장군의 머리 같은 것을 취하여 [그래가지고] 아버지의 원수를 갚기를 원합니다.

> 安見方六七十如五六十而非邦也者?『論語·先進』
> 어디[어찌] 사방 육칠십 리나 오륙십 리 같은 것을 보고[→가지고] 나라가 아니라고 하겠는가?

'諡若字'는 '稱'의 목적어이다. 문맥상 '시호나 字'를 뜻할 수 없다. '시호'와 '자'가 병렬된 선택형의 구조가 아닌 것이다. '若字'는 '자 같은 것'을 뜻하여 '자'를 포함하여 다른 것들을 아우른다. 고대한어에서는 '好學'처럼 '술＋목' 형식이 얼마든지 명사성 의미를 나타낼 수 있다. 즉, '諡＋若字'의 병렬식 구조이다. 그리고 이 예에서는 양자의 관계가 '等立'인지 '選擇'인지를 확정지을 수도 없다. '시호와 자 같은 것'과 '시호나 자 같은 것'을 구별할 수 있는 형태상의 표지가 없기 때문이다.

다음 예의 '若'·'如'에서는 이러한 성격이 극명하게 드러난다.

若信者 亦已爲禽矣.『史記·淮陰侯列傳』
韓信 같은 사람 역시 이미 사로잡히게 되었다[사로잡힌 것(사로잡힘)이 되었다].

諸將易得耳, 至如信, 國士無雙.『史記·淮陰侯列傳』
여러 장군들은 얻기가 쉬울 따름이지만, 韓信 같은 사람에 이르러서는, 國士에 짝할 사람이 없습니다.

'若信'·'如信'은 '韓信 같은 사람'을 뜻한다. 위의 '若字'도 그렇다. 그러니 '若'·'如'를 선택 관계를 나타내는 접속사라고 할 수 있겠는가? '若'·'如'가 이끄는 '술＋목'식 구조가 여러 가지 문맥에 쓰이는 것을 가지고 가정·조건이니 선택이니 한 것일 따름임을 알게 해 준다.

'抑'·'意'도 동일한 관점에서 그 성격을 이해할 수 있다.

夫子至於是邦也 必聞其政 求之與, 抑與之與?『論語·學而』
선생님께서는 이 나라에 이르시면 반드시 그 정치를 들으시는데 그것을 요구하시는 것입니까? [이것을] 눌러 둔다면[아니라고 한다면 →아니면, 혹은] 그것을 들려드리는 것입니까?

子之義將匿耶 意將以告人乎?『墨子·耕柱』
당신의 의리는 장차 감출 것입니까? 생각건대[→아니면, 혹은] 그것을 [가지고서] 남에게 알릴 것입니까?

'抑'·'意' 등이 나타내는 선택 관계도 문맥에 있다. '抑'은 '억누르다(억지를 부리다, 아니라고 하다)'는 의미를 지니고 副詞語로 쓰인 것이다. 문맥에 의해 '아니면, 또는' 등으로 번역할 수 있을 따름이다. '意'도 '생각하다'라는 動詞로서의 의미를 배제할 필요가 없다. 부사어로 쓰였기 때문에 '생각컨대(생각해 볼 때, 생각해 보니)'로 이해되며, 역시 문맥에 의해 '아니면, 또는' 등으로 번역하는 것이 더 자연스러울 따름이다.

'假令' 같은 것은 두 單語의 연접이므로 역시 하나의 단어로 오인하여 접속사로 본 것은 잘못이다. 개별 단어의 의미를 바르게 연결시키면 문제가 자연스럽게 해결된다. 다음 예문의 번역을 통하여 '假'와 '令' 각각의 의미와 문맥을 확인하기로 하자.

假令僕伏法受誅, 若九牛亡一毛, 與螻蟻何以異? 『司馬遷·報任安書』

가정하여[가정적으로, 거짓으로] 저로 하여금 법에 복종하여 죽임을 당하게 한다면[←당하게 한다고 합시다], 아홉 마리의 소에서 한 터럭이 없어지는 것과 같을 것이니, 땅강아지나 개미와 더불어 [비교하여] 무엇으로[어떻게] 다르겠습니까?

다만 어느 시기에 이러한 單語들이 동일한 문맥에 쓰이지 않게 되었는지와 품사성의 변화를 가져오고 또는 하나의 單語로 굳어지게 되었는가에 대해서는 일률적으로 단언할 수도 그 시기를 확정지어 말할 수도 없다. 오늘날까지 여전히 사용되고 있거나 새로이 그 후신이 생겨난 경우 言衆의 인식의 변화를 확인할 길이 없고 기능의 변화에도 불구하고 그 형태가 바뀌지 않음으로 말미암아 고증하기가 쉽지 않기 때문이다.

동사는 아니지만 선택 관계의 문맥에 쓰인 '或'도 접속사가 아니다. 代詞로서 副詞語의 기능을 하는 경우이다. 접속사에도 관계부사에도 넣을 필요가 없다. 代詞로서 문장 성분을 달리 하여 쓰인 것이다. '且' 또한 선택 관계의 접속 기능도 갖는다고 서술해 왔으나, 부사일 따름이다. 문맥이 병렬 관계 중의 등립 또는 선택일 수도 있고 점층일 수도 있다. '苟'는 부사(만약, 진실로)로서, '果'는 名詞 副詞語(결과적으로, 과연)로서 가정 내지 조건의 문맥에 쓰인다. '~한다면'을 부가하여 해석할 수 있는 근거는 전적으로 문맥에 있다.

요컨대 종래 접속사에 귀속시켰던 단어들은 적어도 상고의 고대한어에서는 접속 기능만을 갖는 단순한 접속사로 분류할 수 없다.

(4) 古代漢語 단어 의미의 특징 : 포괄성

'與'의 경우 이러한 분석의 방식을 사용할 경우 그것의 의미를 어떻게 부여할 것인가, 즉 動詞로서 갖는 의미의 범주를 설정하는 문제가 그리 간단하지는 않다. 언중들의 언어 사용 습관이 어떠하였는지가 관건이다. 하나의 품사성으로 해결할 때 어려운 점은 같은 類의 품사성을 지니더라도 분석적인 의미의 어휘가 아니라 종합적인 의미의 어휘가 적지 않고, 나타내는 관계도 복잡하며, 現代漢語의 습관에 부합되지 않은 것들이 적지 않다는 사실 등이다.

앞에서 古代漢語에서와 같은 쓰임이 없거나 쓰임이 달라진 현대의 언어로 과거의 언어를 이해하고 해석함에 있어서 과거 언어의 성격대로 설명할 수 있느냐 하는 문제가 있음을 지적하였다. 특히 단어의 의미의 수와 품사 분별이 그렇다.

現代漢語와 이것에 대한 문법 의식의 영향에서 자유로울 수 없는 만큼 왕왕 현재와 같은 구분이 고대한어에도 있었다는 것이 되어버린다. 그리하여 현대한어에서 각기 다른 여러 단어가 나타내는 의미를 과거에는 하나의 단어가 모두 가지고 있었다는 식으로 묘사된다. 적지 않은 단어들을 다항 의미의 단어로 여기게 된 것이다. 급기야는 각기 다른 품사를 겸하는 것으로 묘사하기에까지 이른다.

적지 않은 단어를 대상으로 수없이 많은 의미를 만들어 낸 꼴이 되었으며, 이에 따라 고대한어를 어려운 언어로 여기게 했다고 여긴다. 本意와 引伸義(확장의)라는 관념을 들이대어 정당화하는 경우가 적지 않다. 그 경계가 학자들 간에 서로 일치하지도 않는다.

동 시기 단어의 의미를 시간의 흐름에 따라 늘려 인식해 오던 터에, 현대에 이르러서는 지금까지의 문법 연구 결과가 보태져서 의미항의 수가 더 불어난 양상을 보인다. 개별 동사가 여러 가지 의미항을 가질 뿐 아니라 여러 품사를 겸한다고 여기는 관점은 이미 각종 사전에까지 반영되어 있다.

우리는 개별 단어가 지니는 의미의 성격에 주의할 필요가 있다. 고대한어 동사류 의미의 포괄성(종합성)에 대한 이해가 필요하다.

이러한 관점에서의 접근도 한계가 있다. 언중들의 인식과 언어 사용 습관이 어떠하였는지가 관건인데 현대의 언어로 관찰하기 때문에 그 영향을 피하기 어려워서이다. 그렇다고 해서 문맥의 차이를 단어의 의미 차이로 여겨서는 안 된다. 또 통시적인 관점에서 보거나 다른 언어로 해석하려는 입장에서 볼 때 지금의 해당 언어로 어떻게 번역(해석)해야 하는가를, 곧바로 당시 이들 단어의 의미항으로 여기는 데서 벗어나야 한다. 이렇게 하면 단어의 성질을 파악함에 있어서 최대한 객관성을 확보할 수 있다.

복잡하고 어려운 다항의 의미는 당시의 언어의 성격과 거리가 있다. 다항 의미의 상당 부분은 하나의 단어가 지닌 서로 다른 의미가 아니라, 다른 어휘와의 결합 그리고 문맥에 의해 나타나는 의미를 현대어로 그렇게 이해할 수 있는 경우라는 사실을 유념할 때, 지금의 의미 항목의 수는 크게 줄일 수 있다.

고대한어 개별 단어가 지니는 의미의 포괄성을 이해함에는 사용 빈도가 높고 다양한 어휘와 여러 가지 형식을 동반하여 쓰이는 단어의 용례를 살피는 것이 좋다. '得'·'與' 등은 좋은 예가 된다.

'得'은 목적어가 어떠한 형태이든 후대의 언어로 어떻게 번역되든 '얻다(→이루다, 달성하다)'라는 의미 범주 내에서 이해할 수 있다. 고대한어를 전체 체계를 관통하는 일관성 있는 쓰임을 관찰하면, 여러 가지 의미항을 설정할 이유도 조동사로까지 여길 이유도 없음을 알게 된다. 다시 말해서, 오늘날 나누어 인식하고 있는 몇 개의 의미 항목이 당시에는 하나에 포괄되어 있었다고 할 수 있다.

의미항 축소를 위한 인식의 전환을 돕기 위하여 한 예를 들어 보기로 한다.

君子周而不比, 小人比而不周. 『論語·爲政』
군자는 두루 미치지만[→사귀지만] 비교하지 않으며, 소인은 비교는 하지만 두루미치지 않는다[못한다].

지금까지는 이 예 중의 '比'에 '파당 짓다, 편파적이다'라는 의미항을 부여하여 설명해 왔다. 그러나 그렇지 않다. '比'는 여전히 '비교하다'를 뜻한다. '小人'이 '비교하기'를 잘하는 이유가 자기에게 이익이 되는 사람을 골라 '파당을 짓는' 것일 뿐인데, 문맥상 이러한 '비교'의 배경을 '比'의 뜻이라고 파악한 것이다. 파당 지을 만한 사람을 찾기 위해 자기와 남을 '비교하는' 것을 말하고 있지, 결코 '比'가 '파당 짓는다'는 뜻을 가진 것은 아니다. '不周'(두루 미치지 않는[못하는])가 이미 '파당 짓는' 것을 의미한다면 굳이 '파당 짓는다'는 뜻의 단어를 앞에 쓸 필요도 없지 않겠는가? 즉, '比'가 '파당 짓는다'는 뜻이라면 '比而不周'라는 식으로 말할 필요가 없었을 것이다. 이와 같이 단어의 의미와 문맥을 동일시하지 않으면 '比'의 의미항 수가 줄어든다. '比'의 의미에 대한 종래의 인식은 단어 의미의 포괄성을 잘 이해하지 못한 두드러진 예이다.

‘與’의 쓰임에 대한 앞에서의 해설은 상술한 관점에서의 단어의 의미와 품사를 정하는 방법의 하나로서 좋은 모형이 될 것이다. 여기에서는 앞에서 든 ‘與’의 용례를 다시 한 번 들어 총괄하기로 한다.

> 禮與其奢也寧儉. 喪與其易也寧戚. 『論語·八佾』
> 예는 그 사치스러움과 더불면[→더불어 비교하면→사치스럽기보다는] 차라리 검소하고[→검소해야 하고], 상(喪事)은 쉽게 함과 더불면[→쉽게 하기보다는] 차라리 슬퍼하는 것이다[→슬퍼해야 한다].

‘與’는 ‘주다’·‘더불다’ 등의 의미를 지닌다. 이것이 오늘날의 언어에 의하면, ‘~하여 주다’·‘더불어 하다’ 등은 말할 것도 없고, 다른 단어와의 조합과 문맥에 의하여 ‘더불어 ~하다’ 등으로 인식되며, 구체적인 문맥에 따라서는 ‘~더불어 비교하다’ 등으로 인식된다. 즉, 무엇을 위해 ‘더부는’가는 문맥이다. 이것이 ‘비교하다’는 뜻을 따로 가지고 있어서가 아니다. ‘~와 더불어 비교하다’의 문맥을 ‘與’의 접속사 기능이라고 여겨왔던 것이다. 전치사로 여겨온 경우도 같은 맥락에서 이해할 수 있다. 그래서 다 어그러졌다. 동사·전치사·접속사 등의 품사를 모두 지닌 것으로 잘못 기술하게 된 것이다.

현대 언어와의 의미 대응에 의거하여 파악한 수만큼 고대한어 개별 단어의 의미 항목 수가 많았다면 언중들 간의 의사소통이 불가능했을 것이다.

요컨대 이 책에서는 동사에서 허화(문법화)되었다고 여겨 전치사[개사]나 접속사[연사]로 분류해 온 단어들을 모두 동사로 여긴다.

이러한 포괄성 내지 종합적 성격은 동사류의 의미에만 그치지 않고 고대한어 실사류가 지니는 품사성에도 적용된다. 이에 대해서는 앞의 ‘實詞류 품사성[詞性]의 종합성’ 항에 말하였다.

7. 副詞

앞에서 古代漢語 실사류의 품사 경계는 대체로 개별 단어가 뜻하는 실질적인 의미에 의해 나뉨을 밝혔다. 그래서 副詞도 의미에 의해서 '程度·範圍 및 相互·時間 및 頻度·情態 및 推測·否定 및 應對·反問·關係·轉換 등을 나타내는 單語'로 정의할 수 있다.

부사는 주로 술어 앞에 위치하여 술어가 뜻하는 내용을 수식한다. 수식 기능을 지니므로 실질적인 의미를 지닌다. 따라서 당연히 實詞류에 속한다. 문장 머리에 위치하기도 한다. 부사어(=부사성 수식어) 기능을 갖는 단어가 부사에 그치지 않고, 앞에서 설명한 바와 같이 다른 품사, 즉 명사·동사·형용사·대사도 이러한 부사적 수식 기능을 갖는다.

단, 이들 부사어의 의미 내용에 있어서는 '정도·범위·시간·부정·반문' 등 등으로 나누어 일컫는 부사의 경우와 전면적으로 일치하지는 않는다. 즉, 다른 품사가 부사어가 되는 경우와는 의미 영역이 부분적으로만 겹친다. 각 단어의 의미에 차이가 있기 때문이다. 부사뿐만 아니라 다른 실사류도 부사어로 쓰이기 때문에 부사와 다른 품사 산의 경계를 가르는데도 많은 어려움이 따른다. 결과는 지금까지 혼란 그 자체였다.

부사의 문장 가운데서의 기능은 오직 부사어가 되는 것이다. 즉, 부사는 실사류 품사 중에서 유일하게 기능상 '부사 : 부사어'라는 엄격한 대응 관계를 설정할 수 있는 품사이다. 이것이 다른 품사와 경계 지을 수 있는 첫 번째 조건이된다. 그러나 부사 역시 다른 실사류와 마찬가지로 의미상의 구분이 바탕이 되어 있기 때문에, 품사의 구분이 의미상의 구별에 가까울수록 명사·동사·형용사·대사와의 경계에 혼란이 커진다.

그래서 부사의 범위를 정하는 데도 각별한 주의가 필요하다.[152] 이 책에서 취한 부사 판정 기준은 이러하다.

---

152) ① 古代漢語 어휘 가운데 지금까지 부사로 분류해 온 상당수의 단어들은 각각의 기능과 의미에 따라 동사·형용사·명사·대사로 나누어 귀속시킬 수 있다. 요점은 부사 수식어와 부사가 아닌 수식어, 즉 非부사 수식어를 구분하는 데 있다.

② 수식 기능을 갖는 문장 성분을 통상 관형어와 부사어로 나누고 있다. 관형어는 주어나 목적어 앞에 위치하거나 부사를 제외한 실사류 앞에 위치하여 실사를 수식하는 문장 성분이다.[관형어는 본시 품사 구분이 훨씬 용이한 영어에서 명사를 수식하는 성분을 일컫는 말이다.] 부사어는 이와 상대하여 수식어, 곧 동사·형용사·다른 부사를 수식하는 품사인 부사의 기능에 준하는 것을 일컫는 말이다. 품사의 경계를 바탕으로 한, 특히 명사와 다른 품사 간의 기능 차이를 경계로 한 품사와 문장 성분 간의 대응 관계를 古代漢語에 그대로 적용한 때문에 품사와 문장 성분 간에 어그러짐이 있게 된 것이다.

지금까지 가장 유용하게 사용하고 있는 漢語의 기본 통사구조 聯合·修飾·述目[謂賓]·補充·主述[主謂] 등 다섯 가지 중에서 아래와 같이 수식구조의 수식어를 두 가지로 나누어 관형어·부사어 개념을 적용해 왔다.

• 관형어(형용사성 수식어)＋중심어(피수식어)[명사 또는 이에 상당하는 구로 여겨옴]

楚人 奇貨 亡卒 百獸 吾家 / 數百步 / 王之甲兵 五口之家 五步之內 萬乘之國 膏腴之地 累卵之危

• 부사어(부사성 수식어)＋중심어(피수식어)[동사·형용사 또는 이에 상당하는 구로 여겨옴]

不知 相好 急攻 大懼 兼愛 踞見 字斟 南征 群聚 自稱 烏有 不敏 尙早 最大 鋒利 日稀 / 笑而應 靑眼對(視) / 中道而廢 何若而有功

단어가 중심어 바로 앞에 놓여 부사어가 되는 경우만을 품사별로 나누어 정리하면 다음과 같다.

不知 相好 / 不敏 尙早 最大 : 不·相·尙·最 ← 부사
字斟 南征 群聚 / 鋒利 日稀 : 字·南·群·鋒·日 ← 명사
兼愛 踞見 : 兼·踞 ← 동사
急攻 大懼 : 急·大 ← 형용사
自稱 烏有 : 自·烏 ← 대사

'字'·'南'·'群'·'鋒'·'日'과 같은 것들은 명사부사어로 여기는 데 의견을 같이 하면서도, '兼'·'踞'나 '急'·'大' 같은 부류를 만나면 부사로 여겨야 할지, 동사나 형용사로 여겨야 할지를 몰라 혼란을 빚어왔다. '兼'·'踞'는 동사부사어이며 '急'·'大'는 형용사 부사어이다. 다른 품사로 여겨야 할 것들을 부사로 여겨온 예가 적지 않다.

부사의 한 부류로 묶어 설명해온 한 예를 가지고 이러한 관점을 일관되게 적용해야 함을 확인해 보기로 한다.

① 하나의 의미 항목을 갖는 단어가 문장 중에서 부사어만으로 쓰이는 경우는 부사로 간주한다.

② 어떤 단어가 둘 이상의 의미를 지니고 있을지라도 그 중 한 가지 의미가 역시 부사어로만 쓰일 때는 부사의 품사성을 갖는 것으로 본다. 이 경우는 품사의 '兼有'(한 단어가 두 가지 이상의 품사를 겸하는 경우)가 된다.

③ 개별 단어의 동일한 의미 항목이 문장 중에서 부사어 이외의 다른 문장성분으로도 쓰이는 경우는 명사·동사·형용사·대사 등의 품사에 귀속시켜 둔다.

이렇게 함으로써 다른 품사가 부사어로 쓰이는 경우와 좀 더 적절한 경계를 지을 수 있다.

부사가 지니는 의미의 유형은 (1) 程度 (2) 範圍 및 相互 (3) 時間 및 頻度 (4) 情態 및 推測 (5) 否定 및 應對 (6) 反問 (7) 關係 (8) 轉換 등으로 요약할 수 있다.[153]

종래 '表敬[=謙敬]'부사(겸손과 공경을 나타내는 부사)라는 이름으로 설명해온 것들을 예로 든다.

'幸'·'請'·'敬'·'伏' 등이 그것인데, '幸'은 형용사로서 부사어[다행스럽게도]로 쓰이며, 나머지는 모두 동사로서 부사어가 된다. '請'은 동사이다. 그런데 '請 | 동사'의 의미 관계가 '述目구조'인 경우와 '修飾구조'인 경우가 있다. 수식구조인 경우의 '請'을 부사로 여겨왔던 것이다. 동사나 형용사가 갖는 의미에 의해 상대방에게 존경을 나타내기 위해 쓰인 이들 단어를 부사로 지목했던 것은, 주로 現代漢語에 이런 표현들이 사라진 데 있는 것 같다. '竊'·'辱'·'畏'·'謹' 등도 이러한 쓰임을 갖는다.

결과적으로 겸손과 존경을 나타낼지언정 각각 고유의 의미를 가지고 쓰였다. '字'·'南' 등은 명사로, '急'·'大' 등은 형용사로 여기고 부사로 여기지 못하는 관점을 왜 이들 단어에는 적용하지 못한 것일까? '幸'이 '행복하다, 다행스럽다'의 뜻을 그대로 지니고 부사로 쓰여 '행복하게도, 다행스럽게도' 등으로 이해되듯이 나머지 단어들도 다 그렇다. '幸'은 형용사부사어가 되고, '請·敬·伏' 등은 동사부사어가 된다.

153) 林相領, 「『史記』 副詞語 語彙의 品詞論的 硏究」(2006. 2. 전남대학교 박사학위 논문) 참조. 이 논문은 저자가 지도교수를 맡아 다년간 교재로 사용해 온 본 저서의 초고를 바탕으로 하고, 저자의 문법관에 입각하여 연구·작성케 한 것임.

다음은 각 의미 유형별 부사들이다.

(1) 程度 : 尤, 頗, 更 등.

(2) 範圍 및 相互 : 咸, 皆, 但, 徒, 祇(秪), 直, 僅, 啻, 只, 唯, 相, 互, 俱 등.

(3) 時間 및 頻度 : 已, 旣, 將, 方, 輒, 暫, 又, 嘗, 亦, 常, 卽, 剛, 頓, 乍 등.

(4) 情態 및 推測 : 固, 必, 寧(차라리), 庶, 幾, 蓋, 殆, 尙, 猶 등.

(5) 否定 및 應對 : 不, 弗, 否, 非(匪), 未, 唯(惟·維) 등.

(6) 反問 : 豈, 寧(어찌), 庸 등.

(7) 關係 : 乃, 則(卽), 却(卻), 且, 才(纔) 등.

(8) 轉換 : 雖, 縱 등.

이제 각 부사들의 용례를 보기로 한다.

(1) 程度 : 尤, 頗, 更 등

① 尤

居數年 會更五銖錢, 民多盜鑄錢, 楚地尤甚. 『史記·汲鄭列傳』

수 년 있다가 때맞춰 五銖錢으로 바꾸는데, 백성들이 몰래 돈을 주조하는 일이 많았으며, 楚나라 땅이 더욱 심했다.

② 頗

國人頗知之 多不附太后. 『史記·南越列傳』

나라 사람들이 그것을 꽤[자못] 알아서 태후에게 붙지 않는 경우가 많았다.

③ 更

吾嘗爲鮑叔謀事而 更窮困. 『史記·白起王翦列傳』

나는 일찍이 포숙을 위해 일을 꾀하다가 더욱 곤궁해졌다.

(2) 範圍 및 相互
: 咸, 皆, 但, 徒, 祗(秖), 直, 僅, 啻, 只, 唯, 相, 互, 俱 등

① 咸

仁乃病免 以二千石祿歸老, 子孫咸至大官矣.『史記·萬石張叔列傳』

仁은 곧 병들어 버슬을 면하고, 2,000석의 봉록을 가지고 돌아가 늙었으며, 자손들은 다 큰 벼슬에 이르렀다.

② 皆

能以伎能立名者甚多. 皆有高世絶人之風, 何可勝言?『史記·日者列傳』

기능을 가지고 이름을 세울 수 있는 경우는 심히 많습니다. 모두 세상에서 우뚝 솟아 사람들을 능가하는 풍모가 있습니다. 뭐로[→어떻게] 이루 다 말할 수 있겠습니까?

皆中國人民所喜好 謠俗被服飮食奉生送死之具也.『史記·貨殖列傳』

모두 나라 안 사람들이 좋아하는 바로서, 노래의 습속과 의복 음식은 산 사람을 봉양하고 죽은 사람을 보내는[→장사지내는] 도구들입니다.

③ 但

更適陰陽 但服湯二旬而, 復故.『史記·扁鵲倉公列傳』

음과 양의 기운을 바꿔 맞추어 단지 탕약을 20일 동안 복용케 하니 [태자의 몸이] 옛날을 회복하였다.

④ 徒

孫子曰: 王徒好其言 不能用其實.『史記·孫子吳起列傳』

손자가 말했다. 임금께서는 단지 그 말만 좋아하시고 그 실을 쓰지 못하십니다.

⑤ 直

湯死, 家産直不過五百金 皆所得奉賜, 無他業.『史記·酷吏列傳』

탕이 죽자 가산은 단지 5백금을 넘지 않았는데 다 봉록으로 얻은 바였으며, 다른 업은 없었다.

⑥ 僅

四戰之後 趙之亡卒數十萬, 邯鄲僅存.『史記·張儀列傳』

四戰 후에 조나라의 죽은 병사는 수십만이었으며, 邯鄲(한단 ; 지명)만 단지[겨우] 남았다.

⑦ 唯

且夫秦失其政, 諸侯豪桀並起, 唯漢王先入關 據咸陽. 『史記·酈生陸賈列傳』

또 저 진나라가 그 정치를 잃자, 제후와 호걸들이 아울러 일어났는데, 오직 한나라 왕만이 먼저 함곡관에 들어가 함양을 차지하였습니다.

⑧ 相

是時齊有孟嘗, 魏有信陵, 楚有春申, 故爭相傾以待士. 『史記·平原君虞卿列傳』

이때 제나라에는 맹상군이 있었고, 위나라에는 신릉군이 있었으며, 초나라에는 춘신군이 있었다. 까닭에 다투어 그래 가지고 서로 힘을 기울여 [그래 가지고] 선비를 대우하였다.

⑨ 互

長嘯哀鳴 翩幡互經 夭蟜枝格 偃蹇杪顛. 『史記·司馬相如列傳』

길게 소리 내고 슬피 울기도 하고, 훌쩍 날아 서로 오가기도 하며, 뛰어 올라 나뭇가지에 이르거나 높이 솟아 나무 끝에 거꾸로 매달리기도 합니다.

⑩ 俱

孫臏嘗與龐涓俱學兵法. 『史記·孫子吳起列傳』

손빈은 일찍이 방연과 더불어 함께 병법을 배웠다.

(3) 時間 및 頻度

: 已, 旣, 將, 方, 輒, 暫, 又, 嘗, 亦, 常, 卽, 剛, 頓, 乍 등

① 已

蘇秦已說趙王而得相約從親. 『史記·張儀列傳』

소진은 이미 조왕을 설득하여 서로 종친[좇아서 가까이 함, 합종]을 맺는 것을 이루었다[→서로 종친을 맺을 수 있었다.

② 旣

約束旣定, 夕時莊賈乃至. 『史記·司馬穰苴列傳』

약속[군령]이 이미 정해졌고, 저녁 때 장고가 곧 이르렀다.

③ 將

夫齊與吳將戰, 彼戰而不勝, 越亂之必矣. 『史記·仲尼弟子列傳』

지금 대저 제나라가 오나라와 더불어 장차 전쟁을 하려 하는데, 저들이 싸워서 [오나라가] 이기지 못하면 越나라가 吳나라를 어지럽힐 것이 틀림없다.

④ 方

方是之時 屬之於子乎? 『史記·孫子吳起列傳』

바야흐로 이러한 때에 그것[재상의 자리]을 그대에게 맡기겠소?

至於吳, 吳王僚方用事, 公子光爲將. 『史記·伍子胥列傳』

[오자서가] 오나라에 이르자, 오나라 왕 僚가 바야흐로 섭정하였고, 공자 광은 장군이 되었다.

⑤ 輒

有一人徙之, 輒予五十金 以明不欺. 『史記·商君列傳』

한 사람이 이것을 옮겼으므로 바로 50금을 주어 그것으로 속이지 않음을 분명히 했다.

⑥ 暫

廣暫騰而上胡兒馬 因推墮兒 取其弓 鞭馬南弛數十里. 『史記·李將軍列傳』

이광은 잠시 오랑캐 아이의 말에 뛰어 오르더니, 이어서 아이를 밀어 떨어뜨리고 그의 활을 취하여 말을 채찍질하여 남쪽으로 수십 리를 달렸다.

⑦ 又

吾聞西伯賢又善養老, 盍往焉? 『史記·齊太公世家』 [盍 = 何不]

나는 서백이 어질고 또 노인 봉양을 잘한다고 들었는데, 뭐로[→어찌] 그에게 가지 않겠습니까?

⑧ 嘗

受命應對, 吾未嘗敢失辭也. 『史記·秦始皇本紀』

명을 받고 응대하면서 나는 아직 일찍이 말실수를 감히 하지 않았습니다.

⑨ 亦

項莊拔劍起舞, 項伯亦拔劍起舞. 『史記·項羽本紀』

項莊이 검을 뽑고 일어나 춤을 추자, 項伯도 역시 검을 뽑고 일어나 춤을 추었다.

⑩ 常

相如每朝時 常稱病 不欲與廉頗爭列. 『史記·廉頗藺相如列傳』

상여는 조회할 때마다 항상 병을 일컬어[→핑계 삼아] 염파와 더불어 서열을 다투는 것을 바라지 않았다[다투려 하지 않았다].

⑪ 卽

太子卽自剄 不殊. 『史記·淮南衡山列傳』

태자는 곧 스스로 목을 베었으나 숨이 끊어지지는 않았다.

⑫ 乍

其角動 乍小乍大 若色數變, 人主有憂. 『史記·天官書』

그 角星[동방에 있는 靑龍의 首星(별자리의 하나)]이 동하여[흔들려] 갑자기 작아졌다 갑자기 커졌다 하며 색깔이 자주 변하게 될 것 같으면, 임금에게 걱정거리가 있다.

(4) 情態 및 推測 : 固, 必, 寧(차라리), 庶, 幾, 蓋, 殆, 尙, 猶 등

① 固

我固知齊軍怯, 入吾地三日, 士卒亡者過半矣. 『史記·孫子吳起列傳』

나는 본디 제나라 군사가 겁이 많다는 것을 알고 있었다. 우리 땅에 들어온 지 사흘 만에 병졸이 달아난 것이 절반을 넘었다.

② 必

楚更立太子, 必不事秦. 『史記·春申君列傳』

초나라가 태자를 바꿔 세우면, 반드시 진나라를 섬기지 않을 것이다.

③ 寧

臣聞鄙諺曰: 寧爲雞口 無爲牛後. 『史記·蘇秦列傳』

臣[저]은 항간의 속담에 "차라리 닭의 입이 될지언정 소의 꼬리가 될 것이 없다."고 하는 것을 들었습니다.

④ 庶

寡人以爲善庶幾息兵革.『史記·秦始皇本紀』

과인은 그것으로 아마 어느 정도 전쟁을 쉬는 것이 좋다고 여긴다.

⑤ 幾

故西門豹爲鄴令, 名聞天下, 澤流後世 無絶已, 時幾可謂非賢大夫哉!『史記·滑稽列傳』

까닭에 서문표는 업의 현령이 되어 이름이 천하에 알려지고, 은택은 후세에까지 흘러서 끊어져 그치는 일이 없었으니, [그] 때에 어느 정도라도 어진 대부가 아니라고 이를 수 있었으리오!

⑥ 蓋

余登箕山, 其上蓋有許由冢云.『史記·伯夷傳』

내가 기산에 올랐는데, 그 위에는 아마 허유의 무덤이 있을 것이라고 하더라.

⑦ 殆

願上所居宮毋令人知, 然後不死之藥殆可得也.『史記·秦始皇本紀』

폐하께서 묵으시는 바의 宮은 사람들로 하여금 알게 하는 일이 없기를 원합니다. 그렇게 한 뒤에야 죽지 않는 약은 거의[아마] 얻을 수 있을 겁니다.

⑧ 尙

君之危若朝露, 尙將欲延年益壽乎?『史記·商君列傳』

딩신이 위태롭기는 아짐 이슬과 같은데도 오히려[아직도] 장차 나이를 늘리고 수명을 더하기를 바라십니까?

諸侯尙衆, 周德未衰.『史記·李斯列傳』

제후는 아직도[여전히] 많고 周나라 왕실의 덕도 아직 쇠하지 않았다.

且庸人尙羞之, 況於將相乎?『史記·廉頗藺相如列傳』

또한 평범한 사람도 오히려 그것을 부끄러워하는데 하물며 장군이나 재상에 있어서이겠습니까?

⑨ 猶

今陛下在洛陽, 今斬吾頭馳三十里間, 形容尚未能敗, 猶可觀也. 『史記·田儋列傳』

지금 폐하께서는 낙양에 계시오. 지금 내 목을 베어 30리 간을 달리면 모습이 아직은[그때까지는] 이지러질 수 없으니[→이지러지지 않을 것이니] 그래도[아직] 알아 볼 수 있을 것이오.)

(5) 否定 및 應對 : 不, 弗, 否, 非(匪), 未, 唯(惟·維) 등

① 不

足下非劉氏, 不當立. 『史記·呂太后本紀』

당신은 유씨가 아니므로 [황제의 자리에] 서는 것이 당치 않습니다.

坐而運策, 公不如義. 『史記·項羽本紀』

앉아서 계책을 운용하는 것이라면 공은 나(義)만 같지 못합니다.

恐懼俯伏而飲, 不過一斗徑醉矣. 『史記·滑稽列傳』

(순우곤은) 두려워서 엎드려 술을 마셨는데 한 순배도 넘기지 못하고 곧 취해버렸다.

② 弗

其母聞之 弗哭也. 『史記·平原君虞卿列傳』

그의 어머니는 그것[소식]을 듣고도 [소리 내어] 울지 않았다.

願諸王明以令士大夫弗敢欺也. 『史記·吳王濞列傳』

여러 왕들께서는 밝혀 그래 가지고 사와 대부들에게 명하시어 속이는 일을 감히 하지 못하게 하시길 원합니다.

'不'과 '弗'이 쓰인 문맥의 비교를 통하여 '弗'이 '不'보다 더 강한 부정을 나타낸다고 여기고 있다.

③ 否

頓首曰: 可則立之 否則已. 『史記·齊太公世家』

머리를 조아리며 말했다. 할 수 있으면 곧 그를 세우고 그렇지 않으면 곧 그만 두십시오[그만 두는 것입니다].

願君留意臣之計. 否 必爲二子所禽矣.『史記・淮陰侯列傳』

주군께서는 신의 계책에 뜻을 머무르게 하시길[두시길] 원합니다.[→신의 계책을 염두에 두십시오.] 그렇지 않으면, 틀림없이 두 사람[韓信, 張耳]이 사로잡은 바가[→두 사람에게 사로잡히게] 될 것입니다.

'否'는 '不＋앞에 나온 술어'의 축약형으로 이해된다. 예컨대 위의 '可則立之, 否則已' 중의 '否'는 '不＋可'를 뜻하며, '願君留意臣之計. 否 必爲二子所禽矣' 중의 '否'는 '不＋留'를 뜻한다. 그래서 '可否'는 '可不可'로, '與否'는 '與不與'로 이해된다.

④ 非

非然也.『孟子・告子上』

그러해서가 아니다.

凡群臣之言事秦者 皆姦人 非忠臣也.『史記・蘇秦列傳』

무릇 뭇 신하들이 진나라를 섬기라고 말하는 경우는 모두 간사한 사람이지 충신이 아닙니다.

使遂蚤得處囊中, 乃穎脫而出, 非特其末見而已.『史記・平原君虞卿列傳』

제[毛遂]로 하여금 더 일찍이 주머니 속에 있을 수 있게 했더라면 곧 [송곳의] 끝이 벗고[뚫고] 나왔을 것입니다. 특별하게[단지] 그 끝만 드러나 보이고 마는 것은 아니었을 것입니다.

'非'를 '匪'로 표기한 경우는 음이 같아서 빌려 쓴 경우(假借)이다.

'非'는 뒤에 명사나 명사성의 구가 오든 동사・형용사 또는 이것들이 이끄는 구가 오든 판단을 부정한다. 즉, '~이 아니다', '~한 것이 아니다' 등으로 풀이된다. 이 점이 '不'・'弗'과 다른 점이다. '不'・'弗'은 '~(하)지 않다[못하다]' 내지 '안[못] ~하다'로 번역된다. 명사와 동사・형용사를 구분하기로 한다면, '不'・'弗'은 동사・형용사 또는 이를 중심으로 한 어구 앞에만 오는 셈이 된다. '非' 뒤에는 명사・동사・형용사가 다 놓이는데, 어느 경우이건 뒤에 오는 말 전체를 부정하여 '아님'을 나타낸다. 사실 여부를 판단할 따름이다.

'非'('匪')·'不'·'弗' 같은 부정어를 영어 중의 부정어의 성질에 비추어 부사에 넣고 있다. 이 책에서도 일단 이를 따랐다.

그런데 동사성 내지 형용사성의 것으로 볼 수도 있다. '有'(있다)와 상대되는 '無'(없다)는 동사임을 염두에 두고 생각하면 가능한 일이다. '非'(그르다[→그르다고 여기다], 아니다)는 '是'(옳다, 이다)와 상대되어, '是'가 동사성 내지 형용사성의 것이니 '非'도 동사성 내지 형용사성의 것이라고 볼 수 있기 때문이다. '非' 뒤에는 각종 단어와 모든 형식의 구가 다 놓일 수 있다. 이 점은 상당수의 의미상의 동사·형용사가 목적어를 취하는 경우와 같다. 이는 단순한 부정'부사'로서의 성질이 아니다. 이러한 성질에 의거하여 모든 '非'를 실질적인 의미를 중심으로 하나로 꿰어 보면 동사성 내지 형용사성에 더 가까운 단어로 볼 수 있다. 이에 대해서는 심도 있는 연구가 필요하다.

한국어의 부정 표현 중에는 '~하지 않다(아니 하다)'·'~하지 못하다'·'~이 아니다' 류가 있는 한편, '안(아니) ~'·'못 ~'가 함께 있음도 좋은 참고가 된다.

⑤ 未

秦兵尙疆, 未可輕. 『史記·留侯世家』
秦나라 군사가 아직 강성하니 아직 가벼이 할[→가볍게 볼] 수 없습니다.

受命應對, 吾未嘗敢失辭也. 『史記·秦始皇本紀』
명을 받고 응대하면서 나는 아직 일찍이 말실수를 감히 하지 않았습니다.

고대한어에는 시제를 나타내는 문법 형식이 없다. 문맥에 의해 알 수 있을 따름이다. 중립적이다. 시간을 나타내는 어휘가 있으면 과거·현재·미래 등이 분명하게 드러날 따름이다.

'未'는 시제와 상관이 없다. 시점이 과거이건 현재이건 미래이건, '[차후는 모르지만 말하는 시점까지는] 아직 ~(하)지[있지] 않다'는 뜻을 나타낸다. 이것이

'不'·'弗'과의 차이점이다. '不'·'弗'은 어느 시점을 경계 삼지 않으므로 현재적, 경상적 또는 중립적이다. 그래서 '未'는 다분히 완곡함 내지 정중함을 나타내는 부정의 색채를 내포한다. 단순히 '不'·'弗'처럼 '~(하)지 않(는)다'고 말하지 않고, '아직(까지는) ~(하)지[있지] 않(았)다'고 함으로써 단정적으로 말하지 않은 완곡한 부정 표현법이라고 할 수 있다.

단순히 '~한 일(경우)이 없다'고만 말하고자 한다면 동사 '無'를 사용하면 되기 때문이다.

⑥ 唯

楚王曰: 唯唯, 誠若先生之言 謹奉社稷而以從. 『史記·平原君虞卿列傳』

초나라 왕이 말했다. 예예, 진실로 선생의 말씀과 같이 삼가 사직을 받들고 그렇게 해서 따르겠습니다.

范睢曰: 唯唯. 『史記·范睢蔡澤列傳』

범저가 말했다. 예예.[글쎄요, 글쎄요.]

(6) 反問: 豈, 寧(어찌), 庸 등

① 豈

豈以其重若彼 其輕若此哉?! 『史記·伯夷列傳』

어찌 [세속 사람들은] 그렇게 해서 그 중시하는 것은 저와 같이[저렇게] 하고[→그토록 부귀한 사람을 중시하고], 그 경시하는 것은 이와 같이 하는 것일까[→깨끗하고 맑은 사람을 하찮게 여기는 것일까]?!

有君如此, 豈可負? 『史記·孟嘗君列傳』

이와 같은 군주가 있는데, 어찌 [그 뜻을] 저버릴 수 있겠습니까?

② 寧

今大臣雖欲爲變, 百姓弗爲使, 其黨寧能專一邪? 『史記·孝文本紀』

지금 대신들이 비록 변화되기를 바라나, 백성들은 시키게[부리게] 되지 못할 것이다. 그 무리들이 어찌 전일할[→한 뜻으로 따를] 수 있겠는가?

必報讎, 寧事戎狄? 『史記·晉世家』

반드시 복수할 것이다. 어찌 융적[융과 적, 융이나 적]을 섬기겠는가?

③ 庸

此天所置, 庸可殺乎? 『史記·晉世家』

이는 하늘이 둔 바인데 어찌 죽일 수 있겠습니까?

且子玉猶在, 庸可喜乎? 『史記·晉世家』

또 자옥이 아직 [살아] 있는데 어찌 기쁠 수 있겠습니까?

必能信用其民, 庸可絶乎? 『史記·楚世家』

반드시 그 백성을 믿고 쓸 수 있으니 어찌 끊어질 수 있겠는가?

(7) 關係 : 乃, 則(卽), 却(卻), 且, 才(纔) 등

① 乃

雖有奇士不能用, 平乃去楚. 『史記·陳丞相世家』

비록 기특한 책사가 있을지라도 쓰일 수가[등용될 수가] 없기에, 제[陳平]는 곧[이에] 초나라를 떠났던 것입니다.

② 則(卽)

上服度, 則六親固. 『史記·管晏列傳』

임금이 법도를 실천하면 곧 육친이 굳게 뭉친다.

約束旣布 乃設鈇鉞 卽三令五申之. 『史記·孫子吳起列傳』

[손자는] 약속이 이미 공표되자 곧 鈇鉞을 마련하고 곧 세 번 영을 내리고 다섯 번 펼쳤다[→여러 번 그것을 펼쳐 알렸다].

③ 且

邦有道, 貧且賤焉 恥也, 邦無道 富且貴焉 恥也. 『論語·泰伯』

나라에 도가 있는데 가난하고 또[게다가] 천하기까지 해도 수치스러우며, 나라에 도가 없는데 부유하고 또 귀하기까지 해도 수치스럽다.

富貴者驕人乎? 且貧賤者驕人乎?『史記·魏世家』

부유하고 귀하면 남에게 교만을 부립니까, 또[아니면] 가난하고 천하면 남에게 교만을 부립니까?

且夫水之積也不厚, 則其負大舟也無力.『莊子·逍遙游』

또[게다가] 대저 물이 쌓인 것이 두텁지 않으면 그것이 큰 배를 짊어지는 데[띄우는 데]는 힘이 없습니다.

往何遽必辱 且又何至是?『史記·鄭世家』

간다고 해서 뭐[어찌] 꼭 욕을 당할 것이며, 게다가 또 뭐로[어찌] 이에 이르겠소[이렇게 해야 하겠소]?

'乃·則(卽)·且' 등에 대해서는 종래 부사인 경우와 접속사인 경우를 나누어 두 가지 품사성을 따로따로 가지고 있다고 여겨왔으나, 그렇지 않다고 여긴다. 모두 부사이다.[154]

(8) 轉換 : 雖, 縱 등

① 雖

今父老子弟雖患苦我, 然百世後期令父老子孫思我言.『史記·滑稽列傳補』

지금 부로의 자제들이 비록 나에게 괴로움을 당하는 것을 근심하나, 그러하지만 백 세[대] 뒤에는 부로의 자손들로 하여금 내 말을 생각하게 하리라 기대한다.

② 縱

縱江東父老憐而王我 我何面目見之?『史記·項羽本紀』

비록 강동의 부로들이 나를 불쌍히 여겨 왕으로 삼는다 할지라도, 내가 무슨 면목으로 그들을 보겠는가?

부사가 연용되었을 때, 의미상 연합 관계인가 앞의 부사가 그 이하의 술부를 수식하는가는 전체 文意에 의해 구별한다.

---

154) 이에 대한 자세한 내용은 안기섭·정성임의 「古代漢語 '乃·則·且'의 副詞性」(『中國語文學』 제48집, 2006. 12)을 참고하면 된다.

부사와 관련하여 특별히 일러 둘 말이 있다. 종래의 문법서에는 이상에서 열거한 부사 이외에 다른 품사를 겸한 많은 어휘들이 더 실려 있다. 그러나 이는 고대한어의 성격과 거리가 너무 멀다. 그래서 실사류를 명사·동사·형용사·부사·대사로 나눌지라도, 이왕에 나누는 바라면 명사·동사·형용사에 귀속시키는 것이 마땅한 것들이 많다. 이런 것들은 부사에서 제외함이 옳다

이 책에는 '접속사[연사]'라는 품사를 인정하지 않는다. 종래 접속사로 분류해온 어휘들은 부사를 비롯하여 명사·동사·형용사·대사 등의 실사류와 조사에 나뉘어 귀속된다.

8. 代詞

• 代詞의 分類와 쓰임

代詞는 다른 單語나 句 또는 文章 및 段落이 뜻하는 구체적인 내용을 대신하여 가리킨다. 즉, 명사·동사·형용사·부사 등에 의하여 관념화 할 수 있는 모든 말이나 이것들이 구성하는 보다 큰 단위의 말 덩이가 나타내는 의미 내용을 대신한다.

지금까지의 代詞의 분류는 人稱代詞·指示代詞·疑問代詞로 나누는 것이 대표적이다. 그런데 이러한 분류는 人稱과 指示의 양쪽에 드는 단어들이 있어서 적절한 경계가 되지 못한다. 人稱과 指示 양쪽에 중복해서 넣고 있는 방식을 취하고 있는데, 이는 대사에 드는 개별 단어의 성질을 바르게 설명하는 방식이 되지 못한다. 이렇게 해 온 것은 아마도 영어에서의 대명사류 구분에 영향을 받아서일 것이다.

그리하여 이 책에서는 (1)사람만을 가리키는 대사, (2)사람과 기타를 가리지

않는 대사, (3)의문을 나타내는 대사 등 셋으로 나눈다. 의문을 나타내는 대사에도 당연히 (1)과 (2)의 경우가 다 있으나 그 종류가 많지 않고 비교적 간단하므로 둘로 나누지 않기로 한다.

1) 사람만을 가리키는 代詞

화자[自稱] · 청자[對稱] · 자기[複稱, 己身稱] · 그밖의 다른 사람[旁稱] 등으로 나눌 수 있다.

(1) 화자[自稱]

화자를 나타내는 代詞에는 '吾 · 我 · 予(余)' 등이 있다. 서로 다른 문자로 '나(또는 우리)' 한 가지를 나타냈던 것은 각기 다른 自稱이 여럿 있어서가 아니라 대체로 각 方言에서의 발음(음성) 차이를 반영한 것이라는 사실이 음운학적 연구에 의해 밝혀졌다.

옛날에 자칭을 나타내는 데는 이들 대신하는 말을 쓰기도 하였지만, 자신의 이름을 쓰거나 '臣 · 僕 · 愚 · 小人 · 下走 · 妾 · 婢子' 등의 謙辭(자기를 낮추는 말)를 많이 썼다.

> **丘也幸. 苟有過, 人必知之.** 『論語 · 述而』
> 구[孔子의 이름, 나]는 행복하다. 만약에 허물[잘못, 과실]이 있으면 사람[남]들이 반드시 그것을 알게 해 준다.

天子는 스스로 '余一人 · 子一人' 이라 칭했으며, 諸侯들은 자신들을 '寡人 · 不穀 · 孤'라 칭했다. 秦始皇은 先秦시대에 일반인 自稱의 代詞로 쓰여 오던 '朕'을 皇帝 專用의 自稱으로 규정하기도 하였다.

我聞忠善以損怨 不聞作威以防怨.『左傳 · 襄公三十一年』

저는 정성되고 선량하여 [그렇게 함으로써] 원망을 덜어낸다고는 들었으나 위세를 지어서 [그렇게 함으로써] 원망을 막았다고는 듣지 못했습니다.

吾不願見魯連先生也.『戰國策 · 趙策』

나는 노련선생을 만나는 것을 원치 않습니다[만나고 싶지 않습니다].

予將有遠行.『孟子 · 公孫丑下』

나는 장차 멀리 갈 일이 있을 것입니다.

子其怨我乎?『左傳 · 成公三年』

그대는 [거] 나를 원망하는가?

三人行, 必有我師焉.『論語 · 述而』

세 사람이 가면 반드시 거기에 나의 스승이[내가 배울 사람이] 있다.

狄人之所欲者 吾土地也.『孟子 · 梁惠王下』

적[이민족의 이름] 사람들이 바라는 바는 나의 토지[땅]입니다.

僕欲北攻燕 東伐齊 何若而有功?『史記 · 淮陰侯列傳』

제가 북쪽으로는 연을 치고 동쪽으로는 제를 치고자 하는데, 무엇과 같이 하면[→어떻게 하면] 공이 있겠습니까?

天降朕以德.『莊子 · 在宥』

하늘이 나에게 내려주심에 덕을 써서 하셨다.

드물게 '台(이) · 卬(앙)'도 보이는데 이것도 '吾 · 我 · 予(余)' 등과 마찬가지로 방언의 발음 차이의 반영이라 여기고 있다.

非台小子[155]敢行稱亂.『書經 · 湯誓』

나 이 사람이 감히 난을 일으키는 것을(짓을) 행하는 것이 아니다.

人涉 卬否, 卬須我友.『詩經 · 邶風 · 匏有苦葉』

남은 건너도 나는 아니 하리, 나는 나의 벗을 기다리리.

---

155) '小子'는 여기에서 자기를 낮추는 말로 쓰임.

(2) 청자[對稱]

청자인 상대방을 일컫는 대사로는 '女(汝)·爾·若·而·乃' 등이 쓰였다. 상대방의 신분이나 지위를 나타내는 '王·將軍' 등을 쓰거나 '陛下(天子)·殿下(王侯)·閣下' 등의 존칭을 쓰기도 하고, '君·公·先生·吾子·卿·足下·執事·左右' 및 '子' 등의 尊稱을 常用하였다.

> 三歲貫女, 莫我肯顧. 『詩經·魏風·碩鼠』
> 3년 동안 당신을 섬겼는데도 나를 돌아보려 한 경우가 없었네.

> 顏淵季路侍. 子曰: 盍各言爾志? 『論語·公冶長』
> 안연과 계로가 모시고 있었다. 선생님께서 말씀하셨다. 무엇 때문에[어찌하여] 각기 너희들의 뜻을 말하지 않느냐?

> 吾翁卽若翁. 『史記·廉頗藺相如列傳』
> 나의 아버지가 곧 너의 아버지이시다.

> 夫差, 而忘越王之殺而父乎? 『左傳·定公十四年』
> 부차여, 당신은 월나라 왕이 당신의 아버지를 죽인 것을 잊었는가?

> 子奚不爲政? 『論語·爲政』
> 당신[님]은 뭐로[왜] 정치를 하지 않으십니까?

'戎'도 드물게 보인다.

> 戎雖小子156)而式弘大. 『詩經·大雅·民勞』
> 너희들은 비록 나의 아랫사람들이나 쓰임(작용)은 크디 크다.

---

156) '小子'는 여기에서 윗사람이 아랫사람을 일컫는 말임. 天子의 입장에서 관리들을 어린 자식처럼 여기는 표현임.

(3) 자기[複稱, 己身稱]

자기 자신을 가리키는 말로서 사람만을 가리키는 것에는 '己'가 있다.

夫仁者 己欲立而立人 己欲達而達人. 『論語·雍也』

대저 어질면[또는 '어진 사람은'] 자기가 서고자 하면 다른 사람도[남도] 서게 하고 자기가 도달하고자 하면 다른 사람도[남도] 도달하게 한다.

不患人之不己知 患不知人也. 『論語·學而』

다른 사람이 자기를 알아주지[이해하지] 않음을 걱정하지 않고, [자기가] 남을 알아주지 못함을 걱정하는 것이다.

己所不欲 勿施於人. 『論語·顏淵』

자기가 하고 싶지 않는 바는 다른 사람에게도 행할 것이 없다.

(4) 그 밖의 다른 사람[旁稱]

'人'은 명사로 '사람'을 뜻한다. 그런데 이 '人'이 '다른 사람', 즉 '남'을 가리키는 경우가 있다. 두 가지로 이해해도 뜻이 통하는 경우가 많으나, '남'을 가리킨다고 여겨질 때 代詞에 넣곤 한다. 앞에 든 예문에서 '己'와 짝하여 쓰인 경우 등이 해당된다.

不患人之不己知 患不知人也. 『論語·學而』

다른 사람이 자기를 알아주지[이해하지] 않음을 걱정하지 않고, [자기가] 남을 알아주지 못함을 걱정하는 것이다.

己所不欲 勿施於人. 『論語·顏淵』

자기가 하고 싶지 않는 바는 다른 사람에게도 행할 것이 없다.

攻其惡 無攻人之惡. 『論語·顏淵』

그의[자기의, 나의] 나쁜 점을 치고 남의 나쁜 점을 치는 일이 없어라.

2) 사람과 기타를 가리지 않는 代詞

제3자 · 자기[復稱, 己身稱] · 그밖의 다른 것[旁稱] · 가까운것[近稱] · 가리키는 내용이 일정치 않거나 밝히지 않은 것[不定稱] 등으로 나눌 수 있다.

(1) 제3자

'其 · 之 · 彼 · 夫' 등은 '나(우리)'와 '너(당신, 당신들)' 밖의 다른 사람을 지칭하는 외에, 그 밖의 모든 것을 지칭할 수 있다. 보통 '그' 또는 '저'로 번역한다. '인칭'과 '지시'를 구분할 수 없는 단어들이다. 그래서 같은 단어가 '이(이들)'에 대응되는 '저(저들)'를 가리키는 경우를 포함한다. 이것들 외에 '厥'이 쓰이기도 하였다.

'之'와 비슷한 쓰임을 보이는 대사로 '焉'이 있다. '焉'이 '之'보다 지시성이 강하다. '諸'도 '之'처럼 쓰여 대사인 경우가 있다.

① 사람을 가리키는 경우[他稱]

[其]

其妻獻疑. 『列子 · 湯問』
그의 아내가 의문을 드리냈다.

萬乘之國弑其君者必千乘之家. 『孟子 · 梁惠王上』
만승의 나라에서 그의 군주를 시해하는 경우는 반드시 천승의 가문입니다.

操蛇之神聞之 懼其不已也 告之于帝. 『列子 · 湯問』
뱀을 다루는 신이 그것을 듣고는 그가 그만두지 않을 것을 두려워하여 그것을 천제에게 알렸다.

秦王恐其破璧 乃辭謝. 『史記 · 廉頗藺相如列傳』
진 왕은 그가 보옥을 깰까 두려워 곧 사과의 말을 하였다.

爲其來也, 臣請縛一人 過王而行. 『晏子春秋·內篇雜下』

그가 오게 되면, 신들이 삼가 한 사람을 묶어가지고 왕 앞을 지나가게 하겠습니다.

今欲擧大事, 將非其人, 不可. 『史記·項羽本紀』

이제 큰 일을 일으키고 싶다면 장차 그[그 같은] 사람이 아니고서는 안 됩니다.

[之] [焉]

公賜之食, 食舍肉. 公問之. 『左傳·隱公元年』

공이 그에게 먹을 것을 내려주자 먹을 것에서 고기를 가려내기에 공이 그것[그 까닭]을 물었다.

孔子下 欲與之言, 趨而辟之, 不得與之言. 『論語·微子』

공자께서 내려가서 그와 더불어 말을 하고자 하였으나, 종종걸음으로 그[공자]를 피해버려서, 그와 더불어 말을 하지 못했다.

三人行, 必有我師焉[157). 『論語·述而』

세 사람이 가면 반드시 그들 가운데 나의 스승이 있다.

'其'·'之'가 가리키는 실제 내용은 자신이거나 상대방인 경우도 있다. 어떤 대사를 사용하느냐 하는 것은 화자의 심리의 반영이기 때문에 문맥에서 파악하여야 한다. 예문을 가지고 뒤에서 언급한다.

---

157) '之'와 '焉'이 지칭하는 내용이 없이 쓰이면 '語氣'만을 나타내므로 이때는 '助詞'로 여긴다. 뒤의 허사편에서 다룬다. 발음이 같은데 가리키는 내용이 있느냐 없느냐를 가지고 판단하므로 엄격하게 가르기 어려운 경우가 적지 않다. 虛化의 과정에서 또는 본래부터 두 가지가 공존했을 터이니 그럴 수밖에 없다. 고대한어에서 허화의 과정을 보여주는 대표적인 것은 代詞인 '是'가 동사화하는 과정에서의 쓰임이다. 오늘날의 관점에서 보면, 대사로 보건 동사로 보건 뜻이 다 통하는 경우가 많다. '之'와 '焉도 마찬가지이다. 단, '대사'에서 '조사'로 허화된 것이 아니라 오늘날 '대사'와 '조사'로 나누어 보는 기능이 동시 공존했을 수도 있다. 이 경우 한 가지 품사만을 부여할 수 있고, 이를 '대사'로 명명한다면 지시하는 내용이 없는 것은 대사의 쓰임의 한 가지가 된다.

[彼]

彼丈夫也, 我丈夫也. 吾何畏彼哉?! 『孟子·滕文公上』

그[저]도 장부이고 나도 장부이다. 내가 뭐로[왜] 그[저]를 두려워하겠는가?!

彼陷溺其民 王往而征之. 『孟子·梁惠王上』

그[저](晉·楚·秦나라)들이 그들의 백성을 도탄에 빠뜨리면 왕께서 가셔서 그들을 정벌하십니다.

在彼者皆我所不爲也, 在我者皆古之制也, 吾何畏彼哉? 『孟子·盡心下』

그에게 있는 것은 모두 내가 하지 않는 바이며, 나에게 있는 것은 모두 옛날 지어진 것인데, 내 뭐로[어찌] 그[저]를 두려워하겠는가?

囊者 吾叱之, 彼乃以我爲非人也. 『史記·刺客列傳』

접때 내가 그를 질타하자, 그[저]는 곧 나를 가지고 사람이 아니라고 여겼다.

吾將與楚人戰, 彼衆我寡, 爲之奈何? 『韓非子·難一』

내가 장차 초나라 사람들과 싸우려고 하는데, 그[저]들 무리는 많고 나는 적으니, 그것을[에 대하여] 어떻게 해야 되겠소?

今夫齊與吳將戰, 彼戰而不勝, 越亂之必矣. 『史記·仲尼弟子列傳』

지금 대저 제나라가 오나라와 더불어 장차 전쟁을 하려 하는데, 그[저]들이 싸워서 [오나라가] 이기지 못하면 越나라가 그[못나라]를 어지럽힐 것이 틀림없다.

[夫]

我皆有禮, 夫猶鄙我. 『左傳·昭公十六年』

나는 다 예를 갖추었는데 저는 오히려 나를 비하힌다.

長沮曰: 夫執輿者爲誰? 子路曰: 爲孔丘. 『論語·微子』

장저가 말했다. 저 수레고삐를 잡고 있는 사람이 누구 되시오? 자로가 말했다. 공구되십니다.

② 사람 이외의 것을 가리키는 경우

지금까지 '이, 이들' 등으로 번역할 수 있는 '此·玆·斯·是·爾' 등을 영어의 지시대사 'this, these'에 대응시켜 '近指'라 이르고, 이와 짝하여 '其·之·彼·

夫'를 '遠指'라 하여 영어의 지시대사 'that, those'에 대응시켜 온 것 같다. 그러나 고대한어에는 영어에서 인칭을 나타내는 'he, she, they'나 정관사 'the' 같은 구분도 없고, 기본적으로 인칭이 아닌 'it'와의 구별도 없다. 사람뿐만 아니라 여타의 모든 것을 '其·之·彼·夫'로 가리킬 수 있다. 이들 단어의 쓰임을 가지고 '인칭'과 '지시'의 둘을 나눌 문법적인 이유는 없다.

[其]

爾愛其羊, 我愛其禮. 『論語·八佾』

너는 그 양을 아끼지만 나는 그 예를 아낀다.

海內之地 方千里者九 齊集有其一. 『孟子·梁惠王上』

해내의 땅은[땅에서] 사방 천리인 것이 아홉인데, 제나라는 그 [가운데] 하나를 모아 가지고 있습니다.

臨其穴 惴惴其慄. 『詩經·秦風·黃鳥』

그 묘혈에 임하자 [무덤에 들어갈 적에] 두려워 부르르 떨었다.

君子之於禽獸也 見其生不忍見其死. 『孟子·梁惠王上』

군자는 금수에 대해서 그 산 것을 보고는 그 죽은 것을 차마 보지 못합니다.

名實不虧 使其喜怒哉! 『列子·皇帝』

이름과 실질이 어그러지지[다르지] 않지만 그[원숭이]들로 하여금 기쁘게도 하고 화나게도 하였도다!

[之] [焉] [諸]

'之'가 가장 많이 보인다. '焉'이나 '諸'도 '之'와 같은 쓰임을 보인다. 문맥을 통하여 '焉'이 '之'보다 더 강한 지칭의 의미를 지님을 알 수 있다. '諸'는 극히 드물게 보인다.

子女玉帛 則君有之, 羽毛齒革 則君地生焉. 『左傳·僖公二十三年』

자녀[백성]와 옥과 비단은 임금님께서 [그것을] 가지고 계시며, 깃과 털과 상아와 가죽은 임금님의 땅에서 [그것을] 생산합니다.

淵深而魚生之, 山深而獸往之, 人富而仁義附焉. 『史記 · 貨殖列傳』

못이 깊으면 물고기가 거기에 살고, 산이 깊으면 짐승이 그곳으로 가며, 사람이 부자가 되면 仁義
가 그에게 붙는다.

冬晉薦饑 使乞糴於秦. 秦伯謂子桑 : 與諸乎? 『左傳 · 僖公十三年』

겨울에 晉은 거듭 흉년이 들어서 사신을 보내어 秦으로부터 쌀을 사기를 청했다. 秦의 군주가 子桑
에게 이르기를, "晉에 그것을 주어야겠는가?" 하였다.

'其'가 대사로 쓰일 때는 관형어나 주술구 중의 주어로 쓰이는 것이 특징이
다. '之'가 대사로 쓰일 때는 대부분 목적어로 쓰이는 것이 특징이다.

그런데 다음 예와 같이 '之'가 관형어로 쓰인 경우도 보인다.

之二蟲又何知? 『莊子 · 逍遙游』

그 두 벌레가 또 무엇을 알겠는가?

異哉! 之歌者非常人也. 『呂氏春秋 · 擧難』

기이하구나! 그 노래 부르는 사람은 보통 사람이 아니다.

均之二策 寧許以負秦曲. 『史記 · 廉頗藺相如列傳』

그 두 계책을 저울질해 보면 차라리 허락해서[제안을 받아들여서] 그래 가지고 진나라에 허물[잘
못]을 지우는[씌우는] 것이 낫습니다.

그런데 겸어식 문장이 겸어가 되면 '其'·'之' 둘 다 쓰인다.

名實不虧 使其喜怒哉! 『列子 · 皇帝』

이름과 실질이 어그러지지[다르지] 않지만 그들로 하여금 기쁘게도 하고 화나게도 하였도다!

取瑟而歌 使之聞之. 『論語 · 陽貨』

거문고를 취하여 노래 불러서 그로 하여금 그것을 듣게 하였다.

'彼'·'夫'에는 이런 쓰임이 보이지 않는다.

'其'·'之'가 가리키는 내용을 쉽게 가려낼 수 있는 경우가 대부분이다. 다음과 같은 경우는 대사가 계속해서 쓰여도 각기 무엇을 가리키는지를 분간하여 알아내기가 쉽다.

使奕秋誨二人奕. 其一人專心致志, 惟奕秋之爲聽; 一人雖聽之 一心以爲有鴻鵠將至 思援弓繳而射之 雖與之俱學 弗若之矣. 爲是其智弗若與? 曰: 非然也. 『孟子·告子上』

혁추로 하여금 두 사람에게 바둑을 가르치게 합니다[→가르치게 한다고 합시다]. 그 {= 바둑을 배우는 두 사람}[가운데] 한 사람은 마음을 오로지 하고 생각을 다하여 오직 혁추의 말만이 듣는 것이 되는데[듣게 되는데 →말만을 듣는데], 한 사람은 비록 그{= 혁추}의 말을 듣기는 하나 한쪽 마음으로는 홍곡(큰 기러기나 고니)이 곧 이르리라 여겨서(여기고)[←홍곡이 있어가지고 곧 이르리라(오리라) 여겨서] 활의 주살을 당겨 그것{= 홍곡}을 쏘아 맞힐 것을 생각한다면, 비록 그{= 혁추의 말만을 듣는 사람}와 함께 배울지라도 그{=혁추의 말만을 듣는 사람}와 [똑]같지 못하게 됩니다. 이것이 그{= 딴 생각을 하는 사람}의 지혜가 같지 못한 것이 되겠습니까?[→같지 못한 것이겠습니까? →같지 못해서이겠습니까? ⇒같지 못하기 때문이겠습니까?] [내] 말하건대, 그래서가(그러한 것이) 아닙니다.

彌與紀 吾皆愛之 欲擇才焉而立之. 『左傳·襄公二十三年』

미는 흘과 더불어 내가 모두 {그들을=미와 흘} 사랑하지만, 거기에서 재주 있는 놈을 택해서 그{=재주 있는 놈}를 [왕위에] 세우고 싶소.

그러나 '其'·'之'가 가리키는 내용이 문중에 나타나 있지 않거나 나타나 있더라도 어느 것을 가리키는지 판별하기 어려운 경우들을 만날 수 있다. 문맥에 의존하여 살필 수밖에 없다. 뒤에서 모아 보이기로 한다.

[彼] [夫]

彼交匪敖 萬福來 求. 『詩經·小雅·桑扈』

저 사귐이 교만하지 않으니 온갖 복을 구하였네[온갖 복이 구해졌네].

王知夫苗乎? 七八月之間旱, 則苗槁矣. 『孟子·梁惠王上』

왕께서는 저 모를 아십니까? 7, 8월 사이에 가물면 곧 모는 말라버리게 됩니다.

彼兵者 所以禁暴除害也 非爭奪也. 『荀子·議兵』

저 군대란 [가지고서] 난폭함을 금하고 해침을 제거하는 배[의 것]이지 다투고 빼앗는 것이 아니다.

豈以其重若彼 其輕若此哉?! 『史記·伯夷列傳』

어찌 [세속 사람들은] 그렇게 해서 그 중시하는 것은 저와 같이[저렇게] 하고[그토록 부귀한 사람을 중시하고], 그 경시하는 것은 이와 같이[이렇게] 하는 것일까[깨끗하고 맑은 사람을 하찮게 여기는 것일까]?!

現代漢語에 쓰이는 '它·他'가 쓰이기 시작한 것은 晉宋 무렵부터일 것으로 추정한다.[158] 그 이전에는 '다른 것'을 가리켰다.

(2) 자기[複稱, 己身稱]

'自'는 사람과 사물을 가리지 않고 그 자체를 가리킨다. 사람인 경우는 '자기, 스스로' 등으로 번역할 수 있고, 사람이 아닌 경우는 '저절로' 등으로 번역할 수 있다.

公則自傷, 鬼惡能傷公? 『莊子·達生』

공은 곧 스스로 다치게 한 것이지 귀신이 어디 공을 다치게 할 수 있겠는가?)

於是焉河伯欣然自喜, 以天下之美爲盡在己. 『莊子·秋水』

이에 하백은 흔언히 스스로 좋아하면서 천하의 아름다움을 다 자기에게 있다고 여겼다.

所謂誠其意者 毋自欺也. 『禮記·大學』

그 뜻을 정성되게 한다고 이르는 것은 스스로[를] 속이는 일이 없는 것이다.

何故深思高居自令放爲? 『屈原·漁父辭』

무슨 까닭에 깊이 생각하고 고고하게 처신하여 스스로를 추방당하게 하였소?

---

158) 長房曰: 還它馬, 赦汝死罪.(『後漢書·方術列傳』) (長房이 말했다. 그에게 말을 돌려주면 너의 죽을죄를 용서하겠다.)
    他自姓刁, 那得韓盧後邪?(『晉書·張天錫傳』) (그가 스스로 [姓이] 刁가라고 하는데 어떻게 韓盧의 후예가 되겠습니까?)

太子卽自剄 不殊. 『史記·淮南衡山列傳』

태자는 곧 스스로 목을 베었으나 숨이 끊어지지는 않았다.

(3) 그 밖의 다른 것[旁稱]

上古에 '他'는 '다른' 또는 '다른 무엇'을 뜻하였다.[159) 사람과 기타의 것을 모두 가리킬 수 있다.

子不我思, 豈無他人? 『詩經·鄭風·褰裳』

그대가 나를 생각하지 않는다고 어찌 다른 사람이 없겠는가?

他人有心, 予忖度之. 『詩經·小雅·節南山之什·巧言』

다른 사람에게 마음[생각]이 있는데 내가 그것을 헤아려 아네.

王顧左右而言他. 『孟子·梁惠王下』

왕이 좌우를 돌아보며 다른 것을 말했다[딴청을 피웠다].

(4) 가까운 것[近稱]

'此·茲·斯·是·爾' 등이 그것이다. 사람이나 기타의 것을 막론하고 '이(이들)'라는 말을 중심으로 번역할 수 있는 代詞이다. 각각 차이도 있으나 대체로 여러 가지 문장 성분으로 쓰인다. 특히 부사어로 쓰이는 경우 접속사로 여길 필요가 없다.

---

159) '異'를 대사로 보는 사람도 있다. 그러나 '異'는 품사를 나누기로 할 때 의미상 형용사에 들며, 다른 형용사와 마찬가지로 명사성을 띠는 경우이다. 고대한어 실사류가 명사·동사·형용사성을 아우르는 쓰임을 보이는 한 예이다.

　吾以子爲異之問, 曾由與求之問? 『論語·先進』
　나는 당신께서[←당신을 가지고] 다른 사람을 물으시리라 생각했는데 어찌 仲由에 冉求를 더불어 물으시는지요?

여러 가지 문장 성분에 두루 쓰인다.

孟嘗君怪之曰: 此誰也?『戰國策·齊策』

맹상군이 그를 괴이하게 여겨 말했다. 이[사람]는 누굽니까?

由此觀之, 王之蔽甚矣.『戰國策·齊策』

이를 통해서 보건대 왕께서 가리워지심이 심하게 되었습니다[심해졌습니다].

王如知此 則無望民之多於隣國也.『孟子·梁惠王上』

왕께서 이를 아실 것 같으면 백성이 이웃나라보다 많기를 바랄 것이 없으십니다.

此則寡人之罪也.160)『孟子·公孫丑下』

이것은 곧 과인의 죄입니다.

曰: 先生何爲出此言也?『孟子·離婁上』

말했다. 선생님께서는 무엇 때문에 이 말을 내시는 것입니까?

鄙賤之人不知將軍寬之至此也.『史記·廉頗藺相如列傳』

비천한 사람이 장군께서 그놈[이놈]을 관용하신 것이 여기까지 이른 줄을 알지 못했습니다.

彼一時, 此一時也.『孟子·公孫丑上』

저도 한 때이며, 이도 한 때이다.

季文子三思而後行, 子聞之曰: 再斯可矣.『論語·公冶長』

계문자는 세 번 생각한 뒤에 행동하였다. 선생님께서 그것을 들으시고 말씀하셨다. 두 번이면 이것으로 [곧] 된다.

---

160) "農 天下之本."의 '本'이나 "此 則寡人之罪也."의 '罪' 등은 술어의 핵심 단어가 의미상 명사임을 쉽게 알 수 있다. 그런데 명사성의 핵심 단어를 중심어로 삼는 수식구조 또는 '所'字구조 외에 술목구조나 주술구조의 句도 의미상 명사성을 띤다. 앞의 '기본 문형' 항에서도 설명하였다. "回也 非助我者也."도 한 예인데, "顔回는 나를 돕는 사람이[자가] 아니다."라고 번역한다. '助我'가 술어이며, '非'가 쓰여 부정문이 된다. 종래 '者'를 명사구를 만드는 표지로서 '構造助詞'로 여겼는데, 이 책에서는 '者'의 명사구 구성 기능을 인정하지 않는다. 즉, 구조조사로 보지 않는다. '非助我者'에서 '者'가 없어도 '助我'만으로 얼마든지 '나를 돕는 사람'도 나타낼 수 있고, '나를 돕다'를 나타낼 수 있는 것이 古代漢語의 특징이다. "안회는 나를 돕는 것이 아니다."라고 번역해도 상관이 없다. '者'는 어느 경우이든 語氣助詞로 봄이 옳다. 여기에서는 '助我'를 강조한다.('者'의 기능에 대해서는 뒤의 조사 항에서 상세히 설명한다.)

巫行視人家女好者 云: 是當爲河伯婦. 『史記·滑稽列傳』

무당이 다니면서 인가의 여자 중에 예쁜 사람을 보면 이렇게 말했다. 이 사람이 하백의 아내가 됨이 마땅하다.

夫子何善爾也? 『禮記·檀弓上』

선생님은 뭐로[어떻게] 이것을 잘하십니까?

(5) 가리키는 내용이 일정치 않거나 밝히지 않은 것[不定稱]

'或'과 '某'가 이에 속한다. 사람과 기타의 것을 모두 지칭할 수 있다.

或曰: 雍也 仁而不佞. 『論語·公冶長』

어떤 이가 말했다. 옹은 [말이지] 어질기는 하나 재주가 있지는 않다.

人固有一死, 或重於泰山, 或輕於鴻毛. 『司馬遷·報任安書』

사람에게는 본디 한 번의 죽음이 있는데, 어떤 것은 태산보다도 무겁고 어떤 것은 기러기 털보다도 가볍다.

子告之曰: 某在斯, 某在斯. 『論語·衛靈公』

선생님께서 그에게 일러 말했다. 아무개는 여기에 있고 아무개는 여기에 있다.

3) 의문을 나타내는 代詞

'誰·孰·何·曷·盍·奚·胡·安·惡·焉' 등이 있다.

'誰'는 사람을 가리킨다. '누구'를 뜻한다.

'孰'은 여럿 중에 어떤 것을 염두에 두고 묻는 말이다. 사람과 기타를 가리지 않고 쓰인다. 사람을 지칭할 경우는 '어느 누구' 등으로 번역되고, 기타의 경우는 '어느 것', '어느 무엇'등으로 번역할 수 있다.

'何'는 '무엇'이라고 생각하면 된다. 고대한어는 형태의 변화가 없기 때문에 '何'가 주어·술어·목적어·관형어·부사어 중 어느 것으로 쓰이든 한 가지이다. 이들 기능(문장 성분)에 따라 차례로 한국어로 번역하면, 주어·술어·목적어의 경우는 기본적으로 '무엇'이 된다. 관형어로 쓰이면 '무슨'이 된다. '어느'로도 번역해도 문장의 뜻은 통하는 경우가 많지만 '孰'과 구별된다는 사실을 염두에 두어야 한다. '何'가 어떤 문장 성분으로 쓰이든 똑같은 형태이므로 사실 구분이 없기 때문에 번역으로 설명하면 혼란을 일으킬 여지가 있다. 부사어로 쓰이는 경우가 특히 그러하다. 다른 성분으로 쓰인 경우에 맞추어 최대한 간명하게 한국어로 번역한다면 '뭐로' 또는 '무엇으로'가 가장 적절하다. 이렇게 번역하면 오늘의 말로는 전후의 조합이 잘 이루어지지 않아서 어색하기 때문에 문맥을 취하여 번역하곤 한다. 즉, 이 '뭐로'의 '뭐(무엇)'가 문맥상 이유인 듯싶으면 '왜'나 '무엇 때문에'·'어째서'·'어찌' 등으로 번역하고, 문맥상 방식 내지 방법 등을 나타내는 것으로 보이면 '어떻게'·'어찌' 등으로 번역한다. 반문을 나타내는 의문문에 쓰일 때도 마찬가지이다. 주의할 점은 이것이 한국어의 위와 같은 서로 다른 번역어의 차이라든가 영어의 why·how가 나타내는 차이를 나타내는 상대 표현이 있지 않고 어느 경우이건 '何' 한 가지뿐이라는 사실이다. 현대한어 어휘와의 차이로 인해서도 '何'에 대해 많은 그릇된 설명이 보이는 것을 흔하게 볼 수가 있다.

'曷·盍·奚·胡'는 대체로 '何'와 비슷하게 쓰인다. 분명히 서로 나른 형태를 지닌 단어들이므로 상호 간에 어떠한 차이가 있었거나, 아니면 실제로 한 가지인 것이 방언의 차이로 인해 여러 가지 형태를 가지고 나타난 발음과 이를 전사한 문자의 차이일 가능성도 없지 않으나 이에 대해서는 정확히 밝혀진 것이 아직 없다. 그래서 다 같이 '何'처럼 문장 성분에 따라 번역할 수 있다. 주의할 점은 의미상으로는 서로 통하지만 출현빈도가 '何'보다 대체로 낮을 뿐만 아니라 '曷·奚·胡' 등은 '何'처럼 거의 모든 문장 성분으로 나타나지는 않는다는 사실이다.

'何·曷·奚·胡'가 가리키는 '무엇'은 거의 모는 개념에 걸쳐 다 지칭하는 성질을 지니기 때문에 간혹 '무엇'이 때를 나타내는 '언제'일 수도 있음에 유의하여야 한다. 이 경우 '무슨 때[→어느 때, 언제]'로 이해하면 된다. 시간을 나타내어 '언제'·'어느 때'를 뜻하는 대사는 따로 없다고 할 수 있다. '何+시간을 나타내는 말'의 형식으로 표현되는 것이 보통이다.

'何·曷·盍·奚·胡' 등을 의문 語氣를 나타내는 副詞에도 넣는 사람이 있는데 이것은 착각이다. 여전히 代詞로서 反問(反語)[反詰]을 나타내는 의문문에 쓰일 따름이다.

'安·惡(오)·焉'은 기본적으로 장소를 묻는 '어디'·'어느 곳'을 뜻한다. 이것도 '何'류와 같이 반문을 나타내는 의문문에도 쓰인다. 번역의 결과는 '어디(어찌) ~하겠는가(하리오)?'가 되겠지만 이 경우 역시 어기 부사로 볼 필요가 없다. 이런 경우는 '어디'라는 장소를 묻고 있지 않을 뿐이다. 마치 한국어에서 '어디 그런 법이 있습니까?'라고 했을 때 이 '어디'가 장소를 가리키지 않은 것과 흡사하다. 그러므로 반어문에 쓰인 '安·惡·焉'을 한국어로 번역할 때는 굳이 '어찌'라고 하지 않고 '어디'로만 번역해도 뜻이 대부분 통하므로 고대한어의 이들 단어의 성질을 이해하는 데 다소간의 도움을 준다.

[誰]

誰無父母? 『詩經·小雅·鴻鴈之什·沔水』
누가 부모가 없겠는가?

孟嘗君怪之曰: 此誰也? 『戰國策·齊策』
맹상군이 그를 괴이하게 여겨 말했다. 이[사람]는 누굽니까?

子爲元帥, 帥不用命, 誰之罪也? 『左傳·宣公十二年』
당신은 원수가 되어가지고 원수가 명을 쓰지[듣지] 않았다면, 누구의 죄이겠습니까?

[何]

子張曰: 何爲五美? 子曰: 君子惠而不費 勞而不怨 欲而不貪 泰而不驕 威而不猛. 『論語·堯曰』

자장이 말했다. 무엇이 5미가 됩니까? 선생님께서 말씀하셨다. 군자는 자혜로우면서도 낭비하지 않으며 수고하면서도 원망하지 않으며 하고자 하면서도 욕심 부리지 않으며 태연하면서도 교만하지 않으며 위엄스러우면서도 사납지 않다.

問曰: 周公何人也? 『孟子·公孫丑下』

물어 말했다. 주공은 무슨[어떤] 사람입니까?

肉食者謀之, 又何間焉? 『左傳·莊公十年』

육식하는 사람들이 그것을 도모하는데 또 뭐로[무엇 때문에] 그것에 끼어들겠습니까?[간여하겠습니까?]

君美甚. 徐公何能及君也? 『戰國策·齊策』

당신이 잘생긴 것이 더 합니다.[당신이 훨씬 잘 생기셨습니다.] 서공이 뭐로[어찌] 당신에게 미칠 수 있겠습니까?

春者何? 歲之始也. 『公羊傳·隱公元年』

봄이란 무엇입니까? [한] 해의 시작입니다.

天之所欲者何也? 所惡者何也? 『墨子·天志下』

하늘이 하고자 하는 바는 무엇입니까? 싫어하는 바는 무엇입니까?

何哉?! 爾所謂達者. 『論語·顔淵』

무엇입니까?! 당신이 도달한다고 이르시는 바는.

君何患焉? 『左傳·隱公元年』

군주께서는 무엇을 근심하십니까?

何由知吾可也? 『孟子·梁惠王上』

무엇을 통하여[무엇으로 말미암아] 내가 할 수 있다는 것을 아셨소?

以一服八 何以異於鄒敵楚哉?! 『孟子·梁惠王上』

하나를 가지고 여덟을 복종시키려 한다면 무엇을 가지고[무엇으로→어떻게] 추나라가 초나라를 대적하는 것과 다르겠는지요?!

以此攻城, 何城不克? 『左傳 · 僖公四年』

이것을 가지고 성을 친다면, 무슨 성인들 이기지 못하겠습니까?

'何'는 '如何 · 何如 · 若何 · 何若 · 奈何'와 같이 나타나는데 주의할 점이 있다.

우리는 의문사(의문대사를 약칭함)가 목적어로 쓰일 때는 '술어+목적어'의 어순이 '목적어+술어'의 어순으로 나타나는 것이 기본임을 알고 있다. 어순 도치에 의해 강조되는 모든 경우가 그렇듯이 의문사가 나타내는 것이 곧 의문의 소재이기 때문에 어순이 바뀔 수 있는 것이다.

'如何 · 何如 · 若何 · 何若 · 奈何' 가운데 '如何 · 若何 · 奈何'는 도치되지 않은 경우이다. 이 경우에 한하여 사이에 다른 말이 놓이는 경우가 있는데, 지금까지는 이것들 모두를 일종의 특수한 고정 형식(句)로 여겨왔기 때문에 사이에 끼이는 말을 이들 고정구의 목적어라고 설명해 왔다. '如何 · 何如 · 若何 · 何若 · 奈何' 등은 '어떠하다' 내지 '어떻게 하다'로 이해되고 번역되었으며, 이에 따라 '어떻게 하다'가 목적어를 취하면 목적어가 사이로 들어간다는 설명을 해 온 것이다.

그런데 사이에 다른 말이 놓이는 경우는 도치가 되지 않은 '如何 · 若何 · 奈何' 뿐이다. '如+○+何' · '若+○+何' · '奈+○+何'와 같이 나타난다. '如何 · 若何 · 奈何'는 낱낱이 풀이하면 '무엇과 같다' · '무엇과 같이 하다'가 될 것이다. 그러므로 '如+○+何' · '若+○+何' · '奈+○+何'처럼 사이에 다른 말이 오게 되면 '如+○' · '若+○' · '奈+○'가 우선적으로 '술어+목적어'의 구성을 갖춘다. 여기에 '何'는 본시 그것의 쓰임대로 '무엇(뭐)'을 뜻한다. 그래서 '○와 같이 하는 것[같이 함]이(○와 같은 것[같음]이) 무엇이냐'라는 순차적인 의미 구성을 한다. '무엇(뭐)'가 가리키는 것이 문맥상 '방식' 또는 '이유'가 되어서 '어떠하냐(어떻게 되는 것이냐)?' · '어떻게 할 것이냐?' 또는 '왜(어째서)냐?'의 의미를 나타낼 따름이다.

'如+○'·'若+○'·'奈+○'가 어떤 문장 성분이 되느냐 하는 것은 그 다음의 문제이다.

현대한어에서 '離合詞'라 일컫는 말의 구조를 생각하면 이해하기가 쉬울 것이다.

[如何] [何如]

敢問國君欲養君子 如何斯可謂養矣.『孟子·萬章下』

나라 임금이 군자를 기르고자 하여 무엇과 같이 하면[→어떻게 하면] 이에 기른다고 이를 수 있게 되는지를 감히 여쭙겠습니다.

叔向曰: 齊其何如?『左傳·昭公三年』

숙향이 말했다. 제나라는 [거] 무엇과 같습니까[어떻습니까]?

以五十步笑百步則何如?『孟子·梁惠王上』

오십보를[오십보 달아난 것을] 가지고 백보를[백보달아난 것을] 비웃는다면 곧 무엇과 같겠습니까[어떻겠습니까]?

以子之矛陷子之盾何如?『韓非子·難勢』

당신의 창을 사용해서 당신의 방패를 뚫으면[뚫는다면] 무엇과 같겠습니까[어떻게 되겠습니까]?

[若何] [何若]

美之與惡 相去若何?『老子·第二十章』

아름다움은 추함과 더불면[더불어 비교하면] 서로간의 거리가[←서로 떨어짐이] 무엇과 같겠습니까[어떠하겠습니까]?

僕欲北攻燕 東伐齊 何若而有功?『史記·淮陰侯列傳』

제가 북쪽으로는 연나라를 치고 동쪽으로는 제나라를 치고 싶은데 무엇과 같이 하면[어떻게 하면] 공이 있겠습니까?

[奈何]

諸侯不從, 奈何? 『史記·高祖本紀』

제후들이 따르지 않으면 무엇과 같이 하시겠습니까[어떻게 하시겠습니까]?

取吾璧 不予我城, 奈何? 『史記·廉頗藺相如列傳』

우리의 옥은 취하고[받고, 가져가고] 우리에게 [약속한 15개의] 성은 주지 않으면 무엇과 같이 하겠는가?[어떻게 하겠는가?]

乃見平原君曰: 事將奈何矣? 『史記·魯仲連列傳』

곧 평원군을 만나서 말했다. 일이 장차 무엇과 같이 되겠소[어떻게 되겠소]?

民不畏死, 奈何以死懼之? 『老子·第七十四章』

백성이 죽음을 두려워하지 않는데, 무엇과 같이 해서[어떻게 해서] 죽음을 가지고 그들을 무서워하게 하겠습니까?

◉ '如何'·'若何'·'奈何'의 사이에 '如'·'若'·'奈'의 목적어가 오는 경우

[如~+何]

人而不仁 如禮何? 人而不仁 如樂何? 『論語·八佾』

사람이(으로서) 어질지 않으면 禮 같은 것이 뭐겠는가? 사람이면서 어질지 않으면 樂(음악) 같은 것이 뭐겠는가?

如之何? 其使斯民飢而死也. 『孟子·梁惠王上』

그와 같이 하는 것이 뭡니까?[그와 같이 한다면 뭐가 되겠습니까?] [아 거] 이 백성들로 하여금 굶주려 죽게 하는 것이.[→어떻게 이 백성들로 하여금 굶주려 죽게 하겠습니까?]

以君之力曾不能損魁父之丘, 如太形王屋何? 『列子·湯問』

당신의 힘으로 가지고는 일찍이 괴부의 언덕[언덕의 흙]도 덜어낼 수가 없는데, 태형산 왕옥산 같은 것은 무엇이겠습니까[어떻겠습니까→어떻게 하겠습니까?]?

吾如有萌焉何哉?! 『孟子·告子上』

내가[나에게는] 그에게 싹[왕노릇 할 소지]이 있는 것과 같은 것이 무엇이겠습니까(무슨 소용이겠습니까)?![→그에게 싹이 있은들 내가 어떻게 하겠습니까?!]

[奈～+何]

西門豹顧曰: 巫嫗三老不來還, 奈之何? 『史記·滑稽列傳補』

서문표가 돌아보며 말했다. 무당 할멈과 원로들이 돌아오지 않으면 그와 같이 할 것[할 일]이 무엇인가[→어떻게 할 것인가]?

虞兮虞兮奈若何? 『史記·項羽本紀』

우[우미인]여! 우여! 너 같은 사람은 무엇이냐[뭐가 될까냐→어떻게 할까냐]?

[若～+何]

是吾師也, 若之何毀之? 『左傳·襄公三十一年』

이는 나의 스승인데, 그와 같이 하는[그와 같은] 것이 뭐기에[→어떻게] 그를 훼손하겠소?

[孰]

孰爲夫子? 『論語·微子』

어느 누가[어느 분이] 선생님 되십니까?

誰爲爲之, 孰令聽之? 『司馬遷·報任安書』

누구를 위해서 그것을 하며, 어느 누구로 하여금 그것을 듣게 하겠는가?

哀公問: 弟子孰爲好學? 『論語·雍也』

애공이 물었다. 제자들은[제자들 가운데서] 어느 누가 배우기를 좋아하는 사람이 됩니까?

吾與徐公孰美? 『戰國策·齊策』

나는 서공과 더불면[더불어 비교하면] 어느 누가 [더] 잘생겼는가?

鄒人與楚人戰, 則王以爲孰勝? 『孟子·梁惠王上』

추나라 사람이 초나라 사람과 싸운다면 곧 왕께서는 [그것을 가지고] 어느 쪽이[누가] 이기리라 여기십니까?

[曷·盍·奚·胡]

懷哉懷哉! 曷月予還歸哉? 『詩經·王風·揚之水』

그리워라! 그리워라! 무슨[어느] 달에 내가 귀환할까나?!

蝗螟 農夫得而殺之. 奚故? 爲其害稼也.『呂氏春秋 · 不屈』

누리[메뚜기류]와 마디충[명충류]은 농부가 그것들을 얻어서[잡아서] 죽입니다. 무슨 까닭입니까? 그것들이 농작물을 해치게 되어서입니다.

子奚不爲政?『論語 · 爲政』

당신께서는 뭐로[무엇 때문에, 왜] 정치를 하지 않으십니까?

楚王叱曰: 胡不下?『史記 · 平原君列傳』

초왕이 질타하며 말했다. 뭐로[→어째서, 왜] 내려오지 않소?

'曷'(갈)과 '盍'(합)은 '何 + 不'의 合音 표기로 쓰이는 경우가 있어서 하나의 글자가 정 반대의 뜻을 가지고 나타나기도 한다.

中心好之, 曷飮食之?『詩經 · 唐風 · 有杕之杜』 [曷 = 何不(代詞 + 副詞)]

속마음으로[진심으로] 그를 좋아하는데 어찌 그를 마시게 하고 먹게 하지 않겠는가?

吾聞西伯賢又善養老, 盍往焉?『史記 · 齊太公世家』 [盍 = 何不(代詞 + 副詞)]

나는 서백이 어질고 또 노인 봉양을 잘한다고 들었는데, 뭐로[→어찌] 그에게 가지 않겠습니까?

顔淵季路侍. 子曰: 盍各言爾志?『論語 · 公冶長』 [盍 = 何不(代詞 + 副詞)]

안연과 계로가 모시고 있었다. 선생님께서 말씀하셨다. 어찌하여 각기 너희들의 뜻을 말하지 않느냐?

[安 · 惡 · 焉]

沛公安在?『史記 · 項羽本紀』

패공[유방]은 어디에 계시는가?

樊噲曰: 臣死且不避, 卮酒安足辭?『史記 · 項羽本紀』

번쾌가 말했다. 臣이 죽음 또한 피하지 않았는데, 잔 술은 어디[어찌] 사양할 거리가 되겠습니까?

嗟乎! 燕雀安知鴻鵠之志哉?!『史記 · 陳涉世家』

아! 참새와 제비가 어디[어찌] 큰 기러기와 고니의 뜻을 알겠는가?!

且焉置土石?『列子 · 湯問』

또 어디에 흙과 돌을 두겠습니깨[버리겠습니까]?

夫子焉不學而亦何常師之有? 『論語 · 子張』

선생님께서는 어디에서든 배우지 않으셨겠으며 또 뭐로[어찌] 일정한 스승을 가지고 계셨겠습니까 [일정한 스승이 있었겠습니까]?

居惡在? 仁是也. 路惡在? 義是也. 居仁由義, 大人之事備矣. 『孟子 · 盡心上』

거처는 어디에 있겠습니까? 仁이 그것입니다. 길은 어디에 있겠습니까? 義가 그것입니다. 仁에 살고[인을 거처 삼고] 의로 말미암으면[의를 따라 행하면] 대인의 일이 갖추어지게 됩니다.

爲民父母行政 不免於率獸而食人, 惡在? 其爲民父母也. 『孟子 · 梁惠王上』

백성의 부모[왕]가 되어가지고 정치를 하는데[함에 있어서] 짐승을 몰다가 사람을 잡아먹게 하는 것을 면치 못한다면, 어디에 있겠습니까? [아 거] 백성의 부모 되었다 할 것[부모됨]이.

卒然問曰: 天下惡乎定? 吾對曰: 定於一.[161] 『孟子 · 梁惠王上』

[왕이] 갑자기 물어 말했다. 천하는 어디(에서)인가요 정해지는 곳[것]이? 내가 대답하여 말했다. 하나로 하는 데서[통일하는 데서] 정해집니다.

4) 유의할 代詞의 쓰임

(1) 문장 성분과의 관계

보통 대사 '其'는 관형어나 주술구 중의 주어로 쓰이며, '之'는 목적어로 쓰인다고 차이를 설명해 왔다. 그런데 다음 예들은 이러한 구별이 맞지 않음을 알게 해 준다. '其'가 관형어나 주어로 쓰이지만 목적어로 쓰이지 않는 데 대해, '之'는 주어로는 쓰이지 않는다. 그러나 '之'는 관형어로도 쓰여 이 경우 '其'와 성분상 차이는 없으나, 빈도가 낮을 뿐 아니라 지시 내용의 범위가 '其'보다 좁게 나타난다.

之二蟲又何知? 『莊子 · 逍遙游』

그 두 벌레가 또 무엇을 알겠는가?

---

161) '乎'를 개사로 보는 사람들은 '惡'를 개사의 目的語가 도치된 형태로 여기는데, 이는 잘못이다. '乎'는 조사이다. 의문의 범주에 드는 각종 어기를 나타낸다.

異哉! 之歌者非常人也. 『呂氏春秋·擧難』

기이하구나! 그 노래 부르는 사람은[그 노래 부름이, 그 노래가] 보통 사람이 아니다.

겸어식에서 겸어가 될 때는 '其'·'之' 모두 쓰인다.

名實不虧 使其喜怒哉! 『列子·黃帝』

이름과 실질이 어그러지지[다르지] 않지만 그들로 하여금 기쁘게도 하고 화나게도 하였도다!

取瑟而歌 使之聞之. 『論語·陽貨』

거문고를 취하여 노래 불러서 그로 하여금 그것을 듣게 하였다.

(2) 대사가 가리키는 내용

대사 간에 본시 가리키는 내용에 경계가 있다. 그런데 문맥상 가리키는 실제 내용이 다른 대사로 가리키는 것과 통할 때가 있다.

① 자신을 가리키는 경우

攻其惡 無攻人之惡. 『論語·顔淵』

그의[⇒자기의, 나의] 나쁜 점을 치고 남의 나쁜 점을 치는 일이 없으라.

鄙賤之人不知將軍寬之至此也. 『史記·廉頗藺相如列傳』

비천한 사람이 장군께서 그놈[⇒저, 나]을 관용하신 것이 여기까지[이에] 이른 것을 알지 못했습니다.

非其鬼而祭之諂也, 見義不爲無勇也. 『論語·爲政』

그의[⇒ 자기의, 나의] 귀신이 아닌데[도] 그에게 제사지내는 것은 아첨이며, 의로움을 보고도 하지 않는 것은 용기가 없는 것[없음]이다.

② 상대방을 가리키는 경우

君亟定變法之慮 殆無顧天下之議之也. 『商君書·更法』

군주님께서는 빨리 법을 바꿀 생각을 정하십시오. 천하가 그[⇒당신]를 비방하는[이러쿵저러쿵하는] 것을 고려할 것이 거의 없습니다.

③ 구분이 어려운 경우

대사가 가리키는 내용이 무엇인지를 가리는 일은 문맥 파악에 중요하다. 같은 대사가 연속되어 쓰였는데 가리키는 내용은 서로 다른 경우가 적지 않다. 그러나 이런 경우는 오히려 문맥에 의해 가려지기 마련이다.

이렇게 보아도 말이 되고 저렇게 보아도 말이 되는 경우가 문제이다. 앞뒤에 분별상 도움이 되는 문맥이 나타나 있지 않아서이다.

다음 예에서의 '之'는 '그 까닭'을 가리킬 수도 있고 '그(사람)'를 가리킬 수도 있지만 전자를 취하는 것이 문맥에 더 맞을 것 같은 예이다.

> **公賜之食, 食舍肉. 公問之.** 『左傳 · 隱公元年』
> 공이 그에게 먹을 것을 내려주자 먹을 것에서 고기를 가려내기에 공이 그것[⇒그 까닭]을[비교 : 그에게] 물었다.

위에서 든 다음 예에서의 '之'는 '君'을 가리키지 않고 '變法'을 가리킨다고 볼 수도 있는 경우이다.

> **君亟定變法之慮 殆無顧天下之議之也.** 『商君書 · 更法』
> 군주님께서는 빨리 법을 바꿀 생각을 정하십시오. 천하가 그[⇒당신]를[비교 : 법을 바꾸는 것을] 비방하는 것을 고려할 것이 거의 없으십니다.

다음은 분간하기가 좀 더 어려운 경우이다.

> **父母唯其疾之憂.** 『論語 · 爲政』
> 부모는 오직 그들이[⇒자식들이][비교 : 부모가] 병들까만을 걱정한다.

'憂'의 목적어가 강조되어 도치된 예로 여기는 문장이다.

여기에서의 '其'는 '자식들'을 가리킬 수도 있고, '부모'를 가리킬 수도 있다. 그런데 어떻게 보든 '부모에게 효도해야 함'을 말하고자 하는 취지가 같다. 대체로 전자를 취한다.

다음의 경우도 어떻게 보든 궁극적인 취지는 같다.

子曰: 晏平仲善與人交, 久而敬之. 『論語 · 公冶長』

선생님께서 말씀하셨다. 안평중[晏子]은 사람[남]들과 더불어 교제하기를 잘하여 오래도록 그를[⇒ 안평중을][비교 : 사람들을, 남들을] 존경한다.

'之'는 '사람들'일 수도 있고 '안평중'일 수도 있다. 두 문맥이 다 통하는 예 이다.

虛詞류의 쓰임

1. 助詞

조사는 어떠한 語氣를 나타내는 것이 주류를 이룬다. 『詩經』등의 詩文에서는 音節을 고르는 성분이 있는데 이것들도 조사의 부류에 든다. '所'처럼 구조 관계를 나타내는 성분도 있는데 이것도 조사의 범주에 넣는다.

대체적인 기능의 차이를 경계 삼아 차례로 語氣助詞·音節助詞·構造助詞라고 명명한다.

1) 語氣助詞

語氣를 나타내는 조사는, 흔히 文章 중에 놓이는 위치에 따라 '文頭'와 '文中' 및 '文末'로 나누어 살피고 있으나, 문두와 문중에 쓰이는 것도 있고 문중과 문말에 쓰이는 것도 있어서 위치의 경계를 가지고는 문법상의 특징을 설명하기가 곤란하다.

(1) 주로 文頭에 놓이는 대표적인 語氣助詞로는 '夫'·'蓋'·'唯(惟·維)·'其' 등이 있다.

① 夫

과거에 發語詞라고도 불렀던 것으로서 어떠한 議論을 하겠다는 語氣를 나타 낸다. '대저'·'무릇' 등으로 번역한다. 개괄성의 판단을 뜻하는 내용이 뒤따른다. '夫'는 본시 指示의 기능을 갖는 代詞이다. 代詞일 때는 가리키는 대상이 있으며, '저'(그)에 상당하는 의미를 갖는다. 문두에 놓여 지시하는 내용이 없을 때, 이를 語氣助詞의 한 가지로 여긴다. 일반적으로 대사 '夫'의 의미가 虛化된 결과로 여긴다. 그래서 왕왕 '대사'와 '조사'의 경계 구분이 모호한 경우들이 있다. '대사'와 '조사' 양쪽에 귀속시켜 살피는 '其'·'之'·'焉' 등도 그렇다. 똑같은 음성이자 같은 글자인 이 '夫'가 文末에 쓰이면 감탄의 어기를 나타낸다.

夫誰與王敵?『孟子·梁惠王上』
대저 누가 왕과 더불어 대적하겠습니까?

夫吳之與越也 仇讎敵戰之國也.『國語·越語上』
대저 오나라는 월나라와 더불어 원수 간에 대적하여 싸우는 나라이다.

夫戰勇氣也.『左傳·莊公十年』
대저 전쟁은 용기이다.

夫行數千里而救人者 此國之利也.『戰國策·魏策』
대저 수천 리를 가서 사람을 구하는 것[구한다면], 이는 나라의 이익입니다.

'夫'의 앞에 '且·今·故·若' 등이 함께 쓰이기도 한다. 이때 '且·今·故·若' 등도 각각의 의미에 따라 제 기능을 가진다. 따라서 이 경우는 위치가 완전한 문두는 아니다. '且夫·若夫·今夫·故夫' 등을 複合詞로 보는 사람이 많은데 이해할 수 없는 일이다. '今'처럼 실질적인 의미를 지닌 단어가 문맥상 허두로 쓰이는 경우도 있을 것이나, 이것이 복합사로 여길 수 있는 근거가 되지 못한다. '夫'가 조사인지 지시의 대사인지를 가리기 어려운 경우들이 보이는데 다음과 같이 앞에 다른 말이 올 때 특히 그러하다.

> **且夫君也者 將牧民而正其邪者也.** 『國語·魯語』
> 또 저 임금이란 장차 백성을 길러 그 삿된 것을 바르게 하는 사람이다[바르게 하는 것이다].

> **今夫奕之爲數小數也.** 『孟子·告子上』
> 이제 저 바둑의 수라는 것은 작은[별 것 아닌] 수이다.

② 蓋

'蓋'도 '夫'와 같이 과거에 역시 發語詞라고 불리었다. 이것도 어떠한 議論을 제기한다는 語氣를 나타낸다. '무릇'·'대저' 등으로 번역한다. 이렇게 하면 '夫'와 차이가 없는 것 같지만 기능이 비슷하더라도 분명 서로 다른 단어이다. '蓋'의 품사 분류는 좀 더 복잡하다. '蓋'는 '덮다(가리다, 개괄하다, 개략하다)'·'덮개'를 뜻할 뿐만 아니라, 문맥상 '아마도'·'대체로(개괄적으로)'로 이해할 수도 있기 때문이다. 의미상의 품사 구분은 차례로 동사·명사·부사가 될 터인데, 여기에 '대체로'·'무릇'·'대저' 등으로 이해되는 조사 기능까지 있으니 밀이나. 이 경우 부사와 조사 간의 경계가 가장 모호하다. 다음으로 동사와의 경계가 모호하다. '대체로'라고 할 때 이것을 '무릇'·'대저'와 동일시할 수도 있기 때문이다. 또 '대체로(개괄적으로)'['개괄적으로 말하건대'→'아마도']는 동사 의미 '개괄하다'가 부사어로 쓰인 것으로 보아도 무방하다.

그러므로 동일한 음성의 한 단어가 여러 가지 품사성을 지닌다고 여길 때는 특별히 주의를 요한다.

蓋鍾子期死 伯牙不復鼓琴 何則?『司馬遷·報任安書』[則 : 의문조사]

대저[무릇] 종자기가 죽자 백아가 다시는 거문고를 타지 않은 것은 무엇입니까?

다음은 흔히 副詞로 여기는 '蓋(아마도)'의 용례이다. 發語性의 어기조사와 경계가 모호함을 알 수 있다.

余登箕山, 其上蓋有許有塚云.『史記·伯夷』

내가 기산에 올랐는데 그 위에는 아마도[비교 : 대저] 허유의 무덤이 있을 것이라고 하더라.

孔子罕稱命 蓋162)難言之也.『史記·外戚世家』

공자가 命을 드물게 일컬은 것은 아마도[비교 : 대저] 그것을 말하기 어려워서였을 것이다.

我未見力不足者. 蓋有之矣, 我未之見也.『論語·里仁』

나는 아직 힘이 부족한 경우를 보지 못했다. 아마도[비교 : 대저] 그것이[그런 경우가] 있겠지만, 나는 아직 그것을 보지 못했다.

③ 唯(惟·維)

주로 文頭(단문이나 복문의 절 앞)에 쓰이며 文中에 쓰이기도 한다. 청자의 주의를 환기시키거나(청자의 이목을 집중시킴) 호흡을 고르는 역할을 한다고 볼 수 있다.163)

---

162) 이 경우의 '蓋'를 이유를 나타내는 접속사[連詞]로까지 여기려는 사람도 있다. 옳지 않다. 이유를 나타내는 文章에 많이 쓰이는 사실에 의거하여 그렇게 보려 한 것 같으나, 이유 표시는 기본적으로 문맥에 의하여 나타난다. 특히 文末에 '也'가 쓰인 문장들은 문맥상 이유를 나타내는 경우가 많다.['~해서이다'가 된다. '때문이다'로 의역할 수 있다고 해서 '蓋'를 접속사로 보는 것은 착각이다.] 이 경우의 '蓋'는 부사나 동사의 영역을 넘지 않는다. 심지어 조사로 여길 수도 있음은 본문에서 말한 바와 같다.

　　이는 '將'이 동사 앞에 쓰일 때 그 文章이 시제의 면에서 未來임을 알게 해주는데, 그저 副詞일 뿐이지 조동사라고 할 수 없는 것과 비슷한 이치이다.

163) '唯'류의 쓰임은 音節助詞와의 경계가 사실상 모호하다.

陛下未有繼嗣. 子無貴賤, 唯留意. 『漢書·外戚·趙后傳』

폐하께는 아직 뒤를 이을 자식이 없습니다. 자식에는 귀천이 없사오니, 에, 유의하십시오.

惟十有三年春 大會於孟津. 『書經·泰誓』

에, 십하고 삼 년 봄에 맹진에서 크게 회합하였다.

維鵲有巢, 維鳩居之. 『詩經·召南·鵲巢』

에, 까치에게 둥지가 있는데, 에, 비둘기가 거기에 사는구나.

周雖舊邦, 其命維新. 『詩經·大雅·文王之什·文王』

주나라는 비록 오래된 나라지만 그 명은, 에, 새롭네.

'唯'가 부사로 분류되는 경우는 주로 '오직'을 뜻하여 부사어(부사성 수식어)가 된다. '唯'가 문두에 놓여 응대하는 말('예' 등을 뜻함)로 쓰이는 경우도 부사의 일종으로 간주한다.

唯仁者能好人 能惡人. 『論語·里仁』

오직 어진 사람만이[어질어야만이] 사람을 좋아할 수도 있고 사람을 미워할 수도 있다.

④ 其

文頭에 놓이기도 하고, 文中에 놓이기도 한다. 문장의 용두상이 종류, 즉 平敍文·疑問文·命令文·感嘆文을 가리지 않고 두루 쓰인다. 관통하는 기능은 판단상의 제시성 강조이다. '거 뭣이냐 거'·'다름 아니고 거'·'아 거'·'거' 정도의 어감에 가깝다고 할 수 있다. 각종 용도의 문장이 나타내는 사실·의문(반문·추측 포함)·권고(금지 포함)·희망·감탄 등 각종의 어기를 더해준다.

'其'는 본시 代詞이다. 그것이 가리키는 내용이 없으면서 같은 음성에 의해 각종의 어기를 강조하므로 助詞에도 귀속시킨다. 이 역시 '其'의 虛化로 간주된다. 그래서 가리키는 내용이 있는 대사인지, 어기만을 나타내는 조사인지를 판별하기가 어려운 경우가 적지 않다. 대사의 허화로 인한 조사성이 인정되는 단어들이 대체로 그렇다. 어느 것이건 처음부터 대사 기능과 조사 기능이 동시 공존했을 수도 있다. '其' 외에 '焉'·'之'가 특히 그러하다. 그래서 대사 한 가지 품사로만 규정하고 그 안에서 기능의 차이를 설명하는 방식도 설득력을 갖는다.

'其'를 '語氣助詞'와 '語氣副詞'의 둘로 나눌 이유는 없다. 대사 또는 조사의 범주 내에서 다 이해할 수 있다.

其是之謂乎? 『左傳·隱公元年』
아 거 이것을 이르는구나?

其誰日不然? 『左傳·隱公元年』
[거] 누가 그렇지 않다고 했습니까?

一國皆不知而, 我獨知之, 吾其危矣. 『韓非子·說林上』
한 나라가 다 모르는데, 나 혼자 그것을 알고 있으니 내가 [거] 위태롭게 되었다.

叔向告晉侯曰: 城上有烏, 齊師其遁! 『左傳·襄公十八年』
숙향이 진나라 제후에게 말했다. 성 위에 까마귀가 있으니 제나라 군사들이 [아 거] 달아나는구려!

孝弟也者 其爲仁之本與! 『論語·學而』 [弟 = 悌]
효도와 우애는 [아 거] 인을 행하는 근본이로다!

子其怨我乎? 『左傳·成公三年』
그대는 [아 거] 나를 원망하십니까?

吾子其無廢先王之功! 『左傳·隱公三年』
나의 그대는 [거] 선왕의 공을 폐하는 일이 없도록 하오!

知進退存亡而不失其正者 其唯聖人乎? 『易經·乾·文言』
진퇴존망을 알아서 그 올바름을 잃지 않는 사람은[잃지 않음은] [아 거] 오직 성인이겠지[성인일 뿐이리라]?

(2) 주로 文中에 놓이는 어기조사로는 '之'·'而'·'於(于)' 등이 있다.

① 之[164]

'之'는 본시 代詞로 쓰인다.[165] '그(그것)'로 지칭할 수 있는 모든 것을 가리킨다. 다른 명사나 대사와 마찬가지로 단수·복수의 구별이 없다. 단어·구·절·문장·문단을 가리지 않고 모두 가리킬 수 있다. '之'에 가리키는 내용이 없을 때는 '그것'의 음성만 빌려 쓴 것이 되므로 이 역시 대사 기능의 虛化로 여겨 助詞에 귀속시킨다.

가. '之'의 공통된 기능은 앞말을 '강조'(넓은 의미의 포괄적인 개념임)하는 '語氣'助詞이다. [대사의 지시 기능의 연장으로 보아도 무방하다. 代詞일 때는 대신하는 내용이 앞 또는 뒤에 떨어져 있거나 문장에 나타나 있지 않지만, 助詞로서의 '之'는 앞 말에 바로 붙어서 이를 추슬러(다시 한 번 짚고 넘어가듯이) 강조한다.]

나. '之'는 統辭上의 構造 關係를 결정하는 역할(構造[結句]助詞)을 하지 않는다. 오직 강조의 기능만 갖는다.

어기조사 '之'는 대체로 다음 다섯 가지 통사 관계 속에 보인다.[166]

● 冠形語와 名詞(또는 句)의 사이에 쓰인 경우 : 冠形語 + '之' + 名詞
● 주어·목적어 등이 되는 主述句의 主語와 述語의 사이에 쓰인 경우 : [句]

---

164) 졸고 「古代漢語 助詞 '之'의 機能에 관한 新論」(『中國人文科學』 제40집, 2008. 2)에서 詳論하였다.
165) '之'는 동사('가다')로 쓰이기도 한다.
166) 술어 바로 뒤에 놓이지만 지시하는 내용이 없어서 목적어로 볼 수 없는 경우도 助詞로 여긴다. 통사 관계 중의 예가 아니므로 제외하였다.

　　主語＋'之'＋述語

❸ 複文을 구성하는 節이나 單文의 주어와 술어 사이에 쓰인 경우 : [文]

　　主語＋'之'＋述語

　　㉠ 복문을 구성하는 절의 주어와 술어 사이

　　㉡ 단문의 주어와 술어 사이

❹ 명사[주어]＋'之'＋於(于)＋명사[부사어]{또는 '동사＋명사'＝부사어} ＋ 술어

❺ 도치된 의미상의 目的語와 動詞의 사이에 쓰인 경우 : 목적어＋'之'＋동사

각 항의 예는 다음과 같다.

雜曰: 投諸渤海之尾 殷土之北.『列子·湯問』

떠들썩하게 말했다. 그것을 발해의 끝과 은토의 북쪽에 던져버리겠다.

以子之矛陷子之盾 何如?『韓非子·難一』

당신의 창을 사용해서 당신의 방패를 뚫으면 무엇과 같겠소[어떻게 되겠소]?

魏 多變之國也.『戰國策·秦策』

魏는 변화가 많은 나라입니다.

荊國之爲政 有似於此.『呂氏春秋·察今』

형나라가 정치를 함에는 이와 비슷한 것이 있다.

甚矣 汝之不惠.『列子·湯問』

심하구려, 당신이 지혜롭지 못함은.

歲寒, 然後知松栢之後凋.『論語·子罕』

한 해가 추워져서 그렇게 된 뒤에야 소나무와 측백나무가 나중에 시든다는 것을 안다.

臣恐强秦之爲漁父也. 故願王之熟計之也. 『戰國策·燕策』

신은 강한 진나라가 어부가 될까[어부지리를 할까] 두렵습니다. 까닭에 왕께서 그것을 숙고하시기를 원합니다.

無或乎王之不智也. 『孟子·告子上』

왕이 지혜롭지 못한 것을 의아하게 여길 것이 없습니다.[없겠지요?]

㉠ 복문을 구성하는 절의 주어와 술어 사이

大道之行也, 天下爲公. 『禮記·禮運』

대도가 행해지면 천하가 공평하게 된다.

秦之圍邯鄲, 趙使平原君求救合從於楚. 『史記·平原君列傳』

진나라가 한단을 포위하자 조나라는 평원군을 사자로 보내어 초나라에 구원과 합종을 청하게 하였다.

雖我之死, 有子存焉. 『列子·湯問』

비록 내가 죽을지라도 존재하는 자식들이 있다.

㉡ 단문의 주어와 술어 사이

醫之好治不病以爲功. 『韓非子·喻老』

의사가 병이 아닌 것을 치료하고 그것을 가지고 공으로 여기기를 좋아한다.

[宰我出, 子曰:] 予之不仁也. 『論語·陽貨』

재아가 나가지 선생님께서 말씀하셨다. 予[재아]는 어질지 못하다.

先生之以此聽寡人也. 『呂氏春秋·去私』

선생님께서 이것을 [가지고] 과인에게 들려주셨다.

寡人之於國也盡心焉耳矣. 『孟子·梁惠王上』

과인은 나라에[나라에 대하여] 마음을 다하고야 그칩니다(맙니다)[→다할 따름입니다].

此今時趙之於秦猶郡縣也. 『史記·張儀列傳』

이에 今時는 조나라가 진나라에 [대하여] 군현과 같습니다.

君子之於禽獸也 見其生 不忍見其死 聞其生 不忍食其肉. 『孟子·梁惠王上』

군자는 금수에 대하여 그것이 살아있는 것을 보고서는 그것이 죽은 것을 차마 보지 못하며 그것이 살았을 때의 소리를 듣고서는 차마 그것의 고기를 먹지 못합니다.

五.

我實不德, 齊師何罪? 罪我之由. 『左傳·莊公四年』

내가 실로 부덕하다. 齊의 군대가 무슨 죄인가[무슨 죄를 지었겠는가]? 죄는 나로부터 말미암는다.

齊宣王問卿. 孟子曰: 王何卿之問也? 『孟子·萬章下』

齊 宣王이 卿에 대해서 물었다. 맹자가[내가] 말했다. 왕께서는 무슨[어느] 경을 물으시는지요?

吾以子爲異之問, 曾由與求之問? 『論語·先進』

나는 당신께서 다른 사람을 물으시리라 생각했는데 어찌 仲由에 冉求를 더불어 물으시는지요?

其是之謂乎? 『左傳·隱公元年』

아 거, 이것을 이르는구나?

父母唯其疾之憂. 『論語·爲政』

부모는 오직 그들이 병들까만을 걱정한다.

종래 이것들을 대부분 '構造'助詞라고 여겨왔으나 그렇지 않다.

동일한 통사 관계 중에 '之'가 쓰이지 않는 사실만으로도 확인된다. 모든 용례에 공통되는 기능은 강조의 '語氣'助詞이다.

먼저 본시 '之'를 쓰지 않는 예들을 차례로 살펴보기로 한다. { } 안의 '之'는 본래 없는 것인데 비교의 편의를 위해 잠시 넣어 둔다.

● 冠形語와 名詞(또는 句)의 사이

君子{之}道者三, 我無能焉. 『論語·憲問』

군자의 도는 셋인데 나는 그 가운데서 잘하는 것이 없다.

上旣聞廉頗李牧{之}爲人 良說. 『漢書·馮唐傳』

상께서 이미 염파와 이목의 사람됨을 들으시고 매우 기뻐하셨다.

爲民{之}父母 行政. 『孟子·梁惠王上』
백성의 부모가 되어 정치를 하다.

　'楚人'·'奇貨'·'餘力'·'百步'·'數口'·'吾家'·'數百步'·'沛公居山東時' 등에서 볼 수 있듯이 수식구조의 명사성 句를 만드는 데는 본시 '之'가 쓰이지 않는다. '之'가 이 구조의 필요 요소가 아니기 때문이다. '王之甲兵'·'五口之家'·'五步之內'·'萬乘之國'·'膏腴之地'·'累卵之危' 등에는 '之'가 쓰였다. 자세히 살펴보면 수식어가 되는 '之' 앞의 단어나 구 자체가 강조할 수밖에 없는 의미를 지녔거나 문맥에 의거할 때 다른 것과 대비되어 강조해야 할 성분임을 알 수가 있다.[167] '膏腴'·'累卵'이 그렇고 '王'·'五口'·'五步'가 그렇다. 강조할 환경이 전제되지 않는다면 얼마든지 '王甲兵'·'五口家'·'五步內'가 될 수 있는 것이 古代漢語의 통사구조이다. '萬乘國'·'膏腴地'·'累卵危' 등은 수식어의 의미로 인하여 '之'를 쓰지 않기가 더 어려울 것이다.
　이는 지금까지 통상 수식구조로 보아온 分數 표시법에서도 잘 나타난다.

---

167) 관형어 뒤에 '之'기 쓰인 다음 예들은 『孟子·梁患王上』에서 발췌한 것인데 모두 강조될 조건을 갖추고 있음을 알 수 있다.

* 古之人 與民偕樂 故能樂也.
* 察隣國之政 無如寡人之用心者 隣國之民 不加少 寡人之民 不加多何也.
* 死無憾 王道之始也.
* 五畝之宅 樹之以桑 五十者可以衣帛矣 鷄豚狗彘之畜 無失其時 七十者可以食肉矣 百畝之田 勿奪其時 數口之家可以無飢矣 謹庠序之敎 申之以孝悌之義 頒白者不負戴於道路矣.
* 王無罪歲 斯天下之民至焉.
* 齊桓晉文之事可得聞乎?
* 然則王之所大欲 可知已.

• ○+分+之+○

故關中之地 于天下三分之一. 『史記·貨殖列傳』

까닭에 관중의 땅은 천하에서 셋으로 나누어[나눈] 하나[3분의 1]이다.

• ○+分+名詞+之+○

方今大王之兵衆不能十分吳楚之一. 『史記·淮南衡山列傳』

바야흐로 이제 대왕의 병사들은 吳와 楚를 열로 나누어[나눈] 하나도 못됩니다.

위의 두 예에서 '三'과 '十'은 동사 '分'을 수식하는 '부사어'이다. '三分'과 '十分吳楚'는 '一'을 수식하는 성분이지만 관형어인지 부사어인지를 확정하기 어려운 예이다. 앞의 것은 나뉘는 대상을 말할 필요가 없기에 '分'이 목적어를 취하지 않았고, 뒤의 것은 '分'이 목적어 '吳楚'를 취하였다. 어느 쪽이든 간에 '之'는 각각 '셋으로', '열로' 나눔을 강조하는 성분이다. '어기조사'인 것이다.

다음 예에서는 동사 '分'을 사용하지 않았다.

先王之制 大都不過參國之一. 『左傳·隱公元年』

선왕의 제도에서 큰 도읍은 세 國의[세 나라에서] 하나를 넘지 않았습니다.

中五之一, 小九之一. 『左傳·隱公元年』

가운데 것은 다섯에[→다섯으로 나눈] 하나요, 작은 것은 아홉에[→아홉으로 나눈] 하나이다.

'之'는 각각 '參國'·'五'·'九'를 강조한다.

丁壯者引弦而戰 近塞之人 死者十九. 『淮南子·人閒訓』

청장년들은 활시위를 당기며 싸웠는데 변방에 가까운[→가까이 살던] 사람들은 죽은 사람이 열에 아홉이었다.

위의 '十九'는 '十之九'나 '十分之九'와 같은 형식을 취할 수도 있을 것이나

'分'뿐만 아니라 '之'도 쓰지 않았다. '之'를 쓰지 않은 것은 '10'이 강조되는 숫자가 아니기 때문이다.

이상의 예들이 모두 '之'의 공통 기능이 '강조'임을 알게 해준다.

● 주어·목적어 등이 되는 主述句의 主語와 述語의 사이

• 주어가 되는 주술구

吾{之}見 亦罕矣, 吾退而寒之者至矣. 『孟子·告子上』

내가 [왕을] 만나는 것 역시 드물게 되었고, 내가 물러나면 그를 차갑게 하는 사람이 이르게 됩니다.

民{之}歸之 由水之就下沛然. 『孟子·梁惠王上』

백성들이 그에게로 돌아가는 것이 물이 아래로 내려가는 것이 세찬 것과 같습니다.

國人{之}望君 如望慈父母焉. 『左傳·哀公十六年』

나라 사람들이 임금님을 우러러 보는 것이 마치 자애로운 부모를 우러러 보는 것과 같습니다.

晉國{之}天下莫强焉 叟之所知也. 『孟子·梁惠王上』

晉나라가 천하에서 그보다 막강한 나라가 없음은 노인장께서 아시는 바입니다.

• 목적어가 되는 주술구

臣聞 昔湯武{之}以百里昌桀紂{之}以天下亡. 『戰國策·楚策』

臣은 옛날 湯王과 武王은 백리를 가지고도 창성하였으니 桀王과 紂王은 천하를 가지고도 망했다고 들었습니다.

吾不忍 其觳觫{之}若無罪而就死地. 『孟子·梁惠王上』

나는 그것이 벌벌 떠는 것이 죄가 없는데도 死地에 나아가는 것 같음을 견디지[차마 보지] 못하겠다.

操蛇之神聞之 懼 其{之}不已也 告之于帝. 『列子·湯問』

뱀을 다루는 신이 그것을 듣고 그가 그만두지 않을까 두려워 그것을 天帝에게 고했다.

주어가 되는 주술구 '吾+見'·'民+歸之'·'國人+望君'·'晉國+天下莫强焉'의 사이와, 목적어가 되는 주술구 '湯武+以百里昌'·'桀紂+以天下亡'·'其觳

辣＋若無罪而就死地'·'其＋不已'의 사이에 '之'가 쓰이지 않았다. 단어나 구가 문장의 어느 성분으로 쓰이든 형태상의 표지가 없다. 고대한어의 이러한 통사적 특징 때문에 '主述句'는 술어와 목적어만 되는 것이 아니라, 그대로 술어의 자리에 놓여 단독 술어이건 복수 술어의 일부이건 이른바 '主述述語'로도 쓰인다. 다음 예들은 복수 술어 중에 주술술어가 들어 있는 경우이다.

> 彌與紇 吾皆愛之 欲擇才焉而立之. 『左傳·襄公二十三年』
> 미는 흘과 더불어 내가 모두 그들을 사랑하지만, 거기에서 재주 있는 놈을 택해서 그를 [왕위에] 세우고 싶소.
> 顯 爲人巧慧習事 能探得人主微意. 『漢書·石顯傳』
> 현은 사람됨이 교묘하고 지혜로우며 섬기기를 잘하여 임금의 숨은[감추어진] 뜻을 살펴낼 수 있었다.
> 北山愚公者 年且九十 面山而居. 『列子·湯問』
> 북산의 우공은 나이가 장차 90이며 산을 마주 대하고 살았다.

필요하고 의미가 통해지면 관형어와 부사어로 충당될 수도 있음은 말할 것도 없다. 요컨대 主述句 중의 '之'의 기능도 앞의 성분인 주어를 강조하는 '語氣助詞'이지 무슨 통사상의 '구조' 성분이 아님을 알 수 있다.

●항의 예문 '荊國之爲政 有似於此. / 歲寒 然後知松栢之後凋. / 無或乎王之不智也. / 民之有口 猶土之有山川也, 財用於是乎出.' 등에서, '之'는 '荊國之爲政'·'松栢之後凋'·'王之不智'·'民之有口'·'土之有山川' 등이 주어나 목적어가 되게끔 하는 요소가 아니라 각각 앞의 주어를 강조하는 요소임이 확인되었다.[168]

---

168) 受動[被動] 의미를 전달하는 문장들을 통해서도 '之'가 '語氣助詞'임을 확인할 수 있다.
　● 身死國亡 爲天下笑.(『戰國策·秦策』)
　　(몸은 죽고 나라가 망하면 천하가 비웃게 된다.)

● 複文을 구성하는 節이나 單文의 주어와 술어 사이

㉠ 복문을 구성하는 절의 주어와 술어 사이/ ㉡ 단문의 주어와 술어 사이

夫子{之}知之矣, 我{之}則不知. 『左傳·昭公十年』

선생님이 그걸 아시고, 나는 곧 모릅니다.

城{之}不入, 臣{之}請完璧歸趙. 『史記·廉頗藺相如列傳』

성이 [우리 조나라의 수중에] 들어오지 않으면 신이 삼가 옥을 온전하게 하여 조나라로 돌아오게
하겠습니다.

吾{之}數諫王, 王{之}不用, 吾{之}今見吳之亡矣.[169] 『史記·伍子胥列傳』

내가 왕에게 자주 간언했으나 왕이 [내 간언을] 쓰지[받아들이지, 듣지] 않아서 내가 오늘 오나라가
망하는 것을 보게 되었다.

庖丁{之}爲文惠君解牛. 『莊子·養生主』

庖丁이 文惠君을 위하여 소를 갈랐다.

沛公{之}默然. 『史記·項羽本紀』

패공이 잠자코[묵묵히] 있었다.

農{之}天下之本. 『史記·孝文本紀』

농사는 천하의 근본이다.

　위의 예에서처럼 복문 중의 절이건 단문이건, 절대 다수의 문장에서 주어 다
음에 '之'를 쓰지 않는 것이 기본이다. 강조할 필요가 없는 일반적인 언어 환경
이기 때문이다.

　• 世子申生爲驪姬所譖.(『禮記·檀弓』)
　　(세자 신생이 여희가 참소한 바가 되었다.)
　• 有制人者 有爲人之所制者.(『管子·樞言』)
　　(남을 제압하는 경우도 있고, 남이 제압하는 바(대상)가 되는 경우도 있다.)
　앞의 두 예는 '之'가 쓰이지 않아 행위의 주체가 강조되지 않았지만, 세 번째 예는 '之'가
쓰여 강조되었음을 보인다.

169) 數 : 所角切, 入聲, 覺韻. 독음은 '삭', 뜻은 '자주, 누차'.

㊃ 名詞＋[之]＋於(于)[또는 다른 동사]＋名詞＋술어

다음 두 예문 중의 허사를 모두 제거해 보자.

寡人之於國也盡心焉耳矣. 『孟子·梁惠王上』[170] 『孟子·梁惠王上』

과인은 나라에[나라에 대하여] 마음을 다하고야 그칩니다(맙니다)[→다할 따름입니다].

此今時趙之於秦猶郡縣也. 『史記·張儀列傳』

이에 今時는 조나라가 진나라에 [대하여] 군현과 같습니다.

寡人　國　盡　心　已. (耳 ＝ 而已, '而已' 중의 조사 '而' 제거)
[주어]＋[부사어]＋[술어1]＋[목적어]＋[술어2]

此　　今時　趙　　秦　　猶　　郡縣.
[주어] ＋ [부사어] ＋ [술어] ＋ [목적어]
[부사어]＋[주어]　　＋　　[주술술어]

　　종래 위 문장 중의 '寡人之於國'·'趙之於秦'에 대해서는 '於'를 전치사로 여김과 동시에 '之'를 構造助詞라 하여 '명사＋전치사구[介詞詞組](＝前目句[介賓詞組])'를 '명사구'로 만드는 표지라고 여겨왔다. 이는 관형어 뒤의 '之'를 명사구를 만드는 구조조사로 규정한 데서 시작하여, 이를 주술 관계 중의 주어 뒤

---

170) "寡人之於國也盡心焉耳矣."에서, '也'는 판단성의(결과적으로 휴지와 정돈을 겸한다고 할 수 있음) 어기조사이고, '焉'은 語義의 초점의 소재임을 강조하는 어기조사이다. '耳'는 '而已'이고, '矣'는 확정적인 어기를 나타낸다.

　　뒤의 조사 항에서 다루겠지만, '耳'를 '而已'의 습음으로 보면서도 '하나의 조사'로 여긴 것은 잘못이다. '而'를 접속사로 보고 '已'를 '조사'로 본다고 하더라도 그렇게 말할 수는 없다. 그리고 '已'는 동사이다. '그치다, 그만두다, ~하고(이고) 말다, 그뿐이다(따름이다)' 등으로 새겨진다. 그래서 허사를 제거한 문장에서 '술어2'로 분석하였다. 설사 '耳'를 통째로 하나의 허사로 본다고 하더라도 본문의 논의와 관련된 핵심구조의 분석에는 영향을 미치지 않는다.

　　'於'가 전치사가 아니라는 사실은 저자가 古代漢語의 '被動義' 전달 체계를 다룬 글에서 처음으로 비교적 상세히 논증한 바 있다.[「古代漢語 被動義 전달체계와 관련 詞의 詞性」(『중국어문학론집』 제15호, 2000. 10) 제Ⅲ장 참조.]

의 '之'에 넓혀 적용하고, 나아가 명사 주어와 뒤의 전치사구의 결합에까지 연
장한 관찰법이다. 주술구 뒤의 '之'가 名詞句化의 표지가 아님은 위에서 논하
였거니와, '寡人之於國'·'趙之於秦'에 이르기까지 명사구로 여긴 것은 '寡人'·
'趙'와 뒤의 술어 '盡'·'猶' 간의 통사 관계를 가벼이 보고, 또 '國'(또는 '於國')
·'秦'(또는 '於秦')과 이들 술어와의 통사 관계를 소홀히 한 해법이다.

　위 예문 중의 허사들을 제거하고 나면, 각각 "寡人國盡心已." · "此今時趙秦
猶郡縣."이 된다. 완벽하게 문장이 성립하며, 각 조사가 나타내는 語氣를 제외
하고는 뜻이 같다. 즉, "과인은 나라에 (대하여) 마음을 다하고 말(그칠) 따름입
니다[→ 다할 뿐입니다]."와 "이에 今時는 조나라가 진나라에 (대하여) 군현과 같
습니다."라는 핵심 文意는 이들 실사들의 풀이만으로 완연하게 드러난다. '國'
과 '秦'은 명사가 부사어로 쓰이는 고대한어의 일반적인 쓰임과 부합된다.

　'주어'와 '명사부사어'가 '之'와 '於'에 의해서 각각 강조되지 않은 문장은 흔
하다. 이번에는 거꾸로 이것들이 쓰이지 않은 예에 '之'와 '於'를 써서 변환해
보기로 하자.

> **晉國{之}{於}天下莫強焉 叟之所知也.**『孟子·梁惠王上』
> 진나라가 천하에서 그보다 막강한 나라가[막강함이] 없음은 노인장께서 아시는 바입니다.

　본의가 달라지지 않은 채 완벽하게 변환됨을 알 수 있다. 이는 '之'가 결코
構造化의 표지가 아님을 말해준다. '名詞 + [之] + 於(于) + 名詞 + 述語'에서
'之'는 주어를 강조할 따름이다. 요컨대 '之'가 쓰이고 쓰이지 않음은 '강조'와
'非강조'의 차이이다. 그러므로 '之'는 '구조조사'가 아니라 '어기조사'이다.[171]

---

171)　• 다음 예문 중의 동일 성분도 비슷한 방식으로 변환할 수 있다. '能'이 '面刺寡人之過'를
　　　목적어로 이끄는 점이 다르다.
　　　[面] 群臣吏民能面刺寡人之過者 受上賞.(『戰國策·齊策』)

五 도치된 의미상의 目的語와 動詞의 사이에 쓰인 경우: 목적어+'之'+동사

위에서 든 예문의 '之' 사용 부분만 보기로 한다.

罪我之由. 죄는 나로부터 말미암는다.
王何卿之問也? 왕께서는 무슨[어느] 경을 물으시는지요?
曾由與求之問? 어찌 仲由에 冉求를 더불어 물으시는지요?
其是之謂乎? 아 거, 이것을 이르는구나?
父母唯其疾之憂. 부모는 오직 그들이 병들까만을 걱정한다.

이들 예 중의 '之'를 흔히 '構造助詞'로서 '倒置格'의 표지로 여기려는 듯한 경우를 왕왕 본다. 그러나 그렇지 않다. 이유는 다음과 같다.

漢語는 格 표지가 없는 언어이다. 즉, '無格' 언어이다. 그런데 도치된 성분에 대해서만 '격'표지가 있을 수는 없다. 격은 한어에서 문법범주를 구성할 수 없다. '주어+술어'가 '술어+주어'로 될 수 있는 언어 환경도 먼저 말하는 부분을 강조하기 위함이다. 어순에 의한 강조의 원리는 관통한다. 疑問代詞가 목적

(뭇 신하와 관리와 백성으로서 면전에서 과인의 허물을 지적할 수 있는 자는[있으면] 上等의 상을 받을 것이다.)
'群臣吏民{之}[能]{於}面{也}刺寡人之過'로 바꾼다고 해서 술어의 앞부분인 '群臣吏民{之}[能]{於}面{也}'가 이 문장 안에서나 다른 문장 안에서나 '句'가 될 수 있겠는가? 그것도 '名詞性'의 구가 될 수 있겠는가? 안 된다.
* 종래 '주어+之+於(于)+명사+술어' 중의 '於'를 전치사로 본 것과 마찬가지로 '주어+之+與+명사+술어' 형식에 대해서도 오해가 있다.
仁之與義 敬之與和 相反而相成也.(『漢書·藝文志』)
(仁은 義와 더불어, 敬은 和와 더불어 서로 돌아가면서 서로 이루어진다.)
내용인즉, '仁之與義', '敬之與和' 중의 '與'도 전치사여서 '寡人之於國'과 같은 구조라는 것이었다. 여기에서의 '與'는 '동사'로서 '仁'과 '義', '敬'과 '和'는 각각 主述 관계이다. 뒤에 이어지는 술부 '相反而相成'과 더불어 文意를 완성하게 된다. 결코 '仁之與義'와 '敬之與和'가 '相反'·'相成'의 주어가 될 수는 없다.

어일 때 '목적어＋술어'의 어순을 취하는 것과 같다. '술어＋주어'로 실현되는 경우는 두 성분 사이에 비교적 명확한 휴지(멈춤)성의 표지가 있고, '의문대사 ＋술어'에서는 의문대사가 의문의 소재이므로 그 자체로서 강조되어 있다. 이들은 다른 표지가 없어도 강조의 도치된 어순만으로 강조의 뜻을 전달한다. 否定語 뒤에 오는 代詞目的語의 도치도 마찬가지 방식으로 이해할 수 있다.

　　그런데 '목적어＋술어'의 어순으로 보는 한, 아무런 표지가 없다면 '주어＋술어' 어순과 충돌되기 쉽고, 뜻이 통하지 않을 수도 있다. 그래서 다른 조건이 없이 일반 어순을 벗어날 때는 이 강조된 성분에 '어기'성의 조사를 부가할 수밖에 없었다고 여긴다. 결과적으로 도치된 성분의 뒤에 있는 것이지 도치된 성분임을 나타내기 위한 표지, 즉 '構造[結構]'성의 표지는 아니다. 이와 대비되는 다른 格 표지 성분도 존재하지 않는다.

　　動詞 앞에 전치된 目的語 뒤에 놓이는 어기조사로는 '之' 외에도 '是'·'斯'· '焉'·'來' 등이 쓰인다.

　　余雖與晉出入 余唯利是 視. 『左傳·成公十三年』
　　내가 비록 晉과 함께하며 드나들지만 나는 오직 이익만을 봅니다[중시합니다].

　　朋酒斯 饗 曰殺羔羊. 『詩經·豳風·七月』
　　두 동이 술을 올리고, 에. 새끼 양을 잡는다.

　　我周之東遷 晉鄭焉 依. 『左傳·隱公六年』
　　우리 周나라가 동쪽으로 옮겨가면 晉과 鄭을 의지한다.

　　우리는 '是·斯·焉' 등이 '之'와 같이 본시 代詞로 분류되는 어휘임을 안다. 代詞 중에서도 '指示'代詞로 분류해 왔다. 이 경우의 '焉'은 '之'와 비교할 때 '之'보다 강한 지시성을 띤다. 그래서 指示하는 내용이 없을 경우 강한 어기를 나타내어 흔히 語義의 초점의 소재를 나타냄을 알 수 있다. 이것들의 성격도

‘之’와 같다. ‘格’ 표지가 아니다. 더구나 두 번째 예문 ‘朋酒斯 饗’ 중의 ‘斯’는
주술구조의 주어 뒤에 놓인 ‘음절’조사로 여길 수도 있다. 『詩經』에 쓰인 음절
조사들의 출현 양상에 의거해서이다.

　한국어에서도 ‘그’·‘저’ 등이 지시하는 내용이 없이 강조나 정돈 내지 휴지의
어기를 나타내는 경우를 볼 수 있다. 좋은 참고가 된다.

　다음은 ‘來’의 예이다.

彼交匪敖 萬福來 求. 『詩經·小雅·桑扈』
저 사귐이 교만하지 않으니 온갖 복을 구하였네.

　이것은 본시 의미상의 동사가 본래의 의미 내용을 상실한 경우이다. ‘之’를
구조조사로 여긴다면 이것들도 모두 構造助詞로 여겨야 할 것이다. 이는 목적
어가 도치되었음을 알리는 통사구조 형성의 표지, 즉 ‘도치’의 ‘격’ 표지로 여김
을 의미하는데, 동일한 구조의 표지로 이처럼 다양한 표지가 있을 수 는 없다.
‘구조’성이 아니라 ‘어기’성임을 알게 해 준다.[172]

---

172) 여기에서 우리는 잠시 이들 어기조사가 ‘(도치된) 전치 목적어를 강조한다’는 데 대해서 생각
　해 볼 점이 있다. 먼저 다음 예를 보자.
　　其一人專心致志 惟奕秋之爲聽.(『孟子·告子上』)
　　(그 중의 한 사람은 마음을 오로지하고 뜻을 다하여 오직 혁추의 말만을 듣는다.)
　　‘之’는 어기조사인데, ‘爲’도 어기조사인가? 문중이나 문말에서 다른 조사들이 연용되기도
　하니, 동일한 기능을 갖는다고 해서 이것들이 연용되지 말라는 법도 없다. 음성 표지가 다르
　니 중복해서 강조하는 효과가 있다고 설명할 수도 있을 것이다. 그런데 자세히 보니 아닌
　것 같다. 이 문장은 사실 앞의 부사 ‘唯’에 의해서도 이미 충분히 강조되었다. 그리고 또 ‘之’에
　의해서 강조되었다. 그래서 ‘爲’가 실사인 의미상의 動詞라고 여긴다. 동사 ‘爲’도 목적어의
　종류를 가리지 않기 때문이다. ‘奕之爲數’(바둑의 수됨＝바둑의 수라는 것)과 같이 명사 내지
　명사 상당 어구뿐만 아니라, ‘奕秋之爲聽’(혁추가 듣는 것이 됨)·‘美之爲美’(아름다움이 아름
　다움이 됨)·‘不爲不多’(많지 않음이 되지 않다)에서처럼 의미상의 동사나 형용사 및 여러 가
　지 句를 목적어로 취할 수 있다.
　　생각이 여기에 미치면, 조사 앞의 성분이 꼭 ‘목적어’가 되어야 할 이유가 없음을 알 수 있다.

총괄컨대, 助詞 '之'는 앞 말이 冠形語이든 主語이든 前置된 目的語이든 간

고대한어에서 설명의 대상이며 어순상 술어 앞에 놓이면 모두 '주어'의 범주에 든다고 할 수 있다. 통사구조상 주어에는 뒤에 오는 술어의 의미상의 목적어도 포함된다. 소위 '受事主語'라고 불러온 것이 그것이다. 그렇다면, '惟奕秋之爲聽'은 '오직 혁추만이 듣는 것(대상)이 되다'라고 번역할 수 있다. '奕秋'는 주어이고, '爲'는 動詞이며, '聽'은 '爲'의 목적어인 것이다. 전체 문맥에 전혀 손상이 없다. 결국 뜻은 '혁추의 말만을 듣는다'는 것과 같지만, 문장의 성분 관계가 달라진다. 이렇게 본다면 이는 앞에서 설명한 '주어+之+술어'의 형식에 속하여 **五**항을 따로 세울 것이 없다.

'之'의 일관성 있는 기능이 더욱 간결하게 설명될 수 있는 방법이다. 다만 '之'를 비롯한 이들 조사 앞의 내용이 주술 관계로 설명하기에 다소 어려운 경우들이 존재하여 더욱 심도 있는 연구가 기대된다.

일단 이렇게 보면, 술어 앞에 전치된 의미상의 목적어를 강조하는 어기조사라고 설명되던 것이, 구조상 '주어+술어'이며 주어 뒤에서 이를 강조하는 표지라고 바꾸어 설명하게 된다. 이때 주어와 술어 간의 의미 맥락은 '수동' 관계가 된다. 고대한어의 술어는 하나의 형태에 의해 어떠한 의미의 주어 및 목적어와 결합하느냐와 문맥에 따라 自動·他動(使動·意動 포함)·受動 등의 의미를 두루 나타낸다는 특징에 보다 잘 부합된다.

주술 관계를 한국어로 번역할 때 어색한 경우도 있지만, 대체로 이해가 가능하다. 아래에 주술 관계에 맞춘 번역을 병기해 둔다.

罪我之 由.(죄는 나로부터 말미암는다[비롯한다].) → [죄는 나에게서 비롯된다.]
王何卿之 問也?(왕께서는 무슨[어느] 경을 물으시는지요?) → [왕께서는 무슨 경이 물어지시는지요?]
曾由與求之 問?(어찌 仲由에 冉求를 더불어 물으시는시요?) → [어찌 仲由에 冉求가 더불어 물어지는지요?]
其是之 謂乎?(아 거, 이것을 이르는구나?) → [아 거, 이것이 일러지는군요?]
父母唯其疾之 憂.(부모는 오직 그들이 병들까만을 걱정한다.) → [부모는 오직 그들이 병들까만이 걱정된다.]
余唯利是 視.(『左傳·成公十三年』) (나는 오직 이익만을 봅니다[중시합니다].)
→ [나는 오직 이익만이 보입니다(중시됩니다).]
朋酒斯 饗.(두 동이 술을 올린다.) → [두 동이 술이 올려진다.]
晉鄭焉 依.(晉과 鄭을 의지한다.) → [晉과 鄭이 의지된다.]
萬福來 求.(온갖 복을 구하였다.) → [온갖 복이 구해졌다.]

고대한어는 통사상 가장 중시되는 것이 語順이다. 이 어순의 안정성을 철저하게 신뢰한다면 충분히 설득력을 갖는다.

에 앞말에 종속될 따름이며, 뒷말과는 관계가 없다. 이것이 조사 '之'에 관통하는 기능이며, 이는 곧 '강조'의 '語氣'를 나타내는 기능이라고 말하게 된다. '之' 앞에 오는 성분을 강조한다.

이러한 '之'의 기능을 代詞 '之'의 虛化라고 하는데, 주의할 점은 시간이 흐름에 따른 퇴화로 역사적인 사실이 된 문법화가 아니라, 동일한 음성이 동시에 '대사'라 규정할 수 있는 내용을 갖기도 하고 가리키는 내용이 없기도 하여 동시 공존을 기본으로 한다는 사실이다. 앞에서도 언급하였듯이 다른 대사들이 허화되어 '조사'로 쓰였다고 여긴 경우도 마찬가지이다.

② 而[173]

'而'도 語氣助詞이다. 앞말을 강조하는 기능을 한다. 그런데 지금까지 '接續詞[連詞]'로 여겨왔다. '而'를 접속사로 여기는 가장 큰 모순은 서로 다른 문맥 관계를 나타내는 데 모두 '而'가 쓰인다는 데서 드러난다. 거의 모든 문맥 관계를 다 나타내는 단어로 규정지어 왔다. 이것은 '而'에 각종의 接續 관계를 나타내는 기능이 없음을 의미한다. '而'가 쓰인 전후 어구 간의 문맥 관계에 대한 설명은 우리의 논리적 사고에 의한 것이지 결코 '而'의 여러 가지 기능이 아니다.

따라서 '而'의 선후 문맥의 종류를 가르는 일은 문법적 의의를 갖지 못한다. 그래서 아래에서 나누어 예시하는 여러 가지 문맥 관계는 '而'의 유무와는 상관이 없다. 단지 '而' 앞의 말이 뒤의 말에 대하여 지니는 문맥 관계일 뿐으로서, 이는 곧 우리의 논리적 사고에 의한 산물이다. 다음 예문들의 '而' 선후 어구의 문맥 관계를 살펴보면 자명해진다.[174]

---

173) '而'에 관한 상세한 논의는 안기섭·김은희의 「고대한어 '而'의 連詞性에 대한 의문-先秦·兩漢 시기를 중심으로-」(『중국인문과학』 제51집, 2012. 8)를 참고하면 된다.

174) 예문은 『古漢語虛詞詞典』(王海棻, 趙長才, 黃珊, 吳可穎 共編, 北京大學出版社, 1996)에서 주로 취하였다. '而'를 접속사[연사]로 여기고, 이것에 의해서 여러 가지 문맥 관계가 나타

○ 병렬 관계에서 앞 어구를 강조함

是子也, 熊虎之狀而 豺狼之聲. 『左傳·宣公四年』
이 아이는 곰·호랑이의 모양에[과] 승냥이·이리의 소리이다.

聞善而 不善皆以告其上. 『墨子·尙同上』
잘하는 것을 듣건 잘하지 못하는 것을 듣건 다 그 윗사람에게 알렸다.

宰予之辭雅而 文也. 『韓非子·顯學』
재여의 언사는 전아하고 문채가 있다.

秦趙五戰, 秦再勝而 趙三勝. 『史記·蘇秦列傳』
진과 조가 다섯 번 싸웠는데[싸워서], 진이 두 번 이기고 조가 세 번 이겼다.

병렬 관계 중에 '而'가 쓰이지 않는 것이 기본이다. 강조가 필요하지 않는 경우이기 때문이다. 다음은 병렬 관계인지 선후 관계인지를 가리기가 어려운 문맥임을 보인다.

察言而 觀色. 『論語·顏淵』
말을 살피고서 안색을 살핀다.

○ 선후 관계에서 앞 어구를 강조함

孔子登東山而 小魯 登泰山而 小天下. 『孟子·盡心上』
공자는 동산에 올라시는 노나라를 삭다고 하였으며, 태산에 올라서는 천하를 작다고 하였다.

亡羊而 補牢, 未爲遲也. 『戰國策·楚策』
양을 잃고 나서 우리를 보수해도 아직 늦은 것이 되지는 않는다.

日磾母敎晦兩子甚有法度, 上聞而 嘉之. 『漢書·金日磾傳』
일제의 어머니가 두 아들을 교육시킴에 매우 법도가 있어서 상께서 들으시고 그녀를 아름답다고 여기셨다[기렸다].

─────────────

난다고 한 유형을 참고할 수 있게 하기 위해서이다.

선후 관계도 마찬가지이다. 강조되지 않는 문맥에서는 쓰이지 않는다. 병렬과 선후를 '而'가 어떻게 가려 주겠는가? 以下의 각종 문맥 관계는 병렬이나 선후 관계와 더욱 멀다. 상반되는 것도 있다. 以下의 각종 관계를 나타내는 문맥 중에도 역시 '而'가 쓰이지 않는 것이 기본이다. 그러므로 '而'는 결코 이들 각종 관계를 변별해 주는 요소가 아니다.

다음은 선후인지 방식인지를 가리기가 어려운 문맥임을 보인다.

虎求百獸而 食之. 『戰國策·楚策』
호랑이가 온갖 짐승을 구해서 그것을 잡아 먹었다.

擇其善者而 從之 其不善者而 改之. 『論語·述而』
그 잘하는 것[사람]을 가려서 그것을 따르고, 그 잘하지 못한 것[사람]을 가려서 그것을 고친다.

○ 인과 관계에서 앞 어구를 강조함
虞不用百里奚而 亡, 秦繆公用之而 霸. 『孟子·告子下』
우나라는 백리해를 쓰지 않아서 멸망하였고, 진 목공은 그를 써서 패자가 되었다.

聞鼓聲而 進, 聞金聲而 退. 『荀子·議兵』
북 소리를 듣고[들으면] 나아가며, 쇠 소리를 듣고[들으면] 물러난다.

○ 방식을 나타내는 앞 어구를 강조함
順風而 呼, 聲非加疾也而 聞者彰. 『荀子·勸學』
바람에 순응하여[바람이 부는 방향으로] 외치면 소리가 빨라지는 것이 아니지만 듣는 사람은[들으면] 또렷하다.

河曲智叟笑而 止之. 『列子·湯問』
하곡의 지수가 웃으면서 그를 멈추게 하였다.

以若所爲求若所欲猶緣木而 求魚也. 『孟子·梁惠王上』
이와 같은 하는 배[→행동]를 가지고 이와 같은 하고자 하는[바라는] 배[→욕망]를 추구하는 것은 나무를 좇아[→올라가서] 고기를 구하는[찾는] 것과 같습니다.

溫故而 知新, 可以爲師矣. 『論語·爲政』

옛것을 익혀서 새 것을 안다면 그것으로 스승이 될[스승 노릇을 할] 수 있다.

叟不遠千里而 來, 亦將有以利吾國乎? 『孟子·梁惠王上』

노인장께서 천리를 멀다 하지 않으시고 오셨으니, 역시 장차 [가지고서] 내 나라를 이롭게 함[이롭게 할 것]이 있겠군요?

力不足者中道而 廢, 今女畵. 『論語·雍也』

힘이 부족한 자는[부족하면] 중도에서 그만두는데, 지금 너는 [그처럼] 금을 그었다.

子路率爾而 對曰: ……. 『論語·季氏』

자로가 경솔하게 대답했다. …….

夫以秦王之威而 相如廷叱之 辱其郡臣. 『史記·廉頗藺相如列傳』

대저 진왕의 위세를 가지고[빌어] 상여는 조정에서 그를 질타하고 그의 뭇 신하들을 욕보였다.

古布衣之俠 靡得而 聞已. 『史記·游俠列傳』

옛날 벼슬하지 않은 협객들은 구해서 듣는 일이 없었다.

다음은 방식인지 시간인지를 가리기가 어려운 문맥임을 보인다. 종래 이런 예들을 가지고 수식 관계를 나타낸다고 했었다.

我非生而 知之者 好古 敏以求之者也. 『論語·述而』

나는 나면서부터 그것을[무엇을] 아는 것이 아니라 옛것을 좋아하여 민첩하게 그렇게 해서 그것을 [무엇을] 추구한다.

仲子生而 有文在其手. 『左傳·隱公元年』

중자는 나면서 그의 손에 무늬를 가지고 있었다.

吾十有五而 志于學 三十而 立 ……. 『論語·爲政』

나는 열에 다섯이 있어 가지고[열 다섯에] 배움에 뜻을 두었으며, 30에 섰으며 …….

○ 기점을 나타내는 앞 어구를 강조함

有孔子而 來, 至于今百有餘歲. 『孟子·盡心下』

공자가 있고 나서 죽 내려와 오늘에 이르기까지 백에[백 하고도] 여러 해가 되었습니다.

○ 전환([轉折]=역접) 관계에서 앞 어구를 강조함

問其與飮食者, 盡富貴也而 未嘗有顯者來. 『孟子·離婁下』

그가 더불어 마시고 먹은 사람을 물으면, 다 부하고 귀하였으나 일찍이 드러난 사람이 온 일이 없었습니다.

禹八年于外, 三過其門而 不入. 『孟子·滕文公上』

우는 외지에서 8년을 보내면서 세 번 그의 문 앞을 지났으나 들어가지 않았다.

[後生可畏. 焉知來者之不如今也?] 四十五十而 無聞焉, 斯亦不足畏也已.

『論語·子罕』

40·50에도 들리는 것이 없으면, 이는 역시 두려워하기에 부족하고 만다[부족할 뿐이다].

舟已行矣而, 劍不行, 求劍若此 不亦惑乎? 『呂氏春秋·察今』

배는 이미 가버리고[가버렸으나], 칼은 가지 않았는데, 칼을 찾는 것이 이와 같다면 또한 미혹되지 않는가?

不義而 富且貴於我如浮雲. 『論語·述而』

의롭지 않은데도 부유하고 또[게다가] 귀하기까지 한 것은 나에게는 뜬 구름과 같다.

○ 점층 관계에서 앞 어구를 강조함

千乘之君求與之友而 不可得也而 況可召與? 『孟子·萬章下』

천승의 군주가 그와 더불어 벗 삼기를 추구해도 이룰 수 없는데 하물며 불러들일 수가 있겠습니까?

人主之子也 骨肉之親也 猶不能恃(持)無功之尊無勞之奉而守金玉之重也而, 況人臣乎? 『戰國策·趙策』

임금의 자식이나 골육지친도 오히려 공 없는 높은 자리와 수고 없는 녹봉에 의지해서 금옥 같은 소중한 것을 지킬 수가 없는데, 하물며 신하된 사람은요?

○ 진층 관계에서 앞 어구를 강조함

故善戰者 立于不敗之地而 不失敵之敗也. 『孫子兵法·形篇』

까닭에 전투를 잘하는 사람도[잘해도] 패하지 않을 곳에 서야 하고 적이 패할 때를[적을 패배시킬 기회를] 놓치지 말아야 합니다.

馬陵道狹而 旁多阻隘 可伏兵. 『史記·孫子吳起列傳』

마릉은 길이 좁고 옆에 장애가 많아서 병사를 매복시킬 수 있었다.

위의 예들은 병렬 관계와의 차이가 미세하여 구분하기가 사실상 곤란한 경우이다.

○ 조건(가설)[가정 포함] 관계에서 앞 어구를 강조함

淵深而 魚生之, 山深而 獸往之, 人富而 仁義附焉. 『史記·貨殖列傳』

못이 깊으면 고기가 그곳에서 자라고 산이 깊으면 짐승들이 그곳으로 가며 사람이 부유해지면 인과 의가 그에게 붙는다.

○ 뒤 어구와의 관계에서 조건을 타내내는 술어 앞의 주어를 강조함

子産而 死, 誰其嗣之? 『左傳·襄公三十年』

[다른 사람이 아닌] 子産이 죽는다면 누가 그 뒤를 이을 것인가?

管氏而 知禮, 孰不知禮? 『論語·八佾』

관씨[관자]가 예를 안다면, 어느 누가 예를 모르겠는가?

且君而 逃臣 若社稷何? 『左傳·宣公十二年』

또 임금이 [말이지, 임금인데도, 임금마저] 신하들을 달아나게 한다면 사직을 어떻게 하겠습니까?

人而 無信, 不知其可也. 『論語·爲政』

사람에게[사람에게 말이지, 사람인데도] 신의가 없다면 그가 옳은지를 알지 못한다.

전후 문맥 관계는 이보다 더 미세하게 나눌 수도 있다. 문맥 관계를 몇 가지로 설정하든 간에 중요한 것은 '而'가 이들 각 문맥 관계를 구별해 주는 표지가 아니라, 이미 존재하는 문맥 속에서 앞 말을 강조한다는 공통된 기능이 중요한 것이다. 다시 말하거니와 '而'가 어떻게 이런 각종 문맥 관계의 차이를 나타내 줄 수 있겠는가?

요컨대 '而'가 지니는 일관된 기능은 어느 경우이건 앞말을 추슬러 돋보이게

하는 강조 기능이다. 語氣助詞이다.

이와 같이 '而'에는 거의 모든 문맥 관계 중에 쓰여 '접속사'로서의 변별 기능이 없다. 즉, '而'는 굳이 강조할 필요가 없는 문맥 관계 중에서는 쓰지 않아도 되는 單語이다. 동일한 문맥 관계 중에 '而'가 쓰인 경우와 쓰이지 않은 경우를 비교해 보면 그것의 기능을 바르게 파악할 수 있다. '而'가 쓰이지 않아도 전후 통사 관계에는 전혀 다름이 없음을 확인할 수 있기 때문이다. [각종 문맥에 '而'가 쓰이지 않은 예는 보편적이므로 여기에서는 열거하지 않는다] 인과·전환(양보 포함)·점층 등의 문맥에서는 대부분 '而'가 등장한다. 특히 점층 같은 경우는 이러한 의미를 나타내는 어휘가 쓰인다. 그래서 상대적으로 '而'를 필요로 하는 강도가 높다. '而'가 쓰이지 않은 경우를 찾아보기가 어렵다.

한 가지 單語가 여러 가지 문맥에 쓰이는 만큼의 여러 기능이 있다고 기술하는 것은 언어의 실제와 전혀 부합되지 않는다. 전후 문맥이 나타내는 모든 관계를 '而'에 들씌운 것에 다름 아니다. 단어·구·문장의 여러 가지 접속 관계를 나타내는 單語群(이 경우는 접속 표지가 接續詞인 경우)이 있다면, 명확한 음성 형식의 차이, 곧 서로 다른 어휘에 의해서 분별되는 것이 언어의 본질이기 때문이다.

'而'가 앞 말을 강조하는 역할을 하므로, 휴지를 둘 경우 대체로 '而'의 뒤에 있다고 여긴다.[175)]

---

175) '而已'를 한 글자로 合音 표기할 때는 '耳'를 쓴다. 이것을 가지고 휴지가 앞에 있다고 하기는 곤란하다. '而'의 뒤에 '已'만 오거나 '矣' 등의 조사만 이어지므로 휴지를 둘 필요가 없었을 것이다.

③ 於(于)[176]

주로 目的語나 副詞語의 앞에 놓여 이들 單語나 句를 강조한다. 述語의 의미와 '於(于)' 뒤에 나오는 성분이 갖는 의미의 관계에 의하여 文意가 결정되는 것이지, '於(于)'가 전치사[개사] 기능을 가짐으로써 文意를 나타내거나 文意가 분명해지는 것은 아니다.

'於(于)'가 쓰인 어구의 의미 관계는 '於(于)'가 쓰이지 않은 '술어＋목적어'가 나타내는 의미 유형에 그대로 나타난다. 이는 각종 의미 관계 변별의 주체가 '於(于)'가 아니라, '於(于)'를 제외한 實詞類의 의미와 문맥(언어 환경)임을 알게 해 준다.

뒤의 통사론에서 서술한 '술어＋목적어'의 의미 유형을 먼저 살펴보기 바란다. 술어 또는 주어 앞에 놓여 부사어가 되는 명사·대사나 이에 상당하는 句 앞에 놓이는 경우도 마찬가지이다.

'於(于)'는 결코 어떤 구조 형식(전치사구[介詞詞組])을 만드는 표지가 아니다. 語氣助詞이다. 그래서 거의 모든 의미 관계 중의 목적어 또는 부사어 앞에 놓인다. '於(于)'가 사용되지 않아도, 다른 語氣助詞의 경우와 마찬가지로 기본 文意는 전혀 달라지지 않으며, 뒤에 놓이는 單語나 句의 문장 내 성분도 달라지지 않는다. 어느 경우이든 뒤의 말을 강조하는 어기조사이다.

종래 '於(于)'를 '전치사[개사]'로 분류해 왔다. 영어의 전치사류 또는 한국어의 후치사류(조사＝토씨)와 비교해 보면, 두 언어에서 異形態의 여러 단어에 의해 구별되는 기능들을 어떤 것들은 하나로 묶고 어떤 것은 따로 세워서, 고대한어에서는 '於(于)' 하나가 모두 나타내는 것처럼 기술하고 있다.

'於(于)'는 전치사가 아니다. 이유는 간단하다.

---

176) '於(于)'의 기능에 관한 자세한 내용은 졸고 「고대한어 '於(于)'의 介詞性에 대한 의문 -先秦·兩漢 시기를 중심으로-」(『中國人文科學』 제50집, 2012. 4) 참조.

첫째, 서로 다른 형태 또는 구조에 의존하지 않고 하나의 단어가 다수의 기능을 가질 수 없다. 언어에 관한 한 상리에 맞지 않다. 화자와 청자가 동일한 음성(형태)이 복잡한 기능을 가지고 있다고 인식하고 기억하며 의사소통을 한다는 것은 불가능한 일이기 때문이다.

둘째, 목적어의 앞이나 부사어의 앞에 '於(于)'가 쓰인 문장들에서 보이는 통사 관계, 즉 의미 내용은 대체로 '於(于)'가 쓰이지 않은 문장에서도 그대로 나타난다. '於(于)'가 쓰이지 않은 것이 기본 형식이다. '於(于)'가 쓰인 문장의 각종 의미 관계도 이것을 제외한 實詞類의 의미와 문맥에 의해 나타나기 때문이다.

◉ 먼저 '於(于)'가 쓰이지 않은 '술어 + 목적어' 결합이 보이는 의미 유형[177]과 '於(于)'가 목적어 앞에 쓰여 통사상 서로 상응하는 예들을 짝지어 보기로 한다.[178]

가. 간접 대상

問衡(衡에게 묻다), 哭死(죽은 사람에 대해 울다), 驕人(남에게 교만을 부리다), 妻之(그에게 아내를 취하게 해주다), 衣我(나에게 옷을 입히다), 先誰(누구에게 먼저 하겠는가)

• 동작이 미치는 관련 대상

葉公問孔子於子路, 子路不對. 『論語·述而』
섭공이 자로에게 공자를 물었는데, 자로가 대답하지 않았다.

六年, 借兵於楚伐魏. 『史記·趙世家』
6년에 초나라에 군대를 빌려 위나라를 쳤다.

---

177) 전체 예문은 뒤의 ['술어 + 목적어'의 의미 유형] 항을 참고하기 바란다.
    이 내용은 안기섭·정성임의 「古代漢語 '술어 + 목적어'의 의미 유형 기술에 관한 성찰」(『中國人文科學』 제37집, 2007. 12)에서 상론한 것이다.
178) 상세한 논의는 졸고 「고대한어 '於(于)'의 介詞性에 대한 의문 -先秦·兩漢 시기를 중심으로-」(『中國人文科學』 제50집, 2012. 4)를 참고하기 바란다.

• 동작 행위를 받는 사람

己所不欲, 勿施於人. 『論語·顔淵』

자기가 하고 싶지 않은 바는 남에게도 행하는 일이 없으라.

나. 행위자

苦我(나에 의해[나에게] 괴로움을 당하다), 奪諸侯(제후들에게 빼앗기다), 制法 (법에 의해 제약을 받다)

• 수동문에서 동작의 시행자

郤克傷於矢, 流血及屨. 『左傳·成公二年』

郤克이 화살에 부상을 당하여 흐르는 피가 신발에 미쳤다.

勞心者治人, 勞力者治於人. 『孟子·滕文公上』

마음으로 애쓰는 사람은 남을 다스리고, 힘으로 애쓰는 사람은 남에게 다스림을 당한다.

다. 판단의 대상

堅中(가운데가 견고하다), 少欲(욕심이 적다), 多馬(말이 많다), 富良馬(좋은 말 이 풍부하다)

• 동작 또는 행위가 시행되거나 정황이 발생하는 범위

君子食無求飽 居無求安 敏於事而愼於言. 『論語·學而』

군자는 먹음에 배부름을 추구함이 없고 거처함에 편안함을 추구함이 없으며 일에는 민첩하면서 말에는 신중하다.

• 동작 또는 상태와 관계되는 대상

且忠言逆耳利於行, 毒藥苦口利於病. 『史記·留侯世家』

또 충언은 귀에 거슬리나 행함에는 이롭고, 독한 약은 입에 쓰나 병에는 이롭다.

臣聞公子季友有功於魯, 大夫趙衰有功於晉, 大夫田完有功於齊. 『漢書·張敞傳』
저는 공자 季友는 노나라에 공이 있고, 대부 趙衰는 진나라에 공이 있으며, 대부 田完은 제나라에
공이 있다고 들었습니다.

라. 원인 내지 목적

殉財(재물을 위해[때문에] 죽다), 死其長(그 윗사람을 위해 죽다), 敗其所不便
(그가 불편하게 여기는 바 때문에 패망하다), 爲之(그를 위해서 하다, 그것 때문이다)

• 동작이 시행되거나 정황이 출현하는 원인

[다음 두 예는 선진·양한의 것이 아니지만 비교의 편의를 위해서 위에 든 허사사전에
있는 것을 그대로 활용한다.]

業精於勤 荒於嬉. 『韓昌黎文集·進學解』
업은 부지런한 데서 정밀해지고 노는 데서 황폐해진다.

始得名於文章, 終得罪於文章. 『白氏長慶集·與元九書』
처음에 문장으로 이름을 얻었으나 끝내 문장으로 말미암아 죄를 얻었다.

• 동작 수혜의 대상

齊使管仲平戎於周. 『史記·齊太公世家』
제나라가 관중을 시켜서 周 왕실을 위해 戎을 평정하게 했다.

마. 시간·공간

死長安(장안에서 죽다), 飮帳中(막장 안에서 마시다), 至軍中(군 중에 이르다),
如齊(제나라로 가다), 過其門(그 문앞을[통하여, 으로] 지나다), 附焉(그[거기]에 붙
다), 稱後世(후세에[까지] 일컬어지다).

- 동작이 행해지거나 정황이 발생하는 장소

王坐於堂上, 有牽牛而過堂下者. 『孟子·梁惠王上』

왕이 당 위에 앉아 있는데 소를 끌고 당 아래를 지나가는 사람이 있었다.

- 동작이 시작 또는 행해지는 지점

千里之行, 始於足下. 『老子·第六十四章』

천리를 가는 것도 발 아래서[아래로부터] 시작된다.

救民於水火之中, 取其殘而已矣. 『孟子·滕文公下』

백성을 물불 가운데서 구해냄에 그 잔폭한 자를 제거하고 그뿐이었다.

- 동작이 도달한 장소

夫子至於是邦也 必聞其政. 『論語·學而』

선생님께서는 이 나라에 이르시면 반드시 그곳의 정치를 들으신다.

蓋上世嘗有不葬其親者. 其親死, 則擧而委之於壑. 『孟子·滕文公上』

대저 상세에는 일찍이 그 어버이를 매장하지 않는 경우가 있었다. 그 어버이가 죽으면 곧 그를 메다가 구렁에 버렸다.

- 동작이 행해지거나 정황이 발생하는 시간

故文王行仁義而王天下, 偃王行仁義而喪其國. 是仁義用於古而不用於今也.
『韓非子·五蠹』

까닭에 문왕은 인의를 행하여 천하의 왕노릇을 하였지만, 언왕은 인의를 행하고도 그 나라를 잃었다. 이는 인의가 옛날에는 쓰이고 지금에는 쓰이지 않는 것이다.

- 동작 또는 정황이 연속되는 시간

此五君者 所染當 故霸諸侯 功名傳于後世. 『墨子·所染』

이 다섯 임금은 물들여진 배[받은 바의 영향]가 알맞았다. 까닭에 제후들 가운데 패자가 되고 공명이 후세에까지 전해졌다.

主之威蓋震海內, 功彰萬里之外, 聲名光輝傳於千世. 『史記 · 范睢蔡澤列傳』

주군의 위엄이 해내를 뒤덮고 진동하여, 공은 만 리 밖에 드러나고 성명과 광휘는 천세에 전해졌다.

바. 비교 대상

賢己(자기보다 어질다), 倍上士(上士의 배이다, 上士보다 배이다), 十卿祿(卿의 녹봉의 10배이다, 卿의 녹봉에 비해서 10배이다)

・비교의 대상

周公旦者 周武王弟也. 自文王在時 旦爲子孝 篤仁 異於君子. 『史記 · 魯周公世家』

주공 旦은 周 무왕의 아우이다. 문왕이 있을 때부터 旦은 자식으로서 효성스럽고 인이 도타워 군자들과 달랐다.

蠻夷習俗雖殊於禮義之國, 然其欲避害就利 愛親戚 畏死亡 一也. 『漢書 · 趙充國傳』

蠻夷의 습속이 비록 예의지국과 다르다. 그러하지만 그들이 害를 피하고 利를 향해 나아가며 친척을 사랑하고 사망을 두려워하는 것은 한 가지이다.

사. 도구[행위의 도구, 방식, 방편]

飯稻(쌀로 밥을 짓다)

臣頭今俱碎於柱矣. 『史記 · 廉頗藺相如列傳』

신의 머리가 이제 함께 기둥에[으로] (찧어) 부서져 버릴 것입니다.

又奈何責人於全? 『史記 · 龜策列傳』

또 어떻게 온전함을 가지고 사람을 책하겠습니까?

◉ 다음은 부사어 앞에 '於(于)'가 쓰인 예이다.

・(동작이 행해지거나 정황이 발생하는) 장소

襃於道病死, 上閔惜之. 『漢書 · 王襃傳』 : 술어 앞

王襃가 길에서 병들어 죽자, 상[임금]께서 그를 불쌍히 여기고 애석해 했다.

鄭攸始避難, 於道中棄己子 全弟子. 『世說新語·德行』: 술어 앞

鄭攸는 처음 난을 피했으나 도중에 자기 자식을 버리고 제자들을 온전하게 했다.

・(동작의 시작 지점 또는 동작이 행해지는) 장소

家人不解其義意 於壁穿中窺之 不見人體 見盆水中有一大鱉. 『搜神記·人化鱉』
: 술어 앞

가인이 그 뜻을 이해하지 못하고 벽의 구멍 속을 통해서 그것을 들여다보았으나, 인체는 보지 못하고 대야의 물 가운데 큰 자라 한 마리가 있는 것을 보았다.

・(동작이 행해지거나 정황이 발생하는) 시간

子於是日哭, 則不歌. 『論語·述而』: 술어 앞

선생님께서는 이 날에는 우시고 곧 노래 부르지 않으셨다.

・(동작이 시행되거나 정황이 발생하는) 범위

子曰: 足食 足兵 民信之矣. 子貢曰: 必不得已而去之 於斯三者何先?『論語·顏
淵』: 술어 앞

선생님께서 말씀하셨다. 먹을 것이 넉넉하고 병장기가 넉넉하며 백성들이 그를 신뢰하는 것이다. 자공이 말했다. 꼭 부득이하여 [다 갖추지 못하여] 그것들 가운데서 제외한다면 이 세 가지에서 무엇을 먼저 [제거]해야 할까요?

吳人曰: 於周室我爲長. 『左傳·哀公』: 주어 앞

오나라 사람이 말했다. 周 왕실에서 우리가 어른이 됩니다.

・(동작이 미치는 관련) 대상

二三子有復於子墨子學射者, 子墨子曰: 不可. 『墨子·公輸』: 술어 앞

두세 분이 다시 선생님이신 묵자에게 활쏘기를 배우려 하였으나 선생님이신 묵자께서 말씀하셨다. 안 된다.

・(동작과 관계되는) 대상

不義而富且貴 於我如浮雲. 『論語·述而』: 술어 앞

의롭지 않은데도 부유하고 또 귀하기까지 한 것은 나에게는 뜬 구름과 같다.

• (의견을 구하는) 대상

上問袁盎曰: 君嘗爲吳相 知吳臣田祿伯爲人乎? 今吳楚反, 於公何如? 對曰
: 不足憂也, 今破矣. 『史記·吳王濞列傳』: 술어 앞

주상께서 원앙에게 물었다. 군은 일찍이 오나라의 재상이 된 적이 있으므로 오나라 신하 田祿伯의 사람됨을 아시겠지요? 지금 오나라와 초나라가 이반하는데 공이라면 어떻게 하겠습니까? 대답하여 말했다. 걱정할 것이 못 됩니다. 이제 부서지게 될 것입니다.

※ 드물게 보이는 예이지만, 이 경우는 '公'을 주어로 볼 수도 있다. 그럴 경우 주어 앞에 놓이는 부사어가 아니라 주어 그 자체가 된다. 이렇게 보는 것이 더 합당하다고 여긴다.

• (동작 행위의) 근거

於諸侯之約 大王當王關中 關中民咸知之. 『史記·淮陰侯列傳』: 주어 앞

제후들 간의 약속에서[약속에 근거하여] 대왕이 마땅히 관중에서 왕 노릇 한다는 것은 관중의 백성들이 다 알고 있었다.

於臣之計 先誅先零已. 『漢書·趙充國傳』: 술어 앞

신의 계책으로는 먼저 先零족을 토벌하는 것뿐입니다.

'於(于)'가 놓인 위치는 장소·시간·범위·대상·근거 등을 나타내는 부사어 앞이다. '於(于)'의 기능 때문에 여러 가지 장소·시간·범위·대상·근거가 변별되는 것이 아니라, 이들 실사류의 의미와 술어와의 관계에 의해 나타내지는 것이다.

고대한어에서는 부사를 제외한 실사류, 즉 명사·동사·형용사·대사 등의 쓰임을 보면 거의 모든 문장 성분을 넘나든다. 동사·형용사는 물론 명사도 술어가 된다. 동시에 이것들은 언제든지 주어·목적어가 될 수 있으며, 쉽게 관형어나 부사어가 될 수도 있다.

명사(명사성의 구)나 대사가 다른 성분(형태 표지 또는 통사상의 어휘)의 도움 없이 피수식어의 앞에 놓임만으로 부사어가 된다는 것은 주지의 사실이다. '於(于)'가 쓰인 위의 예들과 비교해 보자. 句도 그 쓰임이 단어에 준하므로 예는

생략한다.

[壁] 秦時焚書, 伏生壁藏之. 『史記·儒林列傳』: 장소
진나라가 책을 불살랐을 때 복생은 그것[상서]을 벽 속에 감추었다.

[面] 群臣吏民能面刺寡人之過者 受上賞. 『戰國策·齊策』: 장소
뭇 신하와 관리와 백성으로서 면전에서 과인의 허물을 지적할 수 있는 자는 上等의 상을 받을 것이다.

[北] [東] 於是信謂廣武君曰: 僕欲北攻燕東伐齊何若而有功？『史記·淮陰侯列傳』
: 장소
이에 韓信이 廣武君에게 일러 말했다. 제가 북으로는 燕을 공격하고 동으로는 齊를 치고자 하는데
무엇과 같이 해야[→어떻게 해야] 공이 있겠습니까?

[左] [右] 黔敖左奉食, 右執飮. 『禮記·檀弓』: 장소
검오가 왼쪽에는 먹을 것을 받쳐 들고 오른쪽에는 마실 것을 잡고 있었다.

[始] [兄] 王陵者故沛人 始爲縣豪, 高祖微時兄事陵. 『史記·陳丞相世家』: 시간, 상태
왕릉은 옛 패현 사람으로 처음에는 그 현의 호협이었는데, 한 고조가 미천하였을 때 그를 형님처럼
섬겼다.

[書] 乃以齊王田榮反 書告項王. 『史記·留侯世家』: 도구
곧 제왕 전영이 모반하였다는 것을 가지고[→모반하였다는 사실] 편지로 항왕에게 알렸다.
※ '書'를 '편지를 쓰다'로 여기면 의미상 동사가 된다.

[四] 齊王四與寡人約 四欺寡人. 『史記·蘇秦列傳』: 방시
제의 왕이 네 번 과인과 더불어 약속을 하고 네 번 과인을 속였다.

[法] 失期, 法皆斬. 『史記·陳涉世家』: 근거
기일을 놓치면 법에 따라 모두 참수된다.

[土] [瓦] 臣聞天下之患在於土崩 不在於瓦解. 『史記·平津侯主父列傳』: 상태 내지 방식
제가 듣건대, 천하의 근심은 흙처럼 무너지는 데 있지 기와처럼 풀리는 데 있지 않다고 합니다.

[父] 楚田仲以俠聞 喜劍 父事朱家. 『史記·遊俠列傳』: 상태
초나라의 전중은 협객으로 이름이 알려졌고, 검술을 좋아하였으며, 주가를 아버지처럼 섬겼다.

[故] 臣恐强秦之爲漁父也 故願王之熟計之也. 『戰國策·燕策』: 원인(이유)

신은 강한 진나라가 어부가 될까[어부지리를 할까] 두렵습니다. 까닭에 왕께서는 그것을 숙고하시기 바랍니다.

[斯] 禮之用 和爲貴. 先王之道 斯爲美. 小大由之. 『論語·學而』: 결과

예가 쓰임에는[예를 씀에 있어서는] 조화를 이루는 것이 귀한 것이 된다. 선왕들의 법도는 이에[이렇게 해서] 아름다운 것이 되었다. 작거나 크거나 그것[和]을 따른다.

장소·시간·근거 외에도 상태·도구·방식·원인(이유)·결과 등과 같은 다양한 의미 관계를 부사어로 쓰이는 어휘의 의미에 의해 나타낸다. 문맥 관계의 종류를 가지고 보면, 앞에 '於(于)'가 놓이는 부사어는 대체로 '於(于)' 없이 쓰인 부사어의 일부에 해당한다. 강조가 필요한 경우에만 '於(于)'가 쓰이므로 당연하다. 이처럼 명사가 단독으로 부사어로 쓰인 경우와 비교를 통해서도 '於(于)'가 통사상의 구조 형성 표지, 즉 전치사가 아님이 드러난다. 다수의 기능을 갖는 전치사라고 하였는데 의문점 투성이다. '於(于)'는 결코 이와 같은 복잡한 기능을 갖지 않는다. '장소'나 '시간'을 구분하고, 나아가 장소의 경우는 동작이 행해지거나('施行') 정황이 발생하는 장소, 시작 또는 행해지는('施動') 장소, 도달한 장소 등으로 나누고, 시간의 경우도 동작이 행해지거나 정황이 발생하는 시간, 동작 또는 정황이 연속되는 시간 등을 나누고 있는 것에서 시작하여 '於(于)'가 변별해 줄 수 없는 많은 기능들을 '於(于)'에 들씌워 두고 있다. 각종 차이를 나타낸다고 볼 수 있는 문법적인 근거가 없다. '於(于)'의 기능이랍시고 설명한 내용은 '於(于)'의 기능이 아니라 주로 술어와 목적어의 결합에 의한 의미이다. 다음으로 문맥에 달려 있다.

언어는 기본적으로 소리와 의미(실질적인 의미이든 기능적인 의미이든)의 결합 체계이다. 어떤 언어이든 하나의 소리가 까닭 없이 무수히 많은, 더구나 전혀 다른 기능들을 아울러 가질 수는 없다.

　　영어나 한국어의 대응 표현이 보이는 단어 또는 구의 수를 가지고 비교해
보면, 이것들이 해당 언어에서 둘 이상의 기능을 나타내는 경우도 없지는 않지
만, 대부분 엄연히 다른 多數의 어휘에 의해서 이 같은 기능들이 변별된다. 고
대한어에서 '於(于)'라는 하나의 단어가 이 모든 기능을 갖추고 매번 각기 다른
모습으로 나타날 수는 없다. 이러한 언어는 있을 수 없다. 의사소통이 불가능
하기 때문이다.

　　'於(于)'는 어느 경우이건 뒷말을 강조한다. 반드시 강조되어야 할 문맥이 있
다.[179] 어기조사이다.

---

179) "楚人爲小門於大門之側而延晏子."(『晏子春秋·內篇雜下』) (초나라 사람들이 대문의 옆에
　　소문을 만들어서 晏子를 맞이하였다.)와 "橘生淮南則爲橘 生於淮北則爲枳."(『晏子春秋·內
　　篇雜下』) (귤이 회수의 남쪽에서 자라면 귤이 되나 회수의 북쪽에서 자라면 탱자가 된다.)는
　　강조되어야 할 문맥이 두드러지는 예이다.
　　　앞의 예문에서 '大門之側' 앞의 '於'는 정상적인 상황이라면 쓸 필요가 없다. 특별하지 않은
　　문맥이라면, 위에서 '술어＋목적어'가 나타내는 의미 유형을 통해 확인하였듯이 '於' 없이 여
　　러 가지 관계를 나타내는 '장소' 목적어만 쓰이기 때문이다. 그런데 본시 '大門'이 있는데도
　　'小門'을, 그것도 대문 바로 옆에 만들 일이 없지만, 키가 작은 晏子를 욕보일 목적으로 특별
　　히 바로 '大門의 옆'에 '小門'을 가설하여 통과하게 하려 한 의도를 보이고자 했기에 '大門之
　　側'을 두드러지게 할 수밖에 없다. 그래서 '於'를 사용한 것이다. 즉, '於'는 무슨 '장소'를 표시
　　하는 것이 아니라 장소를 뜻하는 '大門之側'을 강조하기 위해 쓰인 성분이다.
　　　뒤의 예는 동일한 句구조가 전후하여 대비되며 쓰인 경우라서 문맥 관계가 더욱 분명하게
　　나타나 있다. '귤'은 정상적인 상황에서 '淮水'의 '남쪽'이라야 기후에 맞아 귤로 성장할 수
　　있기에 '生淮'이라 하여 '淮南'이라는 목적어만 있으면 된다. 그런데 '淮水'의 '북쪽'에 심고
　　자라게 한다면 기후 관계로 귤이 정상적으로 자라지 못하여 '탱자'밖에 되지 못한다. 상리를
　　벗어난 귤의 재배 장소로서의 '淮北'은 문맥상 강조되어야 할 성분이다. 그래서 '淮南' 앞에는
　　'於'를 쓰지 않았지만 '淮北' 앞에는 '於'를 쓴 것이다. 이처럼 목적어가 강조되는 어구임을
　　쉽게 확인할 수 있다.
　　　"名尊地廣以至王者 何故? 戰勝者也. 名卑地削以至於亡者 何故? 戰罷者也."(『商君書·畫
　　策』) (이름이 높아지고 땅이 넓어져서 王에 이르는 것은 무슨 까닭입니까? 싸워 이겨서입니다.
　　이름이 낮아지고 땅이 깎여서 망하는 데 이르는 것은 무슨 까닭입니까? 싸워 패해서입니다.)도
　　그렇다. 화자의 의중에서 '왕의 자리에 이르는 것'은 바라는 바이지만, '패망에 이르는 것'은
　　원치 않은 상황이므로 '至王'과 '至於亡'이 극명하게 대비되어 '亡' 앞에는 '於'를 부가한 것이다.

강조 기능이다.

　술어와 목적어는 강조될 문맥이 아니라면 얼마든지 '於(于)'가 없이 쓰일 수 있음을 우리는 빈번하게 볼 수 있다. 그럼에도 쓰인 경우이니 우리는 전후 문장을 들지 않더라도, 문장으로 표현되어 있지 않더라도 문맥 내지 언어 환경이 '강조'임을 알 수 있는 것들이다.

[장소]

戰於長勺.(『左傳·莊公十年』) (長勺에서 싸웠다.)

禹八年於外, 三過其門而不入.(『孟子·滕文公上』) (禹는 외지에서 8년을 보내면서 세 번 그의 문 앞을 지났으나 들어가지 않았다.)

至于碣石 入於海.(『書經·禹貢』) (갈석에 이르러 바다로 들어갔다.)

子墨子聞之 起於魯 行十日十夜而至於郢.(『墨子·公輸』) (선생님이신 묵자께서 그것을 듣고 魯나라에서 일어나 10일 낮과 밤을 가서 영에 이르셨다.)

莊子行於山中.(『莊子·山水』) (장자가 산 속을 통해서 갔다.)

[대상]

堯讓天下於許由.(『莊子·逍遙游』) (堯가 천하를 許由에게 선양하려 했다.)

趙氏求救於齊.(『戰國策·趙策』) (조나라가 제나라에 구원을 청했다.)

[범위]

君臣上下 貴賤長幼 至於庶人, 莫不以是爲隆正.(『荀子·王覇』) (임금이건 신하건, 위건 아래건, 귀하건 천하건, 나이가 많건 어리건 간에, 일반 백성에 이르기까지 이것을 준칙으로 삼지 않음이 없다.)

[비교 대상]

靑 取之於藍 而靑於藍.(『荀子·勸學』) (청색은 쪽에서 그것을 취하지만 쪽보다 푸르다.)

氷 水爲之 而寒於水.(『荀子·勸學』) (얼음은 물이 그것이 되었지만 물보다 차다.)

荊國之爲政 有似於此.(『呂氏春秋·察今』) (형나라가 정치를 하는 데는 이와 비슷한 것이 있다.)

[원인]

民固驕於愛 聽於威矣.(『韓非子·五蠹』) (백성들은 본디 사랑 때문에 교만해지고 위세 때문에 말을 듣게 됩니다.)

　다음 예는 동일한 내용의 역사적 사실이 서로 다른 문헌에 나타나는 경우이다. 한 곳은 '於(于)'를 사용하지 않았다. 화자에게 하나의 사실로만 받아들여졌기에 목적어인 피동문의 행위자가 강조되지 않았다. 다른 한 곳은 화자가 목적어(피동문의 행위자)를 강조하고자 하였기에 '於(于)'를 사용한 것이다. '군대는 진섭에게 부서지고, 땅은 제후들에게[『漢書』에는 '劉氏에게'로 되어 있음] 빼앗겼음'을 말한 부분이다.

'於(于)'의 강조 기능을 실감 있게 이해하려면, '於(于)'를 쓰지 않은 문장에 이를 추가하는 방법으로 문맥(언어 환경) 관계를 살피면 된다.

[面] **群臣吏民能面刺寡人之過者 受上賞.**『戰國策·齊策』
뭇 신하와 관리와 백성으로서 면전에서 과인의 허물을 지적할 수 있는 자는 上等의 상을 받을 것이다.

위의 문장의 앞부분을 '群臣吏民{之}[能]{於}面{也}刺寡人之過'와 같이 바꾼 다고 해서 술어의 앞부분인 '群臣吏民{之}[能]{於}面{也}'가 통사상으로 '句'의 다른 형식을 갖추는 것은 아니다. 종래 '於(于)'를 전치사로, '之'를 구조조사로 여겨 이것이 '名詞性'의 구가 된다고 하였는데, 이 문장에서 그리 될 수가 없음이 확연이 드러난다. '面'은 어디까지나 '刺'를 수식하는 '부사어'이다. 이 문장에서는 부사어 '面'을 강조할 필요가 없기에 '於(于)'를 쓰지 않았다.

예를 하나만 더 들어보기로 한다. '於(于)'가 전치사라면 "是使民養生喪死無憾也."(『孟子·梁惠王上』)(이는 백성들로 하여금 산사람을 기르고 죽은 사람을 장사 지냄에 있어서 유감이 없게 하는 것입니다.)와 같은 문장에서, 부사어인 '養生喪死'를 '{於}養生喪死'로 말해야 하지 않겠는가? 전치사 기능에 의존한다면 마땅히 그렇게 해야 뜻이 분명해 질 것이기 때문이다. 그러나 쓰지 않았다. '於'가 '어기조사'임을 알게 해 주는 단적인 증거이다.

'於(于)'와 더불어 보충할 사항이 있다. 文中에 쓰인 '乎'가 그것이다. 종래 이것도 '於(于)'와 기능이 같은 전치사로 여겨 왔다. 이는 중대한 오해이다. '乎'

是以一夫倡而天下和, 兵破陳涉, 地奪諸侯, 何嗣之所利?(『鐵論·結和』)
然而兵破於陳涉, 地奪於劉氏者, 何也?(『漢書·賈山傳』)
따라서 다음의 '於'도 수동 의미를 나타내는 문장에서 행위자를 나타내는 것이 결코 아니다. 어조에 의해서 앞의 '治人'은 '능동'이고 뒤의 '治人'은 '수동'임을 나타냈다고 여긴다.
勞心者治人, 勞力者治於人.(『孟子·滕文公上』) (마음으로 애쓰는 사람은[애쓰면] 남을 다스리고 힘으로 애쓰는 사람은[애쓰면] 남에게 다스림을 당한다.)

는 문장 끝에 있는 경우와 똑같이 조사이다. '乎'의 기능에 대해서는 주로 문말
에 놓이는 조사들과 더불어 뒤에서 설명한다. 우선 다음 예를 보자.

無或乎王之不智也. 『孟子·告子上』
왕이 지혜롭지 못한 것을 의아하게 여길[의혹할] 것이 없습니다.[←의아하게 여겨요[여기다니]? 그
럴 것이 없습니다.

卒然問曰: 天下惡乎定? 吾對曰: 定於一.[180] 『孟子·梁惠王上』
[왕이] 갑자기 물어 말했다. 천하는 어디(에서)인가요 정해지는 곳이? 내가 대답하여 말했다. 하나
로 하는 데서[통일하는 데서] 정해집니다.

'乎'는 '의아하게 여기다'를 뜻하는 '或(=惑)'에 대하여 '{그래서는 안 되는데
/그럴 일이 아닌데} 의아하게 여기다니' 하는 語氣를 보태준다. '王之不智'는
'或'의 목적어이지 '乎'의 목적어가 아니다. 文中에 사용되는 '乎'도 본시 그것
이 갖는 疑問(포괄적인 의미로서 反問·推測 등도 포함함)을 나타내는 語氣助詞
이다. 결국 앞의 술어의 의미를 강조하게 된다.

'或乎王之不智'는 '無'의 목적어이다. 고대한어에서 목적어가 되는 말은 어떠
한 경우이든 원래의 형식을 그대로 지닌다. 의문이든 명령이든 다 마찬가지이다.

不知[周之夢爲胡蝶與 胡蝶之夢爲周與?] 『莊子·齊物論』 [與 = 歟]
장주가 꿈에 호접이 되었는가 호접이 꿈에 장주가 되었는가를 알지 못하겠다.

公以爲[吳興兵是邪 非也(耶)?] 『史記·淮南衡山王列傳』
공은 오나라가 군대를 일으키는 것이 옳다고 생각하십니까, 그르다고 생각하십니까?

[周之夢爲胡蝶與 胡蝶之夢爲周與?]와 [吳興兵是邪 非也(耶)?]는 의문 형식
인데 각각 '知'와 '爲'의 목적어가 되어서도 원래 형식을 그대로 갖추고 있다.

---

180) '乎'를 전치사로 보는 사람들은 '惡'를 전치사의 目的語가 도치된 형태로 여기는데, 이는
잘못이다. '乎'는 조사이다. 의문의 범주에 드는 각종 어기를 나타낸다.

이를 알면 "無[或乎王之不智]也." 중의 '乎'를 이해하는 데 도움이 될 것이다. '惡乎'는 '어디인가요?'를 뜻한다. '乎'는 의문의 어기를 더해 주는 조사이다. 전치사와 목적어의 도치('乎惡'→'惡乎')로서 '어디에서'를 나타내는 것이 결코 아니다.

文中에 쓰인 '乎'의 기능에 대하여 뒤의 목적어를 이끌어 전치사구를 만든다고 했던 것은 아마도 고대한어의 이러한 통사적 특징과 문맥을 바르게 살피지 못해서인 것 같다.

(3) 문중과 문말에 다 쓰이는 것은 '也'·'矣'·'焉'·'乎'·'耶(邪)'·'與(歟)'·'哉'·'者' 등이다. '夫'가 문말에 쓰이면 기본적으로 '與(歟)'·'哉'와 비슷한 기능을 보인다.

'文末'과 '文中'의 구별은 單文과 複文을 나누는 기준에 따라 달라지기 마련이다. 어떻게 분별해도 '문말'과 '문중'의 구별이 어려운 경우가 있다. 고대한어에서는 말을 마디 짓는 형태 성분이 필수 요소가 아니기 때문이다.

이들 語氣助詞가 나타내는 語氣는 '者'를 제외하고는 모두 敍述[181]·疑問(反問·推測 포함)·感歎의 어기로 크게 나누어 살필 수 있다. '也'·'矣'·'焉' 등은 서술성의 조사이다. '乎'·'耶(邪)'는 의문성의 조사이며, '與(歟)'는 의문성과 감탄성을 함께 갖는다. '哉'·'夫'는 감탄성의 조사이다. '者'는 문중에 놓이건 문말에 놓이건 앞말을 추슬러 강조하는 기능을 갖는다.

① 也

• 문말의 '也'는 사실 판단에 확신의 어기를 부가한다. 사실 판단의 내용에

---

181) 여기에서의 '敍述'은, 平敍文임을 나타내는 데 꼭 써야 한다(= 평서문임을 나타내는 표지라는) 것을 뜻하는 것이 아니라, '疑問'이나 '感歎'의 어기를 나타내는 것이 아님을 의미한다.

관계없이 사실이 그러함을 강조하는 판단성의 어기조사이다. 쓰지 않은 경우
와는 어세가 크게 다름을 알 수 있다. 술어의 종류(명사성·동사성·형용사성 등)
에 관계없이 화자는 '也'에 의해 자신의 판단에 확신의 어기를 보탠다.

어떠한 사실의 본래 상황이 그러함을 나타내는 靜的인 성질을 띤다. 動的인
성질, 즉 變化나 時間性을 갖지 않는다. 그래서 긍정이든 부정이든 判斷을 나
타내는 문장의 말미에 많이 쓰인다. 명확한 판단이 내포되어 인과 관계를 敍述
하는 語句에서 그 기능이 두드러짐을 알 수 있다. 平敍文에 그치지 않고, 疑問
文(특히 疑問詞가 있는 疑問文)·命令文·感歎文의 末尾에도 쓰여 판단의 語氣
를 보태 준다.

○ 평서문

晏嬰 齊之習辭者也. 『晏子春秋·內篇雜下』
안영은 제나라의 말을 잘하는 사람이다.

廉頗者 趙之良將也. 『史記·廉頗藺相如列傳』
염파는 조나라의 훌륭한 장군이다.

此天之亡我 非戰之罪也. 『史記·項羽本紀』
이는 하늘이 나를 망하게 하는 것이지 전쟁의 죄가 아니다.

故不登高山 不知天之高也 不臨深溪 不知地之厚也. 『荀子·勸學』
까닭에 높은 산에 오르지 않고는 하늘이 높다는 것을 알지 못하고 깊은 계곡에 임하지 않고는 땅이
두텁다는 것을 알지 못한다.

彊秦之所以不敢加兵於趙者 徒以吾兩人在也. 『史記·廉頗藺相如列傳』
강한 진나라가 감히 조나라에 군대를 보내어 침략하지 못하는 바[의 이유]는 오직 우리 두 사람이
있음으로써입니다.

老臣以媼爲長安君計短也. 『戰國策·趙策』
노신[저]은 마마를 [가지고서] 장안군을 위해서 헤아리심이 짧다고 생각합니다.

客曰: 徐公不若君之美也. 『戰國策·齊策』

손님이 말했다. 서공은 당신이 잘생기심만 같지 못합니다[서공은 당신만큼 잘생기지 못했습니다].

民之有口 猶土之有山川也, 財用於是乎出. 『國語·周語上』

백성에게 입이 있는 것은 흙에 산천이 있는 것과 같다. 재화의 쓰임은 이에서 나온다.

○ 의문문

何由知吾可也? 『孟子·梁惠王上』

무엇으로 말미암아 내가 할 수 있다는 것을 아셨소?

何以至今不業也? 『戰國策·齊策』

무엇을 가지고[무엇 때문에] 이제까지 업으로 삼지 않으십니까?

夫子何哂由也? 『論語·先進』

선생님께서 뭐로[무엇 때문에, 어찌하여] 由를 비웃으셨습니까?

○ 명령문[182]

王如知此 則無望民之多於隣國也. 『孟子·梁惠王上』

왕께서 이를 아실 것 같으면 곧 백성이 이웃 나라보다 많기를 바랄 것이 없으십니다[→없으소서].

○ 감탄문

大哉! 堯之爲君也. 『論語·泰伯』

크시도다! 요가 임금 뇌심은.

• '也'가 文中에 쓰이면 대체로 앞말을 두드러지게 하는 기능을 갖는다.[183]

---

182) "丹所報 先生所言者 國之大事也, 願先生勿泄也."(『史記·刺客列傳』) (丹이 알려온 바와 선생께서 말씀하신 바는 나라의 대사이니 선생께서는 누설하는 일이 없으시기 바랍니다.) 후단의 '也'를 명령을 나타내는 어기조사로 여기는 사람들이 있다. 아니다. 술어 '願'을 중심한 화자의 판단을 강조한다. '先生勿泄'은 '願'의 목적어이다. '勿泄'의 '勿'을 금지 명령을 나타내는 부사로 여기는 오판이 뒤얽혀 명령 표지로 잘못 여겼던 것 같다.

183) '也'뿐만 아니라 '矣·焉·乎·與(歟)' 등도 文中에 쓰인다. 단문과 복문의 구별 기준에 따라 문말인가 문중인가에 대한 판단이 달라지는 예들이 있게 된다. 개별 조사의 '어기'의 성격이

대체로 판단의 대상이 되는 말을 강하게 제시한다고 할 수 있다. 일종의 강조 기능이다. '也'가 문중에 놓이면 앞말을 강조 제시함과 동시에 일종의 멈춤(休止)이나 정돈이 이루어진다고 할 수 있다. 따라서 쓰이지 않은 경우와는 명확하게 다르다.

'也'의 앞에 놓이는 문장 성분에 따라 분류해 보면 다음과 같다.

[주어의 뒤]

或曰: 雍也 仁而不佞.『論語 · 公冶長』

어떤 이가 말했다. 옹은 [말이지] 어질기는 하나 재주가 있지는 않다.

且夫水之積也 不厚, 則其負大舟也 無力.『莊子 · 逍遙游』

또[게다가] 대저 물이 쌓인 것이 두텁지 않으면 곧 그것이 큰 배를 짊어지는 데[띄우는 데]는 힘이 없다.

人主之子也 骨肉之親也 猶不能恃(持)無功之尊無勞之奉而 守金玉之重也而 況人臣乎?『戰國策 · 趙策』

임금의 아들도 골육지친[부모 형제 사이]도 오히려 공 없는 높은 자리와 수고 없는 봉록을 의지하여 금이나 옥 같은 귀중한 것을 지킬 수가 없는데 하물며 신하에 있어서이겠습니까?

[부사어의 뒤]

君子無所爭. 必也射乎?『論語 · 八佾』

군자는 다투는[겨루는] 배[것]가 없다. 꼭[반드시]이라면 활쏘기이겠지?[일 것이다.]

孔子對曰: 有顏回者好學, 不遷怒 不二過 不幸短命死矣 今也則亡, 未聞好學

문제이지 위치는 그다지 중요하지 않다.

於是焉河伯欣然自喜, 以天下之美爲盡在己.(『莊子 · 秋水』)

(이에 하백은 흔연히 스스로 좋아하면서 천하의 아름다움을 다 자기에게 있다고 여겼다.)

公子曰: 以容取人乎 失之子羽 以言取人乎 失之宰予.(『韓非子 · 顯學』)

(公子가 말했다. 용모를 가지고 사람을 취하겠는가? [그렇게 하면] 자우를 잃는다. 말을 가지고 사람을 취하겠는가? 재여를 잃는다.)

者也. 『論語·雍也』

공자께서 대답하여 말씀하셨다. 顔回가 있어 가지고 배우기를 좋아하고 화를 옮기지 않았으며 잘못을 두 번 다시 하지 않았는데 불행히도 명이 짧아 죽어버려 지금은[지금은 말이지요] 곧 없습니다. 아직 [누가] 배우기를 좋아한다는 것[말][사람]을 듣지 못했습니다.

魯仲連曰: 固也待吾言之. 『戰國策·趙策』

노중련이 말했다. 본디 [말이지] 내가 그걸 말하기를 기다려야 했다.

寡人之於國也盡心焉耳矣. 『孟子·梁惠王上』

과인은 나라에[나라에 대하여] 마음을 다하고야 그칩니다(맙니다)[→다할 따름입니다].

夫吳之與越也 仇讎敵戰之國也. 『國語·越語上』 [술목구인 '與越'이 부사어임.]

대저 오나라는 월나라와 더불어 원수 간에 대적하여 싸우는 나라이다.

[부르는 말의 뒤]

賜也! 女以予爲多學而識之者與? 『論語·衛靈公』

사야! 너는 나를 가지고서[→내가] 많이 배워서 그것을[무엇을] 안다고[무엇을 아는 사람이라고] 여기느냐?

由也, 女聞六言六蔽矣乎? 『論語·陽貨』

유야! 너는 6언과 6폐를[에 대하여] 들었느냐?

② 矣

'矣'는 어떠한 사실의 변화된 상황을 나타낸다. 이 점에서 '也'와 두드러지게 대비된다. 대체로 動的인 성질의 語氣助詞라고 할 수 있다. 즉, 變化나 時間性을 띤다. 그래서 '矣'를 말미에 쓴 敍述文은 이미 발생한 사실이든 아직 발생하지 않은 사실이든 간에 어떠한 변동을 거친 시간성을 갖는 내용의 文章이 대부분이다. 어떠한 일이 이미 발생 또는 존재하였다거나, 장차 발생 또는 출현하게 됨을 나타낸다(어떠한 조건 하에 발생될 모종의 결과 포함)고 할 수 있다.

由此觀之, 王之蔽甚矣. 『戰國策·齊策』

이를 통해서 보건대 왕께서 가리어지심이 심하게 되었습니다[심해졌습니다].

陳勝曰: 天下苦秦久矣. 『史記·陳涉世家』

진승이 말했다. 천하가 진나라에 괴로움 당한 지가 오래되었다.

漢之爲漢 幾四十年矣. 『漢書·食貨志上』

漢나라가 漢나라가 된 것이[된 지가] 거의 40년이 되었다.

曰: 吾知所過矣 將改之. 稽首而對曰: 人誰無過 過而能改, 善莫大焉. 『左傳·宣公二年』

말했다. 나는 잘못한 바를 알게 되면 곧 그것을 고친다. 머리를 조아리며 대답하여 말했다. 사람이 누구에겐들 잘못이 없겠습니까? 잘못을 했더라도 고칠 수 있다면, 선은 그보다 큰[→선하기가 이보다 더 큰] 것이 없습니다.

今君乃亡趙走燕, 燕畏趙 其勢必不敢留君而 束君歸趙矣. 『史記·廉頗藺相如列傳』

지금 당신께서 곧 趙를 도망하여 燕으로 달아나면 燕은 趙를 두려워하므로 그 형세상 틀림없이 감히 당신을 머무르게 하지 못하고 당신을 묶어서 趙로 돌려보내게 될 것입니다.

'矣'가 疑問文의 말미에 쓰일 때도 이러한 기능을 한다.

子來幾日矣? 『孟子·離婁上』

그대가 오신 지 며칠이 되었습니까?

年幾何矣? 『戰國策·趙策』

나이가 얼마나 되었습니까?

何如, 斯可謂之士矣? 『論語·子罕』

무엇과 같이 하면[어떻게 하면] 이에 士라고 이를 수 있게 됩니까?

事將奈何矣? 『戰國策·趙策』

일이 장차 무엇과 같이[어떻게] 될까요?

'矣'가 변화를 나타내지 않는 경우는 화자의 확정적인 어기를 나타낸다. 발

생했거나 발생한 사실의 확정이니 따지고 보면, 넓은 의미에서는 본질적으로
같다고 할 수 있다.

> 萬取千焉千取百焉 不爲不多矣. 『孟子 · 梁惠王上』
>
> 만에서 천을 취하고 천에서 백을 취하는 것이 많지 않은 것이 되지 않습니다.
>
> 相如曰: 五步之內 相如請得以頸血濺大王矣. 『史記 · 廉頗藺相如列傳』
>
> 상여가 말했다. 다섯 걸음 안에서 상여가[제가] 삼가 목의 피를 [가지고] 대왕에게 뿌려버릴 수 있
> 습니다.

그리고 '矣' 대신에 '已'를 빌려 쓴 것으로 보아온 예들이 있으나, 그 경계가
모호하다. 고대한어에서 '同音 假借'로 설명되는 경우들이 왕왕 그러하다. 문
맥을 잘 살펴야 한다. 동사성의 의미인 '(~하고) 말다[그만두다] · 그치다 · 그만
이다 · 그뿐이다'로 쓰인 경우가 절대 다수일 것이다. 다음 예들이 그렇다.

> 苟無恒心 放辟邪侈 無不爲已. 『孟子 · 梁惠王上』
>
> 진실로 항심이 없으면 방자하고 치우치며 삿되고 사치스러워져서 하지 않는 것이 없게 됩니다.[비
> 교 : 없고 맙니다→없을 따름입니다]
>
> 雖禹舜復生 弗能改已. 『史記 · 范睢蔡澤列傳』
>
> 비록 우임금이나 순임금이 다시 살아난다 하더라도 바꿀 수 없습니다[없게 됩니다].[비교 : 없고 맙
> 니다→없을 따름입니다]
>
> 古布衣之俠 靡得而聞已. 『史記 · 游俠列傳』
>
> 옛날 벼슬하지 않은 협객들은 구해서 듣는 일이 없었다.[비교 : 없고 말았다→없을 따름이었다]

'矣'도 문중에 쓰인다.

> 巧言令色 鮮矣仁. 『論語 · 學而』
>
> 교묘한[꾸며댄] 말과 예쁜[예쁘게 보이도록 꾸민] 얼굴은 仁[어짊]이 적다.

　이 예의 '鮮矣仁'에 대해서는 종래 주어와 술어가 도치된 감탄문이며 '矣'가 감탄조사라는 풀이가 있었다. 그러나 아니다. '鮮仁'은 술목구조이다. '寡言'·'多才' 등과 같은 구조인 것이다. '矣'는 여전히 본래 기능을 한다. 확정적인 어기를 나타내는 경우이다.

③ 焉

　文末에 쓰이는 '焉'은 최초에 '之'의 의미['그']에 상당하는 代詞 기능에 강조의 의미가 더해져 있는 代詞로 파악된다. ['代詞'의 항에서 든 바와 같이 '焉'은 의문대사로도 쓰인다.] 다음 예를 보자.

　　晉國天下莫强焉 叟之所知也. 『孟子·梁惠王上』
　　진나라는 천하에 그보다 강한 것[나라]이 없음은 노인장께서 아시는 바입니다.

　'强焉' 중의 '焉'은 '晉國'을 받는 대사이다. 대사 '之'보다 지시의 정도가 강하다는 것을 문맥을 통하여 바로 알 수 있다.

　　子女玉帛 則君有之, 羽毛齒革 則君地生焉. 『左傳·僖公二十三年』
　　자녀[백성]와 옥과 비단은 임금님께서 {그것들을} 가지고 계시며, 깃과 털과 상아와 가죽은 임금님의 땅에서 {그것들을} 생산합니다.

　이 예에서도 '焉'이 '羽毛齒革'을 가리키는 대사로서 '之'보다 강한 어세를 띠고 있음을 알게 해 준다. 기본적으로 갖추고 있는 것인 '子女玉帛'은 '之'로 받았지만, '羽毛齒革'은 특별히 자기만 가진 것이어서 '之'보다 강한 '焉'으로 받았음을 쉽게 알 수 있다.
　다음 예에서도 쉽게 확인된다.

非曰能之 願學焉. 『論語·先進』

{그것을} 잘한다고 말하는 것이 아니라 {그것을} 배우고 싶습니다.

그래서 다음 예들은 대사로 쓰인 경우에 해당한다.

積土成山, 風雨興焉, 積水成淵, 蛟龍生焉. 『荀子·勸學』

흙이 쌓여 산을 이루면 바람과 비가 {그것[거기]에서} 일어나고 물이 쌓여 못을 이루면 교룡이 {그것[거기]에서} 생겨난다.

君子道者三, 我無能焉. 『論語·憲問』

군자의 도는 셋인데 나는 {그것[그 가운데]에서} 잘하는 것이 없다.

三人行, 必有我師焉. 『論語·述而』

세 사람이 가면 반드시 {그것(그들)[그 가운데, 거기]에} 나의 스승이 있다.

'焉'은 본시 강조성을 갖는 指示代詞이기에[184] 지시하는 내용이 없이 쓰이면 指示代詞로서의 작용은 상실하고 순전히 강한 강조의 語氣助詞 기능만 갖게 된다. 그래서 문맥만 생각한다면 대사로 볼 수도 있고 조사로 볼 수도 있는 경우들이 자주 보인다. 앞 예문 중의 '君子道者三, 我無能焉.'·'三人行, 必有我師焉.'이 그렇다. '焉'에 지시하는 내용이 없고 강조 기능만 있다고 생각해도

---

184) 종래의 설명처럼 첫 번째 예는 '之'에 상당하고 나머지 것들은 '於(전치사)＋之(대사)'에 상당한다고 볼 이유가 전혀 없다. 이는 述目 關係의 여러 의미 유형을 살핀 결과 구조 관계를 나타내는 허사를 사용할 필요가 없음이 확인된 데 의한다. 이 경우도 '於'가 전치사가 아니라 助詞임을 알게 해 주는 경우이다. 그럼에도 '於(于)'를 전치사로 보았던 이들은, '焉'이 주로 指示代詞 '之'(또는 '是', '此')의 앞에 '於'가 쓰인 '於之'(또는 '於是', '於此')로 보면 의미가 통해지는 경우가 많아 '焉'＝'於之'(또는 '於是', '於此')로 설명해 왔다. 그러나 이것은 두 단어가 합성된 兼詞라고 볼 수가 없을 뿐 아니라, '於'를 쓰지 않고 '之'(또는 '是', '此')만 써도 의미에는 차이가 없기 때문에 바람직한 기술이 되지 못한다. '於'의 유무에 상관없이 '之·是·此' 등의 代詞가 가리키는 범주는 본시 장소·범위·방면·대상 등으로 다양하다. 문맥에 의해 '焉'을 '之·是·此' 중 어느 하나로 대체하지 않고, '於＋之'(또는 '於＋是', '於＋此')로 대체하여 이해해 볼 수 있다면, 이는 전적으로 '於'가 강조의 語氣助詞이기 때문이다.

말이 성립하기 때문이다.

그래서 후대로 내려올수록 '焉'을 사용한 문장들은 문맥상 '指示代詞에 강조의 語氣를 더한 것'으로 보아도 무방하고, '語氣助詞'로만 보아도 무방한 경우들이 많다. 동일한 단어에 대하여 '대사'와 '조사'로 나누어 살피는 것이 옳은가를 의심케 하는 부분이다. '其'·'之' 등도 그렇다. 이것들을 '대사' 한 가지로 여기고 그 안에서의 쓰임이라는 차원에서 설명하는 방법도 설 자리를 갖게 된다.

다음 예들을 통해서는 '焉'이 강조의 기능만을 갖는 語氣助詞임을 쉽게 확인할 수 있다. 뒤의 '也'와 비교해서이다. 이처럼 다른 語氣助詞와 대비되어 사용될 때 '焉'이 末尾에 쓰인 語句는 왕왕 말의 중점의 소재가 됨을 알게 해준다.

君子病無能焉 不病人之不己知也. 『論語·衛靈公』
군자는 능력이 없는 것을 괴로워하지 남이 자기를 알아주지 않는 것을 괴로워하지 않는다.

夫大國難測也, 懼有伏焉. 『左傳·莊公十年』
대저 큰 나라는 헤아리기가 어렵습니다. 복병이 있을까 두려웠습니다.

◉ '已'에 대한 오해와 '耳'(爾)[= ~而已]

'耳'가 '而已'의 合音 표기임을 발견하고서도 이것이 '限定의 語氣'를 나타내는 조사라고 여겨 왔다. 그런데 '而'를 접속사(연사)로 보고 '已'를 조사로 보더라도 '耳'는 두 단어의 기능을 겸한 글자[兼詞]이므로 '조사'가 될 수가 없다. '諸'가 '之(대사)＋於(조사)' 또는 '之(대사)＋乎(조사)'의 合音 표기이므로 '諸'가 대사도 아니고 조사도 아닌 것과 같은 이치이다.

앞에서 설명한 대로 우선 '而'는 조사이다.

더욱 중요한 것은 '已'가 조사로서 虛詞가 아니라 동사성의 實詞라는 사실이다. '已'가 지니는 의미, 즉 '(~하고) 말다[그만두다]·그치다·그만이다·그뿐이다' 등으로 번역할 수 있는 실질적인 의미에 의해서 '限定'의 문맥이 형성되는 것이다. 이러한 문맥에 의하여 '~할(일) 따름이다[뿐이다]'고 번역할 수 있는 경우가 많을 따름이다.

따라서 '耳'는 '조사+동사'의 결합이다. '爾'가 '耳' 대신으로 차용되기도 한다. 먼저 '而已'나 '耳'를 사용하지 않은 '已'의 용례를 보자.

四十五十而無聞焉, 斯亦不足畏也已. 『論語·子罕』
사십 오십이 되어도 들리는 일이 없으면 이에 역시 두려워하기에 부족하고 만다[부족할 따름이다].

君子食無求飽 居無求安 敏於事而愼於言 就有道而正焉, 可謂好學也已. 『論語·學而』
군자가 먹는 데 배부름을 추구함이 없고 거처하는 데 편안함을 추구함이 없으며, 일에 민첩하면서[일을 민첩하게 하면서] 말에 신중하며[말을 삼가며], 도가 있는 데[또는 사람]에 나아가 거기에서 바르게 한다면, 배우기를 좋아한다고[좋아하는 사람이라고] 이를 수 있고야 말 것이다.

다음은 '而已'를 쓴 예이다.

使遂蚤得處囊中, 乃穎脫而出, 非特其末見而已. 『史記·平原君虞卿列傳』
저로 하여금 더 일찍이 주머니 속에 있을 수 있게 했더라면 곧 [송곳의] 끝이 벗고[뚫고] 나왔을 것입니다. 특별하게[단지] 그 끝만 드러나 보이고 마는 것은 아니었을 것입니다.

當此之時 憂在亡秦而已. 『史記·淮陰侯列傳』
이때에[를] 당하여 걱정거리는 진나라를 망하게 하는 데 있고 그뿐이었다[→있을 따름이었다].

寧事齊楚 有亡而已 蔑從晉矣. 『左傳·成公十六年』
차라리 제나라와 초나라를 섬겨 망하는 일이 있고 말지[→망할 따름이지] 진나라를 따르는 일은 없을 것이다.

다음은 합음의 兼詞 '耳'로 표기한 경우이다.

直不百步耳, 是亦走也. 『孟子·梁惠王上』

단지 백 보가 되지 않을 따름이지[단지 백 보를 달아나지 않고 말았지(→달아나지 않았을 따름이지)] 이 역시 달아난 것입니다.

故察己則可以知人 察今則可以知古. 古今一也, 人與我同耳. 『呂氏春秋·察今』

까닭에 자기를 살피면 곧 그것으로 남을 알 수가 있고, 지금을 살피면 곧 그것으로 옛날을 알 수가 있습니다. 예와 지금이 한가지이듯이 남이 나와 더불어 한가지이고 그뿐입니다[→한가지일 따름입니다].

寡人之於國也盡心焉耳矣. 『孟子·梁惠王上』

과인은 나라에[나라에 대하여] 마음을 다하고야 그칩니다(맙니다)[→다할 따름입니다].

諸將易得耳, 至如信, 國士無雙. 『史記·淮陰侯列傳』

여러 장군들은 얻기가 쉽고 맙니다만[→쉬울 따름입니다만], 韓信 같은 사람에 이르러서는, 國士에 짝할 사람이 없습니다.

'耳'는 '己'의 의미로 말미암아 왕왕 副詞 '直·徒·獨' 등과 전후 호응하여 쓰인다.

'而已矣'를 '耳'와 동일시하는 것도 잘못이다. '而已矣'는 어기조사 '而'와 '矣' 사이에 동사 '己'가 쓰인 것이기 때문이다. '조사+동사+조사'의 연접이다.

'爾'도 같은 문맥에 쓰인다. '己'와 音이 같아서일 것으로 여기고 있다.

莊王圍宋, 軍有七日之糧爾. 盡此不勝 將去而歸爾. 『公羊傳·宣公十五年』

장왕이 송나라를 포위하였는데, 군대에 칠 일 식량이 있고 그뿐이었다[→있을 뿐이었다]. 이것을 다하고도[다 쓰고도] 이기지 못하면 장차 떠나 돌아가야 하고 말 것이다[→돌아가야 할 따름이다].

④ 乎·耶(邪)·與(歟)

'乎'·'耶(邪)'·'與(歟)'는 대표적인 의문조사이다. 이것들이 나타내는 포괄적 의미의 의문성을 '순수한 의문·反問·推測' 등으로 더 자세히 나누어 볼 수 있다.

가. 疑問

'乎'·'耶(邪)'·'與(歟)'는 각 종의 疑問文[特指·是非·選擇 등]에 두루 쓰인다.

ㄱ. 特指疑問文

특지의문문은 疑問詞(疑問代詞)가 의문의 소재인 의문문을 가리킨다. 의문사가 있는 의문문은 어기조사를 쓰지 않아도 의문은 나타나지만, 통상 文末에 '乎'·'耶(邪)'·'與(歟)' 등을 함께 써서 의문의 어기를 보태는 경우가 많다.

少帝曰: 欲將我安之乎? 『史記·呂太后本紀』
어린 황제가 말했다. 장차 내가 어디로 가기를 바랍니까?

子之師誰邪? 『莊子·田子方』
당신의 스승은 누구십니까?

誰與 哭者? 『禮記·檀弓』
누구입니까? 우는 사람이.

子之義將匿耶 意將以告人乎? 『墨子·耕柱』
당신이 의리는 장차 감출 것입니까? 생각건대[→아니면, 혹은] 그것을 남에게 알릴 것입니까?

ㄴ. 是非疑問文

시비의문문은 사실이 그러한가 그러하지 않은가를 묻는 의문문을 가리킨다. 古代漢語에서 의문사가 쓰이지 않은 의문문의 판별은 대부분 어기조사 '乎'·'耶(邪)'·'與(歟)' 등이 쓰이는지의 여부에 의한다.

賢者亦有此樂乎? 『孟子·梁惠王下』
어진 사람에게도 역시 이 즐거움이 있습니까?

商君曰: 子不說吾治秦與? 『史記·商君列傳』

상군이 말했다. 당신은 내가 진나라를 다스리는 것을 좋아하지 않습니까?

上曰: 將軍怯邪? 『史記·袁盎列傳』

주상께서 말씀하셨다. 장군께서는 겁이 나십니까?

王曰: 齊無人耶? 『晏子春秋·內篇雜下』

왕이 말했다. 제나라에는 사람이 없습니까?

ㄷ. 選擇疑問文

선택의문문은 둘 이상의 사실 가운데서 어느 하나를 선택하여 답하게 하는 의문문을 가리킨다.

滕小國也 間於齊楚 事齊乎 事楚乎? 『孟子·梁惠王下』

등나라는 작은 나라로서 제나라와 초나라 사이에 끼어있는데 제나라를 섬길까요? 초나라를 섬길까요?

公以爲吳興兵是邪 [以爲]非也(耶)? 『史記·淮南衡山王列傳』

공은 오나라가 군대를 일으키는 것이 옳다고 생각하십니까, 그르다고 생각하십니까?

다음은 형식은 서술문인데 목적어가 의문 형식을 갖추고 있는 경우이다. 다른 술어의 목적어가 되어도 의문 형식[직접화법의 형식]을 그대로 갖추고 나타난다.

不知周之夢爲胡蝶與 胡蝶之夢爲周與. 『莊子·齊物論』

장주가 꿈에 호접[나비]이 되었는가 호접이 꿈에 장주가 되었는가를 알지 못하겠다.

어느 형식의 의문문에 쓰이건, '乎'는 비교적 솔직·단순하고, '耶(邪)'는 놀람의 색채를 띠며, '與(歟)'는 감탄의 색채를 띠어 是非疑問文의 끝에서는 자기의 생각에 대하여 청자가 확인해 주기를 바라는 語氣를 갖는 것으로 여겨지고 있다.

나. 反問(反語, [反詰])

反問을 나타내는 문장을 보통 '反語文'이라고 한다. 反語文의 일반 疑問文과의 차이는 대답을 요구하느냐의 여부에 있을 뿐, 그 기본 형식이 동일하다. 疑問을 나타내는 語氣助詞는 모두 그대로 反問을 나타내는 文章에 사용된다. 문중에 의문사가 있는 것이 보통이다. 의문사 대신 反問副詞가 쓰이기도 한다. 反問은 다분히 감탄성을 띠는 관계로 감탄성의 어기조사인 '哉'도 등장한다. 즉, '乎'·'邪(耶)'·'與(歟)'·'哉' 등이 反問의 語氣를 부가하는 데 쓰인다. 이것들과 호응하여 쓰이는 反問副詞로는 '豈'·'庸'·'獨'·'寧' 등이 있다. 반문부사만 쓰인 경우도 있다. 疑問代詞로는 '安'·'惡'·'焉'(이상 '어디[어찌]')·'何'(또는 '胡·奚·曷·盍' 등)(뭐로[어찌])·'孰'(어느 누구, 어느 것) 등이 두루 쓰인다. 反語文에 쓰인 疑問代詞를 反問副詞로 간주하는 것은 적절치 않다. 여전히 의문사로서 副詞語로 쓰였을 따름이다.

王后將相寧有種乎? 『史記·陳涉世家』
왕후장상에 어찌 씨가 있겠는가?

趙王豈以一璧之故欺秦邪? 『史記·廉頗藺相如列傳』
조나라 왕이 어찌 옥 하나 때문으로 진나라를 속이겠습니까?

彼丈夫也, 我丈夫也. 吾何畏彼哉? 『孟子·滕文公上』
저도 장부고 나도 장부다. 내가 뭐로[어찌] 저를 두려워하겠는가?

相如雖駑 獨畏廉將軍哉? 『史記·廉頗藺相如列傳』
상여[내]가 비록 노둔하나 유독 염 장군을 두려워하겠는가?

嗟乎! 燕雀安知鴻鵠之志哉? 『史記·陳涉世家』
아! 참새와 제비가 어디[어찌] 큰 기러기와 고니의 뜻을 알겠는가?

子非三閭大夫與? 『屈原·漁父辭』
당신은 삼려대부가 아니시오?

다. 추측

추측을 나타내는 文章의 형식도 역시 疑問文과 같다. 그 語調의 강약에만 차이가 있음을 알 수 있다. 어기조사 '其', 부사 '殆', 대사 '或' 등이 함께 쓰이기도 한다.

> 道不行, 乘桴浮於海, 從我者其由與？『論語·公冶長』
>
> 도가 행해지지 않아서, 바다로[해외로] 뗏목을 타고 가려는데, 나를 따를 사람은[나를 따름은] [거]由이겠지?

> 曰: 日食飲得無衰乎？『戰國策·趙策』
>
> 말했다. 날마다 잡수시는 데[것에] 줄어든 것이 없을 수 있겠는지요?

> 今民生長于齊不盜 入楚則盜 得無楚之水土使民善盜耶？『晏子春秋·內篇雜下』
>
> 지금 백성들이 제나라에서 나고 자라면 도적질을 하지 않으나[않는데][않고] 초나라에 들어오면 도적질을 함에는[하는 데는] 초나라의 수토(풍토)가 백성들로 하여금 도적질을 잘하게 하는 일이[함이] 없을 수 있겠는지요?

• '爲'·'則' 같은 조사들이 의문성의 語氣助詞로 쓰이기도 한다.

> 何故深思高居自令放爲？『屈原·漁父辭』
>
> 무슨 까닭에 깊이 생각하고 고고하게 처신하여 스스로를 추방당하게 하였소?

> 死長安卽葬長安 何必來葬爲？『史記·吳王濞列傳』
>
> 장안에서 죽었으면 곧 장안에서 장사 지낼 것이지 뭐[→왜, 어째서] 꼭 와서 장사 지내야 하는가?

> 蓋鍾子期死 伯牙不復鼓琴 何則？『司馬遷·報任安書』
>
> 대저 종자기가 죽자 백아가 다시는 거문고를 타지 않은 것은 무엇입니까[→어째서입니까]?

⑤ 與(歟)·哉·夫

'與(歟)'·'哉'·'夫'는 대표적인 감탄성의 조사이다. 이 중에서 '哉'가 가장 많이 보인다. '與(歟)'는 의문문에도 쓰인다. '哉'는 反問性의 의문문에도 쓰인다.

동일한 助詞가 서로 거리가 있는 語氣를 나타낼 수 있는 조건은 語調의 차이일 것이다.

> 孝弟也者 其爲仁之本與! 『論語·學而』[弟 = 悌]
>
> 효도와 우애란[효도하고 우애한다는 것은] [거] 仁을 행하는 근본이로다!
>
> 上讀子虛賦而善之曰: 朕獨不得與此人同時哉! 『史記·司馬相如列傳』
>
> 상께서 자허부를 읽으시고 그것을 잘 되었다고 여기시며 말했다. 짐만이 홀로 이 사람과 더불어 때를 같이 하지 못했구나!
>
> 大哉! 堯之爲君也. 『論語·泰伯』
>
> 크시도다! 요가 임금 되심은.
>
> 逝者如斯夫! 不舍晝夜. 『論語·子罕』
>
> 가는 것은 이와 같을진저! 밤낮으로 그치지 않는구나.

• 기존의 여러 文法書에서 '也·矣·乎' 등이 命令[祈使]이나 다른 語氣도 나타낸다고 기술한 것은 바르지 못하다. 평서문과 명령문은 기본적으로 형식이 동일하다.

'與(歟)'처럼 의문과 감탄을 모두 나타내는 경우도 있다. 둘로 나눌 수 있는 조건은 語調의 차이일 것이다.

그러나 다른 조사들도 모두 어조만 달리하면 용도가 다른 두 가지 이상의 문장에 쓰일 수 있다고 여겨서는 안 된다. 특별한 이유가 없이 이도 되고 저도 된다면 의사소통에 장애가 있을 것이다.

경계 구분에 문제가 없지도 않으나 본래 기능 하나를 중심으로 살피는 것이 바람직하다. 예컨대 '乎'의 경우 감탄성으로 보아야 할지 강도가 약한 '추측'성의 의문인지를 구분하기 어려울 때가 있다. 그러나 감탄성보다는 추측을 나타내는 의문성에 우선하여 살피는 것이 문맥에 더 적합할 것이다. '乎'가 어조의

차이에 의해 감탄성의 어기를 나타내더라도 그 빈도는 매우 낮을 것이다.[185]

다음은 '也·矣'가 문맥상 명령문이라고 할 수 있는 문장에 쓰였으나 명령의 어기조사가 아니라 각각의 본래 기능을 가지고 있음을 보이는 예들이다.

> 寡人非此二姬, 食不甘味 願勿斬也. 『史記·孫子列傳』
>
> 과인은 이 두 여자가 아니면, 먹는 데 맛을 달게 여기지 못하니 베는[참수하는] 일이 없기를 원하오.

'也'는 여전히 판단을 나타낸다. 동사 '勿'의 의미에 의하여 명령성의 문맥은 갖추어진다. 더구나 '願'이 '勿斬'을 목적어로 취하였다.

> 諾. 先生休矣. 『戰國策·齊策』
>
> 좋소. 선생은 쉬시오.

'矣'도 명령의 어기조사가 아니라 확정적인 어기를 나타낸다. '休'의 의미와 문맥에 의해 명령성은 이미 드러나 있다.

> 甚矣 吾衰也. 久矣 吾不復夢見周公. 『論語·述而』
>
> 심해졌다, 내가 쇠약해진 것이. 오래되었다, 내가 다시 꿈에 주공을 뵙지 못한 것이.

---

185) 現代漢語(현대중국어)에서 볼 수 있듯이 하나의 글자로 표시되는 문두의 감탄사들이 聲調(이 경우는 엄밀히 말하면 語調가 함께 작용함)를 달리함에 따라 그 기능이 달라지는 것과 같이, 비록 文末 조사이지만 동일한 音節을 語調를 달리하여 발음함으로써 命令의 어기를 나타냈을 가능성을 추측할 수는 있다. 그러나 각각의 文末 어기조사는 모든 어기를 다 나타내는 것이 아님을 알 수 있고, 현대한어의 文末 어기조사는 어조의 변화에 의해 기능이 달라지는 것이 아님을 보아, 주된 기능에 의하여 분류하는 것이 합리적일 것이다. 그런데 현대한어에서 동일한 音節의 문말 어기조사, 예컨대 '吧' 같은 것에 대하여 그것의 기능을 나누어 '명령·권유·추측' 등의 語氣를 두루 나타낸다고 여기고 있다. 이렇게 생각하면 동일한 음절과 동일한 어조가 여러 가지 서로 다른 기능을 나타내는 것이 된다. 그러나 이에 대해서는, '명령·권유·추측' 등의 문맥은 '吧'가 없는 상태에서 이미 갖추어져 있고 이것이 부가됨으로써 '완곡'의 어기를 보탠다고 할 수 있다. 하나로 일관되게 기능을 파악하는 방법이다.

그러므로 문맥상 文章에 내포되어 있는 의미를 파악하여 그것의 주된 기능을 기술함이 옳다.

이 예문 중의 두 '矣'는 모두 이것의 기본 기능인 '변화'성의 어기를 나타낸다. 문맥이 그러하다. 굳이 감탄의 어기조사로 볼 필요가 없다. 주어와 술어의 어순 도치에 의해 술어가 강조되었을 따름이다.

⑥ 者

'者'는 다소 특별한 성격의 단어이다. 간단히 말하면, 代詞로서의 성질과 助詞로서의 성질을 함께 지닌 단어라고 할 수 있다. 자세히 말하면, '앞말을 추스르는' 指示性의 代詞的 기능과, 이에 의해 '앞말을 강조하는' 語氣性의 助詞的 기능을 겸하고 있다.

가. 현재 통행되는 古代漢語 문법에서는 '者'를 助詞의 하나로 여기고, 이를 다시 '語氣助詞'와 '構造助詞'의 둘로 나눈다. 그런데 이것은 결코 '者'에 적합한 문법적인 설명이 되지 못한다. 먼저 그 까닭을 간략하게 말하고 나서 용례를 보이기로 한다.

우선 일관성이 없다. 서구 언어의 품사 분류, 특히 동사·형용사·명사의 분류를 그대로 고대한어에 적용하고 이에 집착하여 '者'의 기능을 나누고 있다. 고내한어 중의 實詞류 단어는 대체로 동사·형용사·명사가 나뉘지 않는다. 대부분 하나의 단어가 동사·형용사·명사로 명명되는 성질을 모두 갖추고 쓰이기 때문이다.

이와 같은 의미상의 품사 분류에 맞추어 동사구·형용사구·명사구라는 개념까지 원용해서 '者'의 품사를 정하고 기능까지 나누고 있는데, 이는 곧 하나의 음성 표지를 통사상의 이유 없이 두 가지로 잘못 인식하는 오류에 해당한다. 동사·형용사·명사로 명명해 온 고대한어의 實詞류는 그것들의 쓰임을 볼 때, 대부분 동사·형용사·명사가 나뉘지 않는 종합적 성질을 띠고 있지만 방편상 우리가 나누고 있을 뿐이다. 의미면에서나 기능면에서 모두 기본적으로 동사·형용사·명사의 경계를 갖춘 언어에 비추어 볼 때, 고대한어는 한 가지 형태로 동사성·형용사성·명사성의 의미를 다 표현해 내며 기능상의 경계도 없다. 이것들이 각종 句를 구성해도 마찬가지이다. 즉, 의미상의 동사·형용사가 중심이 된 구도 얼마든지 의미상 명사성을 띤다. 단어와 구의 성질이 일관성 있게 평행한 것이다.

그런데도 의미상 동사성·형용사성의 單語나 句 뒤에 오는 '者'에 대해서는 대부분 '명사구를 만드는 표지'(사람·사물·추상적인 내용[人·物·事] 등 제반 명사성의 의미를 갖게 하는 표지로 여김)로서 '構造[結句]助詞'이고, 명사성 또는 다른 단어나 구의 뒤에 오는 일부는 '강조'의 표지로서 '語氣助詞'라고 여겨 왔다. 그래서 '仁者'(어진 사람)·'往者'(지나간 일[것])·'不爲者'(하지 않는 것)·'若寡人者'(과인 같은 사람) 등에서는 명사를 구성하는 표지인 구조조사이고, '農者'(농사는)·'陳勝者'(진승은)·'顔回者'(안회, 안회라는 사람)·'昔者'(옛적에, 접때)·'不殺者'(죽이지 않으면)·'不然者'(그렇게 하지 않으면) 등에서는 제시성의 강조 표시인 어기조사로 기술하고 있다. 무엇에 근거하여 이러한 분류가 되고 있는가를 냉철하게 살펴볼 필요가 있다. '者'에 의해서가 아니라 '者'를 제외한 나머지 부분에 의해서 이미 괄호 안의 해석에 해당하는 의미(동사성·형용사성·명사성)가 파악된다. 다시 말하면, 어떤 단어나 구가 명사성을 띠느냐 띠지 않느냐의 여부를 '者'가 결정하지 않는다. 명사구를 만드는 표지로 간주하는 것은 이미 파악된 어구의 의미상의 성질을 '者'에 들씌운 것이나 다름없다. '仁'·'往'·'不爲'·'若寡人'만으로도 얼마든지 동일한 의미를 나타내는 고대한어의 본래 면목을 간과한 문법적 관찰을 해온 것이다. '者'가 뒤에 놓인 이들 단어나 구를 '어질면'·'지나가면'·'하지 않으면'·'과인 같으면' 등으로 이해(해석)해도 전혀 문맥을 해치지 않는다는 사실에 유의해야 한다.

그리고 '不殺者'·'不然者' 등은 동사성 어구 뒤에 놓였는데도 왜 명사성의 구가 되지 못하는가? 이 또한 '者'가 명사성·非명사성의 구별 표지가 아니라는 증거이다. '者' 이외의 부분에서 이미 문맥상의 이해의 방편인 동사성·형용사성·명사성 가운데 어느 것인지가 결정되어 있다. 이를 분별케 하는 요소는 문맥이다. 그래서 '者'가 동사성·형용사성의 구 뒤에 놓였음에도 어떤 경우에는 명사성의 구를 만들어 주는 구조조사가 아니라 어기조사라고 여기는 모순된 설명이 있게 되었다. 한편 '農者'·'陳勝者'·'顔回者'·'昔者' 등은 '者' 앞의 말을 명사성의 것으로만 여기는 직관에 의해서 대표적인 어기조사 기능으로 간주하였다. 동사성·형용사성과의 구별에 집착한 탓에 '者'의 기능을 바로 보지 못한 것이다. 각각의 단어가 동사·형용사·명사라는 개별 품사성의 경계를 갖지 않음에도 개별 단어의 동사성·형용사성이 구별된다고 여기고 의미상 명사성을 띤다고 여겨지면 이들 뒤의 것을 '구조조사'로 규정하는 바람에, '者'가 없어도 명사성을 띠거나, '者'가 있어도 명사성을 띠지 않은 경우를 '어기조사'로 규정하게 되는 모순이 발생하게 된 것이다.

이렇게 해서 '仁者'·'往者'·'不爲者'·'若寡人者' 등에서는 명사성을 구성하는 표지인 구조조사이고, '農者'·'陳勝者'·'顔回者'·'昔者'·'不殺者'·'不然者' 등에서는 어기조사라는 그럴듯한 문법 기술이 나오게 되있다.

나. 그렇다면 '者'의 일관된 기능은 무엇인가? '者'는 앞말을 추스르는 指示性의 代詞的 기능과 이에 의해 앞말을 강조하는 語氣助詞로서의 기능을 겸하고 있는 것이다. '者'를 代詞로 분류한 사람도 있게 되었는데 아마도 전자의 기능만을 고려해서인 것 같다. 그런데 비록 앞말을 다시 지시하여 추스르는 기능이 선행되나 이를 통해서 전달되는 궁극적인 기능은 제시성의 강조어기이다. 다시 말해서 지시와 어기 중에서 어기의 비중이 더 크다고 할 수 있다. 앞

말을 추슬러 지시하는 성질도 지니지만 일반 대사들과 달리 단독으로 문장 성분이 되지는 못한다. 이 점이 '者'를 허사에 귀속시킬 수 있는 근거이다.

　양자를 동시에 겸하는 특수한 성질을 고려하여 따로 품사를 설정할 수도 있겠으나, 어기조사 기능에 비중을 두어 그냥 '助詞'류에 귀속시키기로 한다. '者'의 助詞性 기능은 '어기' 한 가지라는 사실이 핵심이다.

　'者'가 앞말을 다시 추슬러 지시함으로써 강조 제시하는 기능을 가지므로 다음과 같이 일관성 있게 이해하면 된다. '仁者'(어진 그것[그 사람])·'往者'(지나간 그것[그 일])·'不爲者'(하지 않다는 그것)·'若寡人者'(과인 같은 그런 사람), '農者'(농사[라는] 그것)·'陳勝者(진승[이라는] 그 사람)'·'顏回者'(안회[라는] 그 사람)·'昔者'(옛날 그때)·'不殺者'(죽이지 않는 그런 경우)·'不然者'(그렇게 하지 않는 그런 경우) 등이다. '者'가 명사성의 구조 표지가 아니므로, 일반적인 글말의 한국어로 강조의 어기를 밝혀 표현할 길은 없지만, 대부분의 경우 '어질면'·'지나가 버리면'·'하지 않으면'·'과인 같으면'·'농사는'·'陳勝은'·'顏回는'·'옛날(에)'·'죽이지 않으면'·'그렇게 하지 않으면'과 같이 해석해도 무방하다. '者'가 두 가지 기능을 따로 갖지 않는다는 사실을 알고 하나로 이해하면 된다.

　단어나 구가 명사성을 띠느냐 띠지 않느냐 하는 것은 '者' 이외의 단어들이 구성하는 의미와 문맥에 의한 것이지, '者'에 구조성의 기능이 있음으로 해서 나타나는 것이 결코 아니다. 만약에 '者'가 소위 '명사구' 구성의 표지라면 주어나 목적어가 되는 구에는 모두 '者'를 써야 할 것이나, 실제로 '자'를 쓰지 않음이 기본이 되어 있지 않은가?

　'者'의 기능은 문장 중에 놓이는 위치에 관계없이 하나로 관통한다. 現代漢語(현대중국어)에 이르는 점진적인 기능의 변화는 별개의 문제이다.

　다. 代詞인 '其'·'之'·'焉' 등과는 '者'의 代詞性 측면에서의 성질이 다름을 알 수 있다.

　먼저 '其'·'之'·'焉' 등의 성질을 다시 종합해 보기로 한다. '其'·'之'·'焉' 등은 대사와 조사의 양쪽에 넣어두고 있으나, 본래 기능은 대사이다. 虛化로 인하여 조사 기능을 갖게 되었다고 설명하고 있지만, 대사에만 귀속시키고 그것이 지시하는 내용이 없을 때도 대사 기능의 일종으로 간주하는 방식이 더 합리적일 수도 있다. 다시 말하면, '其'·'之'·'焉' 등에 대사와 조사의 두 품사를 부여하지 않고 대사 하나로만 규정한 채, 조사로 분류해온 기능은 대사의 쓰임이라는 관점에서 서술할 수도 있다는 말이다. 사실 문장에서 대사냐 조사냐를 판별하는 데 소용이 닿는 것은 '其'·'之'·'焉' 자체가 아니라 문맥이기 때문이다. 그래서 '대사'와 '조사' 양쪽에 두면 그 경계가 모호한 경우가 적지 않다. 기술 방식의 선택에 있어서는 현대한어에서 '哪里'(어디)를 의문 대사로 분류하며, '哪里哪里'(천만에! ←어디요, 어디요?!)는 의문성과는 다소 멀지만 역시 대사에 귀속시켜 둔 처리 방식을 참고할 만하다.

　'其'·'之'·'焉'의 성질과 비교할 때, '者'는 대사성보다는 어기조사성이 핵심이다. '者'는 지시성을 갖지만, '其'·'之'·'焉'이 代詞로 쓰일 때와는 달리 단독으로 문장 성분이 되지 못한다. 때문에 허사인 조사류에 귀속시킨다. 반드시 지시·강조하는 내용의 바로 뒤에 놓이는 것도 대사로서의 '其'·'之'·'焉' 등과 다른 점이다. '者'가 비록 대사성의 성질을 겸하고는 있으나 다른 어기조사들과 같이 의존성이 강함을 보인다. '어기조사'로서의 '其'·'之'·'焉' 가운데서는 '之'가 '者'의 성격에 더 근접해 있다. '之'도 강조하는 말의 바로 뒤에 놓여 그것을 지시하여 추스르는 성질을 다소 지닌다고 여긴다. 그러나 놓이는 위치 면에서 많은 차이가 있다.

　라. 이제 용례를 통해서 '者'의 성질을 확인하기로 한다.

① 仁者安仁. 『論語 · 里仁』

어진 사람[←것]은[어질면] 어짊[인]을 편안하게 여긴다[안주한다].

　　爲長者折枝. 『孟子 · 梁惠王上』

나이 든 사람[←것]을 위하여 가지를 꺾어다 주다.

② 往者不可諫, 來者猶可追. 『論語 · 微子』

가버린 것[→일]은 [가버리면] 탓할 수가 없고, 올 것[→올 일]은 [온다면] 아직 좇을[따라잡을] 수가 있다.

③ 不爲者與不能者之形何以異? 『孟子 · 梁惠王上』

하지 않는 것[하지 않음]이 하지 못하는 것[하지 못함]과 더불어 비교되는 형세는 무엇으로[→ 어떻게] 다릅니까?

④ 未有不嗜殺人者也. 『孟子 · 梁惠王上』

사람 죽이기를 좋아하지 않는 사람[←것]이[않음이] 아직 없습니다.

　　仲尼之徒無道齊桓晉文之事者. 『孟子 · 梁惠王上』

중니의 무리에는 제나라 桓公과 진나라 文公의 일을 말한 사람[←것]이 없습니다.

　　若寡人者可以保民乎? 『孟子 · 梁惠王上』

과인 같은 사람[←것]도 백성을 길러 보호할 수 있을까요?

⑤ 今恩足以及禽獸而功不至於百姓者獨何與? 『孟子 · 梁惠王上』

지금 은총이 금수에게는 미치는데 공이 백성에게는 이르지 않는 것[않음]은 유독 무엇입니까[→무엇 때문(어째서)입니까?

⑥ 陳勝者 陽城人也. 『史記 · 陳涉世家』

진승[그 사람←것]은 양성 사람이다.

　　此五者 邦之蠹也. 『韓非子 · 五蠹』

이 다섯[←다섯 가지 것]은 나라의 좀벌레이다.

　　君子道者 三, 我無能焉. 『論語 · 憲問』

군자의 도[←도라는 것]는 셋인데, 나는 그 가운데서 잘하는 것이 없다.

　　今者 臣來 過易水 蚌方出曝. 『戰國策 · 燕策』

지금[지금 그것(그때←지금 것)] 신이[제가] 오다가 역수를 지났는데 조개가 막 나와서 볕을
쬐고 있었습니다.

然. 誠有百姓者.『孟子·梁惠王上』

그렇습니다. 진실로 [그렇게 생각하는] 백성[그들←것]이 있습니다.

⑦ **伍奢有二子, 不殺者, 爲楚國患.**『史記·楚世家』

오사에게 두 아들이 있는데, 죽이지 않으면[죽이지 않은 경우(←것)]에는, 초나라의 근심거리가
될 것입니다.

不然者, 我且屠大梁.『史記·范雎蔡澤列傳』

그렇게 하지 않았더라면[그렇게 하지 않았을 경우(←것)]에는, 나는 또 대량에서 도살당했을
것이오.

⑧ **已而相泣 旁若無人者.**『史記·刺客列傳』

멈추고서 서로 우는데 옆에 사람이 없는 것[없음] 같았다.

誰 爲大王爲此計者?『史記·項羽本紀』

누가 대왕을 위하여 이 일을 꾀하겠습니까? [참고 : 누가 대왕을 위하여 이 일을 꾀할 사람(←
것)이겠습니까?]

**孔子對曰: 有顔回者 好學不遷怒不二過不幸短命死矣, 今也則亡. 未聞好
學者也.**『論語·雍也』

공자께서 대답하여 말씀하셨다. 顔回[안회라는 사람←것]가 있어 가지고 배우기를 좋아하고
화를 옮기지 않았으며 잘못을 두 번 다시 하지 않았는데 불행히도 명이 짧이 죽이며 지금은
곧 없습니다. 아직 [누가] 배우기를 좋아한다는 것[말][또는 '배우기를 좋아하는 사람']을 듣지
못했습니다.

중국학자들은 아마도 '者'의 일관된 기능에 의해서는 현대한어로 번역되지
않으므로(=사유되지 않으므로), 동사성·형용사성의 말로 표현된 내용에 실체
가 있다고 여겨지면 '명사성의 구'를 만드는 형식표지인 '구조조사'로 정하고,
나머지는 강조·제시의 기능을 하는 '어기조사'로 여긴 것 같다. 즉, 예문 ①②
③④는 구조조사로 여기고, ⑥⑦⑧은 어기조사로 여긴 것이다. ⑤는 이와 같은

이분법에서도 다소 애매하다. 어느 쪽에 두어도 무방해 보이기 때문이다. 그런데 ⑤는 물론이요 ⑥⑦⑧의 '者' 앞의 단어나 구도 어떠한 문장 성분이 되는 '명사성의 구'로 보지 못할 이유가 없다. 이미 '명사성의 구' 그 자체인 경우를 포함하여 모두 '명사성의 구'로 여길 수 있기 때문이다. 일관성 있게 이해할 수 있음을 보이기 위하여, 번역문에 한국어의 관련 표현을 '[ ]' 안에 부기해 두었다. 안타깝게도 현대한어로는 되지 않지만, 이렇게 해 보면 하나의 기능으로 통합하여 이해하는 데 어려움이 없다.

'者'의 경우는 통합적이고 일관성 있게 나타나기는 하지만 두 가지 측면의 기능을 지니고 있기 때문에 기존 품사 분류 체계 중의 '대사'·'조사' 가운데 어느 것을 부여하여 설명하느냐의 문제만 가지고 말한다면 위에서 말한 바와 같이 유동성을 둘 수가 있다. 사실 앞말 또는 뒷말을 다시 지시하는 대사로서의 역할 내부에 일종의 강조 의미가 내포되어 있다고 볼 수 있기 때문이다. 이렇게 보면 대사와 조사의 양쪽에 둔 단어들의 품사 분별 기준은 실질적인 내용이 있고 없음의 차이일 뿐이다. 이 책에서는 '조사'에 귀속시켰지만, 특수한 '대사'로 규정할 수도 있다는 뜻이다. 이에 대해서는 더 많은 연구가 보태져야 할 것이다.

한국어의 '것'이 사람·사물·사건 등 제반 명사성의 의미를 나타내기도 하고('이것은 나의 것이다' / '이것은 새 것이다' / '이것은 내가 만든 것이다' 등), 가리키는[지시하는] 내용이 없이 강조의 기능만을 나타내기도 함('그는 기뻤던 것이다' / '배가 불렀던 것은 아니었다' 등)을 고려하면, '者'의 기능을 이해하는 데 좋은 참고가 된다.

마. 어느 경우이건 우리는 고대한어에서 매우 중요한 사실 한 가지를 놓쳐서는 안 된다. 위 예문의 '仁'·'往' 등의 형용사성·동사성의 단어들이 언제든지

단독으로 명사성의 사람·사물을 뜻한다는 사실이다. 이에 따라 이를 중심으로 하는 각종의 句도 역시 다른 단어의 부가를 필요로 하지 않으며 명사성의 의미를 나타낸다. '不爲'·'不耆殺人'·'道齊桓晉文之事'·'若寡人'·'今恩足以及禽獸而功不至於百姓' 등이 다 그렇다. 이것들이 나타내는 자면상의 의미만을 가지고 말한다면 '耆'를 쓰지 않아도 완벽하게 문장이 구성된다. 句가 '~하는 것[사람·사물·일·추상적인 내용 등을 모두 포괄함]'을 나타내는 특징은 '有'·'無'의 목적어 형식에서 잘 드러난다. 뒤에 '耆'가 놓이지 않는 '有＋不耆殺人'·'無＋道齊桓晉文之事' 같은 형식은 보편적이다. 한국어로는 '~함(음)이 있다[없다]'고 해도 그리 어색하지 않은 경우가 많다. 현대한어는 여전히 고립성이 강해서 이러한 단어의 굴절형이 없기 때문에 중국문법학자들은 '有'·'無'의 이러한 형식의 목적어에 대하여 군이 '~하는 것'을 나타낸다고 강변한다. 사실 불필요한 설명이다. 다른 동사성의 단어들도 얼마든지 동사성·형용사성의 목적어를 가져오기 때문이다. ⑧의 '若＋無人'이 그 한 예이다. '사람이 없음(없는 것)과 같다'인데, '耆'가 없이도 얼마든지 '無人'은 이른바 명사성의 의미를 전달한다. 그러므로 '耆'를 조사로 통칭하면서도, '若無人耆'에 대해서는 '耆'를 구조조사로 볼 것인가, 어기조사로 볼 것인가에 대해서 애매한 태도를 취한다. 한어 통사구조의 이러한 특징에 충분한 주의를 기울이지 못한 때문이라 여겨진다. '耆'가 쓰이고 쓰이지 않음의 차이가 다른 데 있다는 사실과, 일관되게 한 가지로 파악할 수 있다는 사실을 간과한 것이다. 그래서 구조조사와 어기조사로 나누는 구분법은 '耆'를 제외한 단어 등의 의미와 문맥이 나타낸 관계를 '耆'에 씌운 것에 해당한다고 말하는 것이다.

바. 단어나 구를 막론하고 명사성의 의미를 띨 때 '耆'가 없이 쓰이는 경우를 본질로 삼아 한 걸음 더 나아가면, ①~⑧ 모두를 순수하게 어기조사로만 여길

수도 있을 것이다. 문맥상 앞말을 강조하는 표지로 작용하는 語氣 성분인 점만을 강조하는 관점이다. 표면상으로는 순수히 '대사'로만 보는 관점과 대립된다.

그런데 막상 '지시'[대사 기능]냐 '어기'[어기조사 기능]냐를 구분하려고 하면 참으로 막연한 경우를 늘 접하게 된다. 그래서 '者'의 두 측면을 모두 인정하는 관점을 취하였다. 중요한 것은 動詞·形容詞 및 각종 句(특히 술목구조의 형태로 명사성을 띠는 경우)가 주어나 목적어의 자리에 놓이는 古代漢語의 일반 특징을 생각할 때, 이를 명사성 句 구성의 표지로 여길 만한 특별한 이유가 없다는 사실이다.

구조조사와 어기조사로 양분한 주요 원인은 아마도 후대 사람들의 이해상의 방편(현대한어 등)에 따른 관념의 소산인 것 같다.

사. 아래에서 '者' 등의 보조를 받지 않고 여러 가지 통사 기능을 나타내는 고대한어의 특징을 좀 더 자세히 드러냄으로써 이해를 돕기로 한다.

君子食無求飽 居無求安 敏於事而愼於言 就有道而正焉, 可謂好學也已.
『論語·學而』

군자가 먹는 데 배부름을 추구함이 없고 거처하는 데 편안함을 추구함이 없으며, 일에 민첩하면서[→일을 민첩하게 하면서] 말에 신중하며[→말을 삼가며], 도가 있는 데[사람]에 나아가 거기에서 바르게 한다면, 배우기를 좋아한다고[좋아하는 사람이라고] 이를 수 있고야 말 것이다.

'求飽'·'求安'·'有道'·'好學'은 모두 술목구조인데, 이것이 다시 다른 동사의 목적어로 쓰인 경우들이다. 여기에 아무런 명사성의 표지가 없다. 이것이 고대한어의 본질이다. '~함(음)'만으로 번역하여도 무방한 경우가 많다. 구체적인 문맥으로는 주로 '~하는 사람' 또는 '~하는 데', '~하는 경우', '~하는 것' 등으로 이해되는 예가 많다. 문맥상 '有道'는 '도가 있는 데(곳)' 또는 '도가 있는 사람'이라고 해도 무방하며, '好學'은 '배우기를 좋아한다(함)' 또는 '배우기를 좋아하는 사람'이라고 해도 무방하다. 단어들이 이러한 경계를 가리는 표지가 없이 포괄적으로 쓰이기 때문이다. '有道者'·'好學者'라고 하지 않았다.

이러한 쓰임은 술목구조에만 국한되는 것이 아니다. '人食'은 주술구조인데도 '사람이 먹는(을) 것'을 뜻하기도 하고,[186] '先生'은 수식구조인데 '먼저 태어난 사람'을 나타내기도 한다.[187] '後生'도 마찬가지로 '뒤에 태어난 사람'을 뜻한다.[188] '人食者'·'先生者'·'後生者'라고 하지 않아도 뜻은 명확하다.

이것이 고대한어의 본래 면목이다.

다음 예를 보자.

直不(走)百步耳, 是亦走也. 『孟子·梁惠王上』
단지 백 보를 달아나지 않고 말았지[않았을 따름이지], 이 역시 달아난 것이다.

'是亦走也'는 '이 사람(것)도 역시 달아나다'를 뜻하는 것이 아니라. '이(것)[=오십 보를 달아난 것] 역시 달아난 것[달아남]이다'를 뜻한다. 만약에 '者'가 명사구를 구성하는 표지라면 이런 자리에야말로 반드시 써야 혼란이 없을 것이다. '달아난 것[달아남]'이라는 명사성의 의미를 나타내기 때문이다. 그런데 '者'가 쓰이지 않았다. 동사 또는 동사 중심의 句가 명사성의 의미를 가질 때 모두 이런 형태이다. 이 또한 '者'가 '구조'조사가 아니라는 증거가 아니겠는가?

---

186) 狗彘食人食而不知檢.(『孟子·梁惠王上』) (개나 큰 돼지가 사람이 먹을 것을 먹어도 통제할 줄을 모른다.)

187) (子夏問孝. 子曰: 色難. 有事, 弟子服其勞,) 有酒食, 先生饌. (曾是以爲孝乎?)(『論語·爲政』) (…… 술과 음식이 있으면 먼저 나신 분[어른]들에게 드시게 한다. ……)

188) 後生可畏. 焉知來者之不如今也? 四十五十而無聞焉, 斯亦不足畏也已.(『論語·子罕』) (후생은 두려워할 만하다. 올 사람이 지금[지금 사람]과 같지 못하리라는 것을 어디 알겠는가? 사십 오십이 되어도 들리는 일이 없으면 이에 역시 두려워하기에 부족하고 만다[부족할 따름이다].)

아. 다음 예들은 1음절 단어 뒤에 ‘者’가 쓰인 경우들만 모은 것인데, 고대한
어 句의 위와 같은 속성은 개별 단어 쓰임상의 속성과 평행하다.

> 知者不惑, 仁者不憂, 勇者不懼. 『論語·子罕』
>
> 지혜로운 자는[지혜로우면] 미혹되지 않고 어진 자는[어질면] 근심하지 않으며 용감한 자는[용감하
> 면] 두려워하지 않는다.

> 逝者如斯夫 不舍晝夜. 『論語·子罕』
>
> 가는 것은 이와 같을진제! 밤낮으로 그치지 않는구나.

　예 중의 ‘知·仁·勇·逝’는 그 자체로서 ‘~하는(한) 사람, ~하는(한) 것’을 나
타낼 수 있다. ‘者’는 명사구를 만드는 구조성의 단어가 아님을 알게 해 준다.
따라서 번역도 반드시 ‘~하는(한) 사람, ~하는(한) 것’이라고 해야 할 문법적인
이유는 없다. 문맥에 따라 위의 [ ] 안의 번역처럼 이해할 수 있다. ‘者’의 강조
기능에 중점을 두면 되기 때문이다.
　다음은 단어 뒤의 ‘者’와 술목구 뒤의 ‘者’를 함께 볼 수 있는 예이다.

> 登高而招 臂非加長也而 見者遠. 順風而呼 聲非加疾也而 聞者彰. 假輿馬者
> 非利足也而 致千里. 假舟楫者 非能水也而 絶江河. 『荀子·勸學』
>
> 높은 데 올라가서 손짓하는 것은 팔이 길어지는 것이 아니나 보는 사람은[봄에는] 먼 데까지 보고,
> 바람을 따라서 소리지르는 것은 소리가 빨라지는 것이 아니나 듣는 사람은[들음에는] 또렷하고,
> 수레와 말을 빌리는 것은 발을 빠르게 하는 것이 아니나 천 리에 이르며, 배와 노를 빌리는 것은
> 물에 능한 것이 아니나 강하를 횡단한다.

　‘見者·聞者·假輿馬者·假舟楫者’가 그것이다.
　앞에 수식어가 있는 경우도 마찬가지이다.

> 晏嬰 齊之習辭者也. 『晏子春秋·內篇雜下』
>
> 안영은 제나라의 말을 잘하는 사람이다.

주술구 뒤에 놓여도 마찬가지이다.

力不足者中道而廢, 今女畫. 『論語·雍也』 [畫 = 劃]
힘이 부족한 사람은[힘이 부족하면] 중도에서 그만두는데, 지금 너는 [여기까지밖에 못한다고] 금을 그었다.

자. '者'가 문장의 중간에 놓일 경우, 주어의 뒤에 가장 많이 보인다.

陳勝者 陽城人也. 『史記·陳涉世家』
진승은 양성 사람이다.

呂公者 好相人也. 『史記·高祖本紀』
여공은 남의 관상 보기를 좋아했다.

北山愚公者 年且九十 面山而居. 『列子·湯問』
북산의 우공은 나이가 장차 90이며 산을 마주 대하고 살았다.

往者 不可諫, 來者 猶可追. 『論語·微子』
가버린 것은 탓할 수가 없고, 올 것은 아직 좇을 수가 있다.

此五者 邦之蠹也. 『韓非子·五蠹』
이 다섯은 나라의 좀벌레이다.

君子道者 二, 我無能焉. 『論語·憲問』
군자의 도는 셋인데, 나는 그 가운데서 잘하는 것이 없다.

齊使者 如梁, 孫臏以刑徒陰見. 『史記·孫子吳起如列傳』
제의 사자가 양으로 가자 손빈이 형도로서[형도의 신분을 가지고] 은밀히 만났다.

奪項王天下者 必沛公也. 『史記·項羽本紀』
항왕의 천하를 빼앗는 사람은 반드시 패공[유방]일 것입니다.

魯仲連辭讓者 三, 終不肯受. 『戰國策·趙策』
노중련이 사양한 것이 세 번으로 끝내 받으려 하지 않았다.

吾妻之美我者 私我也. 『戰國策·齊策』

내 아내가 나를 잘생겼다고 한 것은 나와 사사로운 관계여서이다.

勞心者 治人, 勞力者 治於人. 『孟子 · 滕文公上』

마음으로 애쓰는 사람은[애쓰면] 남을 다스리고 힘으로 애쓰는 사람은[애쓰면] 남에게 다스림을 당한다.

不爲者 與不能者之形何以異? 『孟子 · 梁惠王上』

하지 않는 것이 하지 못하는 것과 더불어 비교되는 형세는 무엇으로[어떻게] 다릅니까?

※ '不能者' 중의 '者'는 '與'의 목적어인 '不能' 뒤에 쓰인 경우임.

夫行數千里而救人者 此國之利也. 『戰國策 · 魏策』

대저 수천 리를 가서 사람을 구하는 것[구한다면], 이는 나라의 이익입니다.

다음으로 부사어의 뒤에 자주 보인다.

今者 臣來 過易水 蚌方出曝. 『戰國策 · 燕策』

지금 신이[제가] 오면서 역수를 지났는데 조개가 막 나와서 볕을 쬐고 있었습니다.

昔者 三晉之交於秦相善也. 『戰國策 · 趙策』

옛날 3진[韓 · 魏 · 趙]이 秦과 교류함[3진의 秦에 대한 교류]은 서로 좋았다.

曩者 吾叱之, 彼乃以我爲非人也. 『史記 · 刺客列傳』

접때 내가 그를 질타하자, 저[그]는 곧 나를 가지고 사람이 아니라고 여겼다.

차. '者'의 위치가 文中이냐 文末이냐에 대해서는 부분적으로 견해 차이가 있을 수 있다. 복문을 어떻게 정의하느냐에 따라 달라지기 때문이다. 예⑧ "有顔回者好學不遷怒不二過不幸短命死矣, 今也則亡."이 한 예이다. 이 책에서는 문장의 구조상 文中[兼語式 구조에 해당함]으로 간주한다. 아래의 예문들도 文中(單語나 句의 뒤)이냐 文末(單文의 뒤 또는 複文의 節 뒤)이냐에 대해 구분이 일정하지 않을 수 있는 경우에 해당한다. 이 책에서는 절의 뒤에만 '쉼표(,)'를 사용했다. 문장의 형식을 알게 해 주는 형태 표지가 없기 때문에 절 또한 단문

으로 여겨 '마침표(.)'를 붙일 수 있는 경우도 적지 않다.

　그러나 '者'는 어디에 놓이건 기능이 같으므로 문중에 놓이는 위치에 따른 구별에 문법적인 의의는 없다.

　다만 '者'가 강조하는 부분이 單文 또는 節 전부인지, 후단의 일부인지를 가늠하기가 쉽지 않은 경우들이 보인다. 단문이나 절의 후단 일부라면 주로 목적어가 해당된다. 이들 예문에서는 띄어쓰기로 격리하여 '者'가 강조하는 부분을 한정하였다. 끝에 놓일지라도 이런 경우는 文中助詞가 되는 셈이다.

> **伍奢有二子, (∨)不殺者, 爲楚國患.** 『史記·楚世家』
> 오사에게 두 아들이 있는데, 죽이지 않으면, 초나라의 근심거리가 될 것입니다.
>
> **(∨)不然者, 我且屠大梁.** 『史記·范雎蔡澤列傳』
> 그렇게 하지 않았더라면, 나는 또 대량[지명]에서 도살당했을 것이오.
>
> **(∨)已而相泣 旁若無人者.** 『史記·刺客列傳』
> 멈추고서 서로 우는데 옆에 사람이 없는 것 같았다.
>
> **吾視, 郭解 狀貌不及中人言語不足采者.** 『史記·游俠傳贊』
> 내가 보니[내가 보기에], 곽해는 용모가 중인에 미치지 못하고 말은 문채가 나기에 부족합니다.
>
> **誰 爲大王爲此計者?** 『史記·項羽本紀』
> 누가 대왕을 위하여 이 일을 꾀하겠습니끼?
>
> **無友 不如己者.**[189) 『論語·學而』
> 자기와 같지 못한[자기만 못한] 사람과 벗 삼는 일이 없으라.

　카. '者'는 단독으로 쓰일 때도 있고, 뒤에 다른 조사가 연용되는 경우도 있

---

189) "無友 不如己者."에서 '不如己'만을 강조하는지 '友不如己'를 강조하는지는 문맥과 직관에 의존할 수밖에 없다.

다. 흔히 '也'가 뒤따른다.

구말에 '者'와 '也'가 연용될 때는 '者也'의 순서가 대부분이다.

(∨)**未聞 好學者也**. 『論語·雍也』
아직 [누가] 배우기를 좋아한다는 것[말][사람]을 듣지 못했습니다.

且夫君也者 將牧民而正其邪者也. 『國語·魯語』
또 제[무릇] 군주란 장차 백성을 길러서 그 삿됨을 바로잡는 것이다.[바로잡는 사람이다]

文中에 놓여 주어를 강조하는 경우는 '也者'의 순서이다. 이는 다음 '語氣助詞의 연용' 항에서 예시하기로 한다.

위의 "且夫君也者 將牧民而正其邪者也."는 두 가지를 다 보여주는 예이다. 다음 예도 그러하다.

教也者 長善而救其失者也. 『禮記·學記篇』
가르친다는 것은 잘하는 것을 자라게 하고[길러주고] 그 잃어버린 것[잘못]을 구제하는 것이다.

(4) 語氣助詞의 連用

가. 文末

語氣助詞는 왕왕 連用되어 '矣乎'·'也哉'·'乎哉'·'矣哉'·'也夫'·'矣夫'·'也與'·'也乎哉'·'也與哉'·'者也'·'者乎' 등과 같이 쓰인다. 연용된 각각의 語氣助詞는 각각의 역할을 분담한다.

子謂伯魚曰: 女爲周南召南矣乎? 『論語·陽貨』
선생님께서 백어에게 말씀하셨다. 너는 주남·소남을 하였느냐[→배웠느냐]?

子曰: 已矣乎? 吾未見好德如好色者也. 『論語·衛靈公』

선생님께서 말씀하셨다. 끝난 모양이구나? 나는 아직 덕을 좋아하기를 색을 좋아하기와 같이 하는 경우를 보지 못했다.

豈非計久長 有子孫相繼爲王也哉?! 『戰國策·趙策』

어찌 계획이 장구한 것이 아니고서야[→장구하지 않고서야] 서로 이어 왕이 될 자손이 있겠습니까?!

自牖執其手曰: 亡之, 命矣夫! 『論語·雍也』

창쪽으로부터 그의 손을 잡으시고 말씀하셨다. 그것[병이 나을 가망]이 없구나. 운명일진제!

吾罪也乎哉?! 吾亡也. 『左傳·襄公二十五年』

내가 죄를 지었느냐?! 내가 도망가게[내가 도망가다니].

鄙夫可與事君也與哉?! 『論語·陽貨』

비열한 사내는 더불어 임금을 섬길 수 있겠는지요?!

'者'도 문말에 놓이는 경우가 있으므로 '者也'·'者乎'처럼 연용된다.[190]

教也者 長善而救其失者也. 『禮記·學記篇』

가르친다는 것은 잘하는 것을 자라게 하고[길러주고] 그 잃어버린 것[잘못]을 구제하는 것이다.

吾未聞枉己而正人者也, 況辱己而正天下者乎? 『孟子·萬章上』

나는 자기를 바로잡지 못하고서 남을 바로잡았다는 것을 아직 들어보지 못했는데, 하물며 자기를 욕되게 하고서 천하를 바로잡겠는지요?[→바로잡는다는 것을 듣겠는지요?]

문말에서 '者'가 '也'의 뒤에 오기도 한다. '者'의 핵심 기능인 '어기'조사로서의 성질이 잘 나타나 있는 예이다.

安見方六七十如五六十而非邦也者? 『論語·先進』

어디[어찌] 사방 육칠십 리나 오륙십 리 같은 것을 보고 나라가 아니라고 하겠는가?

---

190) "故善附民者 是乃 善用兵者也."(『荀子·議兵』) (까닭에 백성들을 따르게 하기를 잘하면 이는 곧 용병을 잘하는 것이다.)에서 '是乃善用兵者' 중의 '者'는 문말에 놓였지만 '是'의 술어인 '善用兵'만을 강조하고 있으므로 엄밀한 의미에서는 '문중'조사가 된다.

다음 예를 보자.

今殺相如 終不能得璧也而 絶秦趙之歡, 不如因而厚遇之 使歸趙. 『史記·廉頗藺
相如列傳』

지금 상여를 죽이면 끝내 옥을 얻을 수가 없으며 진나라와 조나라 간의 좋은 관계를 끊게 되니,
이에 따라 그를 후하게 대우하여 조나라로 돌아가게 함만 같지 못합니다.

人主之子也　骨肉之親也　猶不能恃(持)無功之尊無勞之奉而　守金玉之重也
而, 況人臣乎? 『戰國策·趙策』

임금의 아들도 골육지친[부모 형제 사이]도 오히려 공 없는 높은 자리와 수고 없는 봉록에 의지하
여 금이나 옥 같은 귀중한 것을 지킬 수가 없는데, 하물며 신하에 있어서이겠습니까?

'而'는 대부분 문중에 놓인다. 그런데 바로 위의 '也而'처럼 문중에 쓰인 경우
와 문(절)말에 쓰인 경우가 다 있음을 보인다.

'已'를 조사로 여겨온 탓에 종래 '也已'·'已矣'·'也已矣'·'而已矣'·'焉耳矣'
등도 조사의 연용으로 여겨 왔다. 그러나 앞에서 설명한 바와 같이 '已'는 동사
성의 실사이다. '(~하고) 말다[그만두다]·그치다·그만이다·그뿐이다' 등으로
번역할 수 있다. 그러므로 허사(조사)의 연용이 아니다. '耳'는 '而(조사)＋已(동
사)'이므로 이 역시 허사의 연용이 아니다.

동사 '已'는 '而' 외에 다른 조사 뒤에도 온다.

後生可畏. 焉知來者之不如今也? 四十五十而無聞焉, 斯亦不足畏也已.
『論語·子罕』

후생은 두려워할 만하다. 올 사람이 지금[지금 사람]과 같지 못하리라는 것을 어디 알겠는가? [그러나]
40·50에도 들리는 것이 없으면 이는 역시 두려워하기에는 부족하고 그만이다[→부족할 따름이다].

此亦妄人也已矣. 『孟子·離妻下』

이 역시 사람을 망령되게 하고 만다[→할 따름이다].

‘而’ 앞에 또 다른 조사가 오는 경우도 있다.

寡人之於國也盡心焉耳[=而已]矣.『孟子·梁惠王上』

과인은 나라에[나라에 대하여] 마음을 다하고야 그칩니다(맙니다)[→다할 따름입니다].

나. 文中

문중에서의 연용으로 볼 수 있는 경우로는 ‘也者’가 대표적이다.

孝悌也者 其爲仁之本與!『論語·學而』

효도와 우애란[효도하고 우애한다는 것은] [거] 仁을 행하는 근본이로다!

友也者 友其德也.『孟子·萬章下』

벗 삼는다는 것은 그 덕을 벗 삼는 것이다.

敎也者 長善而救其失者也.『禮記·學記篇』

가르친다는 것은 잘하는 것을 자라게 하고[길러주고] 그 잃어버린 것[잘못]을 구제하는 것이다.

且夫君也者 將牧民而正其邪者也.『國語·魯語』

또 저 임금이란 장차 백성을 길러 그 삿된 것을 바르게 하는 사람이다[바르게 하는 것이다].

主語의 뒤에 ‘也’와 ‘者’가 연용되면(이때 순서는 ‘也者’뿐임) 제시의 작용이 한층 강화된다.

2) 音節助詞

『詩經』을 비롯한 여러 韻文 중에 자주 나타난다. 다른 자리에서는 實詞로서의 의미를 갖는 글자들도 音節의 音만을 나타내는 데 쓰인다. 이들이 韻文의 음절을 고르는 역할을 하는 데서 이러한 명칭을 부여하였다.

‘其’·‘斯’·‘言’·‘思’·‘亦’·‘云’·‘爰’·‘于’·‘止’·‘載’ 등이 그것이다.[191]

靜女其姝. 『詩經·邶風·靜女』

고요한[얌전한] 여인 아름다워라.

哀我人斯 亦孔之嘉. 『詩經·豳風·破斧』

불쌍하다 내 사람들아, 또 몹시도 가상토다.

言念君子 溫其如玉. 『詩經·秦風·小戎』

군자[님]를 생각하네, 온유하기가 옥 같았지.

靜言思之 躬身悼矣. 『詩經·衛風·氓』

고요히 그걸 생각하니 내 몸이 슬퍼지네.

婚姻之故 言就爾居. 『詩經·小雅·我行其野』

혼인한 까닭에 당신에게 나아가 살았지.

思無疆 思馬思臧. 『詩經·魯頌·駉』

한없이 말은 훌륭하네.

采薇采薇 薇亦柔止. 『詩經·騷雅·采薇』

고사리 캐네 고사리 캐네. 고사리 부드럽네.

載馳載驅 周爰咨謀. 『詩經·小雅·皇皇者華』

달리고 달려서 두루 물었다네.

之子于歸. 『詩經·周南·漢廣』

그 아이 시집가네.

---

191) 『詩經』에서 음절조사로 여길 만한 어휘들을 취하여 문중에 놓이는 위치에 따라 보이면 다음과 같다.

文頭: 言 思 亦 云 焉 爰 伊 曰 不 侯 載 維 以 / 有 于 無 抑 越 聿 誕 逝 是 式 薄 噬(서) 遹(휼) 등.

文中: 言 思 亦 云 焉 爰 伊 曰 不 侯 載 維 以 而 之 乎 / 如 來 夷 或 攸(유) 只 哉 茲 居 與 其 등.

文末: 思 而 之 乎 / 斯 期 忌 員 生 胥 爾 등.

이들 음절조사 가운데는 실질적인 의미를 갖는 實詞인지, 음절을 고르는 助詞인지를 확정하기 어려운 경우들이 왕왕 있다.

黃鳥于飛 集于灌木. 『詩經·周南·葛覃』

황조가 날아와 떨기나무에 모였네.

于橐于囊 思輯用光. 『詩經·大雅·公劉』

전대에 [넣고] 자루에 [넣어] 화목하고 빛나게 하시려네.

3) 構造助詞 '所'

'者'와 '之'의 構造助詞로서의 기능을 인정하지 않으므로 '所'만이 古代漢語 중의 유일한 구조조사가 된다. '所+동사'를 중심으로 다른 성분이 부가된 예들을 간단한 데서부터 복잡한 데로 예시하면 다음과 같다.

① • 所+動詞[또는 動詞性句(수식식, 술목식)]

民無[所依]. 『左傳·昭公二年』

백성이 의지할 바가 없다.

• 所+動詞[또는 動詞性句]+(者)

[所愛者]撓法活之, 所憎者曲法誅之. 『史記·酷吏列傳』

사랑하는 바는 법을 비틀어서 그를 살리고, 미워하는 바는 법을 구부려서 그를 죽인다.

• ○+所+動詞[또는 動詞性句]

富而可求也, 雖執鞭之士, 吾亦爲之. 如不可求, 從[吾所好]. 『論語·述而』

富[부유해짐]를 추구해도 된다면 비록 채찍을 잡는 선비가 될지라도 나는 역시 그것을 하겠다. 추구해서는 안 되는 것일 것 같으면 내가 좋아하는 바를 따르겠다.

奪[其所憎]而與其所愛. 『戰國策·趙策』

그 미워하는 바에서 빼앗아 그 사랑하는 바에게 준다.

人善[其所私學]以非上之所建立. 『史記·秦始皇本紀』

사람들은 그가 사사로이 배운 바를 잘해서 그것을 가지고 주상께서 세운 바를 비방합니다.

[衣食所安] 弗敢專也 必以分人. 『左傳·莊公十年』

衣食에서 편안하게 여기는 바는 감히 오로지하지[전유하지] 않으며 반드시 그것을 사람들에게 나누어 준다.

• ○＋所＋動詞[또는 動詞性句]＋(者)

孟嘗君曰: 視[吾家所寡有者]. 『戰國策·齊策』

맹상군이 말했다. 내 집이 적게 가진 바[것]을 보라.

[其所善者] 吾則行之, [其所惡者] 吾則改之. 『左傳·襄公三十一年』

그 선하다고 여기는 바는 내가 곧 그것을 행하고 그 나쁘다고 여기는 바는 내가 곧 그것을 고친다.

• ○＋所＋動詞[또는 動詞性句]＋名詞

和氏璧[天下所共傳寶]也. 『史記·廉頗藺相如列傳』

和氏의 옥은 천하가 함께 전하는 바의 보물입니다.[→和氏의 옥은 천하가 함께 전하는 보물입니다.]

• ○＋所＋動詞[또는 動詞性句]＋(之)＋名詞

[仲尼所居之室] [伯夷之所築]與? 『孟子·滕文公下』

중니가 거처하는 바의 집은 백이가 건축한 바[것]입니까?

③ • ○＋(之)＋所＋動詞[또는 動詞性句]

[王之所大欲]可得聞與? 『孟子·梁惠王上』

왕께서 크게 하고 싶어하시는 바는[를] 얻어 들을 수 있는지요?

④ • {○}＋所＋'以' 등의 動詞＋動詞[또는 動詞性句]

彼兵者 [所以禁暴除害]也 非爭奪也. 『荀子·議兵』

저 군대란 [가지고서] 난폭함을 금하고 해침을 제거하는 바[의 것]이지 다투고 빼앗는 것이 아니다.

聖人非[所與熙]也, 寡人反取病焉. 『晏子春秋·內篇雜下』

성인은 더불어 희롱할 바가 아니다. 과인이 반대로 그에게 괴롭힘을 당했다.

故釋宣王之成法而法[其所以爲法]. 『呂氏春秋·察今』

까닭에 선왕이 법을 이룬[완성한] 것을 풀어서 그 [가지고서] 법으로 할 바를 법 삼았다.

- O+(之)+所+'以' 등의 動詞+動詞[또는 動詞性句]

楚人有涉江者, 其劍自舟中墜于水, 遽契其舟曰: 是[吾劍之所從墜].

『呂氏春秋·察今』

楚나라 사람에 강을 건너는 자가 있었는데, 그의 검이 배 안으로부터 물로 떨어지자 급히 그 배에 새겨 두고 말했다. 여기가 내 검이 좇아[통해서] 떨어진 바[의 곳]이다.

- O+所+'以' 등의 動詞+動詞[또는 動詞性句]+(者)

[臣所以不死者] 爲此事也. 『國語·越語下』

신이 [가지고서] 죽지 못 하는 바[까닭]는 이 일을 위해서입니다.

- O+(之)+所+'以' 등의 動詞+動詞·形容詞[또는 動詞性·形容詞性句]+(者)

陳軫對曰: 夫[秦之所以重楚者] 以其有齊地也. 『史記·陳軫列傳』

진진이 대답하여 말했다. 대저 진나라가 초나라를 중시하는 바의 것은[까닭은] 그것이 제나라의 땅을 가지고 있음으로써입니다[있기 때문입니다].

[彊秦之所以不敢加兵于趙者] 徒以吾兩人在也. 『史記·廉頗藺相如列傳』

강한 秦나라가 감히 趙나라에 군대를 보내어 침략하지 못하는 바[까닭]는 오직 우리 두 사람이 있음으로써입니다[있기 때문입니다].

'所'字를 중심으로 한 句 중에 쓰인 '之'와 '者'는 강조의 어기조사이다.

아래의 예문들은 '所'의 구조조사 기능에 비추어 보면, 마치 '所'가 생략된 것처럼 보인다. 이는 생략이 아니라 古代漢語 동사의 본래 쓰임일 따름이다. 그래서 거꾸로 고대한어에서 '所'가 없이도 동사 또는 동사 중심의 句가 명사성을 띠는 본래 성질에 비추어 생각하면, '所'의 기능이 단순히 명사성의 구조를 만드는 데만 있다(구조조사)고 할 수가 없게 된다. 뒤에 오는 술어의 쓰임을 강조하는 語氣助詞로서의 성격이 있다고 여겨진다. 이에 대해서는 심도 있는 새로운 연구가 기대된다.

嬰兒非(所)與戲也.『韓非子·外儲說』

영아는 더불어 희롱할 것이 아니다.

客何好? 曰: 客無(所)好也.『戰國策·齊策』

객은 무엇을 좋아하십니까? 말했다. 객은[저는] 좋아하는 것이 없습니다.

'與戲'·'好'는 차례로 '더불어 희롱할 것'·'좋아하는 것' 등으로 번역할 수 있는데, 이러한 용례는 古代漢語에 수없이 많다. 특히 '有'나 '無'의 뒤에서는 동사(또는 동사구)만으로 그러한 의미와 관련되는 사람·사물·추상적 내용을 나타내는 경우가 두드러진다. '有以~'나 '無以~'가 쓰인 다음의 예문을 보면 확연히 드러난다.

叟不遠千里而來, 亦將有以利吾國乎?『孟子·梁惠王上』

노인장께서 천 리를 멀다 여기지 않으시고 오셨으니 역시 장차 [가지고서] 우리 나라를 이롭게 할 것이 있겠군요?

殺人以梃與(∨)刃 有以異乎?『孟子·梁惠王上』

사람을 죽임에 몽둥이를 사용하는 것은 칼과[{사람을 죽임에} 칼을 {사용하는 것과}] 더불어 비교하면 [가지고서] 다를 것이 있습니까?

故不積頃步 無以至千里, 不積小流 無以成江海.『荀子·勸學』

까닭에 걸음걸이를 쌓지[모으지] 않으면 [가지고서] 천 리에 이를 것이 없고, 작은 흐름[물줄기을] 쌓지[모으지] 않으면 [가지고서] 강과 바다를 이룰 것이 없다.

不學詩 無以言.『論語·季氏』

시를 배우지 않으면 [써서, 가지고서] 말을 할 것이 없다.

'有'와 '無'는 앞에서 설명한 바와 같이 모두 '以~'를 목적어로 취하는 구조이다.

2. 感歎詞

感歎詞[歎詞]는 놀람·슬픔·분노·질책·감탄·탄식·칭찬·허락 등 각종의
감탄을 나타낸다. 文章 밖에서 독립적으로 쓰인다. 따라서 주어·술어·목적
어·보어·관형어·부사어 등 6가지 문장 성분 외의 독립 성분이 된다. '독립어'
라 명명하기로 한다. '嘻'·'惡'·'噫'·'嗟'·'嗟乎'·'嗚呼'·'吁' 등이 있다. 어떤
것들은 讀音이 같은 다른 글자로 나타나기도 한다. 감탄사는 특히 같은 글자가
몇 가지 서로 다른 감탄을 나타내는 데 쓰인다. 주로 어조의 차이에 의해서이
다. 현대한어의 감탄사 쓰임과 유사하다고 할 수 있다.

- 嘻[192]

놀람·비통함(아픔)·찬미 등을 나타낸다.

從者曰: 嘻! 速駕! 公斂陽在. 『左傳·定公八年』
따르는 자가 말했다. 아! 빨리 수레를 몰아 가시오[달아나시오]! 공렴양이 [아직 都城에] 있습니다.

夫子曰: 嘻! 其甚也. 『禮記·檀弓上』
선생님께서 말씀하셨다. 아! 거 심하다.

其妻曰: 嘻! 子毋讀書遊說 安得此辱乎? 『史記·張儀列傳』
그의 아내가 말했다. 아! 당신이 글을 읽고 유세하는 일이 없었더라면 이디 이 욕을 당했겠습니까?

- 惡[193]

놀람 등을 나타낸다.

曰: 惡! 惡可? 『莊子·人間世』
말했다. 오! 어디 이럴 수가?

---

192) 讀音은 '희'이다.
193) 讀音은 '오'이다.

王曰: 惡! 是何言也? 『孟子·公孫丑下』
왕이 말했다. 오! 이것이 무슨 말이요?

• 噫 194)
비통함·탄식 등을 나타낸다.

子路死, 子曰: 噫! 天祝予. 『公羊傳·哀公十四年』
자로가 죽자 선생님께서 말씀하셨다. 아! 하늘이 나를 저주하는구나.

顔淵死, 子曰: 噫! 天喪予, 天喪予. 『論語·子張』
안연이 죽자 선생님께서 말씀하셨다. 아! 하늘이 나로 하여금 잃게 하였다. 나로 하여금 잃게 하였다.

曰: 今之從政者何如? 子曰: 噫! 斗筲之人 何足算也? 『論語·子路』
[子貢이] 말했다. 지금 정치를 좇는 사람들은 무엇과 같습니까[→어떠합니까]? 선생님께서 말씀하셨다. 아! 속이 좁은 사람들은 뭐로[→어떻게] 쳐주기에 족하겠는가?

• 嗟
슬픔(근심)·찬탄 등을 나타낸다.

嗟! 我懷人 寘彼周行. 『詩經·周南·卷耳』
아! 내가 사람[님]을 그리워하매 [광주리를] 저 주나라 길[한 길]에 버려두네.

• 嗟乎
탄식 등을 나타낸다.

嗟乎! 燕雀安知鴻鵠之志哉?! 『史記·陳涉世家』
아아! 참새나 제비가 어디 큰기러기나 고니의 뜻을 알겠는가?!

---

194) '噫嘻(희희)'처럼 두 음절로 쓰이는 예도 있다. 噫嘻成王 旣昭假爾. (『詩經·周頌·噫嘻』)
　　(아아! 성왕이시여, 이미 밝음 빌려왔네[이르렀네].)

蘇秦曰: 嗟乎! 貧窮則父母不子 富貴則親戚畏懼. 『戰國策 · 秦策』

소진이 말했다. 아! 빈궁해지면 곧 부모도 자식으로 여기지 않고, 부귀해지면 친척들도 두려워한다.

壹發五豝, 于 嗟乎! 騶虞. 『詩經 · 召南 · 騶虞』

한 번 [수레를] 몰아 다섯 마리 멧돼지라. 아아! 추우시여.

• 嗚呼

슬픔 · 찬탄 · 찬미 등을 나타낸다.

嗚呼! 曾謂泰山不如林放乎? 『論語 · 八佾』

오호라[오오]! 일찌감치 태산을 일러 임방만 못하다고 할쏘냐?

公喟然歡曰: 嗚呼! 使國可長保而 傳于子孫, 豈不樂哉?! 『晏子春秋 · 內篇諫上』

공이 찬탄하며 좋아하고 말했다. 오호라! 나라로 하여금 길이 보전하여 자손에게 전해지게 한다면 어찌 즐겁지 않으리오?!

• 吁

놀람 등을 나타낸다.

帝曰: 吁! 嚚訟可乎? 『書經 · 堯典』

황제가 말했다. 우! 떠들썩하게 소송하면 되겠는가?

漢文의 統辭論[句法]상의 특징

1. 文章 成分과 語順

고대한어의 문장 성분은 엄밀하게 말하면 주어·술어·목적어·보어·관형어·부사어 외에, 문장 밖에서 독립적으로 쓰인다고 할 수 있는 '독립어'가 있다. 품사상으로 감탄사[탄사]가 이를 전담한다. 따라서 7가지 성분이 있게 되는 것이다.

문장의 성분은 각 성분들을 1 : 1로만 보았을 때, 실사류 중심의 5가지 句구조 중에서 연합구조를 제외한 수식구조·술목구조·보충구조·주술구조가 보이는 네 가지 어순을 기본으로 한다. 여기에 관형어와 부사어가 중심어(피수식어) 앞에 놓이는 어순이 보태진다.

관형어와 부사어는 피수식어의 품사를 전제로 하여 구별되는 개념이다. 그래서 실사류의 품사를 나누지 않는 체계 하에서는 '수식어' 한 가지로 압축할 수 있다. 명사 앞에 놓여 이를 수식하는 성분을 관형어라 하고, 다른 실사류 곧 동사·형용사·부사 내지 이에 상당하는 구 앞에 놓여 이를 수식하는 성분을 부사어라 하고 있다. 그런데 앞에서 말한 대로 실사류의 품사 분류 가운데 명사·동사·형용사의 구별은 극소수의 어휘를 제외하면 의미상·방편상의 구분일 뿐이므로 그다지 문법적이지도 유용하지도 않다. 주어·술어·목적어·보어·수식어 등 다섯 가지로 문장 내의 성분을 지목하는 것은 상대적으로 유용하다. 수식어는 언제나 피수식어의 앞에 놓인다는 어순을 설정할 수 있다. 연합구조는 동질의 성분 간의 조합이므로 항상 한 덩어리로서 이들 5가지 문장 성분 중의 한 가지 역할을 한다.

보어는 한 가지 밖에 없다. 의미상 앞에 연접되는 술어가 뜻하는 의미 내용의 결과가 어떠한가를 나타낸다. 목적어와 보어가 함께 쓰일 때, 보어가 앞에 놓이며 목적어가 뒤에 놓인다. 보어 뒤의 목적어는 의미상 앞 '술+보'구조 전체의 목적어가 되어 의미상 보어가 술어와 더욱 긴밀하기 때문이다.

목적어가 두 개 또는 그 이상 있는 경우도 그 유형을 살필 수 있다. '於(于)'는 전치사[개사]가 아니라 뒤따르는 성분을 강조하는 기능을 하는 '助詞'이므로, 술어 뒤에 놓이는 '於(于)'의 후속 성분은 문장 구조상 목적어의 하나가 된다. 목적어와 술어의 결합이 나타내는 의미 관계는 뒤에서 상술한다.

고대한어의 어순을 총괄하면 다음과 같다. 수식어를 부차적인 성분으로 여겨 주어·술어·목적어·보어의 상대 위치를 위주로 하여 나타내기로 한다

- 주어 + 술어
- 술어 + 보어
- 술어 + 목적어
- 수식어(관형어·부사어) + 피수식어[중심어] : (수식어가 주어, 술어, 목적어가 되는 성분의 앞에 놓임)
- 주어 + 술어 + 보어
- 주어 + 술어 + 목적어

- 주어 + 술어 + 보어 + 목적어
- 주어 + 술어 + 목적어1 + 목적어2
- 주어 + 술어 + 목적어1 + 목적어2 + 목적어3

수식어 중에서 부사어가 놓이는 위치는 술어의 앞에 오는 경우가 대부분이며, 주어 앞에 오는 경우도 있다.

• 술어 앞

(∨)不然者, 我且屠大梁. 『史記·范睢蔡澤列傳』
그렇게 하지 않았더라면, 나는 또 대량에서 도살당했을 것이오.

孫子曰: 王徒好其言 不能用其實. 『史記·孫子吳起列傳』
손자가 말했다. 임금께서는 단지 그 말만 좋아하시고 그 실을 쓰지 못합니다.

項莊拔劍起舞, 項伯亦拔劍起舞. 『史記·項羽本紀』
項莊이 검을 뽑고 일어나 춤을 추자 項伯도 역시 검을 뽑고 일어나 춤을 추었다.

楚更立太子, 必不事秦. 『史記·春申君列傳』
초나라가 태자를 바꿔 세우면, 반드시 진나라를 섬기지 않을 것이다.

• 주어 앞

冬晉文公卒. 『左傳·僖公三十二年』
겨울에 晉의 문공이 죽었다.

昔者吾舅死于虎, 吾夫又死焉, 今吾子又死焉. 『禮記·檀弓下』
접때 저의 시아버지가 호랑이한테 죽임을 당했고, 저의 남편이 또 그것한테 죽임을 당했는데, 이제 저의 아들이 또 그것한테 죽임을 당했습니다.

方是之時 (∨)屬之於子乎? 『史記·孫子吳起列傳』
바야흐로 이러한 때에 그것[재상의 자리]을 그대에게 맡기겠소?

豈以其重若彼 其輕若此哉?! 『史記·伯夷列傳』

어찌 [세속 사람들은] 그렇게 해서 그 중시하는 것은 저와 같이[저렇게] 하고[→그토록 부귀한 사람을 중시하고], 그 경시하는 것은 이와 같이 하는 것일까[→깨끗하고 맑은 사람을 하찮게 여기는 것일까]?!

2. 기본 문형과 분류의 성격

가. '文章 분류 방식의 여러 가지' 항에서 설명하였듯이, 품사에 의거한 술어 중심의 분류가 고대한어의 성격에 잘 부합하지 않으므로 문법적으로 결점이 있지만, 지금까지 가장 유용하게 쓰이고 있다.

기본 문형으로 설정한 네 가지 문형 가운데 '名詞述語文·動詞述語文·形容 詞述語文' 등의 세 가지는 술어의 핵심이 되는 단어의 품사에 따라 구분하고 명명한 것이다. 그런데 이들 문장에서 명사·동사·형용사로 지목되는 단어들 이 다른 자리에서는 다른 품사로 여겨지는 경우가 허다하므로 앞에서 이들 실 사류의 품사 분류가 의미상·방편상의 것임을 강조하였다. 따라서 세 가지 기 본 문형도 같은 성격을 갖는다고 말하게 된다. 이 세 가지에 '主述述語文'을 추가하여 기본 문형을 네 가지로 나누고 있는데 주술술어문은 '主述句'가 술어 가 되는 것이어서 앞의 셋과는 분류 기준이 다름에 주의하여야 한다.

나. 술어가 되는 단어로는 의미상 동사성을 띠는 것이 가장 많이 출현하고 후속 성분도 다양하므로 '동사술어문'의 경우는 기술할 내용이 상당히 많다. '형용사술어문'의 경우는 비교적 간단하다. 목적어를 수반하는 경우도 단순하 기 때문이다.

'명사술어문'의 경우는 명사가 술어의 중심이 되는 경우 외에 句가 술어가 되는 경우를 포함한다. '所'자가 이끄는 구는 '所'字를 '구조조사'로 여김으로써 '명사성의 구'로 간주하여 별 문제가 없다. 그러나 '명사성의 구'라고 할 만한 표지가 없는 경우가 적지 않아 문제가 된다. 술어의 중심이 의미상 동사성을 띠는 경우가 대표적이다. 句 전체가 의미상 명사에 준하는 것으로 여겨지면 명사술어문으로 간주할 수 있을 따름인데, 기준이 문법적이지 못하다. 고대한어에서 실사류의 단어에 대해 품사를 구분한다는 자체가 불합리한데, 이러한 분류를 기준으로 기본 문형을 설정하고 있기 때문에 이러한 모순이 따른다.

우리가 고대한어를 대할 때, 단어의 쓰임상 기능이 달라도 형태에 변화가 없고 대체로 표지도 없는 언어임에 유의하여야 한다.

명사술어문의 범위와 관련해서는 '之'와 '者'도 문제가 된다. 이것들은 구조조사가 아닌데, 지금까지 구조조사로 간주하고 '所'字와 더불어 소위 '명사구' 구성의 표지로 여긴 것은 중대한 모순이다. 이것들의 성격을 어떻게 규정하느냐에 따라 名詞述語文의 범위가 달라진다. 둘 다 '어기조사'임을 밝힌 이 책에서는 이 문제가 없어진다.

다. 실사류 단어의 종합적 품사성으로 인하여 여전히 문제가 남는다. 동사 또는 동사 중심의 句가 판단을 나타내는 문장의 술어로 쓰였을 때 이것을 '명사구'라고 할 것인가? '명사구'라고 한다면 '동사구'와 '명사구'의 경계는 무엇인가? 앞에서 서술한 대로 이런 저런 문제가 발생한다. 또, 동사건 형용사건 술어 외에 주어나 목적어도 될 수 있듯이 동사·형용사 중심의 句도 주어나 목적어가 될 수 있기 때문에, 이를 '동사구'·'형용사구'·'명사구' 등으로 명명하는 것도 고대한어의 문법체계상 별 의미가 없다.

라. 지금 사용하고 있는 네 가지 기본 문형 분류를 기준 삼아 통사상(구문상)

특징으로 여길 만한 내용을 추슬러 볼 수 있다. 출현 빈도가 가장 높고 후속 성분이 가장 다양한 '동사술어문'에 부가 설명할 거리들이 많다. 뒤의 여러 항에서 자세히 설명하기로 한다.

'동사술어문'과 관련하여 통사론상 여기에서 우선적으로 정리해 두어야 할 것은 종래 전치사[介詞]나 접속사[連詞]로 분류해 온 단어군이다. '於(于)'는 '어기조사'에 귀속시켰다. 다른 전치사는 동사를 겸하는 것으로 여겨 기술해 왔으나, 이 책에서는 모두 동사에 귀속시켰다. 상고의 고대한어에서는 의미상의 동사로 여겨야 할 단어들이기 때문이다. '以'·'爲'·'與'·'至'·'及'·'自' 등이 대표적인 것들이다. 접속사로 분류해온 무리의 대부분은 동사에 귀속시켰다. 동사·전치사에도 넣었던 '以'·'爲'·'與' 등을 비롯하여 '如'·'若'·'使'·'然' 등이 대표적인 것들이다. 접속사로 여겨 왔던 '故'는 명사로, '雖' 등은 부사로, '或'·'是'·'斯' 등은 대사로 돌려보냈다. '是故'·'於是' 등은 한 단어(복합사)가 아니라 두 단어의 조합으로 보았다.

따라서 '以'·'爲'·'與'·'至'·'及'·'自' 등은 동사술어문을 구성하는 단어가 된다.

몇 가지 용례만 다시 들어 보이기로 한다.

• 爲 [동사]

臣所以不死者 爲此事也. 『國語·越語下』
신이 죽지 못하는 바[까닭]는 이 일을 위해서[때문]입니다.

哭死而哀 非爲生者也. 『孟子·盡心下』
죽은 사람에 대하여 울고 슬퍼하는 것은 산 사람을 위해서가 아닙니다.

•以 [동사]

三代之得天下也 以仁, 其失天下也 以不仁. 『孟子·離婁上』

[夏殷周] 3대가 천하를 얻음에는 仁을 써서[仁을 가지고, 仁으로써] 하였으며[→仁으로써였으며], 그 나라들이 천하를 잃음에는 不仁을 써서 하였다[→不仁으로써였다].

陳軫對曰: 夫秦之所以重楚者 以其有齊地也. 『史記·陳軫列傳』

진진이 대답하여 말했다. 대저 진나라가 초나라를 중시하는 바는[까닭은] 그것이 제나라의 땅을 가지고 있음으로써입니다[있기 때문입니다].

君召諸侯 以討罪也. 『左傳·成公二年』

임금이 제후를 부르는 것은 죄를 침을 가지고서[치기 위해서]입니다.

先帝屬將軍以幼孤 寄將軍以天下 以將軍忠賢 能安劉氏也. 『漢書·霍光傳』

선제께서 장군에게 맡기심에 어린 나를 가지고서 하시고 장군에게 맡기심에 천하를 가지고서 하신 것은 장군이 충성스럽고 어질어서 유씨의 나라를 안정시킬 수 있음으로써였습니다.

마. 형용사술어문이 목적어를 수반하는 예를 다시 들어 보이기로 한다.

家[富]良馬 其子好騎. 『淮南子·人閒訓』

집에 좋은 말이 많아서 그의 아들이 타기를 좋아했다.

富貴者[驕]人乎, 且貧賤者[驕]人乎?[195] 『史記·魏世家』

부귀한 사람이[부귀하면] 남에게 교만합니까? 또[또는, 아니면] 빈천한 사람이[빈천하면] 남에게 교만합니까?

喪事不[敢]不勉. 『論語·子罕』

상사는 힘쓰지 않음을 감히 하지 못한다[힘쓰지 않을 수 없다].

다음은 복수 술어 중에 형용사 술어가 쓰인 경우이다.

---

195) 실사류 단어의 품사 분류가 의미상의 분류이기에, 품사를 나누게 되면 '驕'는 의미상 형용사 (교만하다)로 볼 수도 있고 동사(교만을 부리다)로 볼 수도 있다. '敢'(과감하다, 과감하게[감히] 하다)도 마찬가지이다. '富'(풍부하다[많다], 풍부하게 가지고 있다)도 보기에 따라 경계 가 모호하기는 마찬가지이다.

氷 水爲之而 [寒]於水. 『荀子·勸學』

얼음은 물이 그것이 되었지만 물보다 차갑다.

國一日 被攻 雖欲事秦 不[可]得也. 『戰國策·齊策』

나라가 어느 날 공격을 입으면[당하면] 비록 秦을 섬기고자 할지라도 이룰 수가 없습니다.

바. 명사술어문의 범위 문제에 대해서는 '기본 문형' 항과 위에서 설명하였다. 의미상의 동사가 이끄는 句 전체가 주어에 대한 판단을 나타낼 때 명사술어문과 동사술어문 구분의 문제가 있다.

直不(∨)百步耳, 是 亦走也. 『孟子·梁惠王上』[(∨) : '走'가 생략됨.]

단지 백 보를 달아나지 않고 말았지[않았을 따름이지], 이 역시 달아난 것입니다.

是 使民養生喪死無憾也. 『孟子·梁惠王上』

이것이 백성들로 하여금 산 사람을 부양하고 죽은 사람을 장사 지냄에 유감이 없게 하는 것입니다.

是 仁義用於古而不用於今也. 『韓非子·五蠹』

이는 인과 의가 옛날에는 쓰였으나 오늘날에는 쓰이지 않은 것이다.

사. 주술술어문을 구성하는 '주술술어' 중의 술어는 의미상 주로 동사·형용사가 된다. '주술술어'는 단독으로 술부를 구성하기도 하며, 다른 술어와 결합하여 쓰이기도 한다. 즉, 술부가 복수 술어로 구성된 경우, 술어의 하나가 된다.

君子之交 [淡若水]. 『莊子·山木』

군자의 사귐은 담담하기가 물과 같다.

是 [仁義用於古而不用於今]也. 『韓非子·五蠹』

이는 인과 의가 옛날에는 쓰였으나 오늘날에는 쓰이지 않은 것이다.

氷 [水爲之]而 寒於水. 『荀子·勸學』

얼음은 물이 그것이 되었지만 물보다 차다.

彌與紇 [吾皆愛之] 欲擇才焉而立之. 『左傳·襄公二十三年』

미는 흘과 더불어 내가 모두 {그들을} 사랑하지만, 거기에서 재주 있는 놈을 택해 그를 [왕 위에] 서게 하고 싶소.

顯 [爲人巧慧習事] 能探得人主微意. 『漢書·石顯傳』

현은 사람됨이 정교하고 지혜로웠으며 일을 잘하여 임금의 숨은 뜻을 살펴 낼 수가 있었다.

北山愚公者 [年且九十] 面山而居. 『列子·湯問』

북산의 우공은 나이가 장차 90인데 산을 마주 대하고 살았다.

將軍 身被堅執銳 伐無道 誅暴秦 復立楚國之社稷 [功宜爲王]. 『史記·陳涉世家』

장군께서는 몸에 견고한 갑옷을 입고 예리한 무기를 들고서 무도함을 치고 포악한 秦나라를 베어 다시 楚나라의 사직을 세우셨으니 공은 왕이 되심이 마땅합니다.

3. 용도별 文章 구분과 형식상의 주요 특징

문장을 용도에 따라 평서문·의문문·명령문·감탄문 등으로 나누는 일은 대체로 여러 언어에 공통된다. 그런데 평서문[陳述句]과 명령문(금지 등 포함)[祈使句]은 문장 형식의 차이에 의한 것이 아니므로 통사상의 구조나 단어의 의미 파악에 주의를 요한다.

(∨)行有餘力則以學文. 『論語·學而』

행하고 남은 힘이 있으면 곧 그것을 가지고 글을 배우는 것이다[=배우라].

頓首曰: 可則立之, 否則已. 『史記·齊太公世家』

머리를 조아리며 말했다. 할 수 있으면 곧 그를 세우고 그렇지 않으면 곧 그만두는 것입니다[=그만 두십시오, 그만두라].

子華使于齊, 冉子爲其母請粟. 子曰: 與之釜. 請益. 曰: 與之庾. 冉子與之粟
五秉. 『論語·雍也』

자화[公西赤]가 제나라에 사신으로 가자, 冉求가 그[자화]의 어머니를 위해 곡식을 청했다. 선생님
께서 말씀하셨다. 그에게 1부(6말 4되)를 준다[＝주어라]. 더 주기를 청했다. 말씀하셨다. 그에게
1유[16말]를 준다[＝주어라]. [그런데] 염구는 그에게 곡식 5병[80섬]을 주었다.

不患人之不己知 患不知人也. 『論語·學而』

남이 자기를 알아주지 않음을 걱정하지 않고[＝말고] 남을 알지 못하는 것을 걱정하는 것이다[＝걱
정하라].

直而溫 寬而栗 剛而無虐 簡而無傲. 『書經·虞書·舜典』

곧고도 따뜻하며, 너그럽고도 씩씩하며, 굳세면서도 포학함이 없으며, 간이하면서도 거만함이 없는
[＝없어야 하는] 것이다.

　평서문과 명령문의 형식에 차이가 없다는 것은 두 가지 용도의 표현이 중립
적임을 뜻한다고 할 수 있다. 한국어로 설명하자면, '~한다'·'~하는 것이다',
'~하라'를 한 가지로 표현함을 의미한다. 이때 '~하는 것이다'를 취하면 한국어
에서도 평서문과 명령문이 중립성을 띤다. 굳이 '~하라'라고 말하지 않고 '~하
는 것이다' 또는 '~한다'류로 말해도 명령 내지 기원의 의미는 전달된다. 고대
한어에서는 한 가지뿐이므로 어떠한 사실의 서술인 평서문과 지시성의 명령문
의 구별은 문맥에 의할 뿐이다. 화자와 청자 간의 의식을 통하여 그 감도를 확
인할 수밖에 없다. 평서문과 명령문의 표현 형식이 같다는 것은 명령이 강제성
을 띠지 않음을 의미한다. 이는 곧 상대방에 대한 배려요 완곡과 겸손(정중)함
의 표시이다.

　다만, 문맥상 명령문의 성격을 띨 때는, 평서문일 때보다 주어가 생략되는
경우가 더 많음을 보인다. 그러나 중립적이기는 마찬가지이다. 이러한 중립성
은 '無'類 동사(無·勿·毋·莫 등)가 쓰인 부정 명령, 즉 금지를 나타낼 때 두드
러진다. 지금까지 서구 언어의 부정어를 부사로 분류하는 것에 휩쓸려 이를 금

지의 부사로 여김으로써 혼란을 가중하였다. 그러나 언제나 의미상의 동사이지 결코 부정부사가 아니다. '無'가 동사가 되었다가 부사가 되었다가 하는 것이 아니다. 품사성은 일관된다. '~하지 말라'라고 말하지 않고 '~함(하는 일, 하는 경우)이 없는 것이다[없다]'이거나, 명령의 내용을 좀 더 두드러지게 하여 '~함(하는 일, 경우)이 없으라[없으소서]'로 번역하면 된다. 한국어의 '~하라'·'~하지 말라' 형은 없고 '~한다[하는 것이다]'·'~할 것이 없다' 형만 있는 것이 된다. '~하지 않는다[못한다]'는 '不'이 쓰인 경우에 대응된다.

　예를 들면 우연히도 한국어에는 "이 방에서는 담배를 피우지 말라[마십시오]."와 "이 방에서는 담배를 피울 것이 없다[없습니다]."는 표현이 다 있고, 각기 형식이 다르지만 둘 다 금지명령의 의미를 전달한다. 그런데 고대한어에는 후자, 즉 중립적이며 완곡(겸손)한 표현만 있는 셈이다. 그리하여 문장 형식이 평서문과 같을 수밖에 없다.

　물론 현대중국어로는 이러한 설명이 쉽지 않다. 문법상 고대한어와 유사한 형식이 중심을 이루기 때문이다.

　다음은 '無'類 동사의 예이다.

己所不欲 勿施於人. 『論語·顏淵』
자기가 하고 싶지 않은 바는 남에게 베풀 것이 없다[→없도록 하라].

攻其惡 無攻人之惡. 『論語·顏淵』
그[자신의] 나쁜 점을 치고, 남의 나쁜 점을 치는 일이 없는 것이다[→없도록 하라].

王如知此 則無望民之多於隣國也. 『孟子·梁惠王上』
왕께서 이를 아실 것 같으면 곧 백성이 이웃 나라보다 많기를 바랄 것이 없으십니다[→없으소서].

無友不如己者 過則勿憚改. 『論語·學而』
자기만 못한 사람과 벗함이[사귀는 일이] 없으며 지나쳤으면[잘못을 범했으면] 고치기를 꺼려함이[꺼려하는 일이] 없는 것이다[→없으라].

距關 *毋內諸侯*. 『史記·項羽本紀』
관문을 막아서 제후들을 받아들이는 일이 없이 한다[→없도록 하라].

명령이나 금지의 내용이 다른 술어의 목적어가 되는 경우와 비교해 보면, '無'류가 일관되게 의미상 동사이지 부사가 아님을 잘 알 수 있다.

楚人剽疾, 願上*無與*楚人爭鋒. 『史記·留侯世家』
초나라 사람들은 표독하고 날래므로 상께서는 초나라 사람들과 더불어 무기를 가지고 싸우는 일이 없으시기 바랍니다.

宋人請猛獲於衛, 衛人欲*勿與*. 『左傳·莊公十二年』
송나라에서 위나라에 맹획을 청[요구]했으나, 위나라 사람들이 주는 일이 없기를 바랐다.

4. 主語의 개념

서구의 '주어' 개념을 도입하여 통사론을 기술해 온 이래, 그 내용에 차이가 있음을 발견하고 '주제어'를 설정하여 나누어 보려는 이도 있다. 그러나 한어에서는 문두에 놓이는 성분이 '설명의 대상이 되는' 모든 경우를 포괄하여 '주어'로 여기면 된다.

주어가 되는 단어는 의미상의 명사·동사·형용사·대사 등을 가리지 않는다. 품사와 문장 성분 간의 대응 관계를 다루는 항에서 이미 다루었다. 이와 평행하게 각종 句도 주어가 된다.

• 聯合句

[顔淵季路]侍. 子曰: 盍各言爾志? 『論語·公冶長』

안연과 계로가 모시고 있었다. 선생님께서 말씀하셨다. 어찌하여 각기 너희들의 뜻을 말하지 않느냐?

• 修飾句

[齊人]固善盜乎? 『晏子春秋·內篇雜下』

제나라 사람은 본디 도적질을 잘합니까?

[拘禮之人]不足與言事, 制法之人不足與論變. 『商君書·更法』

예에 속박당하는 사람은 더불어 일을 말하기에 부족하고, 법에 제약을 받는 사람은 더불어 변화를 논하기에 부족합니다.

• 述目句

舟已行矣而 劍不行, [求劍]若此 不亦惑乎? 『呂氏春秋·察今』

배는 이미 가버리고[가버렸으나] 칼은 가지 않는데, 칼을 찾는 것이 이와 같다면 또한 미혹되지 않는가?

• 主述句

[國人望君]如望慈父母也. 『左傳·哀公』

나라 사람들이 임금님을 우러러 보는 것이 마치 자애로운 부모를 우러러 보는 것과 같습니다.

[吾見]亦罕矣, 吾退而寒之者至矣. 『孟子·告子上』

내가 [왕을] 만나는 것 역시 드물게 되었고, 내가 물러나면 그를 차갑게 하는 사람이 이르게 됩니다.

[荊國之爲政]有似於此. 『呂氏春秋·察今』

형나라가 정치를 함에는 이와 비슷한 것이 있다.

다음은 혼합형의 주어이다. 이처럼 단어나 구가 혼합된 형식의 주어도 적지 않다.

[宋無罪而 (∨)攻之]不可謂仁. 『墨子·公輸』

宋나라에 죄가 없는데도 공격하는 것은 어질다고 할 수 없습니다.

5. 述語의 후속 성분

1) 목적어

먼저 目的語나 補語를 수반하지 않은 述語가 쓰인 예들을 간단히 보기로 한다.

晏子[至]. 『晏子春秋·內篇雜下』
안자가 이르렀다.

其妻[歸]. 『孟子·離婁下』
그의 아내가 돌아왔다.

曹桓公[卒]. 『左傳·桓公十年』
조 환공이 마쳤다[죽었다].

三年春 不[雨] 夏六月 [雨]. 『左傳·僖公三年』
3년 봄에 비가 내리지 않다가 여름 6월에 비가 내렸다.

使子路反見之. [至], 則[行]矣. 『論語·微子』
자로를 시켜서 돌아가 그를 만나게 하였는데, 이르자[도달하자] 곧 가버렸다[가버리고 없었다].

水土[異]也. 『晏子春秋·內篇雜下』
수토[풍토]가 달라서입니다.

沛公[黙然]. 『史記·項羽本紀』
패공이 잠자코[묵묵히] 있었다.

목적어의 자리에 놓이는 단어나 구도 주어의 경우와 마찬가지로 다양하다. 의미상의 품사 유별에 관계없이 실사류의 단어가 두루 목적어에 충당되며, 각종의 구 또한 두루 목적어의 자리에 놓인다. 이들 예는 뒤의 '주의할 주어·목적어의 구성' 항에서 예시한다.

아래에서 하나의 목적어가 쓰인 경우만을 대상으로 술어와 목적어의 결합이 보이는 의미의 유형을 정리한다. 고대한어 목적어의 기본 성격을 최대한 바르게 이해할 수 있도록 하였다.

(1) 단일목적어 : '술어+목적어'의 의미 유형[196]

古代漢語의 술어와 목적어가 구성하는 의미 유형은 다음과 같이 총괄할 수 있다. 의미상의 동사뿐 아니라 형용사도 목적어를 취하므로 함께 다룬다.

분류의 틀은 두 개의 층위, 즉 제1층위(상위)와 제2층위(하위)로 구성되어 있다. 제3층위에서 나눌 만한 것들은 극소수일 뿐 아니라 내부의 동질성을 갖추고 있기 때문에 제2층위에서 묶었다. 제2층위에서조차 더 줄일 수 있는 여지가 있다. 언어의 구성 요소는 서로 긴밀하게 이어져 있어서 어떠한 분류를 행한다고 하더라도 그 경계가 맞닿는 부분이 있기 마련이다. 상대적으로 문법상의 형태가 결여되어[문장 구성 요소의 층위를 나눌 수 있는 형태 표지도 없음] 고립어적인 성격이 강한 古代漢語는 더욱 그러하다. 어느 경우이건 세분할수록 그 언어의 특징은 더 모호해 진다. 그만큼 문법 특징으로서의 의미가 희석되기 때문이다. 다음은 두 층위의 분류 요목이다.

① 술어의 객체인 경우
가. 직접 대상(일반 대상, 단순 심리·지각 대상, 사역[使動]의 대상, 판단의 지각 [意動] 대상)
나. 간접 대상　　다. 목적물[결과물]　　라. 유무 대상
마. 의지 대상　　바. 가능 대상　　　　사. 당위 대상

---

196) 이하의 내용은 안기섭·정성임의 「古代漢語 '술어+목적어'의 의미 유형 기술에 관한 성찰」 (『中國人文科學』 제37집, 2007. 12)에서 상세히 다룬 내용을 간추린 것이다.

아. 피해 사실
② 술어의 주체인 경우
가. 행위자   나. 출현·소실자   다. 판단의 대상
③ 술어의 객체도 주체도 아닌 경우
가. 원인 내지 목적   나. 도구
다. 공간·시간   라. 관계(판단·유사·호칭)
마. 비교 대상   바. 수량

古代漢語의 어느 방면에서건, 문법 항목으로 설정할 의미가 있는 항목만을 범주로 삼고 古代漢語 고유의 체계를 구성하려면, 유형론적인 특징을 중시하여 기존의 문법 행위에 대한 성찰을 부단히 반복하여야 한다.
분류 요목별 '술어+목적어' 결합 예는 다음과 같다.

① 술어의 객체인 경우

가. 직접 대상

[일반 대상]

湯放桀 武王伐紂. 『孟子·梁惠王下』
탕은 걸을 내쫓고 무왕은 수를 쳤다.

景公飮酒. 『晏子春秋·內篇雜上』
경공이 술을 마셨다.

伊尹耕於有莘之野而 樂堯舜之道焉. 『孟子·萬章上』
이윤은 유신의 들에서 밭을 갈며 요순의 도를 즐겁다고 여겼다. [비교 : 즐겼다]

[단순 심리·지각 대상]

聽其言而觀其行. 『論語·公冶長』
그 말을 듣고 그 행동을 본다.

不患人之不己知 患不知人也.『論語‧學而』

남이 자기를 알아주지 않는 것을 걱정하지 않고[=말고], 남을 알지 못하는 것을 걱정하는 것이다[=걱정하라].

晉人懼其無禮於公也 請改盟.『左傳‧文公三年』

진나라 사람들이 그가 공에게 무례할까 두려워서 동맹을 바꾸기를 청했다.

[사역[使動]의 대상]

完母死 莊公令夫人齊女子之.『史記‧衛康叔列傳』

완의 어머니가 죽자 장공이 부인인 齊나라 여자로 하여금 그를 아들로 삼게 하였다.

縱江東父老憐而王我, 我何面目見之?『史記‧項羽本紀』

비록 강동의 부로들이 나를 불쌍히 여겨 왕으로 삼는다 할지라도, 내가 무슨 면목으로 그들을 보겠는가?

城不入, 臣請完璧歸趙.『史記‧廉頗藺相如列傳』

성이 들어오지 않으면 신이 삼가 옥을 온전하게 하여 조나라로 돌아오게 하겠습니다.

[판단의 지각[意動] 대상]

叟不遠千里而來, 亦將有以利吾國乎?『孟子‧梁惠王上』

노인장께서 천리를 멀다 여기지 않으시고 오셨으니 역시 장차 우리나라를 이롭게 할 것이 있겠군요?

孔子登東山而小魯 登泰山而小天下.『孟子‧盡心上』

공자께서 동산에 올라서는 노나라를 작다고 여기고 태산에 올라서는 천하를 작다고 여겼습니다.

魯人辱之 故不書 諱之也.『左傳‧成公十年』

노나라 사람들이 그것을 욕되게 여겼다. 까닭에 쓰지 않고 그것을 피하였다.

나. 간접 대상

漢王賜良金百溢珠二斗.『史記‧留侯世家』

한왕이 장량에게 금 백 일과 구슬 두 말을 하사했다.

使奕秋誨二人奕.『孟子‧告子上』

혁추로 하여금 두 사람에게 바둑을 가르치게 하였다고 하자.

哭死而哀 非爲生者也. 『孟子·盡心下』

죽은 사람에 대하여 울며 슬퍼하는 것은 산 사람을 위해서가 아닙니다.

富貴者驕人乎, 且貧賤者驕人乎? 『史記·魏世家』

부유하고 귀한 사람이 남에게 교만을 부리겠습니까? 또 가난하고 천한 사람이 남에게 교만을 부리겠습니까?

惠公之在梁也, 梁伯妻之. 『左傳·僖公十七年』

혜공이 양나라에 있었는데, 양나라 왕이 그에게 아내를 맞이하게 해주었다.

酌則先誰? 曰: 先酌鄕人. 『孟子·告子上』

술을 따른다면 곧 누구에게 먼저 하겠습니까? 말했다. 고을 사람들에게 먼저 따르지요.

다. 목적물(결과물)

將軍身被堅執銳 伐無道 誅暴秦 復立楚國之社稷 功宜爲王. 『史記·陳涉世家』

장군께서는 몸에 견고한 갑옷을 입고 예리한 무기를 들고서 무도함을 치고 포악한 秦나라를 베어 다시 楚나라의 사직을 세우셨으니 공은 왕이 되심이 마땅합니다.

散木也以爲舟則沈 以爲棺槨則速腐. 『莊子·人間世』

산목은 그것을 가지고 배를 만들면 곧 가라앉고, 그것을 가지고 관을 만들면 곧 빨리 썩는다.

라. 有無 대상

子女玉帛 則君有之, 羽毛齒革 則君地生焉. 『左傳·僖公_十三年』

자녀[백성]와 옥과 비단은 임금님께서 그것을 가지고 계시며, 깃과 털과 상아와 가죽은 임금님의 땅에서 그것을 생산합니다.

鬼侯有子而好 故入之於紂. 『戰國策·趙策』

귀후에게 자식이 있었는데 예뻤다. 까닭에 그를 紂에게 들여보냈다.

曰: 吾知所過矣 將改之. 稽首而對曰: 人誰無過 過而能改 善莫大焉. 『左傳·宣公二年』

말했다. 나는 잘못한 바를 알게 되면 곧 그것을 고친다. 머리를 조아리며 대답하여 말했다. 사람이 누구에겐들 잘못이 없겠습니까? 잘못을 했더라도 고칠 수 있다면, 선은 그보다 큰[선하기가 이보다 더 큰] 것이 없습니다.

四境之內莫不有求於王. 『戰國策·齊策』

사방 경계 안에 임금님께 구하는 것이 있지 않은 사람이 없습니다.

相人多矣 無如季相. 『史記·項羽本紀』

남의 관상을 많이 보았지만 劉邦의 관상만한 사람이 없었다.

王如知此 則無望民之多於隣國也. 『孟子·梁惠王上』

왕께서 이를 아실 것 같으면 곧 백성이 이웃나라보다 많기를 바랄 것이 없으십니다.

仲子生而有文在其手. 『左傳·隱公元年』

중자는 나면서 그의 손에 무늬를 가지고 있었다.

'有'·'無'의 의미를 가지고 '소유'와 '존재'로 나누는 것도 적절하지 않다. 전후에 쓰인 말의 의미에 따라 문맥 전체를 인식하는 방식일 따름이기 때문이다. '有求於王'이나 '無望民之多於隣國' 중의 목적어를 과연 '소유'라는 개념으로 설명할 수 있겠는가? 엄밀하게 말하자면 '소유'나 '존재'라는 단어는 이들 동사의 개념을 잘 포괄해 주지 못한다. 한국어의 '있음'(또는 '없음')에 대응되는 한 가지로 포괄하는 것이 더 나을 것이다. '無'류의 동사에 속하는 '莫'·'勿'·'毋' 등도 후속 성분을 목적어로 취함에 유의하여야 한다.

마. 의지 대상

冉有曰: 夫子欲之, 吾二臣者皆不欲也. 『論語·季氏』

염유가 말했다. 선생님께서는 그것을 하고 싶어 하시나 저희 두 신하는 모두 하고 싶지 않습니다.

國一日被攻 雖欲事秦 不可得也. 『戰國策·齊策』

나라가 어느 날 공격을 입으면(당하면) 비록 秦을 섬기고자 할지라도 이룰 수가 없습니다.

宋人請猛獲於衛, 衛人欲勿與. 『左傳·莊公十二年』

송나라 사람들이 위나라에 맹획을 청하였으나 위나라 사람들이 주는 일이 없기를 바랐다.

左師觸龍願見太后. 『戰國策·趙策』

좌사인 촉룡이 태후를 뵙기를 원했다.

君若以德綏諸侯, 誰敢不服? 『左傳·僖公四年』

임금님께서 만약에 덕을 가지고 제후들을 편안하게 해 준다면 누가 감히 복종하지 않겠습니까?

喪事不敢不勉. 『論語·子罕』

상사는 힘쓰지 않음을 감히 하지 못한다.

바. 가능 대상

非曰能之 願學焉. 『論語·先進』

그것을 할 수 있다고 말하는 것이 아니라 그것을 배우길 원합니다.

以殘年餘力曾不能毀山之一毛 其如土石何? 『列子·湯問』

잔년[여생]의 남은 힘을 가지고는 일찍이 산의 한 터럭도 허물지 못했는데 [거] 흙과 돌 같은 것은 뭐가 되겠소[→어떻게 하겠소]?

故察己可以知人, 察今可以知古. 『呂氏春秋·察今』

까닭에 자기를 살펴서 남을 알 수 있고 지금을 살펴서 옛날을 알 수 있다.

國一日被攻, 雖欲事秦 不可得也. 『戰國策·齊策』

〈마〉 '의지 대상' 항에 나옴

拘禮之人不足與言事, 制法之人不足與論變. 『商君書·更法』

예에 구애받는 사람은 더불어 일을 말하기에 부족하고, 법에 제약을 받는 사람은 더불어 변화를 논하기에 부족하다.

吾得兄事之. 『史記·項羽本紀』

나는 그를 형처럼 섬길 수 있다.

사. 당위 대상

文帝曰: 吏不當若是邪? 『史記·張釋之馮唐列傳』

문제가 말했다. 관리가 이와 같이 하는 것은 마땅치 못하지 않은가?

將軍身被堅執銳 伐無道 誅暴秦 復立楚國之社稷 功宜爲王. 『史記·陳涉世家』
〈다〉'목적물(결과물)' 항에 나옴

아. 피해 사실

若信者 亦已爲禽矣. 『史記·淮陰侯列傳』
한신 같은 사람도 역시 사로잡히게 되었다.

隨之見伐 不自量力也. 『左傳·僖公二十年』
그에 따라 정벌을 만나는[당하는] 것은 스스로 힘을 헤아리지 못해서이다.

國一日被攻, 雖欲事秦 不可得也. 『戰國策·齊策』
〈마〉'의지 대상', 〈바〉'가능 대상' 항에 나옴

聖人非與所熙也, 寡人反取病焉. 『晏子春秋·內篇雜下』
성인은 더불어 희롱할 바가 아니다. 과인이 반대로 그에게 괴롭힘을 받았다[당했다].

의미에 의한 분류는 왕왕 동일한 단어의 동일한 구조에서의 쓰임을 구분하게 함으로써 한계를 드러내게 한다. '見伐'은 "孔子見老聃而語仁義."(『莊子·天運』)(공자가 노담을 만나서 인의를 이야기했다.)의 '見老聃'과 구조가 같다. 목적어가 나타내는 의미 때문에 그것을 객체로서의 '직접 대상'과 객체가 아닌 '피해 사실' 중에서 후자를 취했을 따름이다. '見'이 수반하는 목적어와의 의미의 결합에 의하여 결과적으로 수동[피동]의 의미를 전달할 수도 있는 것이지 '見'의 의미에 차이가 있어서인 것은 아니다.

② 술어의 주체인 경우

가. 행위자

今父老子弟雖患苦我, 然百世後期令父老子孫思我言. 『史記·滑稽列傳』
지금 부로의 자제들이 비록 나에게 괴로움을 당하는 것을 근심하나, 그러하지만 백 세[대] 뒤에는 부로의 자손들로 하여금 내 말을 생각하게 하리라 기대한다.

是以一夫倡而 天下和, 兵破陳涉, 地奪諸侯, 何嗣之所利? 『鹽鐵論·結和』

이래서 한 사내가 창도하자 천하가 화답하여, 군대는 진섭에게 부서지고 땅은 제후들에게 빼앗겼으니, 무엇이 후계자가 이롭게 여길 바입니까?

故內惑於鄭袖 外欺張儀. 『史記·屈原列傳』

까닭에 안으로는 정수에게 현혹되었고 밖으로는 장의에게 속았다.

拘禮之人不足與言事, 制法之人不足與論變. 『商君書·更法』

〈바〉'가능 대상' 항에 나옴

나. 출현·소실자

率其子弟 攻其父母 自生民以來未有能濟者也. 『孟子·公孫丑上』

그 자제를 거느리고서 그 부모를 공격한 경우는 백성이 생겨난 이래로[←생겨나서부터 시작해서 그래 가지고 (죽) 내려와] 아직 구제할 수 있는 경우가 있지 않았다.

天油然作雲, 沛然下雨, 則苗浡然興之矣. 『孟子·梁惠王上』

하늘에서 뭉게뭉게 구름이 만들어져서 주룩주룩 비가 내리면 곧 싹이 불쑥불쑥 일어납니다.

다. 판단의 대상

其爲人也 堅中而廉外 少欲而多信. 『韓非子·十過』

그 사람됨이 중심이 견고하고 밖은 검소하며 욕심이 적고 미더움이 많다.

烏孫多馬, 其富人至有四五千匹馬. 『史記·大宛列傳』

오손은 말이 많아서 그 중 부유한 사람은 4, 5천 필의 말이 있기에 이르렀다.[→있을 정도였다].

家富良馬, 其子好騎. 『淮南子·人閒訓』

집에 좋은 말이 많아서 그의 아들이 타기를 좋아했다.

③ 술어의 객체도 주체도 아닌 경우

가. 원인 내지 목적

小人殉財 君子殉名. 『莊子 · 盜跖』

소인은 재물에 죽고, 군자는 이름에 산다. →소인은 재물을 위해 죽고, 군자는 이름을 위해 죽는다.
→소인은 재물 때문에 죽고, 군자는 이름 때문에 죽는다.

君行仁政, 斯民親其上 死其長矣. 『孟子 · 梁惠王章句下』

군주가 인정을 행하면, 이에 백성들이 그 윗사람을 친애하고 그 어른을 위해 죽게 됩니다.

十餘萬人皆入睢水, 睢水爲之不流. 『史記 · 項羽本紀』

십여만 명이 모두 수수로 들어가니 수수가 그것 때문에 흐르지 않았다.

吳子曰: 夫人常死其所不能 敗其所不便. 『吳子 · 治兵』

오자가 말했다. 대저 사람은 항상 그가 잘하지 못하는 바에[때문에] 죽고 그가 편하게 여기지 못하는 바에[때문에] 그르친다.

나. 도구

楚越之地 地廣人希 飯稻羹魚. 『史記 · 貨殖列傳』

초월의 땅은 넓고 사람은 드물어 쌀로 밥을 짓고 생선으로 국을 끓였다.

褚師出 公戟其手曰: 必斷而足. 『左傳 · 哀公二十五年』

저사가 나오자 공이 그의 손으로 창 모양을 해가지고 말했다. 기필코 너의 발을 잘라버리겠다.

다. 공간 · 시간

沛公至咸陽 諸將皆爭走金帛財物之府分之. 『漢書 · 蕭何傳』

패공이 함양에 이르자, 여러 장수들이 모두 다투어 금 · 비단 등의 재물 창고로 달려가 그것을 나누었다.

死長安卽葬長安 何必來葬爲? 『史記 · 吳王濞列傳』 [爲 : 의문 어기조사]

장안에서 죽었으면 곧 장안에서 장사 지내어질 것이지 어찌 꼭 와서 장사 지내져야 합니까?

於是項伯復夜去至軍中 具以沛公言報項王. 『史記 · 項羽本紀』

이에 항백이 다시 밤에 가서 군중에 다다라 패공의 말을 [가지고] 죄다 항왕에게 일러 바쳤다.

名尊地廣以至王者 何故? 戰勝者也. 名卑地削以至於亡者 何故? 戰罷者也.
『商君書·畫策』

이름은 높아지고 땅은 넓어져서 왕에 이르는 것은 무슨 까닭입니까? 싸워 이겨서입니다. 이름은 낮아지고 땅은 깎이어서 패망에 이르는 것은 무슨 까닭입니까? 싸워 패해서입니다.

文公如齊. 『左傳·成公三年』

문공이 제나라로 갔다.

三過其門而不入. 『孟子·滕文公上』

그의 대문 앞을 세 번 지났으나 들어가지 않았다.

淵深而魚生之 山深而獸往之 人富而仁義附焉. 『史記·貨殖列傳』

못이 깊으면 고기가 그곳에서 자라고 산이 깊으면 짐승들이 그곳으로 가며 사람이 부유해지면 인과 의가 그에게 붙는다.

項王則夜起飲帳中. 『史記·項羽本紀』

항왕은 곧 밤에 일어나 막장 안에서 술을 마셨다.

日出東方. 『莊子·田子方』

해는 동방에서 나온다.

非其位而居之曰貪位. 『史記·商君列傳』

그의 자리가 아닌 데도 거기에 있는 것을 자리를 탐한다고 한다.

仲子生而有文在其手. 『左傳·隱公元年』

〈라〉 '有無 대상' 항에 나옴.

子曰: 不在其位 不謀其政.197) 『論語·憲問』

선생님께서 말씀하셨다. 그 자리에 있지 않으면 그 정사를 꾀하지 않는 것이다.

---

197) '在'는 주로 주어가 놓이는 장소를 목적어로 취하지만, 추상적인 내용도 취한다. 따라서 '존재'동사라는 말은 어울리지 않는다. 예를 보충해 둔다.

賢者在位, 能者在職, 國家閒暇.(『孟子·公孫丑上』)
(현량한 사람이 [벼슬] 자리에 있고, 유능한 사람이 직책에 있으면[직책을 맡으면] 국가가 한가하게 된다.)
孟子曰: 道在爾(邇)而求諸遠, 事在易而求諸難, 人人親其親長其長而, 天下平.(『孟子·離

文武之道未墜於地 在人. 『論語·子張』

문왕과 무왕의 도는 아직 땅에 떨어지지 않았다. 사람에게 달려 있다.

甘羅年少 然出一奇計 聲稱後世. 『史記·甘茂列傳』

감라는 나이가 어렸다. 그러나 한 가지 기이한 계책을 내어 명성이 후세에 일컬어졌다.

공간·시간을 나타내는 목적어에는 사람이나 지위 등을 포함한 추상적인 내용도 포함된다.

라. 관계

[판단]

長沮曰: 夫執輿者爲誰? 子路曰: 爲孔丘. …… 桀溺曰: 子爲誰? 曰: 爲仲由. 『論語·微子』

장저가 말했다. 저 수레고삐를 잡고 있는 사람이 누구 되시오? 자로가 말했다. 공구되십니다. …… 걸익이 말했다. 그대는 누구 되시오? 말했다. 중유됩니다[중유입니다].

婁上』)

(맹자가 말했다. 도는 가까운 데에 있는데 그것을 먼 데서 찾으며, 일은 쉬운 데에 있는데 그것을 어려운 데서 찾는다. 사람사람이[사람마다] 그 어버이를 어버이로 섬기고 그 연장자를 연장자로 받들면 천하가 화평해진다.)

孟子曰 : 人之患在好爲人師.(『孟子·離婁上』)

(맹자가 말했다. 사람의 걱정거리는 남의 스승 노릇 하기를 좋아하는 데 있다.)

居惡在? 仁是也. 路惡在? 義是也. 居仁由義, 大人之事備矣.(『孟子·盡心上』)

(몸둘 곳은 어디에 있습니까? 인이 그것입니다. 길은 어디에 있습니까? 의가 그것입니다. 인에 몸을 두고 의를 따르면 대인의 일은 갖추어지게 됩니다.)

獸相食, 且人惡之, 爲民父母行政 不免於率獸而食人, 惡在? 其爲民父母也.(『孟子·梁惠王上』)

(짐승들이 서로 잡아먹는 것 또한 사람들은 그것을 미워하는데, 백성의 부모가 되어 가지고 정치를 행하면서 짐승을 몰아다가 사람을 잡아먹게 하는 것을 면하지 못한다면, 어디에 있겠습니까? 아 거, 백성의 부모 된다는 것이.)

孰爲夫子? 『論語·微子』
어느 분이 선생님 되십니까?

氷水爲之而寒於水. 『荀子·勸學』
얼음은 물이 그것이 되었지만 물보다 차갑다.

此是何种也? 『韓非子·外儲說左上』
이것이 무슨 종자인가?

此必是豫讓也. 『史記·刺客列傳』
이 사람이 필시 豫讓이다.

[유사]

臣觀吳王之色, 類有大憂. 『國語·吳語』
신이 오왕의 안색을 살폈더니 큰 근심이 있는 것 같았습니다.

良君將賞善而刑淫 養民如子 蓋之如天 容之如地. 民奉其君 愛之如父母 仰
之如日月 敬之如神明 畏之如雷霆. 其可出乎? 『左傳·襄公十四年』
어진 군주는 장차 선함에는 상을 주고 음탕함에는 형벌을 준다. 백성을 기름은 자식과 같고, 그들을
덮어주는 것은 하늘과 같고, 그들을 받아들임은 땅과 같다. 백성이 그 임금을 받듦에[받들어], 그를
사랑하는 것은 부모와 같고, 그를 우러르는 것은 해와 달과 같고, 그를 공경하는 것은 신명과 같고,
그를 경외함은 뇌성벽력과 같다. 아 거, [이런 것들을] 나오게 할 수 있겠습니까?

故不如先鬪秦趙. 『史記·項羽本紀』
까닭에 진나라와 조나라로 하여금 먼저 싸우게 함만 못합니다.

吾不忍其觳觫若無罪而就死地. 『孟子·梁惠王上』
나는 그것이 벌벌 떠는 것이 죄 없이 죽을 자리에 나아가는 것 같음을[같아서] 참을 수가 없었습니다.

以若所爲求若所欲猶緣木而求魚也. 『孟子·梁惠王上』
이와 같은 하는 배[→행동]를 가지고 이와 같은 하고자 하는[바라는] 배[→욕망]를 추구하는 것은
나무를 좇아[→올라가서] 고기를 구하는[찾는] 것과 같습니다.

子之哭也壹似重有憂者. 『禮記·檀弓下』
선생님께서 우시는 데는 한결같이 근심하는 것이 크게 있는 것 같았다.

[호칭]

睹其一戰而勝 欲從而帝之. 『戰國策·趙策』

그가 한 번 싸워 이기는 것을 보고 그를 따라서 황제라 부르고자 하였다.

邦君之妻 君稱之曰夫人 夫人自稱曰小童 邦人稱之曰君夫人. 『論語·季氏』

나라 임금의 아내는, 임금은 그를 일컬어 부인이라 부르고, 부인은 스스로 일컬어 소동이라 부르며 나라 사람들은 그를 일컬어 군부인이라 부른다.

非其位而居之曰貪位. 『史記·商君列傳』

〈다〉 '공간·시간' 항에 나옴

文王以民力爲臺爲沼而, 民樂之 謂其臺曰靈臺 謂其沼曰靈沼. 『孟子·梁惠王上』

문왕이 백성들의 힘으로 누대를 짓고 못을 만들자 백성들이 그것을 즐거워하며 그 누대를 영대라 하고 그 못을 영소라 하였다.

北冥有魚, 其名爲鯤. 『莊子·逍遙游』

북쪽의 큰 바다에 고기가 있는데, 그것의 이름이 곤이다.

마. 비교 대상

商也好與賢己者處. 『說苑·雜言』

상은 자기보다 어진 사람과 더불어 지내기를 좋아했다.

大夫倍上士 上士倍中士 中士倍下士. 『孟子·萬章下』

대부는 상사의 갑절이고 상사는 중사의 갑절이며 중사는 하사의 갑절이다.

大國地方百里 君十卿祿 卿祿四大夫. 『孟子·萬章下』

큰 나라는 땅이 사방 백 리인데, 임금은 경의 녹의 열 배이고 경의 녹은 대부의 네 배이다.

바. 수량

子墨子聞之 起于齊 行十日十夜而至於郢. 『墨子·公輸』

선생님이던 묵자가 그것을 듣고 제나라에서 출발하여 십일 낮과 십일 밤을 가서 영[郢]에 이르렀다.

公子行數里. 『史記·魏公子列傳』
公子는 몇[여러] 리를 갔습니다.

이상과 같이 '술어+목적어' 결합이 나타내는 의미를 분류함에 유의할 점을 정리해 둔다.

㉠ 각 층위에서의 분류 항목이 절대적일 수는 없다.

㉡ '객체'와 '주체'라는 말로 경계 삼는 것도 일종의 방편이다. 술어와 목적어의 의미에 기준하여 나눈 개념이기 때문이다. 목적어의 분류가 주어의 분류와 평행할 수도 없다. 이는 주어와 목적어의 관계가 상호 위치 이동의 관계가 아니기 때문이다. 제1층위(상위) 분류에서 외형이 비슷한 데가 있을지라도 제2층위(하위) 분류에서는 그 내용이 다를 수밖에 없다. 종래 주어와 목적어가 술어와 관계되는 의미 맥락에 대하여 '施事'와 '受事'라는 용어를 사용해 왔으나, 사용이 사람에 따라 다르고 동일 층위에서 다른 부류와 변별하는 데는 모호성이 더욱 크므로 이 용어를 사용하지 않는다. 그리고 '행위자'는 사람과 사람 이외의 것을 모두 포함하는 개념이다.

㉢ 제2층위(하위) 분류 항의 형평성에도 의문의 여지가 있다. '원인'과 '목적'의 구분이 '술어'만으로도 '목적이'만으로도 실명되지 않은 예가 낳다. 술어와 목적어의 결합에 의해서도 그 경계가 갖추어지는 않는다. '敗+其所不便'은 '술어+목적어'만으로 '이유'를 나타내는 것이 분명해 보인다. 그런데 '死名'· '殉名'은 '이름(명분)을 위해 죽다'인지 '이름(명분) 때문에 죽다'인지를 확정하기가 사실상 불가능하다. 이 경우 주어의 제약도 없다. 그러므로 古代漢語에서 '이유'와 '목적'을 구분하는 것은 문법적인 의미가 없다. 단어의 개념을 가지고 말한다면 한 가지라고 말할 수 있다. 통사상으로도 의미상으로도 분간되지 않기 때문이다. 영어의 전치사 'for'를 한국어에서 '위하여'와 '때문에'의 두 가지

로 번역하는 것은 시사하는 바가 있다.

종래 '有'의 목적어를 가지고 '소유'와 '존재'를 구분하는 데 급급한 문법상의 이유가 무엇이냐고 물어 보자. 동일한 구조이다. 단지 주어의 자리에 사람 등이 놓이지 않고 장소를 나타내는 말이 놓이며 목적어의 자리에 존재물이 놓일 뿐이다. 이 경우까지 '술어＋목적어'의 의미상의 결합을 이유로 나누어야 하는 것인가? 아니다. 화자의 의식 속에는 필시 주어가 무엇이건 그것이 목적어를 '가지고 있다'라고 하는 한 가지로 저장되어 있을 것이다. 영어에서는 'have'와 'be'로 나누어 표현한다. 한국어에서 '가지다'와 '있다'는 분명히 다르면서도 '나는 책 살 돈을 가지고 있다'와 '나는 책 살 돈이 있다'가 서로 통해진다. 고대한어에도 '在'라는 존재 표시의 단어가 있다. '有'와 뒤섞어 말해야 할 문법상의 이유는 없다고 여긴다. 영어에서 한국어의 '이다'와 '있다'를 'be' 하나로 나타내는 것이 시사하는 바에도 유의할 필요가 있다. 어느 언어이건 그 언어의 전체 체계 내에서 분류의 틀이 마련되어야 한다. 그래야 그 언어의 문법적 특징을 해치지 않을 수 있다.

이 책에서의 '술어＋목적어'가 나타내는 의미 유형의 분류 의의는 다음과 같다.[198]

---

198) '술어＋목적어'가 나타내는 의미 유형에 대한 다음의 관찰 결과는 고대한어의 특징을 이해하는 데 매우 중요하다. 좋은 참고가 될 것이다. 본문의 내용을 좀 더 부연하여 정리해 둔다.

(가) 통사론에서 문법 범주 설정의 기초는 어순과 형태 및 그 변화이다. 古代漢語의 목적어는 '술어＋목적어'라는 어순에 의해 설정된 것이며 그 내부에 형태적 차이가 없으므로 서구 언어학적인 통사적 특징은 찾을 수 없다. 유형론적 관점에서 볼 때, 古代漢語에서 목적어를 수반하는 술어는 동사에 그치지 않고 형용사도 있으며, 자동사와 타동사를 구별하는 의미가 없고[이상 의미상의 품사 분류를 조건으로 한 설명임], 목적어는 대체로 특정 품사와의 대응 관계가 없이 두루 놓이며 구 역시 여러 형식이 다 놓인다는 특징을 보인다.

(나) 그럼에도 '술어＋목적어'의 어순을 갖춘 구 내지 문장의 의미 유형을 살피는 의의는 오직 古代漢語가 개별 단어의 의미를 제1의 요건으로 하고, 문맥과 언어 환경에 의하여 문의를 전달한다는 데에 있다.

　　가장 큰 의의는, 古代漢語는 ①단어의 의미, ②어순(의미 상관에 의한 구조가 중심임), ③문맥 및 언어 환경에 의하여 文意가 결정됨을 확인할 수 있게 해 준다는 데 있다. 漢語에서 상용하는 다섯 가지 기본 통사구조는 단어에 준하는 품사성이나 형태에 의해 설정한 것이 아니고, 문장 성분 또한 개별 언어의 문법적 특징에 의해 마련된 통사론상의 분석 틀이 아니며, 때때로 문맥이나 언어

　　(다) 이처럼 단어와 단어가 구성하는 의미 맥락에 의해서 문의가 확정되므로 기존의 분류는 자의성이 클 수밖에 없다. 그리하여 대체적으로, 첫째는 어떠한 분류에 사용하는 용어가 동일 층위의 요소들을 구별하는 개념인가에 대한 성찰이 결여되고, 둘째는 서구 언어에서 지칭하는 어느 요소에 대한 古代漢語 구성 요소의 대응 관계를 바르게 인식하지 못하며, 셋째는 이에 더하여 원용한 용어마저 바르게 사용하지 못하는 결함 등을 보인다.

　　(라) '主語'와 '話題(주제어)'라는 개념의 수용이나 '施事'와 '受事'라는 용어의 설정과 사용에서 드러나는 혼란은 이를 사용한 더 이상의 문법 행위는 혼란만 가중할 따름임을 바로 알 수 있게 하는 대표적인 예이다.

　　(마) 의미에 의한 분류일수록 분류의 핵심이 어디에 있는가, 즉 두 부분에 의해 구성되는 의미의 핵심 소재는 어디인가, 기준에 형평성(층위 문제)이 충분히 확보되었는가에 대한 고려가 치밀하여야 한다. 古代漢語에서 '술목' 관계의 의미의 핵심은 '술어'이며, 상대적으로 '목적어'는 부차적이다. 어순상 앞에 놓이는 술어는 그것의 의미에 의해 뒤에 올 목적어의 범위를 제약하므로 대부분 술어의 의미에 의해 '술+목'이 구성하는 의미가 결정되며, 부분적으로 목적어까지 고려하여야 그 의미가 분명해지는 경우가 있음을 알 수 있다. 동일 술어가 서로 다른 의미 항목에 중복 출현하게 되는 예가 대표적인 예이다. 의미상의 분류가 갖는 문법적인 한계이기도 하다. 주어와 술어의 상호 제약 관계도 이와 비슷하며, 때로는 주어에 의하지 않고는 '술+목' 구조 간의 의미를 변별할 수가 없다.

　　(바) 기능(직능[=功能])보다 개별 어휘의 '의미'가 더 중요한 언어라는 특징이 돋보인다. 그런데도 서구 언어의 구조에서 발견해낸 규칙들의 끝에 의미를 매달아서 체계화하려고 한 때문에 지금과 같은 古代漢語 문법의 기술은 古代漢語의 실상과 많은 괴리를 보인다. 전면적이며 의미 중심의 일관성 있는 관찰에 바탕을 둔 古代漢語 문법 기술의 새로운 패러다임이 필요하다.

　　(사) 古代漢語의 이 같은 특징으로 인하여 보어의 범주를 설정하는 문제와 더불어 목적어와 보어의 경계를 나누는 작업에서도 어려움이 있다. 현재 現代漢語에서 대체로 '수량보어'로 여기는 부분에 상응하는 古代漢語 중의 성분은 '술목'의 여러 의미 관계에 비추어 목적어의 영역에 둠이 옳다.

　　(아) 목적어 자리에 놓이는 단어와 구의 종류 차이는 술어의 의미와 상관이 크다.

환경도 서면어상에는 잘 나타나지 않는다. 그러므로 漢語의 문장의 의미는 주로 안정된 어순 하에서 그 문장을 구성하는 단어들의 개별 의미에 의해 결정된다고 할 수 있다.

古代漢語는 기본적으로 술어의 의미에 따라 목적어가 선택되고, 이에 따라 '술어＋목적어'가 구성하는 의미 유형도 결정되지만, '술어＋목적어'의 조합이 나타내는 의미는 사실상 주어와도 밀접한 관련을 갖는다. 無主語文이 아니고 主述文인 경우, '制＋法'은 주어가 무엇이냐에 따라 '법을 짓다'와 '법에 제약을 받다'가 결정되고, '破＋陳涉'도 '진섭을 쳐부수다'와 '진섭에게 부서지다'가 결정되는 것은 가장 극명하게 드러나는 예이다. 의미의 핵심 소재를 중시한 이유가 바로 여기에 있다.[199]

위에서 목적어 앞에 놓여 강조의 기능을 하는 '於(于)'가 사용된 예는 지적하지 않았다. 조사 '於(于)' 항의 예문과 상세한 설명을 참조하기 바란다. '於(于)' 뒤의 성분이 목적어임을 보이기 위하여 다음 예 하나만 들어둔다.

曾子以斯言告于子游. 『禮記·檀弓』
증자가 이 말을 [가지고] 자유에게 알렸다.

(2) 두 개의 목적어와 그 내용[200]

술어가 되는 動詞 중에는 目的語를 둘(셋의 경우도 있음) 가져오는 경우가 있

---

199) 종래 지나치게 강조되었던 소위 '施事목적어'와 '受事주어'가 차지하는 비중이 극히 낮고 층위의 구성도 적절하지 못하였음이 드러났다. '주제'나 '화제'라는 개념을 '수사'·'시사'와 같은 층위에 올려 목적어를 분류했던 것도 어색한 짜집기였음이 확인된다. '주제'나 '화제'를 어떻게 정의하고 사용하든 간에 행위의 주체와 맞닿는 부분이 있어서 분류상 그다지 적절한 용어가 될 수 없다.

200) 종래 영문법의 개념을 취하여 '이중목적어[雙賓語]'라고 불러왔으나, 古代漢語에서는 단일 목적어의 범주도 영어와 크게 다르고, 두 개의 목적어 또는 그 이상의 목적어가 있을 때도

다. 현대의 漢語 文法에서는 지금까지 동작행위를 받는 대상과 동작행위의 지
배물을 나타내는 목적어가 함께 쓰이는 경우만을 '二重目的語文[雙賓語句]'으
로 여겨왔다. 다음이 대표적인 예들이다.

① 漢王賜[良][金百溢珠二斗]. 『史記·留侯世家』
   한왕이 장량에게 금 백 일과 구슬 두 말을 하사했다.

② 文公與[之][處]. 『孟子·滕文公上』
   문공이 그에게 거처할 곳을 주었다.

③ 漢王授[我][上將軍印]. 『史記·淮陰侯列傳』
   한왕이 나에게 상장군의 도장을 주었다.

④ 嘗問[衡][天下所疾惡]者. 『漢書·張衡傳』
   일찍이 장형에게 천하가 싫어하는 바의 것을 물었다.

⑤ 公語[之][故]且告[之][悔]. 『左傳·隱公元年』
   공이 그에게 까닭을 말해 주고 또 그에게 후회한다고 일러주었다.

⑥ 使奕秋誨[二人][奕]. 『孟子·告子上』
   혁추로 하여금 두 사람에게 바둑을 가르치게 하였다고 하자.

'賜'·'與'·'授'·'問'·'語'·'誨' 등의 동사들이 사용되었는데, 이들은 '授與'
(또는 박탈)의 의미를 갖는 공통점이 있다. 그래서 '~에게(에게서) ~을(를) ~하
다[해주다]' 등으로 번역할 수 있다.[201]

그런데 古代漢語에서는 두 개의 목적어가 포괄하는 문장의 범위가 여기에

범주가 크게 다르다. 그러므로 이 용어를 사용하지 않는다.

201) 다음 예문 중의 '願'의 목적어가 되는 주술구도 이 부류에 든다.
   "願君留意臣之計. (否, 必爲二子所禽矣.)"(『史記·淮陰侯列傳』) (주군께서는 신의 계책을
   염두에 두시길 원합니다[←신의 계책에 뜻을 머무르게 하십시오]. {그렇지 않으면, 틀림없이
   두 사람[韓信, 張耳]이 사로잡은 바가[두 사람에게 사로잡히게] 될 것입니다.})

그치지 않는다. 범위가 더 넓고 의미 관계도 훨씬 다양하다. 다음 예들이 그것이다.

- 主語 + 述語(動詞) + 目的語1 + 目的語2

後世 無 傳 焉.『孟子·梁惠王上』
후세에는 그것에 대해 전해진 것이 없습니다.

三人行, 必 有 我師 焉.『論語·述而』
세 사람이 가면 반드시 그 가운데 나의 스승이 있다.

趙氏 求 救 于 齊.『戰國策·趙策』
조나라가 제나라에 구원을 청했다.

- 主語 + {[述語1(動詞) + 目的語1 + 目的語2]}(⇒副詞語) + 述語2(動詞) + 目的語

楚人 爲 小門 於 大門之側 而 延 晏子.『晏子春秋·內篇雜下』
초나라 사람들이 대문 옆에 작은 문을 만들어서 안자를 맞이하였다.

특히 '於(于)'가 조사이므로 이것이 쓰인 예들도 둘 이상의 목적어 형식에 포함된다.

- 다음은 세 개의 목적어를 취한 경우이다.

(∨) **西 喪 地 於 秦 七十里.**『孟子·梁惠王上』
서쪽으로 땅을 진나라에게 칠십 리를 잃었습니다.

'地'·'秦'·'七十里'가 '喪'의 목적어이다.

2) 보어

앞 술어 뒤에 바로 이어져서 의미상 앞 술어가 의미하는 바를 보충 설명하는 성분이다. 앞 술어의 결과를 나타낸다. 연접된 술어의 의미 관계에 의해 설정한 것이다. 상고의 고대한어에는 예가 그리 많지 않다. 이 책에서 보어로 설정한 것은 이것뿐이다.

戰敗衛師.『左傳·莊公二十八年』
위나라 군대에 싸워서 졌다.

名尊地廣以至王者 何故? 戰勝者也. 名卑地削以至於亡者 何故? 戰罷者也.
『商君書·畫策』
이름은 높아지고 땅은 넓어져서 왕[왕의 지위]에 이르는 것은 무슨 까닭입니까? 싸워 이겨서입니다. 이름은 낮아지고 땅은 깎이어서 패망에 이르는 것은 무슨 까닭입니까? 싸워 패해서입니다.

玉變爲石, 珠化爲礫.『論衡·累害』
옥이 변하여 돌이 되고, 구슬이 변하여 자갈이 된다.

涉閒不降楚 自燒殺.『史記·項羽本紀』
섭한은 초나라에 항복하지 않고 스스로 불에 타서 죽었다.

於是項伯復夜去至軍中 具以沛公言報項王.『史記·項羽本紀』
이에 항백이 다시 밤에 가서 군중에 다다라 패공의 말을 죄다 항왕에게 일리바쳤디.

今諸侯王皆推高寡人.『漢書·高帝紀』
지금 여러 侯와 王들이 다 과인을 높이 밀어 올렸소.

能捕得謀反賣城踰城敵者一人.『墨子·號令』
모반하여 성을 팔아서 적에게 넘겨준 한 사람을 잡아낼 수 있었다.

毀絶鉤繩而 棄規矩.『莊子·胠篋』
곱자와 먹줄을 헐어 끊어버리고 그림쇠와 자를 버리다.

太甲顚覆湯之典刑.『孟子·萬章上』
태갑이 탕왕의 전장과 형법을 넘어뜨려 엎어버렸다.

懷王竟聽鄭袖 復釋去張儀. 『史記·屈原賈生列傳』

회왕이 마침내 정수의 말을 듣고 다시 張儀를 풀어 가게 했다[보냈다].

遂逐出獻公. 『史記·衛康叔世家』

마침내 헌공을 쫓아냈다.

陳余擊走常山王張耳. 『史記·張丞相列傳』

진여가 상산왕 장이를 쳐서 달아나게 하였다.

於是項伯復夜去至軍中 具以沛公言報項王. 『史記·項羽本紀』

이에 항백이 다시 밤에 가서 군중에 다다라 패공의 말을 죄다 항왕에게 일러바쳤다.

6. 주의할 주어·목적어의 구성

주어가 하나의 단어이든 구 형식이든 다른 문장 성분으로 쓰일 때와 형식이 똑같다. 실사류는 부사를 제외하고 여러 가지 문장 성분이 된다. 의미상 동사성을 띠건, 형용사성을 띠건, 명사성을 띠건 매한가지이다. 이와 평행하게 구(연합·수식·술목·보충·주술 및 이것의 혼합)가 주어·목적어로 쓰여도 형식에 차이가 없다. 다른 문장 성분이 될 때와 똑같이 나타난다.

다음은 각종 구가 주어나 목적어로 쓰인 예를 보인 것이다.

[吾見] 亦罕矣, 吾退而寒之者至矣. 『孟子·告子上』: 주어

내가 [왕을] 만나는 것 역시 드물게 되었고, 내가 물러나면 그를 차갑게 하는 사람이 이르게 됩니다.

[國人望君] 如望慈父母也. 『左傳·哀公』: 주어

나라 사람들이 임금님을 우러러 보는 것이 마치 자애로운 부모를 우러러 보는 것과 같습니다.

[晉國天下莫强焉] 叟之所知也. 『孟子·梁惠王上』: 주어

晉나라가 천하에서 그보다 막강한 나라가 없음은 노인장께서 아시는 바입니다.

[非其鬼而祭之] 諂也, [見義不爲] 無勇也.[202] 『論語·爲政』: 주어

그[자기의, 나의] 귀신이 아닌데[도] 그에게 제사 지내는 것은 아첨이며, 의로움을 보고도 하지 않는 것은 용기가 없는 것[없음]이다.

[不義而富且貴] 於我如浮雲. 『論語 · 述而』: 주어

의롭지 않은데도 부유하고 또[게다가] 귀하기까지 한 것은 나에게는 뜬구름과 같다.

臣聞 [昔湯武以百里昌 桀紂以天下亡]. 『戰國策 · 楚策』: 목적어

臣은 옛날 湯王과 武王은 백 리를 가지고도 창성하였으나 桀王과 紂王은 천하를 가지고도 망했다고 들었습니다.

吾不忍 [其觳觫若無罪而就死地]. 『孟子 · 梁惠王上』: 목적어

나는 그것이 벌벌 떠는 것이 죄가 없는데도 死地에 나아가는 것 같음을 견디지[차마 보지] 못하겠다.

操蛇之神聞之 懼[其之不已]也 告之于帝. 『列子 · 湯問』: 목적어

뱀을 다루는 신이 그것을 듣고 그가 그만두지 않을까 두려워 그것을 天帝에게 고했다.

[夷狄之有君] 不如[諸夏之亡]也. 『論語 · 八佾』: 주어 / 목적어

오랑캐[夷狄]에게 군주가 있는 것은 諸夏[중국]에 [군주가] 없는 것만 같지 못하다.

7. 주의할 의미 전달의 방식

1) 受動[被動]

古代漢語에서 전체 어휘를 대상으로 하여 동사 · 형용사 · 명사를 나누는 것

---

202) "[非其鬼而祭之] 諂也, [見義不爲] 無勇也."같은 문장은 문맥 인식상의 문제가 있다.
    [ ] 안의 것을 주어로 보아 번역을 해 두었는데, "[제사지낼 대상이] 그(자기의) 귀신이 아닌데, [제사지내는 사람이] 그에게 제사 지낸다면, [그것은] 아첨이며, [우리가] 의로움을 보고도 하지 않는다면, [그것은] 용기가 없는 것이다."로 보면 문장 성분이 달라진다. 이 경우는 복문이 된다. 節 사이를 ','로 격리하여 표시하면 다음과 같이 된다.
    "(∨)非其鬼而, (∨)祭之, (∨)諂也, (∨)見義不爲, (∨)無勇也."
    고대한어에는 형태 표지가 없기 때문에 왕왕 이러한 문제가 발생한다.

은 문장 이해상의 한 방편일 뿐임을 앞에서 강조하였다. 고대한어 중의 절대다수 실사류 어휘는 품사상 종합적 성질을 띤다는 사실은 앞에서 서술한 각 방면에서 확인한 바와 같다.

의미상 동사류로 분류되는 단어들은 문장 안에서 自動 의미를 나타내건 他動의미를 나타내건 형태상 아무런 표지를 갖지 않는다. 통사구조로 볼 때에도 양자 간에 차이가 없다. 필요시에는 두 경우 모두 목적어를 취할 수 있기 때문이다. 의미상의 他動을 더 나누면 그 안에 '使動'(使役)이니 '意動'이니 하여 일컫는 경우들이 있는데, 이때에도 아무런 구별 표지가 없다. 使動이나 意動인 경우에는 다른 품사로 분류해 온 명사·형용사와도 경계가 없음이 두드러진다. 의미상 受動[被動]을 나타낼 때도 자동·타동의 경우와 마찬가지이다. 언제나 동일한 형태이다. 이것이 의미상의 동사류를 중심으로 볼 때의 가장 중요한 특징이다.

受動 의미를 나타내는 데 특별한 文法 표지가 없다. 기본적으로 동사의 의미와 문맥에 의한다. 主動者(동사가 나타내는 행위와 관계되는 주체를 가리키며, 사람이 아닌 경우를 포함함)가 목적어 자리에 놓임을 기본으로 한다. 이는 수동 의미 전달문의 행위자가 述目構造의 목적어의 일종일 따름임을 알게 해 준다. 즉, 수동의 뜻을 나타내는 데 특정의 통사구조를 필요로 하지 않고, 聯合·修飾·述目·補充·主述 등 漢語의 다섯 가지 基本 統辭構造 중의 하나인 술목구조의 형식에 의존함을 보인다.

그리하여 動詞가 나타내는 수동 의미는 함께 쓰이는 다른 성분(주로 주어와 목적어)과의 조합에 의해 드러난다. 여기에서 문맥이라 함은 넓은 의미에서의 언어 환경을 두루 포함한다.

그래서 主動者가 目的語 자리에 나타나기도 한다. 主動者가 目的語의 자리에 나타나는 경우는 다른 의미 관계를 나타내는 목적어가 놓일 때와 마찬가지로 그 앞에 助詞 '於(于)'가 쓰이기도 한다. '於(于)'는 어느 경우이건 뒷말을 강조하는 어기를 나타낸다.

수동 의미를 구성하는 예를 간단한 것에서부터 복잡한 것에 이르기까지 한데 모아 살펴보면 통사상의 공통된 특징이 드러난다.

(1) 動詞가 단독으로 쓰여 수동 의미를 나타내는 경우[203]

昔者龍逢斬, 比干剖, 萇弘胣, 子胥靡.『莊子 · 胠篋』

옛날에 용봉은 참수되었고[목 베이고], 비간은 배를 갈리었으며, 장홍은 창자를 갈리었고, 자서는 [강물에 던져져] 썩히었다.)[이런 방식에 의해 죽임을 당했음을 말함]

怠慢忘身, 災禍乃作.『荀子 · 勸學』

태만은 몸을 잊게[망치게] 하여, 재화[재앙과 화]가 곧 만들어진다[생긴다].

(2) 動詞 뒤에 주동자를 나타내는 目的語를 수반하는 경우

拘禮之人 不足與言事, 制法之人 不足與論變.『商君書 · 更法』

예에 구속을 받는[얽매이는] 사람은 더불어 일을 말하기에 부족하고, 법에 제약을 받는 사람은 더불어 변화를 논하기에 부족하다.

今父老子弟雖患苦我, 然百世後期令父老子孫思我言.『史記 · 滑稽列傳』

지금 부로이 자제들이 비록 나에게 괴로움을 당하는 것을 근심하나, 그러하지만 백 세[내] 뒤에는 부로의 자손들로 하여금 내 말을 생각하게 하리라 기대한다.

다음은 주동자를 나타내는 目的語 앞에 강조의 어기를 지닌 '於'를 쓴 예이다.

---

203) "由此觀之, 王之蔽甚矣."(『戰國策 · 齊策』) (이를 통해서 보건대, 왕께서 가리어지심이 심해졌습니다.)도 같은 쓰임을 확인할 수 있는 예이다. '甚'의 주어인 '王之蔽'도 '주＋술'구조로 되어 있다. 이 경우 '蔽'가 수동 의미를 나타내는 것도 어떤 문법 표지에 의해서가 아니라 문맥에 의한다.

禦人以口給 屢憎於人. 『論語·公冶長』

남에게 맞서는 데 말주변[입]을 써서 하면 자주 남에게 미움을 산다[증오를 받는다].

勞心者治人, 勞力者治於人.[204] 『孟子·滕文公上』

마음으로 애쓰면 남을 다스리고 힘으로 애쓰면 남에게 다스림을 받는다.

(3) 動詞 '爲'·'見'·'被'·'受'·'取'·'蒙'·'賜' 등이 갖는 의미가 주고받는 관계를 더욱 명확하게 해 주는 경우

이때 수동의 내용을 나타내는 말은 이들 동사의 目的語 자리에 놓는다. '爲'·'見'·'被'에 그치지 않고 '受'·'取'·'蒙'·'賜' 등의 여러 동사들이 그것이 갖는 본래 의미로 인하여 이것들이 쓰이지 않은 경우보다 수동 의미가 뚜렷하게 나타나는 경우이다. 이때 이들 동사의 目的語는 動詞 또는 동사 중심의 어구(述目句 내지 主述句['所' 또는 '之'의 개재 포함])이다. 자연히 이것들이 혼합된 문장도 존재하게 된다.

---

204) '於(于)'를 전치사[介詞]로 여겨온 종래의 고대한어 문법 서술에서는 '於'를 주동자를 이끄는 표지라고 여겼다. 그렇지 않다. '於'가 강조의 기능을 하는 어기조사일 따름임을 보이는 단적인 예 하나를 보기로 하자.

"人之情 寧朝人乎 寧朝於人也?"(『戰國策·趙策』)에서 만약에 '동사+於+人'이 '於'에 의해 수동을 나타내는 구조라면 '남에게 입조하다[입조함을 당하다]'가 될 것이나 실은 그렇지 않다. 앞의 '朝人'은 '남에게 입조하다'가 아니라 사역의 문맥으로서 '남을 입조하게 하다'이며, 이와 짝하여 쓰인 '朝於人'은 '남에게 입조하다'를 뜻한다는 사실이 문맥에 의해 확인된다. 굳이 '입조함을 당하다'로 볼 필요가 없다. 그러므로 이 문장은 "사람의 정리상 차라리 남을 입조하게 하겠습니까, 차라리 남에게 입조하겠습니까?"를 뜻하게 된다. 즉, '朝於人' 중의 '人'은 '朝'의 대상이지 주동자가 아니다. 요컨대 '於'는 수동 표지가 아니다. '朝於人'(동사+[於]+人)은 '술어+(어기조사)+목적어'의 구조이다. 통사론의 '술어+목적어'의 의미 유형을 참고하면 전체 체계와 더불어 이해가 더 쉬워진다.

① 동사를 목적어로 취한 예

若信者 亦已爲禽矣. 『史記・淮陰侯列傳』

한신 같은 사람 역시 이미 사로잡히게 되었다[사로잡인 것(사로잡힘)이 되었다].

隨之見伐 不自量力也. 『左傳・僖公二十年』

그에 따라 정벌을 만난[당한] 것은 스스로 힘을 헤아리지 못해서이다.

國一日被攻, 雖欲事秦 不可得也. 『戰國策・齊策』

나라가 어느 날 침공을 당하면 비록 [그때 가서] 진나라를 섬기고자 하여도 그럴 수가 없습니다.

假令僕伏法受誅, 若九牛無一毛, 與螻蟻何以異? 『司馬遷・報任安書』

가정하여[←거짓으로] 저로 하여금 법에 복종하여 죽임을 당하게 한다면[←당하게 한다고 합시다], 아홉 마리의 소에서 한 터럭이 없어지는 것과 같을 것이니, 땅강아지나 개미와 더불어 [비교하여] 무엇으로[어떻게] 다르겠습니까?

聖人非所與熙也, 寡人反取病焉. 『晏子春秋・內篇雜下』

성인은 더불어 희롱할 바가 아니다. 과인이 반대로 그에게 괴롭힘을 받았다.

慕進者蒙榮, 違意者被戮. 『後漢書・臧洪傳』

흠모하여 나아가면 영예를 입었고 뜻을 거스르면 살육을 당했다.

實孝而賜死 誠忠而被誅. 『論衡・感虛篇』

진실로 효순하나 죽음을 받았고 참으로 충성스러우나 주살 당했다.

然而厚者爲戮, 薄者見疑. 『韓非子・說難』

그러하나 심각한 경우에는 살육되고 가벼운 경우에는 의심을 받는다.

信而見疑 忠而被謗 能無怨乎? 『史記・屈原列傳』

미더웠으나 의심을 받고 충성스러웠으나 비방을 받으니 원망이 없을 수 있겠는가?

② '爲'・'見'・'被'가 述目句[술어＋목적어]를 목적어로 취한 예

胥之父兄爲僇於楚. 『史記・吳太伯世家』

오자서의 아버지와 형은 초나라 사람들에게 도륙 당하게 되었다.

吾長見笑於大方之家. 『莊子 · 秋水』

나는 큰 도를 아는 사람들에게 길이 비웃어지는 것을 보게[비웃음을 당하게] 될 것이다.

萬乘之國被圍於趙. 『戰國策 · 齊策』

만승의 나라가 조나라에게 포위당하는 일[포위당함]을 입었다[포위당했다].

③ '爲'가 主述句[주어+술어]를 목적어로 취한 예[205]

身死國亡 爲天下笑. 『戰國策 · 秦策』

몸은 죽고 나라는 망하여 천하가 비웃는 꼴이 되었다.

④ 動詞 '爲'의 목적어인 主述句의 주어와 술어 사이에 구조조사 '所'가 쓰인 경우

世子申生爲驪姬所譖. 『禮記 · 檀弓』

세자 신생은 여희가 참소한 바가 되었다[여희에게 참소 당했다].

爲魚鱉所食. 『莊子 · 盜跖』

물고기와 자라가 먹은 바가 되었다[물고기와 자라에게 먹혔다].

楚遂削弱 爲秦所輕. 『戰國策 · 秦策』

초나라가 마침내 깎이고 약해지자 진나라가 가벼이 여기는 바가 되었다[진나라에게 가벼이 여겨졌다].

⑤ 動詞 '爲'의 목적어인 主述句의 주어와 술어 사이에 구조조사 '所'를 쓴 경우에서 주어를 생략하거나 다른 어휘가 추가된 경우

請以劍舞 因擊沛公於坐 殺之. 不者 若屬皆且爲{所虜}. 『史記 · 項羽本紀』

청하여 검을 사용해서 춤을[칼춤을] 추고 이어서 [그] 자리에서 패공을 쳐서 그를 죽이라. 그렇지 않으면 너희 무리는 모두 장차 [그] 포로로 삼는 바가[그의 포로가] 될 것이다.

---

205) 후대의 문헌에는 '被'도 主述句[주어+술어]를 목적어로 취한 예가 나타난다.

亮子被蘇峻害.(『世說新語 · 方正』) (양자는 소준이 살해함을 입었다[소준에게 살해당했다].)

有制人者, 有爲{人之所制}者. 『管子·樞言』

남을 제압하는 경우가 있고, 남이 제압하는 바가 되는[남에게 제압당하는] 경우가 있다.

數爲{小吏黠人所見侵奪}. 『前後漢文卷二十三, 班彪 : 復護羌校尉疏』

여러 차례 하급 관리와 교활한 사람들이 침탈을 보인 배(의 대상)가 되었다[~에게 침탈당했다].

‘爲’·‘見’·‘被’의 품사성은 動詞性이고(조동사 또는 전치사가 아님), ‘於’는 助詞이다. 그러므로 ‘爲’·‘見’·‘被’를 포함하여 ‘受’·‘取’·‘蒙’·‘賜’ 등이 動詞·述目句·主述句 앞에 덧쓰인 경우는 일정한 변별성을 더해 주는 것으로서, 쓰지 않은 경우에 비해 被動義는 상대적으로 두드러진다고 할 수 있다. ‘爲’·‘見’·‘被’의 目的語의 자리에 놓여 주고받는(주동 : 수동) 내용을 의미하는 기본 동사 이외의 어휘들도 의미 내용을 보다 구체화하거나 語義의 초점을 달리해 주고 있을 뿐이므로, 受動 의미의 전달이라는 관점에서는 보조적인 기능을 할 따름이다. 본질적으로 述目構造 안에서 目的語의 여러 양태에 속한다. 述目構造 사이에 놓이는 ‘於’는 기존 述目構造의 의미 관계에 아무런 영향을 미치지 않는다. 그러므로 그것의 문법 기능은 뒤에 놓이는 目的語를 강조하는 데 있을 따름이다.

그렇다면 복잡한 어휘를 동원한 방식들의 존재 의미는 어디에 있는가? 受動 義를 전달하는 여러 가지 방식 중에서 어느 것을 선택하느냐 하는 것은 화자가 어떻게 표현하고자 하느냐에 달려 있다. 약하게 표현할 수도 있고 강하게 표현할 수도 있다. 어느 요소를 강조할 수도 있고 그렇지 않을 수도 있다. 통시적으로 보면 문화의 발전과 의식의 발전에 따라 어휘의 활용 범위나 방식에 변화가 생기는 것 또한 자연스러운 현상이다. 다시 말하면 같은 수동 의미라 할지라도 상황에 따라 화자의 다양한 의식의 차이를 분명하게 전달하기 위해 어휘의 구성을 달리하는 몇 가지 변별 방식을 존재하게 하였을 뿐이다.

다른 어휘가 동일한 의미 전달 기능을 대신하거나, 유사한 의미 전달에 사용되는 어휘가 증가하기도 하며, 기존 어휘의 활용(의미상) 범위가 넓어지고 동원되는 어휘의 수가 증가하는 등의 변화가 발생함으로써 전체적으로 표현 방식에 변화가 생기는 것은 매우 자연스러운 어휘 활용의 결과이다. 한 시기에도 여러 가지인 것처럼 보이는 표현이 공존할 수 있는 주된 원인도 바로 여기에 있다. 어느 한 표현 방식의 도태, 새로운 방식의 등장, 여럿 중에서의 상대적인 활용 빈도의 높고 낮음 등이 전체 문법 내부 구조 중에서 어떠한 원인을 갖는가, 시대와는 어떠한 관련이 있는가 등의 문제는 밝혀내기가 쉽지 않을 것이다.

古代漢語에 '態(voice)[수동태 : 능동태]'의 표지가 없는 것은 전체 문법체계 중에 性·數·人稱·格·時制·相·級 등의 문법 범주를 나타내는 고정 형식이 없는 것과도 평행선을 이룬다. 그래서 고대한어를 고립어적인 언어라고 일컫는 것이다.

2) 判斷을 나타내는 술어의 구성

종래 '판단문[判斷句]'이라는 이름으로 불러온 문장은 통상 술어가 명사(또는 명사성의 句)[명사술어문]이거나, '是'(이다)·'爲'(되다[이다]) 등이 술어[동사술어문]이고 뒤의 목적어가 판단의 내용인 경우이다.

그러므로 다음의 名詞述語文은 모두 판단문에 속한다.

夫子 聖人也. 『莊子·德充符』
선생님은 성인이시다.

農 天下之本. 『史記·孝文本紀』
농사는 천하의 근본이다.

回也 非 助我者也. 『論語·先進』
顔回는 나를 돕는 사람이 아니다.

此 則 寡人之罪也. 『孟子·公孫丑下』
이것은 곧 과인의 죄입니다.

是 誠 何心哉? 『孟子·梁惠王上』
이는 실로 무슨 마음일까요?

다음은 명사술어가 있는 節이 複文의 구성 부분인 예이다.

聖人 非 所與熙也, 寡人反取病焉. 『晏子春秋·內篇雜下』
성인은 더불어 희롱할 바가 아니다. 과인이 반대로 괴롭힘을 받았다.

다음은 '是'·'爲'가 술어인 경우이다.

此是何种也? 『韓非子·外儲說左上』
이것이 무슨 종자인가?

此必是豫讓也. 『史記·刺客列傳』
이 사람이 필시 豫讓이다.

長沮曰: 夫執輿者爲誰? 子路曰: 爲孔丘. …… 桀溺曰; 子爲誰? 曰: 爲仲由.
『論語·微子』
장저가 말했다. 저 수레고삐를 잡고 있는 사람이 누구 되시오? 자로가 말했다. 공구 되십니다. ……
걸익이 말했다. 그대는 누구 되시오? 말했다. 중유 됩니다[중유입니다].

孰爲夫子? 『論語·微子』
어느 분이 선생님 되십니까?

다음은 '爲(되다)'가 복수 술어 중의 술어의 하나로 쓰인 예인데, '이다'와는
거리가 있는 것이어서 '판단문'의 범주에 넣기가 곤란하다.

橘生淮南則爲橘 生于淮北則爲枳. 『晏子春秋·內篇雜下』

귤은 회수의 남쪽에서 자라면 곧 귤이 되지만, 회수의 북쪽에서 자라면 곧 탱자가 된다.

[廉頗者趙之良將也.] 趙惠文王十六年廉頗 爲趙將 [伐齊 大破之 取陽晉 拜爲上卿 以勇氣聞於諸侯.] 『史記·廉頗藺相如列傳』

[염파는 조나라의 어진 장군이다.] 趙 惠文王 16년에 廉頗는 趙의 장군이 되어 [齊를 쳐서 (그것을) 크게 쳐부수어 陽晉을 취하고 上卿에 제수되었으며 용기로써 제후들에게 알려졌다.]

다음은 복문 중의 한 節에 '爲'가 쓰인 예인데, 역시 '판단문'이라고 여기기가 곤란한 경우이다.

伍奢有二子, 不殺者, 爲楚國患. 『史記·楚世家』

오사에게 두 아들이 있는데, 죽이지 않으면[죽이지 않은 경우(←것)에는], 초나라의 근심거리가 될 것입니다.

그런데 명사술어 또는 '是'·'爲'가 이끄는 술부가 주어에 대한 '판단'을 의미하는 경우 외에 문장 전체가 판단성을 띠는 경우들이 있다. 이때는 술어의 종류와는 상관이 없다. 즉, 동사술어문·형용사술어문·주술술어문 및 동사술어·형용사술어·주술술어가 혼합된 문장들이 두루 판단을 나타낼 수 있다.

• 동사술어(문)

君子務本. 『論語·學而』

군자는 근본에 힘쓴다.

• 형용사술어(문)

管仲之器小哉! 『論語·八佾』

관중의 그릇은 작구나!

君美甚. 『戰國策·齊策』

당신이 잘생긴 것이 더 합니다.[당신이 훨씬 잘 생기셨습니다.]

秦王之國危於累卵. 『史記‧范睢蔡澤列傳』

진왕의 나라는 누란보다 위험합니다.

[人固有一死,] 或重於泰山, 或輕於鴻毛. 『司馬遷‧報任安書』

[사람에게는 본디 한 번의 죽음이 있는데,] 어떤 것은 태산보다도 무겁고 어떤 것은 기러기 털보다도 가볍다.

• **주술술어(문)**

君子之交 淡若水. 『莊子‧山木』

군자의 사귐은 담담하기가 물과 같다.

氷水爲之而 寒於水. 『荀子‧勸學』

얼음은 물이 그것이 되었지만 물보다 차갑다.

 '판단'이 문장 형식에 있지 않음을 알 수 있다. 술어를 중심한 다른 어휘의 의미와 문맥에 의해 나타난다. 그러므로 문장을 술어에 의거하여 판단문‧묘사문‧서술문 등으로 나누는 것은 문법상 아무런 의의를 갖지 못한다.

 나아가 술어의 품사에 의해 동사술어문‧형용사술어문‧명사술어문 등의 기본 문형을 구별하는 것이 유용한 것인가에 대한 의문이 생기는 예들도 있다. 이에 대해서는 '기본 문형' 항에서 설명하였다.

直不(∨)百步耳, 是亦走也. 『孟子‧梁惠王上』[(∨) : '走'가 생략됨.]

단지 백 보를 달아나지 않고 말았지[않았을 따름이지], 이 역시 달아난 것입니다.

是 使民養生喪死無憾也. 『孟子‧梁惠王上』

이것이 백성들로 하여금 산 사람을 부양하고 죽은 사람을 장사 지냄에 유감이 없게 하는 것입니다.

 '판단'을 나타내는 문장과 관련하여 중요한 것은 어기조사 '也'이다. 화자의 '판단'을 나타내는 문장은 형식이나 용도와도 상관이 없으며 꼭 써야 하는 공통의 표지도 없다. 문맥이다. 판단을 나타내는 문장에 '也'가 부가되는 경우가 많음을 알 수 있다. '也'가 부가되면 화자의 판단이 강조되는 것이다.

廉頗者 趙之良將也. 『史記 · 廉頗藺相如列傳』
염파는 조나라의 훌륭한 장군이다.

此天之亡我 非戰之罪也. 『史記 · 項羽本紀』
이는 하늘이 나를 망하게 하는 것이지 전쟁의 죄가 아니다.

臣恐强秦之爲漁父也. 『戰國策 · 燕策』
신은 강한 진나라가 어부가 될까[어부지리를 할까] 두렵습니다.

故不登高山 不知天之高也 不臨深溪 不知地之厚也. 『荀子 · 勸學』
까닭에 높은 산에 오르지 않고는 하늘이 높다는 것을 알지 못하고 깊은 계곡에 임하지 않고는 땅이 두텁다는 것을 알지 못한다.

何由知吾可也? 『孟子 · 梁惠王上』
무엇으로 말미암아 내가 할 수 있다는 것을 아셨소?

丹所報 先生所言者 國之大事也, 願先生勿泄也. 『史記 · 刺客列傳』
단이 알려온 바와 선생께서 말씀하신 바는 나라의 대사이니 선생께서는 누설하는 일이 없으시기 바랍니다.

苛政猛於虎也. 『禮記 · 檀弓』
가혹한 정치는 호랑이보다 사납다.

是仁義用於古而不用於今也. 『韓非子 · 五蠹』
이는 인과 의가 옛날에는 쓰였으나 오늘날에는 쓰이지 않은 것이다.

다음과 같이 이유를 나타내는 문맥임이 분명한 경우에는 '也'가 특히 중요한 요소임을 알 수 있다.

隨之見伐 不自量力也. 『左傳 · 僖公二十年』
그에 따라 정벌을 만난[당한] 것은 스스로 힘을 헤아리지 못해서이다.

彊秦之所以不敢加兵於趙者 徒以吾兩人在也. 『史記·廉頗藺相如列傳』

강한 진나라가 감히 조나라에 군대를 보내어 침략하지 못하는 바[의 이유]는 오직 우리 두 사람이
있음으로써입니다.

(∨)水土異也. 『晏子春秋·內篇雜下』

수토[풍토]가 달라서입니다.

3) 兼語式과 連動式

'兼語式'이라는 이름으로 불리는 문장은, 주어에 두 개의 술어가 따를 때 첫
번째 술어가 목적어를 수반하고 뒤따르는 술어가 이 목적어가 뒤따르는 술어
의 의미상의 주어에 상당한다고 여겨지는 형식이다[이 경우의 의미상의 '주어'는
'주체'라고 함이 더 나을 듯하다. 고대한어의 '주어'는 술어의 의미상의 목적어일 때도
있기 때문이다]. 이러한 문장을 '兼語文'이라고 부른다. 이에 대하여 술어가 둘
이면서 앞 술어가 목적어를 수반하는 경우라도 뒤의 술어가 이 목적어와는 의
미상 '주＋술'관계가 성립하지 않은 경우, 이를 '連動式'이라 이르고 이 문형은
'連動文'이라고 하여 兼語式을 특징짓는다.

이들 용어는 첫 번째 述語의 目的語가 뒤 述語의 主語를 겸한다고 하여 '兼
語'라 이른 데서 비롯된다. 술어가 둘 이상일 때도 모두 이러한 관계 속에서
관찰할 수 있으며, 두 가지가 혼합된 경우도 있다.

먼저 겸어식 문장을 보기로 한다. 겸어식을 이해하면 나머지는 자연히 연동
식 문장이 되기 때문이다. 단문과 복문 중의 절을 함께 보자.

• **兼語式**

魏 安釐王 使 將軍 晉鄙 救 趙. 『戰國策·趙策』

위나라의 안리왕이 장군 진비를 시켜서[진비로 하여금] 조나라를 구원하게 하였다.

[名實不虧,] 使 其 喜 怒 哉! 『列子 · 黃帝』
……, 그것들로 하여금 좋아하게도 하고 화내게도 하였도다!

[雖曰未學,] 吾 必 謂 之 學 矣. 『論語 · 學而』
……, 나는 반드시 그를 배웠다고 이를 것이다.

(∨) 使 奕秋 誨 二人 奕. 『孟子 · 告子上』
혁추로 하여금 두 사람에게 바둑을 가르치게 하였다고 하자.

(∨) 謂 其 臺 曰 靈臺 謂 其 沼 曰 靈沼. 『孟子 · 梁惠王上』
그 누대를 일러 영대라 하고 그 못을 일러 영소라 하였다.

焉 有 仁 人 在 位 罔民 而, 可爲 也? 『孟子 · 梁惠王上』
어디[→어찌] 인자한 사람이 [임금의] 자리에 있으면서 백성들을 그물질 하는[그물로 잡는] 일을 해도 되겠습니까[→할 수 있겠습니까?]?[→어디 임금의 자리에 있는 어진 사람이 있어 가지고…….]

有 孺子 歌 曰 滄浪之水清兮可以濯我纓滄浪之水濁兮可以濯我足. 『孟子 · 離婁上』
어떤 어린 아이가 있어 가지고 "창랑의 물이 맑으면 내 갓끈을 씻을 수 있고, 창랑의 물이 흐리면 내 발을 씻을 수 있겠네."라고 노래를 불렀다.[→"……"라고 노래하는 어린 아이가 있었다.]

문장의 어떤 성분 중에 겸어식이 들어 있는 경우도 있다.

一 心 以 爲 {有 鴻鵠 將 至} 思 援 弓 繳 而 射 之. 『孟子 · 告子上』
한쪽 마음은 [그것을 가지고] 장차 큰기러기나 고니가 이르리라고 생각하여 활의 주살을 당겨서 그것을 쏘아 맞힐 것을 생각하다.

'爲'의 목적어 부분인 '有+鴻鵠+將+至'가 겸어식으로 되어 있다.

是 {助 王 養 其 民}也, 何以至今不業也? 『戰國策 · 齊策』
이는 왕을 도와 그 백성을 기르게 해 주는 것인데, 무엇을 가지고[무엇 때문에] 오늘에 이르기까지 업으로 삼지 않으십니까?

술부인 {助+王+養其民}이 겸어식으로 되어 있다.

邦君之妻 [君稱之曰夫人] 夫人自稱曰小童 [邦人稱之曰君夫人]. 『論語·季氏』

나라 임금의 아내는, 임금은 그를 일컬어 부인이라 부르고, 부인은 스스로 일컬어 소동이라 부르며 나라 사람들은 그를 일컬어 군부인이라 부른다.

'邦君之妻'가 주어이고 술부는 복수의 '主述述語'로 되어 있다. 그 가운데 두 개의 주술술어가 겸어식인 경우이다.

다음은 '可'의 목적어가 겸어식으로 구성되어 있는 예이다.

何如, 斯可 [謂 之 士] 矣?[206] 『論語·子罕』

무엇과 같이 하면[어떻게 하면] 이에 그것을 士라고 이를 수 있게 됩니까?

겸어식 문장의 목적어도 생략될 수 있다.

今殺相如 終不能得璧也而 絶秦趙之歡, 不如因而厚遇之 [使 [ ] 歸 趙]. 『史記·廉頗藺相如列傳』 [之(또는 其) → 相如]

지금 상여를 죽이면 끝내 옥을 얻을 수가 없으며 진나라와 조나라 간의 좋은 관계를 끊게 되니, 이에 따라 그를 후하게 대우하여 [그로 하여금=그를] 조나라로 돌아가게 함만 같지 못합니다.

扶蘇以數諫故 [上 使 [ ] 外 將 兵]. 『史記·陳涉世家』 [之(또는 其) → 扶蘇]

부소가 자주 간한 까닭으로 상께서 [그로 하여금] 밖에서 군대를 거느리게 했다.

겸어식과 관련해서는 생각해 볼 문제가 있다. 겸어식의 두 번째 술어도 첫

---

206) '(주어) + 謂[술어1] + 之[겸어] + 士[술어2]'의 구조이다. '謂'의 목적어인 '之'(그것)가 '士'의 의미상의 주어가 된다. 고대한어에는 '명사술어'가 있다. 그래서 이 경우의 '之 + 士'는 주술 관계이다. '두 개의 목적어가 있는' 문형에 넣을 수가 없다. 다음 예 중의 [ ] 안과 같은 구조이기 때문이다.

　名實不虧 [使 + 其(겸어) + 喜怒]哉!(『列子·皇帝』)

　(이름과 실질이 어그러지지[다르지] 않지만 그[원숭이]들로 하여금 기쁘게도 하고 화나게도 하였도다!)

　取瑟而歌 [使 + 之(겸어) + 聞之].(『論語·陽貨』)

　(거문고를 취하여 노래 불러서 그로 하여금 그것을 듣게 하였다.)

번째 술어와 똑같이 맨 앞 주어를 설명한다고 볼 수 없느냐 하는 점이다. 앞 술어의 목적어와 뒤 술어의 의미 관계를 배제하고 관찰할 수 있기 때문이다. "魏安釐王使將軍晉鄙救趙."에서 '將軍晉鄙'가 '救'라는 행위를 한 것은 틀림없지만, 고대한어 동사 쓰임의 성격상 '시킨(使)' 것도 주어인 '魏安釐王'이요 '구하게 한(救)' 것도 '魏安釐王'으로 여길 수도 있기 때문에, 단순한 복수 술어의 연접으로 처리할 수도 있다. '겸어식'은 아마도 영어에서 사역동사를 중심으로 설정한 기본 문형의 하나(제5형식 : 주어＋사역동사＋목적어＋목적보어)에 착안하였으나 사역 의미를 지닌 동사뿐 아니라 다른 동사들도 '목적어가 뒤에 오는 술어의 주어를 겸하는' 경우도 있음을 발견하고 만들어낸 명칭인 것 같다. 목적어와 뒤따르는 술어의 의미 관계에 착안한 구분인 까닭에 '有'가 첫 번째 술어로 쓰인 '有＋목적어＋술어' 형식은 겸어식이 되는 경우도 있고 연동식이 되는 경우도 있어서 좋은 참고가 된다.

　술어가 연접된 다른 문장과 더불어 어순에 따라 일관성 있게 이해한다면, '시켜서[술어1] ~하게 하다[술어2]'든, '있어 가지고[술어1] ~하다[술어2]'든 술어 1·2를 순서에 따라 모두 주어를 설명하는 말로 여길 수가 있다.

　겸어식과 연동식의 구분에서 또 다른 문제가 있다. 술어가 연접된 문장 가운데 첫 번째 술어가 목적어를 가지는 것이 겸어식 문장을 구성하는 첫 번째 조건이므로 이와 상대되는 형식의 명칭인 '연동식'에도 첫 번째 술어가 목적어를 가져오는 문장만을 포함시킬 것인가 하는 것이다. 앞 술어가 목적어를 수반하지 않은 술어의 연접을 배제한다면 이것들에 대해서는 어떠한 명칭을 부여해야 할 것인가? 전체 체계상의 문제이다.

• 連動式
앞 술어의 목적어가 겸어식에 해당하지 않는 경우만을 범주로 삼는다면 다음과 같은 예를 들 수 있다. '술어1'과 '술어2' 간의 의미 관계는 별 문제가 되지 않는다. 전후 술어의 통사적 의미 관계에는 '연합'도 있고 '수식'도 있기 때문이다.

　項莊拔劍起舞, 項伯亦拔劍起舞.『史記·項羽本紀』
　項莊이 검을 뽑고 일어나 춤을 추자 項伯도 역시 검을 뽑고 일어나 춤을 추었다.

　子路從而後遇丈人, (∨)以杖荷蓧.『論語·微子』
　자로가 쫓아가서 뒤에 노인을 만났는데, [그 노인은] 지팡이를 사용해서 삼태기를 메고 있었다.

　君之危若朝露, 尚將欲延年益壽乎？『史記·商君列傳』
　당신이 위태롭기는 아침 이슬과 같은데도 오히려[아직도] 장차 나이를 늘리고 수명을 더하기를 바라시렵니까?

다음과 같이 앞 술어가 목적어를 갖지 않은 경우도 연동식에 포함시킨다면 동사술어의 연접은 모두 연동식에 든다.

　陳余起如厠.『史記·張耳陳余列傳』
　진여가 일어나 측간으로 갔다.

　項王則夜起飲帳中.『史記·項羽本紀』
　항왕은 곧 밤에 일어나 막장 안에서 술을 마셨다.

8. 文章 成分의 省略·倒置

1) 省略

일반적인 상황에서는 보통 문장이 전달하고자 하는 내용에 필요한 단어들이 모두 갖추어진다. 그런데 문맥상 어느 하나가 빠져 있어도 문맥이 통하는 경우가 있다. 앞 또는 뒤에 나오거나, 화자와 청자가 서로 알고 있거나, 언어 환경

상 밝히기 곤란하거나 하는 등을 조건으로 하여 문장 중의 어떤 성분이 빠질
수 있다. 이를 생략이라고 한다.

(1) 한 단어의 생략

① 主語의 省略

子路從而後遇丈人, (∨)以杖荷蓧. 『論語·微子』

자로가 쫓아가서 뒤에 노인을 만났는데, {그 노인은} 지팡이를 사용해서 삼태기를 메고 있었다.

(∨)使子路反見之, (∨)至, 則(∨)行矣. 『論語·微子』

{공자께서} 자로를 시켜서 되돌아가 그를 만나보게 하였으나, {자로가} 이르자[도달하자] 곧 {그 사람은} 가버렸다[가버리고 없었다].

(㉠∨)不患人之不己知 患(㉡∨)不知人也. 『論語·學而』

{군자는} 남이 자기를 알아주지 않음을 걱정하지 않으며 {자기가} 남을 알아주지[알지] 못함을 걱정하는 것이다.

고대한어에서 평서문과 명령문의 형식에 차이가 없다. 명령이나 금지를 중립적으로 표현한다고 보면 된다. 그러므로 문맥에 의해 알아내야 한다. 위의 예를 평서문의 문맥으로 보면, 문장 성분이 다 갖추어진 문장과 비교할 때, ㉠ 자리는 문 전체의 주어, 예컨대 '君子' 같은 말이 생략되었으며, ㉡자리는 '患' 의 목적어가 되는 주술구의 주어 '己'가 생략되었다고 볼 수 있다. 명령문의 문맥으로 보더라도, '~한다, ~하는 것이다'와 '~하라'의 형식이 따로 있지 않고 중립적으로 표현되는 바에 따르면 생략된 문장 성분은 같다.207)

---

207) 다만, 명령의 문맥을 지니는 경우, 부분적으로 행위의 주체가 왕왕 나타나지 않으므로 이것이 곧 명령문의 표지가 아니냐는 의견이 있을 수도 있다.

② 述語의 省略

[棄甲曳兵而走. ……] 直不(∨)百步耳, 是亦走也. 『孟子·梁惠王上』 [走]

[갑옷을 버리고 무기를 끌면서 달아납니다. ……] 단지 백 보가 되지 않을 따름이지[단지 {백 보를 달아나지} 않았을 따름이지(않고 말았지)] 이 역시 달아난 것입니다.

一鼓作氣, 再(∨)而衰, 三(∨)而竭. 『左傳·莊公十年』 [鼓]

한 번 북을 치면 기세가 만들어지는데, 두 번이면[두 번 {북을 치면}] [→두 번 북을 쳐도 응전하지 않으면 기세가] 약해지고, 세 번이면[세 번 {북을 치면}] [→세 번 북을 쳐도 응전하지 않으면 기세가] 다해버린다.

三人行, 必有我師焉. 擇其善者而從之 (∨)其不善者而改之. 『論語·述而』 [擇]

세 사람이 가면, 반드시 거기에[그 중에] 나의 스승이 있다. 그 잘하는 것[사람, 행동]을 택해서 그것을 따르고 그 잘하지 못하는 것[사람, 행동]을 {택해서} 그것을 고치는 것이다.

季文子三思而後行. 子聞之曰: 再(∨)斯可矣. 『論語·公冶長』 [思]

계문자는 세 번 생각한 뒤에 행동하였다. 선생님께서 그것을 들으시고 말씀하셨다. 두 번이면{두 번 생각하면} 이것으로[이에, 곧] 된다.

公以爲吳興兵是邪 (∨)非也(耶)? 『史記·淮南衡山王列傳』 [爲]

공은 [가지고서] 오나라가 군대를 일으키는 것이 옳다고 여기십니까? 그르다고 {여기십니까}?

다음은 목적어의 생략인지 술어의 생략인지에 대한 판별에 혼란이 있는 예이다.

躬自厚(∨)而薄責於人 則遠怨矣. 『論語·衛靈公』

몸소 스스로에게는 {책망을} 두텁게 하고 남에게는 책망을 얇게[박하게] 하면 곧 원망이 멀어지게 된다.

몸소 스스로에게는 두텁게 {책망}하고 남에게는 얇게 책망하면 곧 원망이 멀어지게 된다.

앞의 번역은 '厚'의 목적어('責')가 생략된 경우로 여긴 번역이며 뒤의 번역은 술어('責')가 생략되었다고 볼 때의 번역이다. 그런데 술어의 생략으로 보면 수식구조에서 부사어인 '厚'만 남아 있는 꼴이 된다. 이를 가지고 '중심어'의 생략이라고 한다. 취하기 곤란하다. 그래서 이 경우는 목적어의 생략으로 여긴다.

　그러나 고대한어에서는 동일한 어휘의 같은 어순일지라도 문맥에 의하면 통사 관계가 다를 수 있다. 형태 표지가 없이 어순이 주된 수단이어서 이런 경우 문맥에 의존하여 분별하게 된다.

　다음 예들에 대해서도 판별상에 혼란이 있다.

子路宿於石門. 晨門曰: 奚自(∨)? **子路曰: 自孔氏**(∨). 『論語·憲問』
자로가 석문에서 묵었다. 새벽 문지기가 말했다. 어디로부터[에서]요[←부터 오는 거요]? 자로가 말했다. 공씨댁으로부터[에서]요[←부터 옵니다].

國人莫敢言 道路以目(∨). 『國語·周語上』
나라 사람들이 말을 감히 하는 일이 없이 도로에서 눈을 썼다(사용했다)[눈을 써서 했다→눈으로 말했다].

　'自'는 동사 술어이다. '奚自'는 疑問代詞가 목적어인 경우로서 '목＋술'의 어순이다. '自'를 전치사로 본 나머지 '來'가 생략되었다고 여긴 듯하다. '어디로부터요?'라고 말하지 못할 법은 없지만 '自'를 동사로 여긴다. '自孔氏'도 마찬가지이다. 고대한어 동사 의미의 포괄성을 알아야 한다. '～부터 하다'로 일관되게 이해할 수 있다. 문맥에 따라 '～부터 시작하다'·'～부터 오다' 등이 결정된다. 따라서 술어가 생략된 예가 아니다.

　'以目'도 뒤에 술어가 생략되었다고 보지 않는다. 번역문을 통해서 알 수 있는 바와 같이 '以'가 동사술어이기 때문이다.

③ 目的語의 省略

人皆有兄弟, 我獨亡(∨). 『論語·顔淵』 [之(是)(대사)←兄弟]
남들에게는 모두 형제가 있는데 나만 {형제가} 홀로 없다.

楚人有涉江者, 其劍自舟中墜于水, 遽契其舟, 曰: 是吾劍之所從(∨)墜. 『呂氏
春秋·察今』 [之(是)(대사)←이곳, 여기]

초나라 사람에 강을 건너는 사람이 있었는데 그의 칼이 배 안으로부터 물로 떨어지자, 급히 그
배에 새기면서 말했다. 이곳이 내 칼이 {이곳을} 통해서 떨어진 바의 곳이다.

④ 兼語의 省略

'겸어'도 첫 번째 술어의 목적어이다. 뒤에 오는 술어의 의미상의 주어를 겸
할 따름이다.

今殺相如 終不能得璧也而 絶秦趙之歡, 不如因而厚遇之 使(∨)歸趙. 『史記·廉
頗藺相如列傳』 [之(또는 其)←相如]

지금 상여를 죽이면 끝내 옥을 얻을 수가 없으며 진나라와 조나라 간의 좋은 관계를 끊게 되니,
이에따라 {그를} 후하게 대우하여 조나라로 돌아가게 함만 같지 못합니다.)

扶蘇以數諫故 上使(∨)外將兵. 『史記·陳涉世家』 [之(또는 其)←扶蘇]

부소가 자주 간한 까닭으로 상께서 {그로 하여금} 밖에서 군대를 거느리게 했다.

相如旣歸, 趙王以(∨)爲賢大夫. 『史記·廉頗藺相如列傳』 [之←相如]

상여가 이미 돌아오자, 조 왕은 {그를} 가지고서 현대부로 삼았다[←현대부가 되게 하였다].

(2) 두 단어 이상의 생략

今殺相如 終不能得璧也而 絶秦趙之歡, (∨)不如因而厚遇之 使歸趙. 『史記·廉
頗藺相如列傳』

(겸어의 생략 예에 나옴)

주어가 되는 '今殺相如'가 생략된 경우라고 할 수 있다.

殺人以梃與(∨)刃 有以異乎? 『孟子·梁惠王上』

사람을 죽임에 몽둥이를 사용하는 것은 칼과[{사람을 죽임에} 칼을 {사용하는 것과}] 더불어 비교하
면 [가지고서] 다를 것이 있습니까?

'以'와 '與'는 동사이다. '殺人以刃'에서 '殺人以'가 생략된 것이라고 할 수 있다.

2) 倒置

(1) 述語가 主語의 앞에 놓이는 경우

① 감탄

大哉! 問. 『論語·八佾』
크도다! 물음이.

大哉! 堯之爲君也. 『論語·泰伯』
크도다! 요의 임금 되심은.

감탄의 핵심 내용이 술어인 관계로 흔히 술어가 전치된다.

② 의문(각종의 의문 포함) 강조

何哉?! 爾所謂達者. 『論語·顔淵』
무엇입니까?! 당신이 '達[도달한다]'이라고 이르는 바는.

誰與? 哭者. 『禮記·檀弓』
누구요? 우는 사람이.

宜乎? 百姓之謂我愛也. 『孟子·梁惠王上』
마땅하겠지요? 백성들이 나를 아낀다고 이르는 것이.

의문 형식의 문장도 술어를 더욱 강조하고자 할 때 술어가 전치된다.

(2) 目的語가 述語 앞에 놓이는 경우

① 疑問代詞가 目的語가 될 때

孟嘗君曰: 客何好? 『戰國策·齊四』

맹상군이 말했다. 객은 무엇을 좋아하십니까?

吾誰敢怨?『左傳·昭公二十七年』

내가 누구를 감히 원망하겠소?

盜者孰謂? 謂陽虎也.『公羊傳·定公八年?』

도적이란 어느 누구를 이릅니까? 양호를 이릅니다.

何由知吾可也?『孟子·梁惠王上』

무엇을 통해서 내가 할 수 있다는 것을 아셨소?

問何以戰.『左傳·莊公十二年』

무엇을 가지고[→어떻게] 싸울지를 물었다.

② '不'·'未'·'莫' 등이 쓰인 否定文에서 代詞가 目的語가 될 때

吾非不諫也而, 不吾聽也.『史記·李斯列傳』

내가 간하지 않은 것이 아니라 내 말을 듣지 않았다.

子不我思, 豈無他人?『詩經·鄭風·褰裳』

그대가 나를 생각하지 않는다고 어찌 다른 사람이 없겠는가?

君子病無能焉 不病人之不己知也.『論語·衛靈公』

군자는 능력이 없는 것[잘함이 없음, 잘함이 없는 것]을 괴로워하지 남이 자기를 알아주지 않는 것을 괴로워하지 않는 것이다.

然而不王者未之有也.『孟子·梁惠王上』

그러한데도 왕 노릇 하지 못한 경우는 아직 [그런 경우는] 있지 않습니다.

三歲貫女, 莫我肯顧.『詩經·魏風·碩鼠』

3년 동안 당신을 보살폈는데, 나를 돌아보려 함이 없었네.

③ 기타

위의 조건이 없는 경우에도 의미상의 목적어가 술어 앞에 전치되었다고 여

겨 온 경우들이 있다. 이때는 의미상의 목적어의 뒤에 '之'[208)·'是'·'焉'·'斯'·
'爲' 등의 語氣助詞가 쓰여 강조된 성분임을 알게 해 준다.

> 惟奕秋之爲聽.[209) 『孟子·告子上』
>
> 오직 혁추의 말만을 듣는 것으로 하다. [비교 : 오직 혁추의 말만이 듣는 것이 되다] [→오직 혁추의
> 말만 듣다]

> 吾以子爲異之問, 曾由與求之問? 『論語·先進』
>
> 나는 당신께서 다른 사람을 물으시리라 생각했는데 어찌 仲由에 冉求를 더불어 물으시는지요?
> [비교 : ～ 어찌 仲由에 冉求가 더불어 물어지는지요?]

> 余雖與晉出入, 余唯利是視. 『左傳·成公』
>
> 나는 비록 진나라와 더불어 출입하지만, 나는 오직 이익만을 봅니다[중시합니다].) [비교 : 나는 오
> 직 이익만(이) 보입니다.]

조사 '之' 항에서 언급한 바와 같이 고대한어의 주어와 술어의 의미 관계에
비추어 보면, 목적어의 도리가 아니라 '주어+술어'의 결합으로서 '수동'의 의
미를 지니는 것으로 이해할 수도 있다. 조사 '之'는 어느 경우이든 강조의 어기
조사이다.

(3) 연구할 倒置의 문제

다음 예들을 보자.

> 仁以接事 信以守之 忠以成之 敏以行之, 事雖大 必濟. 『左傳·成公九年』
>
> 인 그것으로[→인으로] 일을 맞이하고, 믿음 그것으로[→믿음으로] 그것을[일을] 지키며, 정성 그것
> 으로[→정성으로] 그것을[일을] 이루며, 민첩함 그것으로[→민첩함으로] 그것을[일을] 행한다면,
> 일이 비록 크더라도 반드시 이루어진다.

---

208) 조사 '之'항의 용례와 설명('之'의 성격과 통사구조)을 참고할 것.
209) 이 책의 끝에 있는 '附錄 : 문장 분석 및 번역 연습' 항 해당 출전 번역의 주해를 참고할 것.

其有不合者, 仰而思之 夜以繼日. 『孟子·離婁下』

거 부합되지 않는 것이 있으면 우러러 그것을 생각하여 밤 그것으로 낮을 이었다[→밤낮을 가리지 않았다].

楚戰士無不一以當十. 『史記·項羽本紀』

초나라 전사들은 하나 그것을 가지고[→하나로] 열을 당해내지 않음이 없다.

敏而好學 不恥下問, 是以爲之文也. 『論語·公冶長』

민첩하면서 배우기를 좋아하여 아래[아랫사람]에게 묻는 것을 부끄러워하지 않는 것이다. 이것 그걸 가지고서[→이를 가지고] 그것을 文이라 한다.

위 예 중의 '以' 앞에 오는 명사(또는 대사)를 도치된 목적어로 여겨왔다. 물론 '以'를 전치사로 여김으로써였다. 전치사로 규정한 단어들 가운데 유독 '以'만 목적어의 전치 형식을 가질 이유도 없다.

앞에서 설명한 대로 '以'는 동사이다. '以'의 용례를 일관성 있게 살피면 도치로 볼 수 없다는 것을 알게 된다. '以'는 흔히 앞말을 다시 받아 목적어로 삼지 않고 단독으로 쓰인다. 앞말을 한 번 추스르는 성질이 있다. '그것을 가지고'·'그렇게 해 가지고(해서)'[←써서, 사용해서, 가지고서]의 의미를 나타내기 때문이다. 만약 도치로 본다면 단어뿐만 아니라 앞의 句·節·文章도 의미상 '以'의 목적어에 해당되므로 모두 도치로 여겨야 하는 노순이 발생한다. 결과적으로 '以' 뒤에 목적어로 취하는 경우와 의미 맥락이 같아질 따름이지, '以'의 뒤에 목적어로 놓이는 경우와는 화법이 다르다. 이해의 방편 측면에서 말한다면, '以' 다음에 앞말을 받는 대사 '之'가 생략되었다고 가정할 수 있다. 이렇게 하면 이해가 쉬워진다. 목적어를 수반하지 않는 쓰임은 '以'의 특징이지만, 도치로 이해하기보다는 목적어의 생략으로 이해하는 쪽이 '以'의 성질을 이해하는 데 도움이 되는 설명이 될 것이기 때문이다.

9. 문맥 관계 표현상의 특징과 單文[單句]·複文[複句]의 구분

1) 複文의 정의

'주어＋술어(다수 述語 포함)'의 결합이 단독으로 文章을 이루는 경우를 單文이라 한다. 이에 대해 한 번의 '주어＋술어(다수 述語 포함)' 결합으로 문장이 완성되지 않은 경우를 複文이라 한다. 즉, '主述' 관계가 두 번 이상 겹쳐진 다음이라야 한 문장이 끝나는 경우를 일컫는다. 다음에 간단한 예를 든다.

> **裏子至橋, 馬驚.** 『史記·刺客列傳』
> 양자가 다리에 이르자, 말이 놀랐다.

> **本立而, 道生.** 『論語·學而』
> 근본이 서야 길이 생긴다.

무엇을 복문이라 할 것인가에 대해서도 의견이 분분하다. 동일한 주어에 복수 술어의 연접까지를 복문으로 취급하는 경우가 많다. 그래서 단문과 복문을 나누는 문법적 의의가 무엇인지를 의심케 한다.

이 책에서는 복문을 구성하는 각 節('分文'이라고 부를 수도 있음)의 주어가 바뀐 경우를 복문의 기본으로 삼는다. 주어가 생략된 경우라 할지라도 앞뒤 주어가 서로 다르면 복문으로 간주한다. 연속되는 술어가 동일 주어를 설명하는 경우는 주어의 생략이 아니라 술어의 연접일 뿐이다. 주어가 같은 경우는, 술어가 몇 개이든, 각 술어 간에 어떠한 관계(의미 맥락)가 존재하든 단문의 複數 述語라 여긴다.[210] 이들 述語 사이에 다른 連接成分이 있거나 休止가 있을지라도 마찬가지이다. 다음의 예들은 단문으로서 複數 述語 간에 각종의 의미

---

210) 단문과 복문을 가르는 경계는 廖序東의 『文言語法分析』의 견해와 기본적으로 일치한다. 예문 중에는 그가 제시한 것들이 포함되어 있다.

관계가 있음을 보인다.

(∨)**不患人之不己知 患不知人也**. 『論語・學而』

남이 자기를 알아주지 않음을 걱정하지 않으며 [자기가] 남을 알아주지[알지] 못함을 걱정하는 것이다.

君子尊賢而容衆 嘉善而矜不能. 『論語・子張』

군자는 어진 이를 존중하고 뭇사람을 포용하며 잘하는 것을 기리고 못하는 것을 불쌍히 여긴다.

於是項伯復夜去 至軍中 具以沛公言報項王. 『史記・項羽本紀』

그리하여 항백이 다시 밤에 가서 군영에 이르러 패공의 말을 [가지고] 항왕에게 다 보고하였다.

楚人爲小門於大門之側而延晏子. 『晏子春秋・内篇雜下』

초나라 사람들이 대문의 옆에 작은 문을 만들어 안자를 맞이하였다.

嬰最不肖 故直使楚矣. 『晏子春秋・内篇雜下』

내[嬰]가 가장 못났소. 까닭에 단지[겨우] 楚나라에만 사신으로 오게 되었소.

相如雖駑獨畏廉將軍哉?! 『史記・廉頗藺相如列傳』

내[相如]가 비록 노둔하나 유독 염 장군을 두려워하겠소?!

[**廉頗者趙之良將也**.] **趙惠文王十六年廉頗 爲趙將 伐齊 大破之 取陽晉 拜爲上卿 以勇氣聞於諸侯**. 『史記・廉頗藺相如列傳』

[염파는 조나라의 어진 장군이다.] 趙 惠文王 16년에 廉頗는 趙의 장군이 되어 齊를 쳐서 [그것을] 크게 쳐부수어 陽晉을 취하고 上卿에 제수되었으며 용기로써 제후들에게 알려졌디.

弟子入則孝出則悌 謹而信 汎愛衆而親仁 行有餘力則以學文.211) 『論語・學而』

제자들은 들어가서는 곧 효도하고 나가서는 곧 공경하며 삼가 미더움을 사고[신뢰받고] 널리 뭇사람을 사랑하되 어진 사람을 가까이 하는 것이다[하라]. 행[실천]하고 남은 힘이 있으면 곧 그것으로 글을 배우는 것이다[배우라].

---

211) "吾 十有五而志于學 三十而立 四十而不惑 五十而知天命 六十而耳順 七十而從心所欲不踰矩."(『論語・爲政』)
"君子 不重則不威 學則不固 主忠信 無友不如己者 過則勿憚改."(『論語・學而』)
이들 두 문장도 마찬가지이다. 주어 '吾'나 '君子' 뒤의 술어 부분이 복수 술어로 되어 있으며, 역시 술어들 간에 여러 가지 문맥 관계가 존재한다.

예문을 통하여 알 수 있는 바와 같이 述語 간에는 여러 가지 의미(문맥) 관계가 두루 존재한다. 연접된 술어 간의 의미 관계는, 주요 句 구조 형식의 다섯 가지(聯合, 修飾[偏正], 述目, 補充, 主述) 중에서 '연합'과 '수식' 관계를 적용하여 양대별 할 수는 있으나 그 경계가 확연한 것은 아니다. 문맥에 의거하여 추상해낸 논리적인 맥락이기 때문이다.

다음 예는 뒤에 오는 절에 주어가 생략되어 있으나, 앞뒤 술어의 주어가 다르므로 역시 복문으로 간주된다. 절의 數도 이에 따라 산정한다.

> **子路從而後遇丈人,** (∨)**以杖荷蓧.** 『論語·微子』
> 자로가 쫓아가서 뒤에 노인을 만나는데, {그 노인은} 지팡이를 사용해서 삼태기를 메고 있었다.
>
> **使子路反見之,** (∨)**至, 則**(∨)**行矣.** 『論語·微子』
> 자로를 시켜서 되돌아가 그를 만나보게 하였으나, {자로가} 이르자[도달하자] 곧 {그 사람은} 가버렸다[가버리고 없었다].

동일한 주어가 반복해서 나타나는 경우는 각각의 '주+술' 결합을 낱낱이 단문으로 간주하면 된다. 만약에 주어가 동일한 '주+술'의 연접이 복문이 되려면 그에 합당한 특별한 문맥(언어 환경)이 있어야 할 것이다.

2) 複文의 유형

• 문맥 관계 표현상의 특징과 일부 문맥 관계 표시어의 성격

고대한어에서 복문을 구성하는 節과 節 사이의 의미 관계는 논리 맥락이다. 영어에서와 같이 접속 관계를 전담하는 단어(접속사=[連詞])가 존재함을 기본으로 하는 경우와 크게 다르다. 한국어에서는 주로 어미의 굴절에 의해 의미 관계를 나타낸다. 물론 접속 표지가 존재하는 영어와 한국어 사이에도 문법 단위상 접속 관계를 나타내는 요소들의 정연한 대응 관계를 설정할 수는 없다.

　　고대한어는 각종의 의미 관계를 나타냄에 있어서 영어에서의 접속사나 한국어에서의 굴절 어미와 같은 성분이 없다. 기본적으로 전후 문맥에 의해 나타난다. 다시 말해서 이들 접속 표지가 필요조건이 아니다. 문맥 관계를 보다 분명하게 해 주는 어휘가 쓰인 경우는 이것이 접속 관계를 전담하는 접속사나 다른 특수한 문법 표지가 아니라, 하나의 단어로서 실질적 의미를 지닌다. 이 단어의 실질 의미에 의하여 문맥을 쉽게 인지할 수 있을 따름이다. 이들 어휘는 이 책의 품사 분류에 따르면 부사 또는 의미상 명사·동사·형용사 및 대사로 분류되는 단어일 따름으로서 문장 성분상 '부사어'이다. 그러므로 '접속사'라는 허사 성분을 따로 설정할 수가 없다.

　• 지금까지 '복문의 유형'을 나눔에 있어서 두드러지는 특징은 '문맥 관계에 대한 인식의 차이와 이에 따른 자의성'이라고 할 수 있다.

　　古代漢語는 기본적으로 특수한 형태나 형식에 의하여 복문을 구성하는 節과 節의 관계가 성립되는 언어가 아니다. 그래서 복문의 종류를 나누는 한, 일반적인 사유의 논리 맥락에서 출발하게 된다. 複文[複句]의 節[分句] 사이에 접속 표지(접속어)의 사용이 두드러지는 다른 언어와 유형론적인 비교를 통해서 논리 맥락의 표본을 추출해 볼 수 있디. 이러한 논리 맥락은 어느 언어에서나 설정할 수 있다. 단, 이것을 나타내는 방식에는 언어마다 차이가 있다.

　　고대한어는 기본적으로 단순히 문맥(언어 환경)이 알려주는 상호 간의 의미 맥락에 따라 복문의 종류를 나누게 된다. 그러므로 고대한어에 관한 한, 복문의 종류 구분은 다분히 非문법적인 서술에 속한다. 다시 말하면, 고대한어를 대상으로 복문의 종류를 나누는 것은 접속어를 필요조건으로 하지 않는 의미상의 갈래이기 때문에, 문법 표지를 근거로 하는 문법범주의 측면에서 볼 때 통사론적 의의가 매우 희석된다. 분류하는 사람에 따라 많고 적음의 차이가 큰 자의성을 보인다. 접속 표지가 있는 언어의 복문 유형 분류를 근간으로 하고 있는 양상을 보인다. 이것이 고대한어 복문 분류상의 문법적 특징이라면 특징이다.

지금까지의 구분을 보면, 연합복문[聯合複句]과 수식복문(주종복문)[偏正複句]으로 양분하는 것이 주류를 이룬다.[212] 그러나 접속 표지에 의거한 분류가 아니라, 의미에 의거한 문맥 구별이기 때문에 절과 절 사이의 의미 맥락을 예외 없이 이 두 가지로 확연하게 경계 지을 수는 없다.

두 가지 유형 아래에 다시 여러 갈래로 나누고는 있으나, 이들 하위 분류간의 경계에도 모호한 경우가 적지 않다. 우리의 사고에 의한 논리 맥락상의 분별이므로 당연할 결과이다. 접속 기능만을 전담하는 접속 표지에 의한 것이 아니기 때문이다. 오히려 혼란이 가중될 수도 있다. 고대한어의 표현 형식에 의하면 우리가 논리적으로 추상하여 몇 가지로 나누는 문맥 관계가 하나로 통합되어 있었음을, 다시 말해서 이러한 분별 의식이 없었음을 알 수 있다. 상당 부분이 그러하다.

갈래를 나누면 나눌수록, 단문과 복문 분별상의 혼란까지 겹쳐서 가닥을 추리기 어려운 경우가 적지 않다.

접속사나 굴절 어미를 비롯한 접속 표지가 있는 언어를 중심으로 추출한 複

---

212) 언어의 각종 맥락은 실제로 모든 복문을 '연합'과 '수식'이라는 이분법적 사고에 의해 확연히 나눌 수 있게 되어 있지 않다. 그 경계가 인접되어 있다는 것은 자연언어의 본질이다. 따라서 접속 표지가 필요조건이 아닌 언어에서는 연합복문과 수식복문의 경계가 모호한 경우가 더 많을 수밖에 없다.

예 : 鳥則擇木, 木豈能擇鳥?(『左傳・哀公十一年』)

(새가 곧 나무를 택하는 것이지, 나무가 어찌 새를 택할 수 있겠습니까?)

이 둘에 多重 관계를 추가하여 3분하기도 하나, 더욱 혼란스럽게 할 따름이다. 문장 내부의 1 : 1의 관계는 결국 두 가지로 압축되어 연합・수식과 상대되는 관계가 아니기(분류상의 기준과 충차가 다르기) 때문이다.

文[複句]의 節[分句]과 節 사이의 논리적 의미 맥락(문맥)을 참조하되, 상위의 '연합'과 '수식'이라는 양분 방식을 취소하고 하위 분류를 통합하여 대체적인 경계를 크게 다섯 가지로 나눈다. 병렬식, 선후식, 전환식, 인과식, 가정·조건식이 그것이다. 문맥 관계 표시어가 필요조건이 아니기 때문에 이들 중에 어느 것에 넣어야 할지가 분명하지 않은 경우들이 존재한다.

(1) 병렬식(등립형·대비형·선택형·점층형)[213]

수식, 즉 주종 관계가 아니면서도 두 부분이 대체로 대등한 관계의 의미 구성을 보이는 경우를 아우른다. 각 형 상호 간의 구별이 어려운 경우들이 적지 않다. 선택형과 점층형은 따로 다룰 수도 있으나 크게 보면 병렬식에 포함시킬 수 있다. 관념상의 구별이기 때문이다. 다만 선택형과 점층형은 이러한 문맥 관계를 알게 해 주는 어휘가 부가되는 것이 보통이다. 이들 어휘가 '접속사'가 아님은 말할 것도 없다.

伯牙善鼓琴, 鍾子期善聽. 『列子·湯問』
백아는 거문고 타기를[연주를] 잘했으며, 종자기는 듣기를 잘했다.

---

213) 자면싱으로는 주술 관계가 분명하게 드러나지 않아서 문맥에 따라 생략된 성분을 보충해 보아야 하는 경우 들이 있다. 이러한 문장은 단문과 복문 분류의 기준을 엄격하게 적용하지 않으면 혼란이 생길 수 있다. 하나의 주어를 설명하는 述部가 복잡한 구성을 보일 때 특히 그러하다. '주어'를 어떻게 정의할 것인가도 단문과 복문 분류에 영향을 미친다.

　예1 : "([주어])非不說子之道 力不足也.(『論語·雍也』) ([나는] 선생님의 道를 좋아하지 않는 것이 아니라, 힘이 부족합니다.)"도 복문으로 보기 쉽다. 그러나 주어가 생략되어 있고 '非不說子之道'가 제1술부이며 '力不足'은 제2술부(주술술어)로서 단문임을 알 수 있다.

　예2 : ([주어])一鼓作氣 再(∨)而衰 三(∨)而竭.(『左傳·莊公十年』) : ('鼓'가 생략됨) [한 번 북을 치면 기세가 만들어지는데, 두 번이면[두 번 {북을 치면}] [→두 번 북을 쳐도 응전하지 않으면 기세가] 약해지고, 세 번이면[세 번 {북을 치면}] [→세 번 북을 쳐도 응전하지 않으면 기세가] 다해버린다.] 이 예는 술부가 셋인 경우이다. 역시 단문으로 친다.

夫子知之矣, 我則不知.『左傳·昭公十年』

선생님이 그걸 아시고, 나는 곧 알지 못합니다. [비교 : 선생님은 그걸 아시지만, 나는 곧 알지 못합니다.]

論至德者不和于俗, 成大功者不謀于衆.『史記·商君列傳』

지극한 덕을 논하는 자는 세속에 부화하지 않으며, 큰 공을 이룬 자는 대중과 일을 꾀하지 않는다.

群臣吏民能面刺寡人之過者受上賞, 上書諫寡人者受中賞, 能謗議於市朝聞寡人之耳者受下賞.『戰國策·齊策』

뭇 신하와 관리와 백성으로서 면전에서 과인의 허물을 지적할 수 있는 자는 上等의 상을 받을 것이며, 글을 올려 과인을 간하는 자는 中等의 상을 받을 것이며, [사람이 많이 모이는] 저자나 관아에서 비방하여 과인의 귀에 들리게 할 수 있는 자는 下等의 상을 받으리라.

昔者吾舅死于虎, 吾夫又死焉, 今吾子又死焉.『禮記·檀弓下』

접때 저의 시아버지가 호랑이한테 죽임을 당했고, 저의 남편이 또 그것한테 죽임을 당했는데, 이제 저의 아들이 또 그것한테 죽임을 당했습니다.

老而無妻曰鰥, 老而無夫曰寡, 老而無子曰獨, 幼而無父曰孤.『孟子·梁惠王下』

늙어서 아내가 없는 것은 鰥이라 하고, 늙어서 남편이 없는 것은 寡라고 하며, 늙어서 자식이 없는 것은 獨이라 하며, 어려서 아비가 없는 것은 孤라 합니다.

富貴者驕人乎, 且貧賤者驕人乎?『史記·魏世家』

부귀하면[부귀한 사람이] 남에게 교만합니까? 또[또는] 빈천하면[빈천한 사람이] 남에게 교만합니까?

不識世無明君乎? 意先生之道固不通乎?『說苑·善說』

세상에 명 군주가 없음을 모르십니까? 생각건대[아니면] 선생의 도가 본래 통하지 않는 것입니까?

蔓草有不可除, 況君之寵弟乎?『左傳·隱公元年』

덩굴풀도 제거할 수 없는 것이 있는데, 하물며 임금의 총애하는 아우에[임금의 아우 사랑에] 있어서랴?

且庸人尚羞之, 況于將相乎?『史記·廉頗藺相如傳』

또 용렬한 사람도 오히려 그것을 부끄러워하는데, 하물며 장군이나 재상에 있어서이겠습니까?

흔히 선택형에는 '且'(부사)·'意'(동사) 같은 단어가, 점층형에는 '況'(부사) 같은 단어가 부가됨으로써 관계가 분명해진다.

(2) 선후식

　수식, 즉 주종 관계는 아니나 시간의 선후 등을 조건으로 하여 서로 밀접하게 연관되어 있다고 볼 수 있는 결합 방식이다. 이를 다시 '先後'와 '順接'으로 나누는 것도 관념상의 문제이다. 나누고자 하면 왕왕 두 가지가 겹쳐 있기도 하다.

　扁鵲已逃去, 桓侯遂死. 『史記·扁鵲倉公列傳』
　扁鵲은 이미 달아나 버렸는데, 桓이 기다리다가 마침내 죽었다. [비교 : 扁鵲은 이미 달아나 버렸으나, 桓이 기다리다가 마침내 죽었다.]

　怠慢忘身, 災禍乃作. 『荀子·勸學』
　태만은 몸을 잊게[망치게] 하여, 재화[재앙과 화]가 곧 생긴다.

　趙太后新用事, 秦急攻之. 『戰國策·趙策』
　趙나라 태후가 새로 섭정하자 秦나라가 급히 그[그 나라]를 공격하였다.

　歲寒, 然後知松栢之後雕也. 『論語·子罕』
　한 해가 추워져서, 그렇게 된 뒤라야 송백이 뒤[나중]에 시든다는 것을 안다.

　本立而, 道生.[214) 『論語·學而』
　근본이 서야[서면], 길[도]이 생긴다.

　群臣進諫, 門庭成市. 『戰國策·齊策』
　뭇 신하들이 나아가 간하여, 대문과 뜰이 저자를 이루었다.

(3) 전환식

　의미 맥락상 약한 전환(이것이 병렬식·선후식과 모호한 경우가 적지 않음)을 비롯하여 강한 전환(흔히 역접이라고 하는 경우)과 양보 관계에 이르기까지를 포괄

---

214) "歲寒, 然後(∨)知松栢之後雕也.", "本立而, 道生."은 다 같이 문맥상 '수식복문'의 가정·조건식으로 여길 수도 있다. 형식상 두 가지의 구분이 되지 않는다. 복문의 유형 분류가 우리들의 논리적인 구별일 뿐임을 알게 해주는 하나의 예이다.

한다. 논리상으로는 더 세밀하게 나눌 수도 있겠지만 그럴수록 경계는 더욱 모
호해진다.

人不知而, (∨)不慍 不亦君子乎? 『論語·學而』

남이 알아주지 않아도 성내지 않는다면, 또한 군자답지 않겠는가?

吾數諫王, 王不用, 吾今見吳之亡矣.[215] 『史記·伍子胥列傳』

내가 왕에게 자주 간언했으나 왕이 [내 간언을] 쓰지[받아들이지, 듣지] 않아서 내가 오늘 오나라가
망하는 것을 보게 되었다.

(∨)使子路反見之, (∨)至, (∨)則行矣. 『論語·微子』

자로로 하여금 되돌아가 그를 만나게 하였으나, 이르자[도달하자] 곧 가버렸다[가버리고 없었다].

諸將易得耳, 至如信, 國士無雙. 『史記·淮陰侯列傳』

여러 장군들은 얻기가 쉬울 따름이지만, 韓信 같은 사람에 이르러서는, 國士에 짝할 사람이 없습니다.

今父老子弟雖患苦我, (∨)然百世後期令父老子孫思我言. 『史記·滑稽列傳補』

지금 부로의 자제들이 비록 나에게 괴로움을 당하는 것을 근심하나, 그러하지만 백 세[대] 뒤에는
부로의 자손으로 하여금 내 말을 생각하게 하리라 기대한다.

縱江東父老憐而王我, 我何面目見之? 『史記·項羽本紀』

비록 강동의 부로들이 나를 불쌍히 여겨 왕으로 삼는다 할지라도, 내가 무슨 면목으로 그들을 보겠
는가?

周勃厚重少文, 然安劉氏者必勃也. 『史記·高帝本紀』

주발은 돈후하고 무거우며 글[배운 것]이 적다. 그러하지만 유씨의 나라를 안정시키는 것은[안정시
킬 사람은] 반드시 勃일 것입니다.

전환식도 본시 이러한 관계를 나타내는 데는 접속어가 필요조건이 아님을
알 수 있다. 부사 '雖'·'縱', 동사 '然' 등이 부가되면 그것들이 갖는 의미에 따라
해당 의미가 부가될 따름이다. 덤으로 문맥 관계가 더욱 두드러지는 것이다.

---

215) 數 : 所角切, 入聲, 覺韻. (자주, 누차).

(4) 인과식[216)

원인이 앞에 오고 결과가 뒤에 오는 경우가 많으며, 원인이 뒤에 오는 경우도 있다. 여러 가지 관점의 차이로 말미암아 단문인가 복문인가의 문제가 있거나, 복문이면 몇 개의 단문으로 나눌 수 있는가의 문제가 있는 경우들이 적지 않다.[217)

家富良馬, 其子好騎. 『淮南子‧人閒訓』

집에 좋은 말이 많아서, 그의 아들이 타기를 좋아했다.

夫趙彊而燕弱, 而君幸于趙王, 故燕王欲結于君. 『史記‧廉頗藺相如列傳』

대저 조나라는 강하고 연나라는 약한데 당신이 趙왕에게 총애를 받습니다. 까닭에 燕왕이 당신과 결탁하고자 하는 것입니다.

其志潔, 故其稱物芳. 『史記‧屈原列傳』

그의 뜻이 고결하다. 까닭에 그가 사물을 일컫는 것도 향기롭다.

其言不讓, 是故哂之. 『論語‧先進』

그의 말이 겸손하지 않았다. 이런 까닭으로 그를 비웃었다.

---

216) "陛下用群臣如積薪耳.(,) 後來者居上.(『史記‧汲黯列傳』) (폐하께서 뭇 신하를 쓰시는[등용하시는, 부리는] 것은 땔나무를 쌓는 것과 같을 따름입니다. 뒤에 온 사람이 위에 있습니다.)"는 번역문과 같이 두 개의 단문으로 볼 수도 있고, 복문으로 보면 문맥상 인과식의 복문에 가깝다. (…… 땔나무를 쌓는 것과 같을 따름인데, 뒤에 온 사람이 위에 있습니다[있기 때문입니다].) 원인(이유)이 뒤에 있는 경우가 된다.

217) 다음은 단문이다. '以'를 동사로 여긴다.
先帝將屬將軍以幼孤 寄將軍以天下 以將軍忠賢 能安劉氏也.(『漢書‧霍光傳』)
(선제께서 장차 장군에게 촉탁함에 어린 나로써 하시고 장군에게 맡기심에 천하를 가지고서 하신 것은, 장군이 충성되고 현능하여 유씨의 나라를 안전하게 할 수 있음을 가지고서였습니다.) "孔子罕稱命 蓋難言之也.(『史記‧外戚世家』) (공자께서 명을 드물게 일컬으신 것은 아마도 그것을 말하기가 어려워서였을 것이다.)"도 單文이다. '孔子罕稱命'이 주어이고 '蓋難言之'가 술부이다. '蓋'는 부사이다.
이 文章은 복문으로 볼 수 있는 여지도 있다. '蓋' 앞에 앞의 것을 받는 '此' 등이 생략되었다고 볼 경우에 그렇다. [공자께서는 명을 드물게 말씀하셨는데, (이는) 아마도 그것을 말하기가 어려워서였을 것이다.] 이는 구어에서 어떻게 실현되었느냐, 즉 사이에 비교적 큰 휴지가 있었느냐 없었느냐 등에 의해 구분할 수 있는 것이어서 글만으로는 확정할 수 없는 문제이다.

뒤의 절, 즉 결과를 나타내는 절 앞에 명사 '故' 또는 수식구조의 句인 '是故' 등이 놓이면 문맥 관계가 더욱 분명해진다.

丘也聞有國有家者 不患寡而不均 不患貧而患不安,[.] 蓋均無貪 和無寡 安無傾. 『論語·季氏』

내[丘]는 나라가 있고 가정이 있는 사람은 적은 것을[적을까를] 걱정하지 않고 고르지 못한 것을[고르지 못할까를] 걱정하며 가난한 것을 걱정하지 않고 편안치 못한 것을 걱정한다고 들었는데,[들었습니다.] [이는] 아마도[대체로] 고르게 하면 탐하는 일이 없고 조화를 이루면 적다고 생각하는 일이 없으며 편안하게 하면 기우는 [치우치는] 일이 없어서일 것입니다.

沛公居山東時貪于財貨好美姬 今入關 財物無所取 婦女無所幸,[.] 此其志不在小. 『史記·項羽本紀』

패공이 산동에 있을 때는 재물에 욕심을 부리고 예쁜 계집을 좋아했다가, 지금 關에 들어와서는 재물은 취한 바가[것이] 없고 부녀는 총애하는 바가[사람이] 없는데,[없다.] 이는 그의 뜻이 작은 데 있지 않아서이다.

원인을 나타내는 절이 뒤에 올 경우, '蓋'(흔히 부사로 여김) 등의 단어가 절 앞에 쓰이거나 판단을 강조하는 어기조사 '也'가 文末에 쓰이기도 하지만 아무 표지가 없는 경우도 있다.

(5) 가정·조건식

논리 맥락으로 보면 가정과 조건을 따로 세울 수 있겠지만, 역시 서로 다른 접속 표지에 의거한 구분이 아니라 실사류의 의미상의 결합과 문맥에 따른 것이므로 합쳐 둔다.[218]

---

218) 단문의 정의상 복수 술어 간의 의미 관계가 어떠하든 단문으로 여김이 옳기에 다음 예들도 모두 단문에 속하는데, 종래 그렇게 하지 않은 이들이 많아서 종종 복문의 예로 등장하였다.
(∨)殺一不辜而得天下 皆不爲也.(『孟子·公孫丑上』)
(하나의 죄 없는 사람[무고한 사람]을 죽여서 천하를 얻을지라도 모두 하지 않는 것입니다.)

[伍奢有二子], (∨)不殺者, (∨)爲楚國患. 『史記·楚世家』

[오사에게 두 아들이 있는데,] 죽이지 않으면, 초나라의 근심거리가 될 것입니다.

有朋自遠方來, (∨)不亦樂乎? 『論語·學而』

친구가 [있어서] 먼 곳으로부터 온다면[먼 곳에서 오는 친구가 있다면], 또한 즐겁지 않겠는가?

(∨)愼終追遠, 民德歸厚矣. 『論語·學而』

마침[장례]을 신중하게 하고 [제사를 지내서] 먼 조상을 추념하면, 백성들의 덕이 후한 데로 돌아가게 된다.

(∨)不殺二子, 憂必及君. 『左傳·成公十七年』

두 아들을 죽이지 않으면, 우환이 반드시 군께 미칠 것입니다.

城不入, 臣請完璧歸趙. 『史記·廉頗藺相如列傳』

성이 [우리 조나라의 수중에] 들어오지 않으면 신이 삼가 옥을 온전하게 하여 조나라로 돌아오게 하겠습니다.

必以長安君爲質, 兵乃出. 『戰國策·趙策』

반드시 장안군을 인질로 삼아야 군대가 바로 나올 것입니다.

雖有天下易生之物也, 一日暴之十日寒之, 未有能生者也. 『孟子·告子上』

비록 천하에 자라기 쉬운 것이 있을지라도, 하루 볕을 쪼이고 열흘 차갑게 하면, 자랄 수 있는 것이 아직은 없다. ※ 3개의 절에 전환 관계와 조건·가정 관계가 함께 들어 있음.

• 위에서 든 항목들 외에 시간식을 따로 세우기도 하지만 참으로 모호하다.[219] 언어 형식에 의한 것이 아니라 관념에 의한 식별이기 때문이다. 한 예를 보자. 다음은 시간인가 선후인가 조건인가? 역시 분별이 용이하지 않다.

初平王之東遷也, 辛有適伊川. 『左傳·僖公二十二年』

처음 평왕이 동천하자[동천했을 때] 辛有는 伊川으로 갔다.

(∨)行有餘力則以學文.(『論語·學而』)

(행하고 남은 힘이 있으면 곧 그것을 가지고 글을 배우는 것이다.)

219) 시간식을 설정했던 것은 아마도 시간을 나타내는 접속 표현이 존재하는 서양 언어의 분류 방식을 취해서인 것 같다.

令初下, 群臣進諫. 『戰國策 · 齊策』

명[명령]이 처음 내려지자[내려졌을 때], 뭇 신하들이 나아가 간언했다.

또, 총분식(總括＋分述)[220] 등을 설정하기도 하나, 접속 표지에 의거한 것이
아니기 때문에 끊어서 단문으로 처리해도 무방하거나, 문맥상 위의 여러 항 중
에 넣을 수도 있다.

---

220) 殽有二陵焉, [.] 其南陵 夏后皐之墓也, 其北陵 文王之所辟風雨也. (『左傳 · 僖公三十二年』)
　　 (殽에 두 능이 있는데, [있다.] 그 남쪽 능은 夏后皐의 묘이며, 그 북쪽 능은 文王이 비바람을
　　 피했던 곳이다.)

V

문장 분석 및 번역 연습

『孟子』抄
마음을 오로지하고 뜻을 다하다 [告子上]

孟子曰: 無或乎王之不智也. 雖有天下易生之物也, 一日暴之
十日寒之, 未有能生者也. 吾見亦罕矣, 吾退而, 寒之者至矣, 吾
如有萌焉何哉?!

今夫奕之爲數小數也. 不專心致志 則不得也. 奕秋通國之善奕
者也. 使奕秋誨二人奕. 其一人專心致志 惟奕秋之爲聽, 一人雖
聽之 一心以爲有鴻鵠將至 思援弓繳而射之 雖與之俱學 弗若之
矣. 爲是其智弗若與? 曰: 非然也.[1]

譯文

맹자가[내가] 말했다. 왕이 지혜롭지 못한 것을 이상하게 생각할 것이 없겠지요? 비록 천하에(의) 자라기 쉬운[→잘 자라는] 것이 있을지라도, 그것을 하루는 볕에 쪼이고 열흘은 차갑게 해서는(한다면), 잘 자랄 수 있는 것이 아직 없습니다. 내가 [왕을] 만나는(알현하는) 일[→내가 만남] 또한 드물어졌고, 내가 물러나고 나면, 그를 차갑게 하는 자가(사람이) 이르게 될 것이니, 내가(나에게는) 그에게 싹[→왕노릇 할 소지]이 있는 것과 같은 것이 무엇이겠습니까[→무슨 소용이겠습니까]?! [⇒그에게 싹이 있은들 내가 어떻게 하겠습니까?!]

이제 저 바둑의 수라는 것은 작은 수이지만, 마음을 오로지 하고 생각(뜻)을 다하지 않으면 되지 않는 것입니다(얻지[이루지] 못하는 것입니다). 奕秋는 나라(전국)를 통하여[→온 나라의(에서)] 바둑을 [가장] 잘 두는[←바둑 두기를 잘하는 / 바둑을 잘하는] 사람입니다. 혁추로 하여금 두 사람에게 바둑을 가르치게 합니다[→가르치게 한다고 합시다]. 그 [가운데] 한 사람은 마음을 오로지하고 생각을 다하여 오직 혁추의 말만이 듣는 것이 되는데[→말만을 듣는데], 한 사람은 비록 그의 말을 듣기는 하나 한쪽 마음으로는 홍곡(큰기러기나 고니)이 곧 이르리라 여겨서(여기고)[←홍곡이 있어 가지고 곧 이르리라(오리라) 여겨서] 활의 주살을 당겨 그것을 쏘아 맞힐 것을 생각한다면, 비록 그와 함께 배울지라도 그와 [똑]같지 못하게 됩니다. 이것이 그의 지혜가 같지 못한 것이 되겠습니까?[→같지 못한 것이겠습니까? →같지 못해서이겠습니까? ⇒ 같지 못하기 때문이겠습니까?] [내] 말하건대, 그러해서가(그러한 것이) 아닙니다.

📖 문법 설명

1. 품사 분류

1) 實詞류[이하 해당 문장 중에서의 의미상의 분류임]

• 名詞 : 孟子, 王, 天下, 物, 日, 萌, *今[2], 奕, 數, 心, 志, 奕秋, 人, 鴻鵠, 弓, 繳[3], 智 / 一, 十, 二[4].

• 動詞 : 日, 無, 或, 有, 能, 生, 暴, 見, 退, 寒, 至, *爲[5], 專, 致, 得, *通[6], 善, *使[7], 誨, 聽, *以[8], 思, 援, 射[9], *與[10], 學, 若, 然.

• 形容詞 : 智(지혜롭다), 易[11], 罕, 小.

• 副詞 : 不[12], 未[13], 亦, *則[14], 惟, *雖[15], 將, 俱, 弗[16], 非[17].

• 代詞 : 之, 吾, *焉[18], 其, 是.

2) 虛詞류

• 助詞 : *之[19], *而[20].

　　　　乎[21], 也, 矣[22], 哉, 與(歟).

　　　　*夫[23].

　　　　*者[24].

• 歎詞 : 예 없음.

2. 句의 종류

1) 聯合구조

一日暴之＋十日寒之, 專心＋致志.

2) 修飾구조

不＋智, 一＋日, 十＋日, 未＋有能生, 亦＋罕, 小＋數, 不＋專心致志,

不+得, 通國之+善奕, 一+人, 其+一人, 一+心,
一心+以爲有鴻鵠將至, 將+至, 援弓繳而+射之, *弓+繳[25],
雖+與之俱學, 與之+俱學, 俱+學, 其+智, 弗+若, 弗+若之, 非+然.
*易生之+物, *天下+易生之物[26].

3) 述目구조

無+或乎王之不智, 或乎+王之不智, 有+天下易生之物, 易+生, 有+能生,
暴+之, 寒+之, *如+有萌焉, 爲+數, 專+心, 致+志, 通+國, 善+奕[27],
[使+(奕秋)+誨二人奕][28], 聽+之, 援+弓繳, 射+之, 與+之[29], 若+之,
誨+二人奕, [有+(鴻鵠)+將至][30], 爲+有鴻鵠將至, 思+援弓繳而射之.

4) 補充구조

예 없음[31].

5) 主述구조

吾+見, 吾+退, 寒之者+至, 其智+弗若, *王之+不智[32], *奕之+爲數[33],
奕秋之+爲聽[34], *如有萌焉+何, 吾+如有萌焉何[35].

6) '所'字句

예 없음.

註釋

1) 이하 분석의 기준은 본문 중의 품사 분류의
   기본 틀과 句구조의 종류 및 내용에 의거함.

2) '今'은 여기에서 꼭 '지금'이라는 시간을 나타
   내는 것이 아니고 허두로 쓰인다. 명사류 어휘
   가운데 이러한 쓰임을 갖는 것들이 다소 있다.

명사로 간주한다.

3) 繳 : 음 '작'. '주살'.

4) '一'·'十'·'二' 등은 이 책에서 명사의 한 부
   류인 수량명사로 분류하였다.

5) ① 爲數 : '爲'는 '하다'류에 속하는 '되다'[←
~라고 하다]를 뜻한다. '수가 되다 → 수가 됨
→ 수라는 것'.

② 惟奕秋之爲聽 : '之'는 강조의 어기조사
이다. 보통 전치된 목적어를 강조하는 예로 보
아왔다. '聽'의 의미상의 목적어로 여겨지기
때문이다. '奕秋之爲聽'이 '혁추를[→혁추의
말을] 듣다'를 뜻해서이다.

'爲'는 무엇인가? 이곳의 '爲'에 대해서는 종
래 의견이 많았다. 필자는 전에 '爲'가 단독으
로 '之'처럼 전치된 목적어를 강조하는 조사로
도 쓰이므로 두 개의 조사 '之'와 '爲'를 연용하
여 '奕秋'를 더욱 더 강조한다고 생각하였다.
그런데 '之'의 일관된 기능을 연구한 결과, 수
식어의 뒤, 주어의 뒤, 전치되었다고 여겨지는
목적어의 뒤 등에 놓이는 것에 기능 차이가 없
이 강조라는 오직 하나의 어기를 나타냄을 알
게 되었다. 많은 경우 '주술' 관계의 주어 뒤에
오는 것과 '목적어(의미상)+술어'[어순 도치]
관계의 목적어 뒤에 오는 경우의 통사 관계를
한 가지로 여길 수 있는 여지가 있음도 발견하
였다. 즉, '목+술'을 '주+술'로 여기면, 문맥
상 의미가 '수동'이 된다는 차이만 있게 된다.
그래서 '奕秋之爲聽'에 대하여 '혁추이 말을
듣다'로만 생각했던 것을, '爲'를 동사로 보아
'爲+聽'(술목)은 '듣는 것이 되다'이고 '奕秋'
가 '爲聽'의 주어가 됨으로써 '奕秋之爲聽'은
'혁추의 말이 듣는 것[듣는 대상]이 되다'를 뜻
한다고 여기게 되었다. 동사 하나만 있어도 의
미가 통해질 듯한 문장에서 '爲'가 앞에 첨가
되어 '술목'구조를 형성하는 예들이 적지 않기
때문이다. 예컨대 '美之爲美'의 '爲美'는 '爲'
가 형용사를 목적어로 받아 '아름답게 되다[→
아름다운 것이 되다, 아름다움이 되다]'를 뜻
한다. 부사 '惟(=唯)'가 더해져서 '惟奕秋之爲

聽'은 '오직 혁추의 말만이 듣는 것이 되다'로
서 결국 '오직 혁추의 말만을 듣다'를 뜻하게
된다고 여기게 되었다.

③ 一心以爲有鴻鵠將至 : 이곳의 '爲'의 뜻
도 '하다'로 통합된다. '~라고 하다'의 문맥이
다. 문맥을 더 분명하게 하면 '~라고 여기다
(생각하다)'가 되는 것이다. 그래서 '以爲'는
'가지고서[써서] ~라고 여기다'를 뜻하게 된
다. 이 시기에는 '以爲'가 아직 두 단어였다고
여긴다. '以爲'가 항상 이런 문맥만 갖추는 것
은 아니다. '爲'의 목적어가 뜻하는 의미에 따
라 달라짐에 유의하여야 한다. 예를 들면, '以
木爲舟'(나무로 배를 만들다[←하다])에서 '以'
의 목적어가 생략된 형태는 '以爲舟'가 된다.
이 경우는 문맥에 따라 '가지고서 배를 만들다'
가 된다. 그러므로 '以爲'를 한 단어로 보아서
는 안 된다.

④ 爲+是其智弗若 : 여기서의 '爲'도 '하다'
류의 '되다'[← ~라고 하다]를 뜻하는 동사이
다. '爲+是其智弗若'은 '술+목'구조이다. '是
+其智弗若'은 '주+술'구조이다. '이것이 그
의 지혜가 [똑]같지 못함이다'가 된다.['其智
弗若'은 주어 '是'에 대한 主述謂語이다.] 그
래서 '爲+是其智弗若'은 '이것이 그의 지혜
가 [똑]같지 못함이 되다'를 뜻하며, 의문의 어
기조사 '與(歟)'가 의문문을 만들어 '爲+是其
智弗若與?'는 '이것이 그의 지혜가 [똑]같지
못함이 되겠는가?'를 뜻한다. '~ 되기 때문인
가?'는 문맥일 따름이다.

그러므로 '爲'는 'because'에 대응되는 접속
사도 아니고 'for'나 'because of'에 상당하는
전치사도 아니다. '爲'를 이처럼 이유를 나타
내는 접속사로 보면 종속접속사절이 술어가
된다는 해괴한 문법이 된다. 전치사로 보면 전
치사구가 술어가 되는 기이한 기술이 된다.
'以'의 용례에 이런 것이 더 흔하게 보인다. 모

두 실사로서 의미상의 동사이다.

6) '通國'은 '나라를 통틀다(나라를 통틀어서)'를 뜻하는 술목구조이다. 결과적으로 '온 나라(전국)'을 뜻하는데, 이것을 가지고 '通'의 뜻이 '全'(온)이라고 하는 것은 궁색한 풀이이다. 여기에서의 '通'은 여전히 '통하다, 관통하다' 하나의 뜻으로 일관된다.

7) 위와 같은 문맥에 쓰인 '使'는 『孟子』에 단 한 번 나온다. 이것을 가지고 가정·조건을 나타내는 접속사라고들 하였다. '使'는 여전히 실사로서 의미상의 동사이다. '(시키다, [시켜서, 하여금] ~하게 하다'일 따름이며, '~한다면'은 문맥이다. 상고의 고대한어에는 가정·조건 표시 전용의 단어도 없다. '혁추로 하여금 두 사람에게 바둑을 가르치게 하다'를 뜻하며, 문맥이 '~ 가르치게 하였다고 하자[→ ~ 가르치게 한다면]'일 뿐이다. 다른 문맥도 마찬가지이다. 평서문과 명령문의 형식에도 차이가 없다. 양자가 중립이다. 시제도 없다. 문맥에 따라 과거·현재·미래 등을 인지할 수 있을 뿐이다. '使'가 접속사라면 왜 수많은 이런 문맥에 한 번밖에 나타나지 않았을까? 생각해 볼 일이다.

'使'와 함께 가정·조건을 나타내는 접속사로 분류해 왔던 '如'·'若' 등도 모두 동사이다. '如+~'는 술목구조로서 언제나 '~와 같다(같이[처럼] 하다)'를 뜻하는데, '~할 것 같으면[← ~한다면]'의 가정·조건의 문맥에 많이 나타날 따름이다. 그래서 '如'·'若'은 주로 주어 뒤에 놓는다. 이는 특히 이것들이 접속사성을 갖지 않음을 의미한다고 여긴다. 어느 경우이건 뒷부분을 목적어로 취하는 구조이다.

8) '以'는 언제나 동사이다. 통상 그것이 이끌 수 있는 의미상의 목적어가 나타나지 않는 것이 특징이다. 여기에서와 같이 다른 술어 앞에 오면 부사어가 된다.

9) 射 : 音 '석'. '쏘아 맞히다'.

10) '與'도 실사로서 의미상의 동사이다. '~와 더불다, ~와 더불어 [~을] 하다'를 뜻한다. 문맥에 따라 '무엇'을 하는가는 다르다. 고대한어 동사류 단어 의미는 이처럼 종합성(포괄성)이 두드러지는 경우가 많다. 앞의 '爲'('하다'류를 포괄함)도 그렇고, '得'('얻다[이루다, 달성하다 → ~할 수 있다]'를 포괄함) 같은 것이 대표적이다. '與'의 경우 비교의 문맥에서는 '더불어 비교하다'가 되는 것이다. 결코 비교의 전치사도 아니고, '與其'가 접속사인 것도 아니다. 하나로 관통한다.

영어의 'with'(전치사)·'and'(접속사)에 대응시켜 품사를 설정함으로써 고대한어 단어의 성격을 누더기로 만들어버렸다. 동사로서도 다수의 뜻을 가지고, 전치사·접속사로까지 두루 쓰이는 언어가 있을 수 있겠는가? 더구나 형태도 결여되어 있고 형태 변화도 없이 쓰이는 대표적인 고립어가 이런 다수의 품사와 의미를 갖는다면 언어 사용자들이 어떻게 의사소통을 할 수 있겠는가? 동사·전치사·접속사 등을 겸한다고 설명해온 단어들이 다 그렇다.

11) 易 : 音 '이'. '쉽다'.

12) '不'은 대표적인 부정어이다. '非'·'未' 같은 다른 부정어와 함께 부정 부사로 규정하고 있는 종래의 견해를 따랐다. 그런데 '동사'로 볼 수도 있다. 한국어의 '아니하다, 않다'·'못하다'를 참고하면 이해가 될 것이다.

13) '未'는 시간에 관계없이 '아직까지는 ~하지 않다[~한 일(함)이 없다]'를 뜻하여 완곡의 의미를 지닌다.

14) '則'(音 '즉')은 언제나 부사이다. 접속사로 보

지 않는다. '곧' 또는 '바로'에 상당하는 부사로서 조건·가정을 비롯한 여러 가지 의미 관계는 문맥이다.

15) '雖'(비록)도 부사이다. '縱'도 비슷한 의미의 부사로 간주한다. 접속사로 여기지 않는다.

16) '弗'은 '不'보다 부정의 강도가 강하다는 데 의견을 같이한다. 문맥상 이 글에서도 잘 나타나 있다.

17) '非'는 뒤에 오는 말이 어떠한 형식(각종의 단어 및 구)의 것이더라도 '그러한 것이 아님'을 나타낸다. 즉, 부정 판단이다. 이 점이 '不'·'弗'과의 차이점이다.

　'是'(옳다, 그렇다, 이다[←이것이다, 이렇다])와 상대될 때는 '非'(그르다[틀리다], 아니다)를 형용사로 여기고 있다. '그르다고(틀렸다고) 하다(여기다)'를 뜻하면 동사라고 한다. 이 경우는 '그르다고 하다=비방하다'의 등식이 설립한다. 훗날 '誹'로 분화된다.

　그런데 단순히 부정어로 여기든, '그르다[틀리다], 아니다'로 여기든, '그르다고(틀렸다고) 하다(여기다)'로 여기든 뜻이 하나로 관통됨을 알 수 있다. '有'가 실사로서 의미상의 동사이며, 이에 상대되는 '無'도 실사로서 의미상의 동사이 것처럼, '是'와 상대되는 '非'도 실사류(동사 내지 형용사)로 여길 수 있다. 의미상의 품사를 형용사와 동사 및 부사로 나누고 있으나 문법적으로 하등의 의미가 없다. 쓰임상 어느 한 명칭을 선택하여 통합하는 것도 이치에 맞지 않다. '동·형·부' 또는 '동·형'(부사성을 부정할 경우)의 성질을 아울러 갖는 그 무엇으로 이름을 붙이는 것이 가장 적합하다. 그래서 지금까지의 고대한어 품사 분류는 의미상의 분류이자, 방편적인 것이라고 한 것이다.

18) '焉'은 '之'와 기본 의미는 같으나 '之'보다 어세가 강한 代詞이다. 앞의 '王'을 받는다. '有萌焉'은 '술어+목적어1+목적어2'의 구조이다. '그에게 싹이 있다(싹이 그에게 있다)'를 뜻한다. '焉'을 '於(于)+之'로 풀이한 것은 중대한 착오이다. '於(于)'를 전치사로 여기고 '전치사+之'라고 한 발상이 어디에서 비롯되었는지 모르겠다. 전적으로 후대의 언어와 영문법적 사고에 짜 맞춘 기이한 문법 기술임을 보인다. '於(于)'는 전치사가 아니라 조사이다.

19) '惟奕秋之爲聽' 중의 '之'는 위에서 설명한 대로 강조의 어기조사이다.

20) '而'도 일종의 앞말을 강조하는 어기조사이다. 접속사가 아니다.

21) '無或乎王之不智也' 중의 '乎'도 어기조사이다. 文末에 놓이는 경우와 기능이 같다. 여기에서도 의문의 어기를 나타낸다. 술어 '或'(=惑)의 뒤에 놓였지만, 역시 '의아하게 생각할(의혹할) 것이 없는데 의아하게 생각하다니?' 정도의 의문 어기를 그대로 지닌 채로 술목구조인 '或乎+王之不智'가 다시 '無'의 목적어로 쓰인 것이다. '無'이 목저어가 되어 있기 때문에 한국어로 '乎'의 의문성을 살려내어 번역하기가 쉽지 않다. 즉, '乎'가 없는 문장과 마찬가지로 그냥 "왕이 지혜롭지 못한 것을 의아하게 생각할 것이 없다."로 번역하게 된다. 그러나 '乎'의 기능을 살려 번역하는 방법이 전혀 없지는 않다. "왕이 지혜롭지 못한 것을 이상하게 생각할 것이 없겠지요?"라고 하면 된다.

22) "吾見亦罕矣."는 어기조사 '矣'의 기능이 '변화'를 나타내는 데 있음을 알게 하는 문맥이 뚜렷하게 보인다.

23) '今夫'를 복합사로 보지 않는다. '今'은 허두로 쓰였으나 명사로 여기면 되고, '夫'는 발어의 조사이다. 代詞로 보고 그것의 활용이라고 말할 수도 있다. 대사의 허화로 조사가 되었다고 여기는 '之'·'其'·'焉' 등의 '대사 : 허사'의 경계도 마찬가지이다. 이런 관점으로 본다면 '今'도 일종의 조사로 간주할 수 있는 여지가 있게 된다.

24) '者'는 앞말을 추슬러 강조한다. 어기조사이다. 대사성을 아울러 갖는다고 할 수 있다.
   '者'는 어기조사이다. 앞의 분석용 예문에서 주해한 바와 같다. '구조조사'로서의 기능을 인정하지 않는 주된 이유는 이렇다. 동사·형용사 및 동사·형용사 중심의 句가 의미상 명사성을 띤다고 여겨지는 주어·목적어가 되는 경우에도 문법적인 표지를 필요조건으로 하지 않아서이다. 能生(者)·寒之(者)·善奕(者) 등에서 '者'가 없이 '能生'·'寒之'·'善奕'만으로도 '잘 자라는 것'·'그것을 차갑게 하는 것'·'바둑을 잘 두는 사람'을 나타낸다. 요컨대 '者' 앞에 놓이는 단어나 구의 의미상의 품사성에 관계없이 일관되게 어기조사이다. 다른 어기조사와의 차이는 단독으로 대사로 쓰이는 경우는 없지만 앞말을 추스르는 代詞性을 아울러 지닌다는 점이다.

25) 수식구로 보는 경우, '활의 주살'이 된다. 연합구로 보면, '활과 주살'이 된다. 수식구와 연합구의 경계를 가리기 어려운 예가 된다.

26) '天下易生之物'은 다음과 같은 분석이 가능하다. 형태 표지가 없고 품사성도 두드러지지 않은 언어이기 때문에 크게 다음 두 가지로 나누어 볼 수 있다.
A: 天下(관형어1) + 易生(관형어2) + [之] + 物 : 천하의 자라기 쉬운[→잘 자라는] 사물(것) {易(술어) + 生(목적어)}(=관형어) + [之] + 物

• 술목구조 : 형용사 + 목적어 = 多才, 寡言, 富馬 / 易老, 難成.
*易 + [於言, 難 + [於行 : 조사 '於'는 '言'·'行'을 강조함.
능원동사·능원형용사 + 일반동사(목적어) = 欲○, 願○, 能○, 可○, 足○, 宜○, 肯○ 등.
B: 天下(부사어) + 易 + 生 + [之] + 物 : 천하에[에서] 자라기 쉬운 사물 {天下(부사어) + 易(술어) + 生(목적어)} (=관형어) + [之] + 物

27) '善'의 목적어는 명사성·동사성을 가리지 않는다. '奕'을 '바둑'이라고만 볼 수 없고, '바둑을 두다'로 여길 수 있는 종합성을 지닌다. '善盜'도 마찬가지이다. 보통 '盜'를 동사로 여겨 '도적질하기(도적질)를 잘하다'로 생각하나, 이 역시 명사성의 '도적질(도적 행위)'과 동사성의 '도적질을 하다'로 나눌 수 있는 자질이 단어 자체에는 없다.

28) '使奕秋誨二人奕'은 이른바 兼語式이다. '使 + 奕秋'는 '술 + 목', '奕秋 + 誨二人奕'은 의미상 '주 + 술' 관계이다. 뒤의 술어에는 두 개의 목적어 '二人'과 '奕'이 있다. '奕秋'가 앞 술어 '使'의 목적어와 뒤 술어 '誨'의 의미상의 주어를 겸하므로 '兼語'라고 한다. '혁추로 하여금[혁추를 시켜서] 두 사람에게 바둑을 가르치게 하다'를 뜻한다.

29) 위에서 말한 대로 '與'는 동사로서 '그와 더불다, 그와 더불어 하다'를 뜻한다. 부사어가 되므로 '그와 더불어[→그와]'로 번역할 수 있을 따름이다.

30) '爲'의 목적어가 되는 '有 + 鴻鵠 + [將(부사어)] + 至'도 兼語式이다. '有 + 鴻鵠'(홍곡이 있다)은 '술목구조', 鴻鵠 + [將] + 至(홍곡이 장차 이른다)는 의미상 '주술구조'가 되어 '鴻鵠'이 목적어와 주어를 겸하는 '兼語'가 된다.

'홍곡이 있어 가지고 장차 이르다[→장차 이를
홍곡이 있다]'를 뜻한다.

31) 이 책에서는 전치사의 존재를 인정하지 않는
다. 따라서 보어는 앞 술어에 동사성·형용사
성의 단어가 이어져 결과를 보충 설명하는 경
우만 있다. 종래 전치사[介詞]의 존재를 인정
한 문법서에서는 '前目句[介賓詞組](전치사+
목적어)'가 술어 뒤에 놓이면 '보어', 앞에 놓
이면 '부사어'라는 틀을 마련했다.

32) 종래 관형어 뒤에 오는 경우와 '주술'구조의
주어 뒤에 놓이는 '之'를 구조조사라 하고, 명
사구를 만드는 표지로 여겨왔으나, '之'에 의
해서 명사성의 구가 되고 안 되는 것이 아님을
밝혔다. 조사 '之'는 언제나 공통된 어기조사
이다. 따라서 '王之+不智' 사이의 주술 관계
는 소멸되지 않는다. '之'가 쓰이지 않는 '주술
구'도 얼마든지 다른 술어의 주어나 목적어가
될 수 있기 때문이다. '왕이 지혜롭지 못함(않
음)'과 '왕의 지혜롭지 못함'을 구별하는 표지
는 고대한어에 없다.

33) '奕之+爲數'(바둑이 수가 됨, 바둑의 수가
됨)[→바둑의 수라는 것]의 결합도 '王之+不
智' 결합의 성격과 같다.

34) '奕秋之+爲聽'은 위에서 말한 대로 '爲'를 동
사로 보는 한, 주술구가 된다. '爲'가 없는 '奕
秋之+聽'은 형식상 주술구(혁추의 말이 들어
지다[수동])로 볼 수도 있고, 술목구의 도치인
'목+술' 형식(혁추의 말을 듣다)으로 여길 수
도 있다. '之'의 일관된 기능에 따르면, 주술구
가 기본이 된다고 할 수 있다.

35) '吾如有萌焉何'에 대한 종래의 견해는 '如何'
가 특수한 단어라는 것이다. 句로 여기는 사람
도 있는데, 句로서 다른 목적어를 취한다고 설
명하게 되므로 말 자체가 성립하지 않는다. '술
목'식의 이 단어는 '무엇과 같다[→어떠하다],
무엇과 같이 하다[→어떻게 하다]'를 뜻하는
데, 다른 목적어를 취하면 '如何' 사이로 들어
가서 '如+목적어+何'가 된다는 것이었다.

그러나 이것은 억지인 것 같다.

'吾如有萌焉何'의 '如有萌焉何'는 이렇게
분석된다. '有萌焉'은 '如'의 목적어이다. '그
에게 싹(왕 노릇 할 수 있는 소지)이 있는 것과
같다'를 뜻한다. '何'는 '如有萌焉'의 술어이
다.(如有萌焉[주]+何[술]) '그에게 싹이 있는
것과 같음[같은 것, 같은 경우]이 무엇이겠는
가(뭔가→무슨 소용인가?)'를 뜻한다. '吾'는
'如有萌焉何'의 전체 주어이다. "낸들(내게,
내가) 그에게 싹이 있는 것과 같음[같은 것, 같
은 경우]이 무엇이겠는가[뭔가→무슨 소용인
가]?"를 뜻한다. "~을 어떻게 하겠는가?"로 번
역하는 것은 문맥상 결과적으로 그렇게 이해
되는 것이지 '如何'라는 단어의 의미가 그러한
것은 아니다. 종래의 고대한어 문법에는 파악
된 뜻을 정해 놓고 이것에 문법 규칙을 짜 맞춘
예가 너무나 많다. '吾'는 이 문장에서 문맥상
부사어로 볼 것인가와 경계가 다소 모호하다.)
'如+○+何'는 어느 경우이건 이와 같은 공식
(구조)으로 온전하게 이해할 수 있다.

현대한어에서 소위 離合式 단어를 설명하는
방식을 왜 여기에는 적용하지 못했는지 이해
할 수 없다.

『孟子』抄
오직 仁義가 있을 따름이다 [梁惠王上]

　孟子見梁惠王. 王曰: 叟不遠[1]千里而[2]來 亦將有以[3]利[4]吾國乎[5]? 孟子對曰: 王何[6]必曰利? 亦有仁義而已[7]矣[8]. 王曰何以[9]利吾國, 大夫曰何以利吾家[10], 士庶人[11]曰何以利吾身, 上下交[12]征[13]利而, 國危矣[14]. 萬乘[15]之[16]國弑[17]其君者[18] 必千乘之家, 千乘之國弑其君者 必百乘之家. 萬取千焉[19] 千取百焉 不爲[20]不多矣[21], 苟[22]爲[23]後[24]義而先利 不奪不饜[25]. 未有仁而遺其親者也[26] 未有義而後其君者也. 王亦曰仁義而已矣 何必曰利?

🕮 讀音

맹자 견 량(양) 혜왕. 왕 왈:수 불 원 천 리 이 래 역 장 유 이 리(이)오 국 호? 맹자 대 왈:왕 하 필 왈 리? 역 유 인 의 이 이 의. 왕 왈 하 이 리 오 국, 대 부 왈 하 이 리 오 가, 사 서 인 왈 하 이 리 오 신, 상 하 교 정 리 이, 국 위 의. 만 승 지 국 시 기 군 자 필 천 승 지 가, 천 승 지 국 시 기 군 자 필 백 승 지 가. 만 취 천 언 천 취 백 언 불 위 불(부) 다 의, 구 위 후 의 이 선 리 불 탈 불 염. 미 유 인 이 유 기 친 자 야 미 유 의 이 후 기 군 자 야. 왕 역 왈 인 의 이 이 의 하 필 왈 리?

譯文

맹자가(내가) 양의 혜왕을 만났다. 왕이 말했다. "노인장께서 천 리를 멀다 여기지 않으시고 오셨으니 역시 장차 (써서[이로써←이것을 가지고]) 내 나라를 이롭게 할 것이[함이] 있겠군요?" 맹자가 대답하여 말했다. "왕께서는 뭐(왜) 꼭 이롭게 하는 것을 말씀하십니까? 역시 어질게 하는 것과 의롭게 하는 것이 있고요 그뿐입니다[←있고 맙니다]. 왕께서 '무엇을 써서 내 나라를 이롭게 할까?' 하고 말씀하시고, 대부는 '무엇을 써서 내 가문을 이롭게 할까?' 하고 말하며, 사(선비)와 일반 백성은 '무엇을 써서 내 몸을 이롭게 할까?' 하고 말하여, 위아래가 교차하며(번갈아, 교대로, 서로) 이롭게 하는 것을 취한다면, 나라가 위태로워질 것입니다. 만승의 나라에서 그 임금을 시해하는 것은(경우는, 사람은)[시해한다면] 반드시 천승의 가문이며, 천승의 나라에서 그 임금을 시해하는 것은 반드시 백승의 가문입니다. 만에서 천을 취하고 천에서 백을 취하는 것이 많지 않은 것이 되지 않는데도(아닌데도), 만약 의롭게 하는 것을 뒤로 하고 이롭게 하는 것을 앞세우게 된다면 빼앗지 않고는 만족하지 못합니다. 어진데도 그의 어버이를 버린 경우는 아직 있지 아니하였으며 의로운데도 그의 임금을 뒤로 한 경우는 아직 있지 아니하였습니다. 왕께서는 역시 어질게 하는 것과 의롭게 하는 것을 말씀하시고 그치셔야지[→말씀하실 따름이지] 뭐 꼭 이롭게 하는 것을 말씀하십니까?"

註釋

1) 遠 : 멀다고 여기다(멀다 하다).

2) 而 : 조사[助詞]이다. 강조의 어기[語氣]를 지닌다. 앞말을 강조한다. 그러므로 휴지가 있을 경우는 대부분 '而'의 뒤에 있다.
    ☞ 영어의 품사 분류 방식을 받아들인 이래 '而'를 접속사(接續詞)[連詞]로 여겨 왔으나, 특정의 문맥 관계를 나타내는 기능을 갖지 않으므로 접속사로 여길 수 없다. '而' 앞쪽의 실사가 지니는 의미에 의해 여러 가지 문맥 관계는 나타난다. '而'는 크고 작은 어구 사이에 두루 쓰일 따름이다. 즉, 서로 다른 문맥을 나타내는 접속사로서의 변별력을 갖지 않는다.

이것이 문맥 관계를 나타내 주는 단어가 아님에 각별히 유의하여야 한다. 따라서 문어체의 표준 한국어로는 대부분 이것이 나타내는 강조의 어기를 번역할 길이 막연하다.

3) 以 : 동사[動詞]이다. '쓰다(가지다), 써서 하다(가지고 하다)' 등으로 번역할 수 있다. 흔히 다른 술어가 바로 이어진다. 이처럼 목적어를 취하지 않고 뒤따르는 술어 부분을 수식하는 의미 관계를 가지므로 한국어로 번역하기가 곤란하다. 자면[字面]대로라면 '써서(가지고서) ~하다' 등으로 번역해야 되겠지만 이렇게 하면 어색하므로 보통 번역하지 않는다. 그러나 한문에서의 '以'의 쓰임상 이것이 의미상 목적어로 취할 수 있는 내용을 밝혀 알면 바른 번역에 크게 도움이 된다.

☞ 이 경우의 '以'를 품사 분류상 전치사(前置詞)[介詞]로 여겨 왔다. 영어의 전치사에 짝하는 품사를 상정하면서부터이다. 고대한어에서 전치사로 분류한 얼마 안 되는 단어들에 대해 대부분 동사와 전치사를 겸하고 있다고 설명해왔다[以, 與, 爲, 至, 及 등]. 또, 목적어를 수반하건 안 하건 간에 영어에서와 같이 전치사구[개사구]라 이르고, 다른 술어 앞에 놓이면 전치 수식어라고 기능을 부여해 왔다. 목적어가 따르지 않는 경우에 대해서는 목적어의 생략이라는 설명을 가했다. 이것들의 동사 기능과 전치사 기능을 구분하는 이유는, '동사'는 실사로서 단독으로 문장 성분(주어, 술어, 목적어, 보어, 관형어, 부사어)이 될 수 있는 반면, '전치사'는 실질적인 의미를 갖지 못하는 이른바 '허사[虛詞]'로서 오직 실질적인 의미를 나타내는 성분을 수반함으로써만 모종의 역할을 한다고 여긴 데 있었다.

이는 허구이다. 첫째, 실질적인 의미가 없어지지 않았다. 다른 언어나 뒤 시대의 언어로 번역할 때, 문장 중에 없는 말을 보충하여 번역해야 하는 경우들이 많이 있듯이, 번역할 만한 대응 표현이 없는 경우도 많다. 이는 당시의 언어 습관이 그러해서이지 동사가 지닌 의미를 상실하고 허화(虛化=문법화)된 때문이라고 볼 수 없다. 둘째, 전치사를 허화된 단어의 한 종류이며 단독으로 문장 성분이 될 수 없는 품사라고 정의한 바라면, 목적어를 생략한 채 단독으로 문장 성분이 된다고 설명하는 것은 매우 모순된 태도이다. 셋째, 똑같이 전치사라고 여기면서도 술어 뒤에 오는 '於(于)'에 대해는 목적어가 생략되는 것이 아니라 전치사가 생략된다는 모순된 설명을 하였다. 또 이 경우는 흔히 문장 성분을 전치사구 '보어'라고 여겨 짜 맞추었다. 이 같은 문법 설명은 말할 것도 없이 영어의 품사 분류 방식에 지나치게 영향을 받은 것으로서, 고대중국어[古代漢語]의 문법 설명에 적합하지 않다.

요컨대, '於(于)'는 어기조사이고, 나머지는 동사이다. 다른 동사들이 목적어를 수반하지 않고 뒤에 오는 다른 술어를 수식할 수 있는 경우와 평행하게 설명되어야 한다. 이렇게 함으로써만이 이 부류 단어의 쓰임과 문맥을 바르게 파악할 수 있다.

4) 利 : 본문에서 고대한어 품사 분류의 문제점을 설명하면서 이 예를 들었다. 여기에서 다시 한 번 상기해 보기로 한다. 한문 중의 단어에 대해 영어와 비슷한 방식으로 지금처럼 품사를 분류하는 데는 많은 문제점들이 있음에 유의하여야 한다. '利'를 가지고 말한다면, '이롭다, 날카롭다' 등으로 번역할 수 있는 경우는 '형용사(形容詞)'로, '이롭게 하다, 날카롭게 하다' 등은 '동사'로, '이익(이로움), 날카로움(예리함)' 등은 '명사'로 분류하는 것이 고작이기 때문이다. 동사인 경우에는 '이롭게 하

다'에 그치지 않고 때로는 '이롭다고 여기다'로 번역되는 경우도 있다.

'生'을 예로 들어 보자. '살다, 태어나다', '출생, 생명, 산 사람(것)' 중 어느 것으로 번역되느냐에 따라 '동사'와 '명사'로 나누고 있다. '살리다(태어나게 하다), 살려지다' 등도 '生'으로 나타낸다.

이처럼 의미상의 '형용사'·'동사'·'명사' 가운데 두세 가지 품사를 하나의 형태로, '동사'의 여러 가지 의미를 하나의 형태로 표현하는 것이 고대한어이다. 이러한 품사 분류는 한국어나 다른 언어, 또는 현대한어로 이해하는 데는 도움을 줄 수도 있으나, 오히려 고대한어의 문법 체계를 바르게 이해하는 데 장애가 되는 경우가 많음을 알아야 한다. 도움을 준다는 것이 어려운 언어로 여기게끔 하고, 언어의 실상을 왜곡하는 것이 된다. 현행의 고대한어 품사 분류가 저마다 자의성을 보이는 것은 이 때문이다.

이 글에서 '利'를 '이롭게 하다' 한 가지로 번역할 것인가, '이롭게 하다'와 '이익' 두 가지로 나누어 번역할 것인가 하는 문제는 전적으로 우리가 인지하는 '문맥'에 달려 있으며, 고대한어 자체에는 본시 이러한 구별이 없음을 유념하여야 한다. 번역은 어느 언어를 사용하는 사람이 하느냐에 따라 또 다소 자의적임을 면하기 어렵다.

이 책에서는 이러한 고대한어 단어의 성격을 중시하여 가능한 한, 어느 한 가지를 선택하여 일관성 있게 파악하려는 관점을 우선하였다.

문장 구조상 '以利吾國'은 '有'의 목적어에 해당된다.

5) 乎 : 조사(助詞)의 한 가지이다. 놓이는 위치가 文末이건 文中이건, 기본적으로 의문의 어기를 나타내는 경우가 가장 많다. 그리하여 여기에서처럼 일반 의문문에 쓰이는 외에, 의문문의 형식을 취하는 반문(=反語[反詰])의 문(文)에도 쓰이며, 추측의 문에도 쓰인다.

6) 何 : 의문대사(疑問代詞)이다. 대사(代詞)는 다른 실사(實詞)류의 단어(의미상 명사·동사·형용사·부사 등으로 나뉨) 및 구(句) 또는 문장(文章=文)을 대신하여 나타내는 단어를 포괄하는 품사 분별상의 명칭이다. '何'는 의문을 나타내는 대사 가운데 대표적인 것이다. 주어·목적어로 쓰일 때는 '무엇', 관형어로 쓰일 때는 '무슨, 어느, 어떤', 부사어로 쓰일 때는 '뭐(뭐로)'로 번역할 수 있다. 부사어로 쓰인 경우는 문맥에 따라 '어째서(왜, 무엇 때문에)', '어떻게' 등으로 나누어 구체화할 수 있다. 술어로 쓰일 때는 한국어로 '무엇'에 '이다'를 붙여 번역하게 된다. 반문의 문장은 '어찌'·'어떻게' 등으로 번역하면 부드럽다.

7) 已 : '동사'이다. '그치다, 그만두다, 그뿐이다. ~이고(하고) 말다' 등으로 번역할 수 있다. 이 글에서처럼 문장의 끝에 놓이면 '~할 따름이다(뿐이다)'의 문맥을 결정한다. 그래서 지금까지 이것을 '한정(제한)'의 어기를 나타내는 '조사'로 여겨왔다. 자세히 보면 그렇지 않음을 알 수 있다. '而'에 의해서 앞말이 강조되고 '已'는 '(그것으로) 그만이다, 그뿐이다'는 뜻을 전달하는 실사(實詞)이다.

☞ '已' 앞에는 앞말을 강조하는 '而'가 쓰이기 쉽고, '而已'를 연음하여 빠르게 읽으면 한 글자처럼 발음되므로 이 음을 '耳' 한 글자로 표기하기도 하였다. 또, 음이 같음을 조건으로 하여 다른 글자를 빌려 쓰기도 하였다(가차). '而已(=耳)'의 뒤에 '矣'가 함께 연용되기도 한다.

그러므로 '耳'는 '조사(而)+동사(已)'의 합

음(合音)이라는 사실에 유의하여야 한다.

8) 矣 : 어기조사의 한 가지이다. 문장의 끝에 놓으면 주로 상황이 '변화'되었음을 나타낸다. 여기에는 완료·소멸·생성 등의 내용이 모두 포함된다.

때로는 확정적인 어기를 나타내기도 한다. 위의 예는 여기에 해당한다. 그래서 '변화'와 '확정'을 구분하기 어려운 경우가 많다. 이 두 가지도 본시 '矣'의 한 가지 기능으로 통합해서 보아야 할 것이나, 문맥에 대한 우리의 인식에 의해서 나누므로 이렇게 된다.

9) 何以 : 고대한어 목적어가 술어(동사 또는 형용사)의 뒤에 위치하는 것이 기본 어순임을 보인다. 그런데 의문대사(疑問代詞)(보통 '疑問詞'라고 부름)가 목적어가 되면 '목적어＋술어'가 기본 어순이 되어 이를 '도치'라고 설명한다. 도치되지 않은 경우도 있다.

목적어인 의문대사가 술어 앞으로 온다는 사실은 말의 중점(여기서는 의문의 소재)이 여기에 있기 때문이라는 사실을 알 수 있다. 즉, 의문의 소재는 본질적으로 강조되는 부분이므로 먼저 말하는 경우가 많은 것이다.

'何以'는 '무엇을 쓰는가(사용하는가), 무엇을 써서 하는가'를 뜻한다. 다음에 오는 말을 수식하는 경우, '무엇을 가지고(무엇으로)' 등으로 번역한다. 구체적인 문맥에 의해서는 '무엇 때문에(어째서, 왜)', '어떻게' 등으로 번역할 수 있다.

10) 家 : 여기에서의 '家'는 '家門' 정도로 번역할 수 있는 개념이다. '國家' 중의 '家'는 이 개념이다. '國'보다는 작은 의미의 나라에 상당한다고 할 수 있다. '國'이 대체로 제후의 나라라면, '大夫'는 그 아래에서 권한을 위임받아 크고 작은 고을을 다스리는 신분에 해당한다.

그러므로 '家'에는 결국 작은 나라의 의미가 있다.

11) 지배계급은 '公·卿·大夫'의 순으로 위계가 있고, 그 다음 계급이 '士'이다. '士'는 최하위 계급인 '庶人'과 '公·卿·大夫' 사이의 계급이다.

12) 交 : '교차하다, 번갈다, 교대하다'를 뜻한다.

13) 征 : '취하다'를 뜻한다.

14) 矣 : 상황의 '변화'를 나타내는 대표적인 예이다. '矣'가 이처럼 시간성을 가져 동적(動的)인 성질을 띠는 반면, 같은 위치에 '也'가 놓이면 정적(靜的)인 성질을 띠어 화자의 판단을 강조하는 어기를 나타낸다. 이에 따라 '也'와 '矣'의 차이가 명확하게 대조된다.

15) 萬乘 : 周代의 제도에 의하면, 天子는 兵車 萬 대를 낼 수 있고, 諸侯는 千 대를 낼 수 있으며, 大夫는 百 대를 거느릴 수 있었다. 전국시대에 이르러 주 황실은 약화되고 큰 제후는 천자를 넘보는 병력을 지녔다고 한다. 이러한 위계질서가 무너지는 이유를 말하고 있다.

16) 之 : 어기조사이다. 앞말을 강조한다. 여기에서는 수식어인 관형어 뒤에 쓰였다. 주어 뒤와 다른 위치에 쓰여도 조사로서의 '之'는 언제나 강조의 어기를 지닌다.

17) 弑 : 아랫사람이 윗사람을 죽이는 것을 뜻한다.

18) 者 : 文中이건 文末이건 어기조사이다. 다른 조사들과는 달리 代詞性을 동시에 지니는 조사라고 할 수 있다. '者'가 있음으로 해서 '~하는 것(사람, 경우)'이 되는 것이 아니라, 이것이 없이도 앞의 단어나 구가 '~하는 것(사람, 경우)'를 뜻할 수 있다. 그러므로 '~ 그 임금을 시해하는 사람은'이라고 번역하지 않고, '~ 그 임금을 시해하는 경우는' 또는 '~ 그 임

금을 시해한다면'과 같이 번역할 수도 있다. 407쪽 주석 24)번을 참조하기 바란다.

19) 焉 : 代詞일 때는 대사 '之'보다 강하다. 한국어로 '之'가 '그[것][사람]'이라면, '焉'은 '고[것]'이라는 말이 강조성을 띠어 '그[것]'과 대비될 때의 경우를 생각해 보면 이해에 도움이 될지 모르겠다. 여기에서는 순수 어기조사이다. '其'·'之' 등의 대사가 다른 대사가 가리키는 내용이 없이 쓰이면 조사로 분류되듯이 '焉'도 가리키는 내용이 없을 때는 어기조사로서 강한 강조의 기능을 갖는다. 문맥상 판별하기 어려운 경우가 적지 않다.

20) 爲 : 平聲으로 읽힐 때, 한국어로 대표할 수 있는 번역어는 '하다'일 것이다. 이 '하다'는 '되다(이다), ~라고 하다(여기다), 만들다' 등 등을 모두 포괄한다.

21) 矣 : 대부분 변화를 나타내지만 여기에서는 확정적인 어기를 나타낸다.

22) 苟 : 여기에서는 '만약(에)'을 뜻한다. '진실로'를 뜻할 때와 마찬가지로 부사로 친다.

23) 爲 : '後義而先利'가 '爲'의 목적어이다. '되다'는 뜻이다.

24) 後 : 이 역시 고대한어 실사류의 종합적 품사성을 보이는 용례이다. '뒤'로 여겨지면 명사이고, '뒤로 하다, 뒤로 미루다'로 여겨지면 동사라고 한다. 그런데 한 가지로 나타난다. 함께 쓰이는 다른 단어와 어순 및 문맥에 의해서 우리가 결정할 따름이다. 실사류 품사 분류가 방편적인 성격을 갖는다고 한 것은 이 때문이다. 뒤에 나오는 '先'(앞세우다, 우선시하다)도 같은 경우이다.

25) 不奪不饜 : 문맥 관계 표시어가 필요조건이 아닌 고대한어의 본질적 특성이 가장 잘 나타나 있는 부분이다. '빼앗지 않으면(않고는) 만족하지 않는다(못한다)'는 전적으로 문맥에 의한다. 문맥에 따라 연합구조도 될 수 있다. 단어와 단어, 구와 구, 절과 절, 또는 서로 다른 단위들 간의 관계에서 다 마찬가지이다.

26) 者也 : 두 어기조사의 연용이다. '者'의 기능은 위에서 설명하였다. '也'는 문장 끝에 놓여 어떠한 사실 판단을 강조하는 어기를 지닌다. 평서문·의문문·의문문·감탄문을 가리지 않고 쓰인다. '矣'가 변화성·시간성을 띠는 데 대해, '也'는 변화성·시간성을 띠지 않는다.

『晏子春秋』抄
水土가 달라서이다 [內篇雜下]

晏子將使楚. 楚王聞之 謂左右曰: 晏嬰齊之習辭者也. 今方來,
吾欲辱之 何以也? 左右對曰: 爲其來也, 臣請縛一人過王而行.
王曰: 何爲者也? 對曰: 齊人也. 王曰: 何坐? 曰: 坐盜.

晏子至, 楚王賜晏子酒, 酒酣, 吏二縛一人詣王. 王曰: 縛者曷
爲者也? 對曰: 齊人也 坐盜.

王視晏子曰: 齊人固善盜乎?

晏子避席對曰: 嬰聞之 橘生淮南則爲橘 生于淮北則爲枳, 葉
徒相似, 其實味不同. 所以然者何? 水土異也. 今民生長于齊不
盜 入楚則盜 得無楚之水土使民善盜耶?

王笑曰: 聖人非所與熙也, 寡人反取病焉.

譯文 1

안자가 장차 초나라로 사신 가게(초나라에 사신으로 가게) 되었다. 초나라 왕이
그것을 듣고, 좌우(좌우의 신하들)에 말했다. 안영은 제나라의 말을 잘하는 사람이
오. 이제 바야흐로 그가 오게 되오. 내가 그를 욕보이고 싶은데 무엇을 가지고 해
야 하겠는가(무엇을 써서 하는 것이 좋겠는가)[→무슨 방법을 써야 하겠는가][⇒어떻
게 하는 것이 좋겠는가]?

좌우가(신하들이) 대답하여 말했다. 그가 오게 되면 신들이 청하여[←삼가, 청컨대] 한 사람을 묶어 왕(앞)을 지나서 가게 하겠습니다. 왕께서 무엇 하는 사람(놈)이냐고 하시면, 대답하여 제나라 사람이라고 할 것이며, 왕께서 무슨 죄를 지었느냐고 하시면, 도적 죄를 지었다고 하겠습니다."

안자가 이르자 초나라 왕이 안자에게 술을 내렸다[→술을 대접하였다]. 술이 얼큰해지자 관리 둘이 한 사람을 묶어 가지고 왕 앞에 이르렀다. 왕이 묶인 자는 무엇하는 사람이냐고 하자, 대답하여 제나라 사람으로(인데) 도적 죄를 지었다고 하였다.

왕이 안자를 보고 말했다. 제나라 사람은 본디 도적질을 잘 합니까?

안자가 자리를 피하며 대답하여 말했다. 영이(제가) [그것을] 듣건대(저는 그렇게 들었습니다), 귤이 회수의 남쪽에서 자라면 곧 귤이 되지만 회수의 북쪽에서 자라면 곧 탱자가 된다고 합니다. 잎사귀만 서로 비슷할 뿐, 그(그것들의) 열매와 맛[또는 '열매 맛']은 같지 않습니다. 그렇게 되는 바(의 까닭)는 무엇일까요(입니까)? 수토(풍토)가 달라서이지요. 이제 백성이 제나라에서 나고 자라면 도적질을 하지 않는데 초나라에 들어오면 곧 도적질을 하게 되는 데는 초나라의 수토가 백성들로 하여금 도적질을 잘하게 하는 경우가 없을 수 있겠는지요?

왕이 웃으면서 말했다. 성인은 더불어 희롱할 바가 아니로다. 과인이 반대로 그에게 괴롭힘을 받았다(당했다).

譯文 2

※ 대화 부분에 구두점을 넣어 직접화법에 가깝도록 번역문을 다시 정리하면 다음과 같다.

안자가 장차 초나라로 사신 가게 되었다. 초나라 왕이 그것을 듣고, 좌우에 말했다. "안영은 제나라의 말을 잘하는 사람이오. 이제 바야흐로 그가 오게 되오. 내가 그를 욕보이고 싶은데 무엇을 가지고 해야 하겠는가?"

좌우가 대답하여 말했다. "그가 오게 되면 신들이 청하여[삼가] 한 사람을 묶어 왕(앞)을 지나서 가게 하겠습니다. 왕께서 '무엇 하는 사람(놈)인가?' 하시면, 대답하여 '제나라 사람입니다.'라고 할 것이며, 왕께서 '무슨 죄를 지었는가?'라고 하시면 '도적 죄를 지었습니다.'라고 하겠습니다."

안자가 이르자 초나라 왕이 안자에게 술을 내렸다. 술이 얼큰해지자 관리 둘이 한 사람을 묶어 가지고 왕 앞에 이르렀다. 왕이 "묶인 자는 무엇하는 사람인가?"라고 하자, 대답하여 "제나라 사람으로, 도적 죄를 지었습니다."라고 하였다.

왕이 안자를 보고 말했다. "제나라 사람은 본디 도적질을 잘합니까?"

안자가 자리를 피하며 대답하여 말했다. "영이(제가) [그것을] 듣건대, 귤이 회수의 남쪽에서 자라면 곧 귤이 되지만 회수의 북쪽에서 자라면 곧 탱자가 된다고 합니다. 잎사귀만 서로 비슷할 뿐, 그(그것들의) 열매와 맛[또는 '열매 맛']은 같지 않습니다. 그렇게 되는 바(의 까닭)는 무엇일까요(입니까)? 수토(풍토)가 달라서이지요. 이제 백성이 제나라에서 나고 자라면 도적질을 하지 않는데 초나라에 들어오면 곧 도적질을 하게 되는 데는 초나라의 수토가 백성들로 하여금 도적질을 잘하게 하는 경우가 없을 수 있겠는지요?"

왕이 웃으면서 말했다. "성인은 더불어 희롱할 바가 아니로다. 과인이 반대로 (그에게) 괴롭힘을 받았다(당했다)."

『史記』抄
(廉頗藺相如列傳)

廉頗者趙之良將也. 趙惠文王十六年[1]廉頗爲趙將 伐齊 大破
之 取陽晉 拜爲[2]上卿[3] 以[4]勇氣聞於諸侯[5]. 藺相如者[6]趙人也
爲趙宦者令[7]繆賢舍人[8].

趙惠文王時得楚和氏璧[9]. 秦昭王聞之 使人遺[10]趙王書 願以十
五城請易璧. 趙王與[11]大將軍廉頗諸大臣謀. ∨欲予秦 秦城恐不
可得 徒見欺[12], ∨欲勿[13]予 卽[14]患秦兵之[15]來.

計未定, ∨求人可使報秦者[16] 未得[17]. 宦者令繆賢曰: 臣舍人
藺相如可使. 王問: 何以知之? ∨對曰: 臣嘗有罪 竊[18]計欲亡走
燕. 臣舍人相如止臣曰: 君何以知燕王? 臣語曰: 臣嘗從大王與
燕王會境上, 燕王私握手曰: ∨願結友. ∨以此知之 故欲往. 相如
謂臣曰: 夫趙强而燕弱而, 君幸於趙王, 故燕王欲結於君. 今君
乃亡趙走燕, 燕畏趙 其勢必不敢留君而 束君歸趙矣. 今∨不如
肉袒伏斧質請罪 則[19]幸得脫矣. 臣從其計, 大王亦幸[20]赦臣. 臣
竊[21]以爲其人勇士 有智謀 宜[22]可使.

於是[23]王召見 問藺相如曰: 秦王以十五城請易寡人之璧, ∨可

予不∨? 相如曰: 秦强而[24], 趙弱, ∨不可不許. 王曰: ∨取吾璧不予我城[25], [∨]奈何? 相如曰: 秦以城求璧而, 趙不許, 曲在趙. 趙予璧而, 秦不予趙城, 曲在秦. ∨均之二策[26] 寧[27]許以負秦曲[28]. 王曰: 誰可使者[29]? 相如曰: 王必無人, 臣願奉璧往使. 城入趙而, 璧留秦, 城不入, 臣請完璧歸趙[30].

趙王於是遂遣相如奉璧西入秦[31]. 秦王坐章臺[32]見相如, 相如奉璧奏秦王. 秦王大喜傳∨以示美人及左右[33], 左右皆呼萬歲.

相如視秦王無意償趙城[34] 乃[35]前[36]曰: 璧有瑕, ∨請[37]指示王. 王授璧. 相如因持璧却立 倚柱 怒髮上沖冠 謂秦王曰: 大王欲得璧 使人發書至趙王[38], 趙王悉召群臣議, ∨皆曰: 秦貪負[39]其强以空[40]言求璧償城, ∨恐不可得∨.[41] 議不欲予秦璧[42]. 臣以爲[43] 布衣之交尙不相欺 況[44]大國乎 且[45]∨以一璧之故逆强秦之歡[46]不可. 於是趙王乃齋戒五日 使臣奉璧拜送書於庭[47]. 何者? ∨嚴大國之威以修敬也. 今臣至, 大王見臣列觀[48], 禮節甚倨, ∨得璧 傳之美人以戲弄臣. 臣觀大王無意償趙王城邑, 故臣復取璧. 大王必欲急[49]臣, 臣頭今與璧俱碎於柱矣. 相如持其璧睨柱 欲以擊柱[50].

秦王恐其破璧 乃辭謝 固請∨ 召有司案圖 指從此以往十五都[51]予趙. 相如度秦王特以詐詳爲予趙城[52] ∨實不可得 乃謂秦王曰: 和氏璧天下所共傳寶[53]也, 趙王恐∨ 不敢不獻[54]. 趙王送

璧時齋戒五日, 今大王亦宜[55]齋戒五日設九賓[56]於廷, 臣乃敢上
璧. 秦王度[57]之 終[58]不可强奪 遂許齋五日 舍相如廣成傳舍[59].

相如度秦王雖[60]齋 決負約不償城[61] 乃使其從者衣褐懷其璧從
徑道亡歸璧於趙[62].

⚫ 譯文

염파·인상여 열전

廉頗는 趙(나라)의 좋은(훌륭한) 장수이다. 趙 惠文王 16년에 廉頗는 趙의 장군이
되어 齊(나라)를 쳐서 [그것을] 크게 쳐부수어 陽晋을 취하고 上卿에 제수되었으며
용기로써[←용기를(용기가 있다는 것을) 가지고] 제후들에게 알려졌다[←(이름이) 들
렸다]. 藺相如는 趙 사람으로 趙 환관의 우두머리인 繆賢의 식객이 되었다.

趙는 惠文王 때에[또는 '趙의 혜문왕 때에] 楚(나라) 和氏의 옥을 얻었다. 秦 昭
王이 그것을 듣고 사람을 시켜 趙 왕에게 글을 보내 열다섯 성을 가지고[→열다섯
성을] 옥과 바꾸기를 [청하기를] 원했다. 趙 왕이 대장군 廉頗와 여러 대신들과 더
불어 상의하였다. 秦에게 주기를 바라자니[→주기로 하자니] 秦의 성은 얻지 못하
고 단지 속임만 당할 것이 두렵고, 주는 일이 없기를 바라자니[→주지 않고자 하니]
곧 秦의 군대가 (쳐들어) 올 것이 걱정되었다.

계책이 아직 정해지지 않았고 秦에 사신으로 가서 회답할(알릴) 사람을 찾았으
나 아직 얻지 못했다. 환관의 우두머리인 繆賢이 말했다. "臣의 식객 藺相如가 사
신으로 갈 만합니다." 왕이 물었다. "무엇을 가지고[→어떻게] 그것을(인상여가 사

신으로 갈 만하다는 것을) 알았는가?"(繆賢이) 대답하였다. 신은 일찍이 죄가 있어서 몰래 계획을 세워 도망하여 燕으로 달아나기를 원했었습니다. 신의 식객 相如가 신으로 하여금 그만두게 하면서 "당신께서는 무엇을 가지고 燕 왕을 아셨습니까?"라고 말하였습니다. 신이 다음과 같이 말했습니다. "신이(내가) 일찍이 대왕을 따라 燕 왕과 국경에서 만났는데, 燕 왕이 사사로이 손을 잡고 말하기를 '친구 관계를 맺기 원합니다.'라고 말했었네. 이를 가지고 그를 알았고 까닭에 가기를 원했네."라고 했습니다. 相如가 신에게 일러 말했습니다. "대저 趙는 강하고 燕은 약하며, 당신께서는 趙 왕에게 총애를 받고 있습니다. 까닭에 燕 왕이 당신과 결탁하기를(맺기를) 바라는 것입니다. 지금 당신께서 곧 趙에서 도망하여 燕으로 달아나면, 燕은 趙를 두려워하므로 그 형세상 틀림없이 감히 당신을 머무르게 하지 못하고 당신을 묶어서 趙로 돌려보내게 될 것입니다. 지금 웃통을 벗어 살을 드러내고 도끼와 쇠 모탕 위에 엎드려 죄를 청하여 곧 다행히 (죄를) 벗어날 수 있게 됨만 같지 못합니다." 신이 그의 계책을 따랐더니, 대왕께서 역시 다행히 신을 용서하셨습니다. 신은 삼가 그 사람이 용사이고 지모가 있어서 의당 사신으로 갈 만하다고[←사신으로 갈 만하기에 마땅하다고] 여깁니다[생각합니다].

이에 왕이 불러 접견하고 藺相如에게 물어 말했다. "秦 왕이 열다섯 성을 가지고[→열다섯 성으로] 과인의 옥과 바꾸기를 청하였는데 주어도 되겠는가 안 되겠는가?" 相如가 말했다. "秦은 강한데(강하고, 강하나), 趙는 약하니, 허락하지 않으면 안 되겠습니다." 왕이 말했다. "내(우리) 옥을 가져가고 나(우리)에게 성을 주지 않으면 어떻게 할 것인가?" 相如가 말했다. "秦이 성을 가지고 옥을 요구하는데, 趙가 허락하지 않으면, 허물이 趙에 있으며, 趙가 옥을 주었는데(주었으나), 秦이 趙에게 성을 주지 않는다면, 허물은 秦에 있습니다. 그 두 계책을 저울질해보면 차라리 허락하여 (그래 가지고, 그렇게 해서) 秦에게 허물을 지우는 것이 낫습니다." 왕이 말했다. "누가 사신으로 갈 수 있겠는가?" 相如가 말했다. "왕께 꼭 사람이 없으시다면, 臣이 옥을 받들고 사신으로 가고 싶습니다. 성이 趙에 들어오면, 옥은 秦에 남겨둘 것이며, 성이 들어오지 않으면 臣이(제가) 삼가 옥을 온전히 하여 趙로 돌려보내겠습니다(돌아오게 하겠습니다)."

趙 왕이 이에[→그리하여] 마침내 相如를 보내어(파견하여) 옥을 받들고 서쪽으로 秦에 들어가게 하였다. 秦 왕은 章臺에 앉아서 相如를 접견하였고, 相如는 옥을 받들어 秦 왕에게 올렸다. 秦의 왕이 크게 기뻐하며 건네어 (그래 가지고) 비빈들에게 보여주고 좌우의 신하들에게까지 미치게 하니, 좌우의 신하들이 모두 만세를 불렀다.

相如는 秦 왕이 趙에 성으로 보상해줄 뜻이 없다고 보고 곧 앞으로 나아가 말했다. "옥에 흠이 있사와 삼가 가리켜 보여드리겠습니다." 왕이 옥을 주었다. 相如는 이어서(이에 따라) 옥을 들고(지니고) 물러서서 기둥에 기대고(기대어) 화가 나서 머리털이 위로 모자까지 치솟아가지고 秦 왕에게 말했다. "대왕께서 옥을 얻고자 하시어 사람을 시켜 글을 보내 趙 왕에게 이르게 하자, 趙 왕이 뭇 신하들을 다 불러 의논하였는데, 모두 말하기를 '秦 왕이 욕심을 부려 그의 강함에 의지하여(←강함을 짊어지고[→강함을 배경 삼아]) [그래 가지고] 거짓으로 옥을 원하고 성으로 보상해준다고 말하는데, 아마도 (성을) 얻을 수가 없을 것입니다.'라고 하여, 秦에게 옥을 주고 싶어 하지 않은 것으로 논의되었습니다[→않기로 논의하였습니다]. 臣은 베옷 입은 사람(벼슬하지 않는 사람)의 사귐도 오히려 서로 속이시 않는데 하물며 大國임에랴[→대국이 속이겠는가], 또 옥 하나 때문으로 강한 秦의 호의를 거스르는 것은 옳지 않다고 생각했습니다. 이에 趙 왕은 곧 닷새 동안 재계하고 臣으로 하여금 옥을 받들어 조정에서 절하고 글을 전하게[←보내게] 하셨습니다. [그 이유가] 무엇 때문이겠습니까[←무엇이겠습니까]? 대국의 위엄을 존중하여 [그래 가지고] 존경을 실천해서입니다. 이제 臣이 이르자 대왕께서는 臣을 일반 누대에서 접견하시었고, 예절은 심히 거만하였으며, 옥을 얻자 그것을 비빈들에게 건네시어 臣을 희롱하셨습니다. 臣은 대왕이 趙 왕에게 성읍을 보상해 줄 뜻이 없다고 보았으며, 까닭에 臣이 다시 옥을 가져왔습니다. 대왕께서 꼭 臣을 급박(압박)하기를 바라신다면[→급박하시고자 한다면], 臣의 머리는 이제 옥과 더불어 함께 기둥에 부서지게 될 것입니다." 相如가 그 옥을 들고(지니고) 기둥을 곁눈질하며 [그래 가지고] 기둥에 부딪치려 하였다.

  秦 왕은 그가 옥을 깨뜨릴까 두려워 곧 사과한다고 말하고 진정으로[←굳게] (깨뜨리지 말기를) 청하고 관리를 불러 지도를 펼치게 하고 여기서부터 가가지고[→여기 이하의] 열다섯 城邑은 趙에게 준다고 가리켰다[→가리켜 말했다]. 相如는 秦 왕이 특별히[→단지] 속임수로[←속임수를 써서] 趙에게 성을 주는 것으로(주기로) 하는 척할 뿐 (趙가) 실제로는 (성을) 얻을 수가 없음을 헤아리고는 곧 秦 왕에게 일러 말했다. "和氏의 옥은 천하가 함께 전하는 바의 보물이나(보물인데), 趙 왕께서는 (대왕을) 두려워하여 감히 바치지 않을 수가 없었습니다. 趙 왕께서 옥을 보내실 때 닷새 동안 재계하셨으니, 이제 대왕께서도 역시 닷새 동안 재계하시고 조정에서 九賓禮를 베푸심이 마땅합니다. (그렇게 하시면) 臣은 곧(바로) 삼가[←청하여] 옥을 올리겠습니다." 秦 왕은 [그것,] 끝내 억지로 뺏을 수가 없음을 헤아리고 마침내 닷새 동안 재계할 것을 허락하고 相如를 廣成의 여관에 묵게 하였다.

  相如는 秦 왕이 비록 재계는 하나 결단코[←결단 내리어, →결국] 약속을 저버리고 성으로 보상해주지 않을 것임을 헤아리고 곧 그의 수행원을 시켜서(수행원으로 하여금) 굵은 베옷을 입고 그 옥을 품어 지름길을 통해서 도망하여 옥을 趙로 돌려보내게 하였다.

註釋

1) 趙惠文王十六年 : B.C.283년.

2) 拜爲 : '拜'는 受動[被動]의 뜻으로 쓰임('제수 받다, 제수되다'). '爲'는 補語.

3) 上卿 : 戰國時代 최고위의 관직, 후대의 宰相에 상당함.

4) 以 : 동사. '쓰다(사용하다), 써서 하다' → '~을(를) 써서[→ ~을(를) 써서(가지고), ~로, ~에 의해서]'. 이하의 '以'도 모두 같음.

5) 聞於諸侯 : '聞'과 '諸侯'의 결합이 受動의 뜻을 나타냄([이름이] 들리다, 알려지다). '聞

諸侯'는 술목구조, '於'는 뒷말(여기서는 목적어)을 강조하는 助詞.

6) 者 : 강조의 어기조사. 이하의 '者'도 모두 같음.

7) 宦者令 : 환관의 우두머리. '宦'은 戰國時期의 官職名. '者'는 代詞性의 강조의 어기조사로서 '宦者'는 '환관인(환관 직을 맡은) [그, 거, 그런] 사람' 정도로 이해하면 된다. '令'은 우두머리, 수장.

8) 舍人 : 식객.

9) 楚和氏璧 : 楚國의 卞和가 원재료를 발견하였다고 함. '璧'은 이를 가공한 寶玉.

10) 遺 : '남기다, 보내다'.

11) 與 : 동사. '더불다, 더불어 하다' → '~와 더불어 ~하다' → '~와(과) 더불어, ~와(과)'. 이하의 '與'도 모두 같음.

12) ∨欲予秦 秦城恐不可得 徒見欺 :

① '欲予秦 秦城恐不可得 徒見欺.'는 생략된 주어 '趙'의 술부이다. 어순대로 이해하면, 술부는 '欲予秦', '秦城不可得', '徒見欺'의 셋이다. 두 번째 술부는 '주술술어'(秦城＋恐不可得)이고 나머지는 '동사술어(欲∨, ~見~)이다. "趙가 秦에게 주고자 하자니[→주자니] 秦의 성은 얻지 못할 것이 두려우며[비교 : '恐'을 부사어로 여기면 '두렵게도 얻지 못할 것이며'로 해석된다] 단지 속임만 당할[←속임을 볼] 것이고"가 된다. 그런데 이렇게 보면 두 번째, 세 번째 술어의 관계가 다소 어색하다.

② 그렇다면 '秦城'과 '恐'의 어순이 바뀌었을 수도 있다. 즉, '欲予秦 恐秦城不可得徒見欺.'가 된다. 이 경우는 '欲予秦'과 '恐秦城不可得徒見欺'이라는 두 술부의 연접이 된다.

"趙가 秦에게 주고자 하자니[→주자니] 秦의 성은 얻지 못하고 단지 속임만 당할까[←속임을 볼까] 두렵고"가 된다. '恐'의 목적어인 '秦城不可得徒見欺'는 '秦城不可得'과 '徒見欺'의 부분으로 구성되어 있는데, 앞 부분은 '주술술어'[秦城＋不可得] 형식으로 되어 있다. 뒷부분은 '동사술어'[~見~] 형식이다. 이는 문맥상 가장 자연스러운 어순이 된다.

③ 또, 뒷부분이 모두 의미상 '恐'의 목적어가 되는 것이 문맥상 가장 적절하므로, '徒見欺' 앞에 '恐'이 생략되었다고 보는 것도 한 방법이다. 즉, '欲予秦 秦城恐不可得 [恐]徒見欺.'으로 이해된다. "진의 성은 얻지 못할까 두려우며, 단지 속임만 당할 것이 [두렵고]"가 된다.

13) 勿 : '無'와 같은 뜻의 동사이다. '毋·莫·靡' 등도 그렇다. 모두 '없다'를 뜻한다.

14) 卽 : 부사이다. '則'과 통한다.

15) 之 : 조사일 때는 언제나 '어기'조사이다. 수식구조 사이에 쓰이든, 주술구조 사이에 쓰이든 모두 앞말을 강조한다. '患'의 목적어인 '秦兵之來'는 주술구조이다. 주어인 '秦兵'이 강조되었다.

16) 求人可使報秦者 : '者'는 어기조사이다. '求＋人＋可使報秦'에서 '有＋朋＋自遠方來'의 경우와 같이 소위 '명사구를 만든다'고 여기는 '구조조사'로서의 '者'는 필요치 않다. '有朋自遠方來'의 끝에 '者'가 첨가된다면 이 역시 어기조사이다. 기능은 '강조'이다. '진나라에 사신으로 가서 회답할(알릴) 수 있는 사람을 구하다.[←사람을 구하는데 (그 사람이) 진나라에 사신으로 가서 알릴 수 있다.]'

'可'는 뒤에 오는 말을 목적어로 받는다. 의미상 동사·형용사를 가르는 기준에 따르면 형용사에 속한다.

17) 得 : 목적어를 취하든 취하지 않든 언제나 '얻다[→이루다, 되다→~할 수 있다]'를 뜻한다.

18) 竊 : 부사어가 되므로 흔히 '몰래', '삼가' 등으로 번역된다. '훔치다, 도둑질하다, 몰래 하다'의 동사로 여긴다. 여기에서는 문맥상 부사라고 할 여지가 없으나, 다른 자리에서는 이를 부사라고 해 왔다. 상대방에 대한 존중을 나타내는 부사라고 하는데, 부사로서가 아니라 본래의 동사적 의미에 의해서 그렇게 되는 것이다. 현대한어에는 이러한 표현이 없기 때문에 부사로 여겼던 것이다.

　'請'도 그렇다. 부사어로 쓰이면 '청하여→청컨대, 삼가'로 번역된다. 부사가 아니다.

19) 今不如肉袒伏斧質請罪 則幸得脫矣 : '則'을 副詞로 보는 것이 합당한 매우 좋은 예이다.

20) 幸 : 앞의 '幸'과 마찬가지로 형용사('다행하다, 다행스럽다')로서 부사어로 쓰이면 '다행히도'로 번역되는데, 현대한어에는 역시 이러한 표현이 없기 때문에 고대한어 중의 이런 부류를 모두 부사로 분류하고 있다. 옳지 않다. 이치는 '竊·請' 등과 마찬가지이다.

21) 竊 : 바로 이 경우를 부사로 여겨왔으나, 아니다. 앞의 '竊'과 똑같이 이해하면 된다. 존경을 나타내는 것은 동사적 의미와 문맥이다.

22) 宜 : 형용사이다. '마땅하다, 당연하다'.

23) 於是 : '於'는 어기조사, '是'는 대사이다. '於'는 부사로 쓰인 '是'를 강조한다.

24) 而 : 어기조사이다. 앞말을 강조한다. 각종 문맥에 두루 쓰인다.

25) 予我城 : '予'(주다)가 두 개의 목적어 '我'와 '城'을 취하고 있다.

26) 之二策 : 드문 경우이지만 대사 '之'는 이처럼 관형어로 쓰이기도 한다. 그래서 '之＋二策'('그 두 계책')은 수식구조에 해당한다.

27) 寧許以負秦曲 : '寧'은 副詞이다. 이를 접속사(連詞)로 본다면 '晏子將使楚' 중의 '將'(장차) 같은 것도 접속사로 취급할 수 있는 여지가 있게 된다. 이 책에서는 접속사의 존재를 인정하지 않는다.

28) 負秦曲 : 이 경우도 '予＋我＋城'처럼 두 개의 목적어를 취한 예이다. '負(술어)＋秦(목적어1)＋曲(목적어2)'.

29) 誰可使者 : '者'는 역시 어기조사이다. '可使'만으로 '사신으로 갈 수 있는 사람'을 뜻할 수 있다. 고대한어의 동사나 동사성의 구는 언제든지 명사성의 의미를 나타낼 수 있다. 예 : '好學', '知己' 등. 물론 '사신으로 갈 수 있다'로 번역해도 된다.

　아래의 '何者'는 더 좋은 예가 된다.

30) 完璧歸趙 : '完璧'과 '歸趙'는 이른바 使動(使役) 의미를 나타낸다. '옥을 온전하게 하다', '조(나라)로 돌아오게 하다[돌려보내다]'를 뜻해서이다. 고대한어에서 술목구조는 '술어＋목적어'라는 하나의 어순으로 각종 의미 관계를 나타낸다. 나아가 자동 의미든, 타동 의미든, 수동 의미든, 또 타동 의미에 속하는 '使動'이든 '意動'이든 동일한 어순이다. 명사성의 단어도 목적어를 취하여 이러한 성질의 술어로 쓰인다. 그러므로 우리가 명사·동사·형용사를 나누는 것을 현대의 언어로 이해함에 있어서의 방편일 따름이라고 한 것이다. 고대한어의 실사류 의미는 종합적, 포괄적이다.

　또, 어순이 같지만 다른 자리에서는 다른 구조로 이해되기도 한다. '完璧'이 '온전한 옥'을 뜻하면 수식구조이기 때문이다. 이런 류의 어휘의 결합은 양자를 구분하기 어려운 경우가 있다.

고대한어에는 통사 관계를 나타내는 형태나 형태의 변화가 없기 때문이다.

31) 遣相如奉璧西入秦 : 겸어식 구조이다. 遣(술어1)＋相如(겸어＝목적어＋주어)＋연합 술어[奉(술어2)＋璧(목적어)＋西(부사어)＋入(술어3)＋秦(목적어)].

32) 章臺 : 戰國時代에 秦이 세운 궁 이름. 秦王이 조정에서 藺相如를 접견하지 않고 여기에서 引見한 것은 趙를 무시한 뜻이 있음을 의미함.

33) 大喜傳∨以示美人及左右 : '大(부사어)＋喜(술어1)＋傳(술어2)＋[之]＋以(술어3)＋示(술어4)＋美人(목적어)＋及(술어5)＋左右(목적어)'. '及'은 동사이다. '좌우 신하들에게까지 미치게 하다[→보여주다]'를 뜻한다.

34) 秦王無意償趙城 : '秦王＋無(술어1)＋意＋償(술어2)＋趙城'. '無'의 목적어가 '意'이지만 '意'가 '償'의 의미상의 주어가 아니므로 겸어식이 아니다. '有'·'無'를 통하여 동일한 어순일지라도 쓰인 단어에 따라 단어들 간의 의미 관계가 다름을 알 수 있다

35) 乃 : 부사('곧, 비로')이다.

36) 前 : 의미상의 동사이다. '앞으로 나아가다'. 이 역시 고대한어 실사류 단어 의미의 종합성, 포괄성을 보이는 예이다.

37) 請 : 앞의 '竊'·'幸' 등과 같이 동사 또는 형용사가 부사로 쓰이는 경우이다. 부사가 아니라 부사어로 쓰인 동사이다. 상대방의 허락 여부에 상관없이 '청하여'를 썼기에 문맥상 존중을 표시하는 것이다. '삼가'라고 부사처럼 번역하면 두드러질 따름이다.

38) 欲得璧 使人發書至趙王 : '使人發書至趙王' 부분이 겸어식 구조이다.

39) 負 : '지다, 짊어지다'를 뜻한다. 문맥상 '의지하다, 배경삼다, 기대다, 믿다' 등으로 이해할 수 있을 따름이다. '지다'를 뜻하므로 어떤 문맥에서는 '저버리다, 배신하다'가 되는 것이다.

40) 空 : '비다'→'거짓으로, 공연히'(부사어로 쓰일 때).

41) 秦貪 負其强以空言求璧償城, 恐不可得 : '秦貪 負其强以空言求璧, 償城恐不可得.'으로 句讀를 뗄 수도 있음.

42) 議不欲予秦璧 : '不欲予秦璧'은 '議'의 목적어이다.

43) '以爲'가 어느 시기에 하나의 단어로 성립되었는지를 확정하기는 쉽지 않다. 上古漢語에서는 '以'와 '爲' 두 단어가 연접된 것이라고 여긴다. '以'(써서, 가지고서) 뒤에 동사가 연접된 경우는 한국어로 새기기가 곤란한 경우가 많아서 새기지 않아도 되므로 흔히 뒤의 동사만 새긴다. 여기서의 '爲'는 '～라고 하다→여기다, 생각하다' 등으로 번역된다. '爲'의 目的語는 '布衣之交尙不相欺 況大國乎 且以一璧之故逆强秦之歡不可'이다.

44) 況 : 부사('하물며')이다. 접속사로 여긴 것은 잘못이다. '況大國乎'처럼 내부에 술어가 없다. 전후 문맥을 통하여 의미상의 술어를 밝힐 수는 있으나 보충할 수는 없다. 이른바 '주어＋술어'(主述) 형식의 문장 구성이 아닌 '非主述' 형으로 節이 되어 있다. 反問의 의미를 구성하므로 끝에 의문조사 '乎'가 따랐다.

45) 且 : 부사이다. '또, 게다가'.

46) 歡 : '서로 좋아함', 즉 '호의', '좋은 사이'를 뜻한다.

47) 拜送書於庭 : '拜送書庭'과 마찬가지이다. 두 개의 술목구조 '拜送書'와 '拜送(於)庭'을 하나로 합친 것으로서 '於'는 '전치사[介詞]'의 기능을 갖지 않는다. 목적어 앞에 '於'가 쓰이지 않아도 술어와 뒤의 목적어의 의미 결합만에 의해서 각종 문의가 모두 표현된다. '於'는 助詞이며 강조의 기능을 지님을 알 수 있다. '於'를 전치사로 못 박고 안 쓰인 경우를 생략이라고 한 것은 억지이다. 바로 아래의 '[大王]見＋臣＋列觀'이나 뒤의 '舍＋相如＋廣城傳舍'의 '列觀'과 '廣城傳舍' 앞에 '於'가 쓰이지 않은 것은 이를 증명해 주는 좋은 근거의 하나이다.

48) 列觀 : '觀'은 宗廟나 宮廷의 대문 밖 좌우에 있는 높은 臺(누각, 망루)[←보는 곳]. '列觀'은 보통의 樓臺를 가리킴.

49) 急 : '급박하다', '압박하다'.

50) 欲以擊柱 : '以擊柱'는 '欲'의 목적어이다. '以'가 뒤에 목적어를 수반하지 않을 때는 앞말을 바로 다시 받거나 주로 앞의 어떤 내용을 받아(앞에 나타나 있지 않은 경우는 문맥에 있음) '써서→써 가지고(그렇게 해 가지고, 그래 가지고)'를 뜻하여 뒷말과 이어진다. 앞말을 한 번 더 추스른다고 생각하면 된다. '以'의 독특한 쓰임이다. 현대한어에 이와 유사한 쓰임을 보이는 단어가 있다. '～ 用來 ～' 중의 '用來'가 그것이다. 의미도 '以'와 흡사하다. 한국어로 새기면 어색하므로 보통 새기지 않는다. 이 글 중에서 목적어를 취하지 않은 경우는 다 그렇다.
    '有(無)＋以～' 형식도 '欲＋以擊柱'와 마찬가지로 이해하면 된다.

51) 從此以往十五都 : '從'·'以'는 동사이다. '從此'는 '이곳(여기)으로부터 시작하다'를, '以

往'은 '그래 가지고 [가리키는 곳까지] 가다[→가리킨 곳까지]'를 뜻한다. '從此以往'[여기서부터 시작해서 그래 가지고 가서]은 결국 '여기서부터 가가지고[→여기 이하의]'를 뜻하는 '十五都'(열다섯 城邑)의 수식어이다. '從此以往十五都＋予趙'는 주술구조이며 전체가 '指'의 목적어이다.
    都 : 큰 邑 또는 宗廟나 先君의 사당이 있는 邑을 이름.

52) 特 : '특별히'→'단지, 다만'.
    詳爲 : '詳'은 '佯'. '～하는 척하다, 가장하다'. '爲'는 '詳'의 보어. '～로(←～이 되도록) 가장하다, ～하는 척하다'.
    '予趙城'은 목적어이다.

53) 名詞述語文인 '和氏璧天下所共傳寶'의 술어 부분 '天下所共傳寶'를 다음과 같이 차례로 변화시켜 보면 '之'와 '者'의 기능을 살피기가 용이하다.
    '天下傳寶'→'天下所傳寶'→'天下之所(共)傳寶'→'天下所(共)傳之寶'→'天下之所(共)傳之寶'→'天下(之)所(共)傳者'→'天下所(共)傳'⇒'天下(之)所[以]傳(之)寶'→'天下(之)所[以]傳者'.
    이를 통해서 '之'와 '者'는 構造助詞가 아니고 강조의 語氣助詞임을 알 수 있다.

54) 敢 : 형용사('감히 하다')이다. '不獻'은 '敢'의 목적어이다.

55) 宜 : 古代漢語에 助動詞는 없다고 보아야 한다. '能·得·欲·願' 등은 주로 의미상 動詞로 쓰이며, '宜·當·可·足·敢·肯' 등은 의미상 형용사로 쓰인다. 다른 동사나 형용사와 마찬가지로 名詞는 물론이요 動詞(또는 動詞性의 句)를 目的語로 가져온다. 구조나 기능면에서 목적어를 취하는 다른 동사나 형용사

와 아무런 차이가 없다. 다만 의미상 '可能·意願[意志] 내지 當爲' 등을 나타내는 부류일 뿐이다. 결국 의미상 부분적으로 서구 언어의 일부 조동사와 대응시킬 수 있을 뿐인데, 이에 따라 조동사로 여기는 사람들이 있는 것 같다. 이것들을 조동사로 명명하는 것은, 다른 동사의 쓰임은 물론 이들 단어[詞]의 품사성[詞性]에 비추어 보아도 맞지 않다.

이들 단어 뒤의 동사성 성분은 명사와 마찬가지로 目的語로 간주할 수 있으며 품사성을 고려하면 '動目' 관계와 '形目' 관계가 모두 존재하므로 '述目([謂賓], [述賓])'으로 포괄하여 지칭함이 타당하다.

앞의 '宜可使'도 이러한 구조로 파악한다.

56) 九賓 : 고대 朝會大典에 베풀었던 禮. 아홉 사람으로 구성된 접대 조직에 의해 실행함.

57) 度 : '헤아리다'를 뜻할 때는 보통 音을 '탁'으로 읽는다.

58) 終 : 보통 부사로 친다. 그러나 '끝[마침]'·'끝나다[끝마치다]'·'끝내어(끝내고)'·'끝에[마침내]' 등의 의미가 하나로 포괄되어 있다고 본다. 이 책에서의 의미상의 방편적 분류 중 하나를 취한다면 '동사'를 중심으로 하는 것이 낫다고 여긴다. '끝나다[끝마치다]'·'끝내어(끝내고)'→'끝[마침]' / '끝에[끝내, 마침내]'의 방식으로 부사로 쓰인 경우로 이해할 수 있다. 즉, '끝에[끝내, 마침내]'는 '終'이 부사어로 쓰인 경우를 번역하는 말이다.

많은 명사·동사·형용사가 부사와 경계를

가르기가 어렵다. '終' 같은 경우는 '名動形副詞'라고 이름 붙여야 고대한어의 성격에 부합된다고 여긴다.

59) 舍相如廣成傳舍 : 앞의 '舍'는 사역[使動] 의미를 나타낸다. 의미상 동사이다. '묵게 하다, 머무르게 하다'를 뜻한다. 목적어가 둘이다('舍＋相如[목적어1]＋廣成傳舍[목적어2]'). '傳舍'는 옛날 왕래하는 사람이 쉬고 묵는 장소, 즉 오늘날의 '여관'류에 상당한다. '傳舍'의 '舍'를 衍文으로 보기도 한다. 어느 쪽이건 '역참' 또는 '여관'을 뜻한다. '廣成'은 아마도 지명인 듯하다.

60) 雖 : 부사('비록')이다.

61) 決負約不償城 : '決'은 동사이다. '결심하다, 결단(결정)하다[→작정하다]'를 뜻한다. '決'을 술어로 여기면 '負約不償城'가 목적어가 되어 '약속을 저버리고 조에 성으로 보상하지 않을 것을 결심하다'가 될 것이다.["秦 왕이 비록 재계는 하나 약속을 저버리고 성으로 보상해주지 않기로 결심하였음을 헤아리고"]

'決'을 부사어로 여기면 '결단코[→결국] 약속을 저버리고 조에 성으로 보상하지 않다'가 된다. 여기에서는 후자를 취하였다.

62) 使 其從者 衣褐懷其璧從徑道亡歸璧於趙 : 겸어식인데 겸어 뒤의 술부가 다섯이다. 즉, '衣褐'·'懷其璧'·'從徑道'·'亡'·'歸璧於趙' 등이 연합된 술부가 의미상의 주어 '其從'을 설명한다.

참고문헌

『論語』·『孟子』·『詩經』·『楚辭』·『書經』·『禮記』·『春秋左氏傳』·『春秋穀梁傳』·『國語』·『戰國策』·『晏子春秋』·諸子百家書 등 先秦 漢語 관련 문헌 및 각 譯註本.

『史記』·『漢書』·『後漢書』 등 兩漢 漢語 관련 문헌.

『廣韻』·『集韻』·『康熙字典』 등 韻書 및 辭書.

王引之, 『經傳釋詞』(1798), 臺北, 世界書局, 1970.

章錫琛 校注, 『助字辨略』([淸] 劉淇), 北京, 中華書局, 2004.

解惠全 注, 『虛字說』([淸] 袁仁林), 中華書局, 2004.

宗福邦·陳世鐃·蕭海波 主編, 『故訓彙纂』, 北京, 商務印書館, 2003.

『辭源』, 商務印書館, 北京, 1989.

漢語大詞典編輯委員會, 『漢語大詞典』, 上海, 漢語大詞典出版社, 2001.

鄭奠外, 『古漢語語法學資料彙編』, 臺北, 文海出版社, 1972.

『古代漢語知識辭典』, 成都, 四川人民出版社, 1988.

王維賢 主編, 『語法學詞典』, 浙江, 浙江敎育出版社, 1992.

中國社會科學院語言硏究所, 『古代漢語虛詞詞典』, 北京, 商務印書館, 2001.

王海棻·趙長才·黃珊·吳可穎 共編, 『古代漢語虛詞詞典』, 北京大學出版社, 1996.

楊伯峻, 『古漢語虛詞』, 北京, 中華書局, 2000.

馬建忠, 『馬氏文通』(1898), 北京, 商務印書館, 2004.

馬建忠, 『馬氏文通讀本』, 呂叔湘·王海棻編, 上海, 上海敎育出版社, 1986.

王力, 『中國古文法』, 山西, 山西人民出版社, 1985.

高明凱, 『國語語法』, 臺北, 洪氏出版社, 1976.

吳人甫, 『文言語法三十辨』, 上海華東師範大學出版社, 1988.

白化文·孫欣, 『古代漢語常識二十講』, 北京, 燕山出版社, 1995.

楊伯峻, 『文言文法』, 香港, 中華書局香港分局, 1982(1987).

廖序東, 『文言語法分析』, 上海, 上海教育出版社, 1981.

許仰民, 『古漢語語法新編』, 開封, 河南大學出版社, 2001.

李 林, 『古代漢語語法分析』, 北京, 中國社會科學出版社, 1996.

程湘清主編, 『先秦漢語研究』, 濟南, 山東教育出版社, 1992.

程湘清主編, 『兩漢漢語研究』, 濟南, 山東教育出版社, 1985.

劉誠·王大年, 『語法學』, 長沙, 湖南人民出版社, 1986.

易孟醇, 『先秦語法』, 長沙, 湖南教育出版社, 1989.

張玉金, 『西周漢語語法研究』, 北京, 商務印書館, 2004.

姚振武, 『晏子春秋詞類研究』, 河南, 河南大學出版社, 2005.

殷國光, 『呂氏春秋詞類研究』, 華夏出版社, 1997.

崔立斌, 『孟子詞類研究』, 河南, 河南大學出版社, 2004.

黃珊, 『荀子虛詞研究』, 河南, 河南大學出版社, 2005.

葛佳才, 『東漢副詞系統研究』, 長沙, 岳麓書社, 2005.

楊伯峻·何樂士, 『古漢語語法及其發展』, 北京, 語文出版社, 1992.

孫良明, 『古代漢語語法變化研究』, 北京, 語文出版社, 1994.

王力, 『漢語語法史』, 濟南, 山東教育出版社, 1990.

邵敬敏, 『漢語語法學史稿』, 上海, 上海教育出版社, 1991.

人民教育出版社中學語文室, 『中學教學語法系統提要(試用)』, 北京, 人民教育出版社, 1984.

胡裕樹 主編, 『現代漢語』, 上海, 上海教育出版社, 2001.

張斌·范開泰, 『現代漢語虛詞研究綜述』, 安徽教育出版社, 2002.

許 璧, 『中國古代語法』, 서울, 新雅社, 1997.

鄭張尙芳, 『上古音系』, 上海, 上海教育出版社, 2003.

조성식, 『영어학사전』, 서울, 신아사, 1990.

윤석례, 「『孟子』複音節詞 研究」, 전남대학교 대학원 중어중문학과 박사학위논문, 2002.

朴相領, 「『史記』副詞語 語彙의 品詞論的 硏究」, 전남대학교 대학원 중어중문학과 박
　사학위 논문, 2006.

안기섭, 「古代漢語 被動義 전달체계와 관련 詞의 詞性」, 『中國語文學論集』 제15호(중
　국어문학연구회), 2000. 10.

안기섭, 「古代漢語 助動詞 부재에 관한 연구」, 『中國語文學論集』 제36호(중국어문학
　연구회), 2006. 2.

안기섭·정성임·박상령, 「古代漢語 문장성분과 품사에 관한 논의(1)」, 『中國人文科學』
　제32집(중국인문학회), 2006. 6.

안기섭·정성임, 「現代漢語 '能願動詞'의 성격에 관한 考察」, 『中國言語硏究』 22집(한
　국중국언어학회), 2006. 6.

안기섭·정성임, 「先秦-兩漢의 품사 체계 新論 -품사 분류의 한계와 효용을 중심으로-」,
　『中國學硏究會』 제37집(중국학연구회), 2006. 9.

안기섭·정성임, 「古代漢語 '乃·則·且'의 副詞性」, 『中國語文學』 제48집(영남중국어
　문학회), 2006. 12.

안기섭·정성임, 「古代漢語 '술어+목적어'의 의미 유형 기술에 관한 성찰」, 『中國人文
　科學』 제37집(중국인문학회), 2007. 12.

안기섭, 「古代漢語 助詞 '之'의 機能에 관한 新論」, 『中國人文科學』 제40집(중국인문
　학회), 2008. 2.

안기섭, 「古代漢語 實詞類 품사 분류의 非文法性에 관하여 -名詞·動詞·形容詞를 중
　심으로-」, 『中國人文科學』 제43집(중국인문학회), 2009. 12.

안기섭, 「고대한어 '於(于)'의 介詞性에 대한 의문 -先秦·兩漢 시기를 중심으로-」,
　『中國人文科學』 제50집(중국인문학회), 2012. 4.

안기섭·김은희, 「고대한어 '而'의 連詞性에 대한 의문 -先秦·兩漢 시기를 중심으로-」,
　『中國人文科學』 제51집(중국인문학회), 2012. 8.